U0452805

国家社科基金
后期资助项目

世界民族
第五卷　亚洲

World Peoples: Asia

主　编　郝时远　朱伦
本卷主编　王树英

中国社会科学出版社

图书在版编目(CIP)数据

世界民族. 第5卷,亚洲/郝时远,朱伦主编;王树英分卷主编. —北京:中国社会科学出版社,2015.6
ISBN 978 - 7 - 5161 - 4931 - 7

Ⅰ.①世… Ⅱ.①郝…②朱…③王… Ⅲ.①民族—概况—亚洲 Ⅳ.①K18

中国版本图书馆 CIP 数据核字(2014)第 228904 号

出 版 人	赵剑英
选题策划	郭沂纹
责任编辑	郭沂纹
特约编辑	沂　涟　安　芳
责任校对	李　莉
责任印制	李寡寡

出　　版	中国社会科学出版社
社　　址	北京鼓楼西大街甲 158 号
邮　　编	100720
网　　址	http://www.csspw.cn
发 行 部	010 - 84083685
门 市 部	010 - 84029450
经　　销	新华书店及其他书店
印　　刷	北京君升印刷有限公司
装　　订	廊坊市广阳区广增装订厂
版　　次	2015 年 6 月第 1 版
印　　次	2015 年 6 月第 1 次印刷
开　　本	710×1000　1/16
印　　张	28.75
字　　数	513 千字
定　　价	89.00 元

凡购买中国社会科学出版社图书,如有质量问题请与本社联系调换
电话:010 - 84083683
版权所有　侵权必究

国家社科基金后期资助项目
出 版 说 明

  后期资助项目是国家社科基金设立的一类重要项目，旨在鼓励广大社科研究者潜心治学，支持基础研究多出优秀成果。它是经过严格评审，从接近完成的科研成果中遴选立项的。为扩大后期资助项目的影响，更好地推动学术发展，促进成果转化，全国哲学社会科学规划办公室按照"统一设计、统一标识、统一版式、形成系列"的总体要求，组织出版国家社科基金后期资助项目成果。

全国哲学社会科学规划办公室

总　　序

呈现在广大读者面前的这部多卷本《世界民族》，是中国社会科学院民族学与人类学研究所和中国世界民族学会众多专家学者多年耕耘的成果。

改革开放以来，我国的世界民族研究经历了20世纪80年代以"情况、问题、理论"为主的学术积累。随着20世纪90年代苏联解体和东欧剧变及其引发的世界范围民族、宗教问题的高涨形势，在宏观上努力把握冷战后世界民族主义浪潮发展趋向的同时，更加深入地开展地区性、国别性民族问题与民族政策的研究，成为中国世界民族研究的主要方向。对人类社会民族现象及其演变给予关注，对世界范围的民族问题开展研究，不仅是中国认识世界、融入世界的必然要求，而且也是中国改革开放进程中吸收和借鉴人类社会文明成就的重要途径之一，因为处理和解决民族问题是人类社会普遍面对的一个重大事务。

民族，是中国古代"类聚百族、群分万形"分类学传统中对人类群体进行区分的概念。在漫长的历史发展进程中，中国人不仅对本土的民族群体及其互动关系做了大量的记录，而且也对世界范围的异域民族进行了诸多记述，为我们留下了丰富的古代民族志资料。其中，一些资料对相关国家、相关民族的历史文化记述具有绝无仅有的价值，诸如唐代文献中对环北极圈驯鹿民族的"使鹿部"记载；诸如元代周达观的《真腊风土记》对柬埔寨吴哥王朝的实地记录，等等，都为中国人了解世界打开了深远的视界。及至郑和下西洋的壮举，近代"睁眼看世界"的《四洲志》、《海国图志》等，则为中国人认知世界展开了更加宽广的视野。

今天，我们面对的是现代世界，是一个以经济全球化为主导的全球化时代。西方资本主义兴起的国家依托——民族—国家（nation-state），从地理、领土、边界、主权、政治、经济、文化和社会生活等诸多方面改变着世界民族的历史格局。历史上"群分万形"的民族的后裔已经归属于各个现代民族—国家之中，而建构国家—民族（state-nation）的进程无论在发达国家还是发展中国家，却仍是一个正在进行的过程。这些具有历史原初意义的民族及其所承载的多样性文化，如何在现代民族建构（nation building）中实现"尊重差异、包容多样"的国民整合，还是一个世界性的难题，其中也包括全球性移民引起的新问题。因此，本部《世界民族》也希望继续为中国人把握世情提供一个窗口。

在现代中国，尤其是改革开放以来的中国，国际视野已经全方位打开。有关世界各国的丛书、手册、百科、图集和专题性著述大量出版，但是从民族学、人类学的学科视野观察和记述这个民族大千世界的著述尚付阙如。特别是在民族问题成为国际社会共同关注的重大事务形势下，政界、学界和社会各界对这个多民族世界的认知需求日益增长，正是在这种形势下我们策划和启动了本部《世界民族》的编撰工作。

由于这项具有工程性的研究工作涉面很广，如各卷所示的历史与现实、种族与语言、宗教信仰、文明与文化这些宏观的题目，又如以亚洲、非洲、欧洲、美洲大洋洲为区域的国别性分类，所以研究和编写的过程也相当长。正因为如此，本部《世界民族》中的资料、数据和学术研究成果的吸收也打下了编写过程的烙印，其中不乏遗憾之处。但是，这毕竟是一项有创建的工作，也是一项基础性的建设。

我国改革开放已经30多年，不仅取得了经济社会举世瞩目的发展，而且也推动了包括哲学社会科学在内的各项学术文化事业的繁荣发展。世界民族研究虽然只是其中的一个学科领域，但是它作为我国立足国情、面向世界的窗口正在发挥日益重要的作用。本部《世界民族》的推出，既是学术事业发展的成果，也是改革开放事业继续发展的需要。

值此本部《世界民族》付梓之际，我们谨向所有参与编写工作的专家学者致以崇高的敬意，对在编写过程中给予关注、支持和帮助的相关人士，特别是中国社会科学出版社及其编辑者所付出的努力给予衷心的感谢！

需要指出的是，本部《世界民族》的出版，得益于国家哲学社会科学基金的后期资助，对此我们深表感谢！

编者

2012年10月

目　　录

前言 ……………………………………………………………… (1)

东　　亚

概述 ………………………………………………………	(3)
中国 ………………………………………………………	(45)
朝鲜 ………………………………………………………	(58)
韩国 ………………………………………………………	(68)
蒙古 ………………………………………………………	(81)
日本 ………………………………………………………	(89)

东　南　亚

东帝汶 ……………………………………………………	(107)
菲律宾 ……………………………………………………	(112)
柬埔寨 ……………………………………………………	(123)
老挝 ………………………………………………………	(132)
马来西亚 …………………………………………………	(143)
缅甸 ………………………………………………………	(148)
泰国 ………………………………………………………	(160)
文莱 ………………………………………………………	(165)
新加坡 ……………………………………………………	(170)
印度尼西亚 ………………………………………………	(178)
越南 ………………………………………………………	(190)

南　亚

巴基斯坦 …………………………………………………（205）
不丹 ……………………………………………………（219）
马尔代夫 ………………………………………………（223）
孟加拉国 ………………………………………………（227）
尼泊尔 …………………………………………………（234）
斯里兰卡 ………………………………………………（244）
印度 ……………………………………………………（254）

中　亚

阿塞拜疆 ………………………………………………（299）
格鲁吉亚 ………………………………………………（303）
哈萨克斯坦共和国 ……………………………………（306）
吉尔吉斯斯坦共和国 …………………………………（315）
塔吉克斯坦共和国 ……………………………………（324）
土库曼斯坦共和国 ……………………………………（330）
乌兹别克斯坦共和国 …………………………………（336）
亚美尼亚 ………………………………………………（343）

西　亚

阿拉伯联合酋长国 ……………………………………（349）
阿曼 ……………………………………………………（352）
巴林 ……………………………………………………（356）
卡塔尔 …………………………………………………（359）
科威特 …………………………………………………（362）
沙特阿拉伯 ……………………………………………（365）
伊拉克 …………………………………………………（374）
伊朗 ……………………………………………………（381）
阿富汗伊斯兰国 ………………………………………（388）
巴勒斯坦 ………………………………………………（397）

黎巴嫩	(400)
塞浦路斯	(406)
土耳其	(411)
叙利亚	(416)
也门	(422)
以色列	(429)
约旦	(434)
参考文献	(437)

前　言

亚洲为世界第一大洲，从民族和人口的数量来看，居各洲首位，从国家数量来看，占第二位。黑格尔认为，亚洲是历史的起点，欧洲是历史的终点。事实确是如此。中国和印度都是古代文明的发祥地，同时又是亚洲历史的起点。世界四大文化圈，古代亚洲曾存在三个，若以语言来划分，这三个文化圈分别是以汉文为中心的东亚及东北亚文化圈、以梵文为中心的南亚文化圈和以阿拉伯文为中心的西亚文化圈。这三大文化圈像光芒四射的灯塔，照耀了整个世界，给世界文化以重大影响。亚洲也是所谓"东方世界"的广大地区，从历史上看，"东方"文化发达于"西方"文化，这是众所周知的历史事实。李毅夫先生认为，东方文化至少要比西方文化早诞生两三千年，何况早期的西方文化还是在东方文化的影响下逐渐发展起来的，只是到了后来，西方在科学技术上超过了东方。这种说法不无道理。

亚洲民族是一个复杂的综合体。亚洲是一块辽阔的大地，在这块大地上生活着一千多个民族，占世界民族总数的一半以上。这些民族，无论在人口数量、种族特征、语言系属和宗教信仰上，还是在社会发展、经济活动、文化传统以及生活习惯上，都千差万别，各具特色，归纳起来，亚洲民族主要有以下几个特点。

第一，民族数量大，人口多。亚洲民族的数量占世界民族总数的一半以上，其人口近40亿，这是其他洲无法比拟的。所有各民族，人数数量不等，既有上亿人口的大民族，如汉人、印度斯坦人、孟加拉人、日本人等，也有不足千人的小部落，如安达曼人等。亚洲民族人口的分布有其共同点：一般人口众多的民族分布在江河流域、平原地区和沿海一带。城市人口所占比重较大，经济文化也比较发达；而绝大多数人口较少的民族一般分布在森林、高原、山区、孤岛或沙漠一带，那里大多交通不便，经济文化也比较落后。

亚洲这些国家，绝大多数是多民族国家，国内民族成分比较复杂，而且民族的数量也相当大，多则上百个、数百个，像印度、印度尼西亚等国；有些国家有几十个民族，如中国、越南、伊朗、菲律宾、阿富汗等国；只有少数国家的民族成分较为单纯，如日本、朝鲜等国。

第二，种族复杂。亚洲的种族比其他洲复杂。西方民族几乎是单一的高加索人种，而亚洲民族则不然，至少属于四大人种，即蒙古人种、高加索人种、尼格罗—澳大利亚人种、达罗毗荼人种。

蒙古人种，主要分布在亚洲大陆东半部，即东亚、东南亚和南亚部分地区。主要是中国、蒙古、日本、朝鲜、印度尼西亚、马来西亚和印度北部等地。

高加索人种，主要分布在亚洲大陆西半部，即南亚北部、西亚等地，如印度、伊朗、各阿拉伯国家等。

尼格罗—澳大利亚人种，主要分布在南亚、东南亚一些地区，如印度、斯里兰卡、印度尼西亚、马来半岛、菲律宾等地。

达罗毗荼人种，主要分布在印度南部和斯里兰卡北部。根据已有文物考证，可以了解到达罗毗荼人的文化及文明情况。正是达罗毗荼人在印度西北部发展了莫亨殊达罗与哈拉巴文化，所谓"印度河文明"，实际上指的是达罗毗荼人的文明，他们对文化作出了重大贡献。这种人后来和其他人一样，也有分化，形成不少分支，还有许多混血人种。印度南部的泰米尔人、泰卢固人、马拉雅兰人等便属达罗毗荼人。

第三，语言系属复杂。欧洲各族的语言几乎都属印欧语系。而亚洲则不同，各民族语言分属九大语系，即汉藏语系、印欧语系、达罗毗荼语系、南亚语系、高加索语系、南岛语系、闪含语系、阿尔泰语系、巴布亚语系。其中以汉藏语系和印欧语系为主，讲这两大语系各种语言的人最多，占这一地区人口总数的69%。

属于汉藏语系的主要民族有汉、回、藏、缅、白、羌、彝、壮、傣、侗、水、黎、老挝、苗、瑶等族，主要分布在中国、越南、老挝和泰国北部地区。

属于印欧语系的民族主要有印度语族和伊朗语族，讲印度语的主要有印度斯坦人、旁遮普人、信德人、孟加拉人、古吉拉特人、阿萨姆人、尼泊尔人、僧伽罗人等；讲伊朗语的民族有波斯人、阿富汗人、库尔德人、俾路支人、塔吉克人、哈扎拉人等，主要分布在印度、孟加拉国、尼泊尔、阿富汗、斯里兰卡、巴基斯坦、伊朗、伊拉克、巴林、北也门、黎巴嫩、叙利亚等国家。

属于达罗毗荼语系的民族主要有泰米尔人、马拉雅兰人、泰卢固人、坎纳达人等。绝大多数分布在南印度广大地区，小部分分布在斯里兰卡的北部。

属于南亚语系的民族主要有蒙达人、桑塔尔人、霍人、越人、孟人、高棉人、佤人、崩龙人等，他们分别分布于印度中部山区、越南、柬埔寨和缅甸等地。

属于高加索语系的民族主要有格鲁吉亚人、拉兹人、切尔克斯人、阿巴津人等，主要分布在西亚各国。

属于南岛语系的民族主要指马来人、爪哇人、马都拉人、巽他人、伊洛科人、他加禄人、比科尔人等，大多分布在东南亚各岛国。

属于闪含语系的民族主要有阿拉伯人、犹太人、亚述人、里夫人、卡比尔人等，他们大多分布在西亚、北非等各国。

属于阿尔泰语系的民族主要有满人、赫哲人、达翰尔人、东乡人、保安人、维吾尔人、哈萨克人、土耳其人等，他们主要分布在中国、阿富汗、伊朗和土耳其等国。

属于巴布亚语系的民族被统称为巴布亚人，分布在印度尼西亚东部诸岛。

第四，宗教信仰复杂。欧洲各民族主要信仰基督教。亚洲则不然，除信基督教外，还有印度教、伊斯兰教、佛教、耆那教、锡克教、拜火教、犹太教、道教和神道教等。这些宗教分布在不同国家和地区，都有一定的影响。例如，印度教主要分布在南亚地区，印度有82%的人信仰印度教，尼泊尔的多数居民也是印度教徒。另外，在斯里兰卡和孟加拉国也有一定数量的居民信仰印度教。印度教徒总人数多达5.2亿。

伊斯兰教在亚洲主要流行于西亚、北非、南亚、东南亚等一些国家和地区。例如伊朗、伊拉克、叙利亚、黎巴嫩、也门、阿曼、沙特阿拉伯、科威特、巴林、印度、巴基斯坦、孟加拉国、马来西亚、印度尼西亚和菲律宾等国。

佛教主要流行于南亚的印度、斯里兰卡，东南亚的缅甸、泰国、越南、老挝、柬埔寨等国，东北亚的日本、朝鲜。

道教主要流行于中国，也曾传入朝鲜、日本和南洋一带。

锡克教主要流行于印度，有1700万（2010年）锡克教徒。

耆那教主要流行于印度的古吉拉特邦、卡纳塔克邦、中央邦、马哈拉施特拉邦、拉贾斯坦邦、北方邦等地。另外，在斯里兰卡、阿富汗、阿拉伯、波斯等国也有不少信徒。

亚洲各民族的社会发展和生产力水平很不平衡，从氏族部落、原始公社到社会主义，各种社会形态都有。因此，亚洲是了解社会发展史的好地方。从原始的弓箭石斧到现代化的电脑导弹，各种技术同时并存，显示出人类智慧演进的不同阶段。亚洲地域辽阔，资源丰富，地形复杂，既有高山与丘陵，又有平原与沙漠，河流纵横，森林、草原、湖泊星罗棋布，气候多样，为亚洲各族人民的经济活动和生活方式提供了各种条件，形成了与自然环境相适应的丰富多彩的文化。

根据其社会形态和从事的主要经济活动及其生产力水平，亚洲民族可分为6种不同经济文化类型，即采集和渔猎型、游牧型、刀耕火种农业型、固定耕作农业型、畜耕灌溉农业型和现代农业型。

第一，采集和渔猎型。这是最原始的一种经济文化类型。人们靠采集、捕鱼和打猎作为谋生手段，至今仍靠天然资源维持生活。他们分成若干群体，住在山林或海滨河畔。居住在山林者，除采集野果、野菜、块茎和鸟蛋外，还猎获野猪、猴类以及其他一些小动物。住在海滨或河流湖畔者，主要靠捕捉鱼、虾、龟、蟹等为生。他们所使用的工具大都简单，一般使用棍棒、标枪和弓箭等，捕鱼一般用渔网、鱼笼等。这类人主要分布在南亚和东南亚等地，例如印度的安得拉邦的雅纳迪人、喀拉拉邦的卡达尔人、北方邦的拉吉人、比哈尔邦的罗尔人、奥里萨邦的邦德人、斯里兰卡的维达人、菲律宾的阿埃塔人、印度尼西亚苏门答腊岛上的库布人等。

第二，游牧型。从事这种类型的主要是一些部落，随着社会的发展，这部分人越来越少，但是，至今在南亚、西亚、中亚和东亚的山区、草原和半沙漠地带，仍有靠游牧为生的民族，像印度的多达人、古贾尔人、（拉贾斯坦邦的）拉巴里人、（南印度的）高拉人、库龙巴人，中国青藏高原上的一部分藏人，西亚的一部分柏柏尔人和阿拉伯人；中亚和东亚的卢尔人、普什图人、土库曼人、哈萨克人、蒙古人等。

第三，刀耕火种农业型。这是原始农业发展初期的一种经济文化类型，即伐木造田，耕地经常变动，不固定在一个地方，属于迁徙性农业，在雨季到来之前，将树木砍倒，晒干后放火烧掉，然后撒种或点种。有些地方，如印度的一些地区，一块地种一茬或两茬庄稼之后就休耕；有些地方是连种三茬庄稼之后休耕。这些种过庄稼的土地直到再长出树木，形成森林以后，再去伐木造田，进行耕种。这种方法，在人类历史上起过积极作用。但在今天，当森林面积已大大减少的情况下，刀耕火种、伐木造田、砍树烧山则成了一种破坏生态平衡的行为。印度和中国的个别地区至今还有这种"烧山种地"现象。不少从事刀耕火种的人们，往往辅之以食物采集。

第四，固定耕作农业型。目前有些民族已放弃了刀耕火种的方式，采取了固定耕作方法。固定耕作方法的采用和农业生产的确立，保证了父权制的稳定和发展，从而形成了村落，过定居生活。人们在一定的地域范围内从事农业生产，以农业生产为主，同时还兼搞狩猎与畜牧业或其他一些副业，以增加收入，补充生活上的需要。这种民族的生活有了一定的保障。如印度的沙奥拉人、霍人、奥朗人等，这种经济文化类型目前在亚洲较普遍存在。但绝大多数是各国的少数民族。

第五，畜耕灌溉农业型。畜耕灌溉农业是一种比较发达的农耕型。有了较先进的劳动工具，使用牛、犁、耙、锄等犁田耕地，也利用水渠和水堰浇水灌溉，农业生产力已发展到相当高的水平，粮食有了富余。因此，有些人从事各种手工业、畜业和科学活动，从而为人类跨入文明时代奠定了基础。亚洲各民族对农业都较重视，这是亚洲民族特点之一。直到近代以前，亚洲民族的文明之所以一直走在世界的前列，与其经济文化和科学技术一直发达不无关系，其基础在于有发达的农业。农业主要发源于亚洲，这是亚洲人的伟大创造和对人类的重大贡献。没有亚洲发达的农业，就没有人类的文明，也就没有今天的一切。

第六，现代农业型。随着工业的发展，科学技术也进入了农业生产之中，使农业走向机械化和科学化。农业机械化的使用和科学种田的结果，不仅节省了劳力，提高了劳动生产效率，而且大大提高了单位面积产量。目前，日本的农业现代化程度最高，大多数国家虽然在这方面有了很大发展，但现代化程度不高。中国有些地区已开始向这方面过渡。印度在这方面也有了很大变化。

当然，上述几种类型，并非为一个民族或一个国家所特有。同一个国家或民族，由于地区的不同，自然条件的差异，而具有不同的特点。既有相同的，也有不同的，甚至相互交错，共同存在。

总之，亚洲民族具有多种特点，而且有着悠久的历史和辉煌的成就。在世界古文化群中，亚洲文化有其独特的地位和崇高的价值。目前已经进入 21 世纪，世界正在发生突飞猛进的变化，世界各国人民为了建设好各自的国家，在世界范围内正进行着频繁接触和广泛交流，彼此学习，相互借鉴，从而使各国的政治、经济、文化等不断发生日新月异的变化。越来越多的人认识到，具有悠久历史的亚洲各族人民，将来会发扬以往的光荣传统，扮演重要角色，成为历史发展的强大动力，发挥更大的作用。

为了适应上述形势发展的需要，我们撰写了《世界民族·第五卷·亚洲》。本卷共35余万字，涉及亚洲各国各民族的政治、经济、历史、文化和宗教等，内容丰富，并附有精美插图，集思想性、学术性、知识性、趣味性于一体，希望对关心亚洲的读者有所裨益。不妥之处望读者批评指正。

参加本卷撰写的作者有：王树英、王宏纬、刘泓、朱伦、朱在宪、李红杰、何星亮、陈鹏、张玉兰、武尚清、吴家多、姜永仁、唐裕生、高敬洙、曹剑、曹兴、蒋晓峰、蔡曼华、熊坤新。

王树英

东 亚

概　　述

一　亚洲的民族与国家概况

（一）亚洲的概念

亚洲全称亚细亚洲，位于地球的东半部，东、南、北分别濒临太平洋、印度洋和北冰洋；东起白令海峡，西至地中海，南有努沙登加拉群岛。亚洲这块大陆的自然地理条件十分复杂，既有不少崇山峻岭，亦有大量广阔的平原和肥沃的盆地。亚洲大部分是热带、亚热带地区，只有北部是温带和寒带地区。亚洲大地上不乏奔流的江河，东亚有著名的长江和黄河；东南亚有湄公河、伊洛瓦底江；南亚有印度河、恒河、布拉马普特拉河；西亚有幼发拉底河、底格里斯河等。

亚洲面积为4400万平方公里，约占全球陆地面积的29.5%，为世界第一大洲；据2000年统计，亚洲人口有36.72亿，约占全球人口的60.5%，是人口最多的洲。亚洲通常分为东亚、东南亚、南亚、西亚和中亚，包括48个国家，亚洲国家的数量居世界第二位。亚洲民族成分更是复杂，全球各洲共有2000多个民族，而亚洲民族的数量几乎占了一半。

有民族才有国家，国家是由民族构成的，分多民族国家或单一民族的国家。民族形成有早有晚，国家的形成有先有后。亚洲的民族，就其文化与文明程度而言，在人类历史上是先进发达的，世界上出了四大文明古国，而亚洲就占了三个，即中国、古印度和古巴比伦。世界上形成了著名的四大文化圈，亚洲也占了三个，若以语言划分，这三个文化圈分别是以汉文为中心的东亚及东北亚文化圈，以梵文为中心的南亚文化圈和以阿拉伯文为中心的西亚文化圈。这三大文化圈像光芒四射的灯塔，照耀了整个世界，给世界文化以重大影响。18世纪工业革命前，世界上大部分的主要技术成就均发端于亚洲。

到了近现代，欧洲的工业革命，尤其是18世纪蒸汽机的发明，导致欧洲社会经济、科学技术的迅速发展。西方各国经济实力增强以后，开始向外不断扩张，把亚洲各国瓜分为殖民地或半殖民地。也就是说，18世纪以后，西方殖民主义和帝国主义相继侵入亚洲，许多国家先后沦为殖民地和半殖民地，受到大肆掠夺与剥削，经济遭到严重摧残，一度使一些国家贫穷落后。第二次世界大战后，民族解放运动风起云涌，各国纷纷挣脱殖民主义的枷锁，宣告独立。

亚洲地域辽阔，民族众多，这些民族无论在人口数量、种族特征、语言系属和宗教信仰上，还是在社会发展、经济活动、文化传统和生活方式上，都千差万别，各具特色，从而构成了一幅多彩多姿的民族生活画面，一向为世界各国所关注。

（二）亚洲人文情况

亚洲的人口居世界首位。但亚洲各国各族人口的数量不等，既有上亿人口的大民族，也有不足千人的小部落，但是，亚洲以拥有百万和千万以上人口的民族为主，它们一般都有悠久的历史，在各国政治经济生活中起着重要作用。人口1百万以上的民族有90个，其人数共达24亿，约占全洲人口的97.4%。人口1亿以上的民族有4个，即汉人（9.3亿）、印度斯坦人（1.8亿）、孟加拉人（1.4亿）和日本人（1.2亿）。

这些人口众多的民族，一般分布在江河流域、平原地区或沿海一带，交通比较便利，经济文化也较发达。人口较少的民族，大多分布在边缘地区或森林地带以及一些孤岛寂野，交通不便，经济文化落后，与外界交往也差。

亚洲绝大多数国家是多民族国家，民族成分较复杂，如印度和印度尼西亚等国，境内大小民族有1百个以上；中国、菲律宾境内，都拥有50多个民族；缅甸、伊朗、阿富汗境内，拥有30多个民族；只有日本、朝鲜、韩国、孟加拉国以及阿拉伯世界的一些国家，民族成分比较单纯，主体民族所占比重在95%以上。

有些国家民族成分较复杂，如中国、越南、缅甸、柬埔寨、新加坡、伊拉克、叙利亚、土耳其等，这些国家主体民族所占比重一般在70%—96%之间。而有些国家的主体民族只占全国人口的一半左右，如伊朗、阿富汗、巴基斯坦、印度尼西亚和马来西亚。还有些国家仅有主要民族，而没有主体民族，主要民族人口的数量不大，没有一个民族的人口能占到全国人口的一半，如印度、菲律宾等国就是如此。

亚洲的民族不仅数量多，而且人种复杂，至少有四大人种，即蒙古人种、高加索人种、尼格罗—澳大利亚人种、达罗毗荼人种。

蒙古人种，主要分布在亚洲大陆东半部，即东亚、东南亚和南亚部分地区，主要是中国、蒙古、日本、朝鲜、印度尼西亚、马来西亚和印度北部地区。

高加索人种，主要分布在亚洲大陆西半部，即南亚北部和西亚等地，如印度、伊朗、阿拉伯国家等。

尼格罗—澳大利亚人种，主要分布在南亚、东南亚一些地区，如印度、斯里兰卡、印度尼西亚、马来半岛、菲律宾等地。

达罗毗荼人种，主要分布在印度南部和斯里兰卡北部。据文物考证，正是达罗毗荼人在印度西北部发展了莫亨殊达罗与哈拉巴文化，所谓"印度河文明"，实际上指的是达罗毗荼人的文明，他们对文化作出了重大贡献。这种人后来和其他人一样，也有分化，形成不少分支，并有许多混血人种。印度南部的泰米尔人、泰卢固人、马拉雅兰人等便属达罗毗荼人。

从语言系属来说，亚洲也比其他洲复杂。亚洲各族的语言分属九大语系，其中有汉藏语系、印欧语系、南岛语系、达罗毗荼语系、南亚语系、阿尔泰语系、巴布亚语系、高加索语系以及闪含语系。其中以汉藏语系和印欧语系为主。

属于汉藏语系的民族，共有11.5亿人，讲这一语系语言的民族主要分布在中国和东南亚各国。这一语系包括四个语族：汉语族、藏缅语族、壮侗语族和苗瑶语族。讲汉语的主要有汉、回两个民族，汉人主要分布在中国和东南亚；讲藏缅语的民族，主要有藏、缅、彝、白、羌、克伦、景颇、尼瓦尔等族，分布在中国西南、中南半岛和喜马拉雅山区；讲壮侗语的民族，主要有壮、傣、侗、水、黎、泰、掸、岱、侬、老挝等族，分布在中国西南和中南半岛；讲苗瑶语的民族，主要有苗、瑶两个民族，分布在中国南方以及越南、老挝和泰国的北部山区。

属于印欧语系的民族，共有8亿人。讲这一语系语言的民族主要分布在南亚、西亚，这一语系在亚洲主要有两大语族：印度语族和伊朗语族。讲印度语系的民族，主要有印度斯坦人、古吉拉特人、孟加拉人、旁遮普人、信德人、阿萨姆人、僧伽罗人和尼泊尔人，几乎全分布在南亚各国；讲伊朗语系的民族，主要有波斯人、阿富汗人、库尔德人、塔吉克人、俾路支人和哈扎拉人，大都分布在西亚各国。另外，塞浦路斯的希腊人和西亚一些城市的亚美尼亚人，他们的语言分别属于印欧语系的希腊语族和亚美尼亚语族。

属于南岛语系的民族，共有2.17亿人。讲这一语系语言的民族主要分布在东南亚各岛国，主要包括马来人、爪哇人、马都拉人、他加禄人、伊洛科人和米南卡保人，他们的语言全都属于印度尼西亚语族。因此，绝大多数居住在东南亚各岛国，只有少数人分布在中南半岛，高山族则住在中国台湾省。

属于达罗毗荼语系的民族，共有1.8亿人。讲这一语系语言的民族主要分布在南亚和西亚，主要有泰卢固人、泰米尔人、坎纳达人、马拉雅兰人和布拉灰人。他们大多分布在印度南部和中部，另外，在斯里兰卡北部也有一部分泰米尔人。布拉灰人则分布在巴基斯坦西部、阿富汗和伊朗的南部。

属于闪含语系的民族，共有1.5亿人。讲这一语系语言的民族主要分布在西亚等地，其中绝大多数属于闪语族，主要有阿拉伯人、犹太人和亚述人。

在宗教方面，亚洲也比其他洲复杂得多。在亚洲，无论宗教的种类，还是其信徒人数，均居各洲之首。发源于亚洲的宗教有佛教、印度教、耆那教、锡克教、基督教、伊斯兰教、道教、神道教、犹太教、袄教等，至今对亚洲和世界各国人民的精神和文化生活有着不同程度的影响。其中以佛教、印度教、伊斯兰教、基督教的信徒居多，影响较大。据1984年统计，亚洲佛教徒有2.44亿人，占世界佛教徒总数的96%；印度教人数有7亿以上，占世界总人口的12.3%；伊斯兰教徒约有4.3亿人，占世界伊斯兰教徒总数的80%；基督教徒约有8600万人，占世界基督教徒总数的9%。现就一些主要宗教及其传布地区简介如下。

佛教 佛教起源于公元前6—前5世纪的古印度，它是古印度社会阶级矛盾的产物。印度当时流行的婆罗门教及其清规戒律，使广大群众深受其压迫与剥削，于是佛教作为婆罗门教的反对思潮而诞生。佛教的创始者乔达摩·悉达多是一位实际改良家，他最初的目的在于从残酷痛苦的现实中获得解脱，弃家为僧，创立了佛教。

当时印度社会上流行严格的种姓制度，把人分成四个不同等级的种姓，即婆罗门、刹帝利、吠舍和首陀罗。各种姓之间，社会地位和权利各不相同，生活方式也有严格规定。婆罗门教的主要经典是《吠陀》

经，婆罗门教主张"吠陀"天启，祭祀万能，婆罗门祭司至上。而佛教则反对婆罗门的特权，主张众生平等。佛教的主张适应了当时社会的发展和人们的要求，因此佛教一出现，其社会势力很快超过了婆罗门教，在印度国内相继得到摩羯陀国王频婆娑罗，特别是孔雀王朝的大力支持，从而得到很快发展，于公元前3世纪孔雀王朝时期，开始向周边国家传播。

公元前4世纪左右，佛教分为上座部和大众部两派，以后两派又不断分裂，公元1世纪左右大众部的一些支派演变成大乘佛教，把它以前的佛教称为小乘佛教。但两者同样宣扬"因果轮回"和消极厌世的思想。往北传入中国，再由中国东传朝鲜、日本，南传越南，东南亚传至印度尼西亚、马来西亚和新加坡等国。喇嘛教是佛教大乘密教同西藏民间宗教相结合的产物。它由西藏北传青海、内蒙古、西伯利亚地区，南传不丹、尼泊尔、锡金和印度北部。小乘佛教南传斯里兰卡，再由斯里兰卡传入东南亚的缅甸、泰国、柬埔寨、老挝、印度尼西亚和马来西亚。到13世纪，佛教在印度由于它本身的某些缺陷（如主张非暴力，未消除种姓制度等）和印度教的兴盛以及伊斯兰教的大量传播而趋于衰微。19世纪后半期，佛教在印度有了一定的恢复。19世纪末，小乘佛教又从斯里兰卡向北传入南亚的印度、巴基斯坦、孟加拉国和尼泊尔。与此同时，佛教开始传入欧洲、美洲、非洲和大洋洲。印度独立后，佛教又有所发展，尤其一些贱民企图改变"贱民"的社会地位而改信了佛教。

佛教的传布区包括南亚的印度、斯里兰卡、尼泊尔、不丹、锡金，东亚的日本、中国、朝鲜、蒙古，东南亚的越南、缅甸、泰国、老挝、柬埔寨等国。

印度教 印度教由婆罗门教发展而来，公元8世纪，高羯罗吸收佛教和耆那教的某些教义，经过改革形成了印度教（又称新婆罗门教）。印度教的主要教义仍沿袭婆罗门教的种姓制度、因果业报、人生轮回和非暴力思想。印度教综合了多种信仰，非常复杂，正如马克思曾经指出的那样："这个宗教既是纵欲享乐的宗教，又是自我折磨的禁欲主义的宗教；既是林加崇拜的宗教，又是扎格纳特的宗教；既是和尚的宗教，又是舞女的宗教。"印度教虽然没有单一的信条，但有一条几乎是一切虔诚的印度教徒所信奉的，即多神教的主神论。多数印度教徒是多神论者，他们相信众多神灵。但他们只向一个天神进行礼拜。印度教不仅是一种宗教，而且是一种哲学和生活方式。该教认为，人类灵魂永存，并主张通过三个主要途径，即智慧、信仰和行动来实现个体灵魂和无处不在的精神的最终统一。

印度教随着教徒的移民而传入尼泊尔和斯里兰卡，并于4世纪成为尼泊尔的国教。印度教徒将印度教传入缅甸、泰国、马来西亚、印度尼西亚和新加坡等地。目前，印度教在南亚是教徒最多的宗教，在印度占人口总数的82%，在尼泊尔占85%，在斯里兰卡占18%。东南亚的马来西亚、印度尼西亚也有相当数量的印度教徒。

印度教传布区主要包括南亚和东南亚各国，如印度、尼泊尔、斯里兰卡、孟加拉国，东南亚的缅甸、泰国、马来西亚、印度尼西亚、新加坡等地。

伊斯兰教　伊斯兰教于公元7世纪初形成于阿拉伯半岛。伊斯兰教是严格的一神教，只信唯一的神安拉，反对任何偶像崇拜。7世纪中，伊斯兰教开始传入叙利亚、伊拉克、巴勒斯坦、伊朗和埃及等西亚和北非地区。从公元7世纪中期开始，伊斯兰教通过经商贸易等活动传入中国。7世纪以后，它的势力不断扩大，传到整个非洲、西南欧洲、阿富汗、印度西北地区、外高加索和中国新疆等地区，14、15世纪，伊斯兰教传到印度大部分地区以及菲律宾、缅甸、泰国等地。16世纪以后，伊斯兰教一直在西亚国家占优势。

伊斯兰教分布的地区：伊斯兰教是西亚、中亚多数国家的主要宗教，如西亚的阿拉伯联合酋长国、阿曼、巴林、卡塔尔、科威特、沙特阿拉伯、伊拉克、伊朗、阿富汗、巴勒斯坦、土耳其、叙利亚、也门共和国、约旦；中亚的阿塞拜疆、哈萨克斯坦、吉尔吉斯斯坦、塔吉克斯坦、土库曼斯坦、乌兹别克斯坦；南亚国家有巴基斯坦、孟加拉国、马尔代夫，在印度也有相当数量的人信伊斯兰教。东南亚国家有马来西亚、缅甸、泰国、新加坡、文莱、印度尼西亚等国家。另外地处东亚的中国也有一定数量的居民信仰伊斯兰教。

基督教　基督教是由流行于巴勒斯坦一带的犹太教脱胎而来的。它于公元初期继承了犹太教的某些教义而逐渐形成，起初没有自己独立的教会，主要在犹太教堂内活动。它起初基本上沿用犹太教的经典《旧约全书》，后来才有了自己的经典《新约圣经》和自己独立的教会，从此才与犹太教完全脱离。

公元4世纪，基督教被罗马帝国定为国教，开始在欧洲流传，基督教虽产生于亚洲，但后来一直是欧洲各国的主要宗教。1054年基督教分裂为罗马天主教和东正教，到16世纪又从天主教产生出新教。公元初期，基督教开始传入印度、斯里兰卡等亚洲国家。公元16世纪以后，随着欧洲资本主义对亚洲各国侵略与统治，基督教也大规模地传入亚洲各国。

基督教的传布地区：南亚有印度、斯里兰卡；东亚有中国、朝鲜和日本；东南亚有越南、缅甸、泰国、柬埔寨、老挝、马来西亚、印度尼西亚、菲律宾等国；中亚有亚美尼亚。

锡克教 锡克教于15世纪末由纳那格创立。它原属印度教的一支，由于印度教虔诚派运动的开展，后来发展成为一个独立的宗教。锡克教徒非常尊重本教的首领和祖师，尊其为"古鲁"。从第一师尊纳那格（1469—1539年）算起，到高温德·辛哈（1666—1708年）为止，先后共有十位师尊。此后，虽然还有其他人继任领导，但都不再称为师尊。按照规定，凡承认锡克教义、十位师尊和锡克教的著名经典《戈兰特·萨哈布》者，皆可成为锡克教徒。

锡克教提倡平等、友爱，强调实干，既反对印度教森严的种姓制度，也不赞成伊斯兰教排斥异教的种种做法，也反对宗教的偶像崇拜和歧视妇女。该教的创始者纳那格曾公开宣称："我的宗教既不是印度教，也不是伊斯兰教。"它是一种试图把印度教和伊斯兰教融为一体的新宗教。

1919年4月13日，在阿姆利则四百余锡克人遭到英国当局杀害，致使许多锡克教徒纷纷脱离英国人的控制，参加到圣雄甘地所领导的自由运动中去，各种形式的斗争，此起彼伏。在独立斗争中，锡克教也起过重要作用，为印度独立作出了贡献。

锡克教主要分布在印度的旁遮普邦，另外在泰国、新加坡等亚洲国家也有少数教徒。

耆那教 印度的耆那教历史悠久，它产生于公元前6—前5世纪。耆那教的第24祖筏陀摩那被尊为该教真正的创始者。"耆那"（jain）是由"jin"演变而来，其意为"胜利者"，是他的称号之一，此教便由此而得名。其弟子们尊称他为摩诃毗罗，即伟大的英雄，简称大雄。

耆那教的兴起几乎与佛教处于同一时代。耆那教否定当地婆罗门教主张的《吠陀》天启，祭祀万能，婆罗门祭司至上，针锋相对地提出吠陀并非真知，祭祀杀生只会增加罪恶，婆罗门是不学无术的祭司；宣传种姓平等，反对种姓制度和婆罗门教的神灵崇拜；崇信耆那教经典，以对抗《吠陀》经，强调苦行和戒杀，以对抗祭祀万能。耆那教主张灵魂解脱、业报轮回和非暴力等。耆那教认为，一切生物都有灵魂，都是神圣的，人的灵魂在未解脱前为业所束缚并无限轮回。人们只有通过修炼，使灵魂摆脱"业"的桎梏，才能获得最后的解脱。耆那教主张五戒：不杀生、不妄言、不偷盗、不奸淫、戒私财。耆那教认为，只有严格实行戒律，经过苦行修炼，才能清除旧业的束缚，达到"寂静"灭其情欲，获得"解脱"。

耆那教虽然不讲究信神，但却重视崇拜24祖，因此，在印度建立有关24祖的寺庙4万多个。耆那教徒除了在庙宇中崇拜这些祖先外，在家中也进行许多崇拜仪式，诸如念诵耆那，给偶像沐浴和献花，诵唱耆那的赞美诗，教徒进行沉思和守戒等。每年每月都有例行斋期和节日活动，如大雄诞生纪念日、赎罪节等。

虽然耆那教与佛教几乎同时代产生，但两者发展状况大不相同，佛教的发展大起大落，今天在印度信佛教的人寥寥无几，而耆那教却稳步发展。到了近代，耆那教不断向外传播，今天在斯里兰卡、波斯、阿富汗、阿拉伯等地均有一定的影响。

除上述主要宗教外，还有一些其他宗教，如神道教、祆教、犹太教、高台教、圆佛教、天道教等，它们至今在亚洲某些地区还有影响。

神道教主要流行于日本。祆教又叫拜火教、波斯教等，在印度的孟买等西部地区有大量信徒。高台教主要流行于越南南方。犹太教虽分布于世界各地，但主要分布在以色列。圆佛教、天道教等主要流传于韩国。

二　亚洲国家的形成及其主要民族的演变

亚洲分东亚、南亚、东南亚、西亚和中亚几个地区。每个地区包括几个国家，这些国家的形成和民族的演变情况各不相同，有的复杂，有的简单，既有共同点，更有许多不同点。下面分别给以介绍。

（一）东亚

东亚包括中国、朝鲜、韩国、蒙古和日本五个国家。这些国家历史发展不同，文明程度也有区别。

中国，位于亚洲东部，土地面积有960万平方公里。中国的历史悠久，民族复杂，文化灿烂，是世界文明古国之一，从公元前21世纪进入奴隶社会，经过了夏、商、西周、春秋时代，约于公元前5世纪战国时代开始转为封建制社会，先后建立了秦、汉、三国、两晋、南北朝、隋、唐、五代、宋、辽、金、元、明、清等王朝，共同创造了光辉灿烂的古代文明。1840年鸦片战争后中国逐渐沦为半封建半殖民地社会。1911年辛亥革命推翻了封建帝制。1921年中国共产党成立后领导中国人民进行了反帝反封建的斗争，推翻了反动统治，于1949年10月1日建立了中华人民共和国。

中国民族的种族成分较单纯，多数属于蒙古人种的各个类型。一小部分人具有或混有欧罗巴人种的体质特征。但语言系属复杂，除汉族和回族使用汉语外，其他54个民族都有自己的语言，分属5个语系：汉藏语系、阿尔泰语系、南亚语系、印欧语系和南岛语系。

中华民族的形成源远流长。从古代，中国就是一个多民族的国家。在黄河流域，主要有夏族；在淮河流域和泰山之间，主要有东夷；在长江流域，主要有三苗；在黄河和湟水之间，主要有羌族。

中国从商周到春秋战国（约公元前16世纪至公元前221年），全国各地的民族彼此联系加强，促进了各族之间相互影响和相互同化，形成了以夏族、周族、高族为主的局面，吸收了羌、戎、狄、蛮等族成分，逐步演化成华夏族。

到了春秋战国时，中原各国的奴隶制纷纷向封建制过渡。相传周朝时有1800多个国家，后经合并、统一，到春秋时只剩下100多个国家，战国时只有7个大国。西北、南方也是小国林立，秦国统一了许多小国，为后来秦朝统一创造了条件。

秦朝时期（公元前221—前206年），中国开始成为统一的多民族国家。公元前221年，秦始皇统一了中国，建立了专制主义的中央集权的封建国家。但在秦朝时期，北部的匈奴、西北地区的乌孙等族、西方的羌族、东北方的东胡、肃慎、夫余等族，仍处割据的状态。

汉朝时期（公元前206—公元220年），国家的统一进一步发展。汉朝时期，以华夏族为主，吸收其他民族成分，形成了一个人口多、分布广的民族，后来称之为汉族。同时也存在许多少数民族。

魏晋南北朝时期（公元220—589年），国内主要民族经历了大约300年的割据状态，是民族大迁徙和大同化的时期，后来有些少数民族如匈奴、鲜卑等族，大部分被同化在汉族之中。

隋唐五代十国时期（公元581—907年），中国各民族结束了三百多年的大动乱，走向了统一，中央王朝同各民族也加强了联系。

元明清时期，中国的统一不断发展，实现全国大统一，加强了中央对边疆地区的统辖，促进了各民族的经济、文化的发展。

中华民族大家庭，共有 56 个民族。其中汉族人口约占全国人口的 93.3%；其余 55 个民族约占 6.7%，因其人口少，被称为少数民族。它们是：壮、蒙古、回、藏、维吾尔、苗、彝、布依、朝鲜、满、侗、瑶、白、土家、哈尼、哈萨克、傣、黎族、傈僳、佤、畲、高山、拉祜、水、东乡、纳西、柯尔克孜、土、羌、珞巴、景颇、达斡尔、仫佬、布朗、撒拉、毛难、仡佬、锡伯、阿昌、普米、塔吉克、怒、乌兹别克、鄂温克、崩龙、裕固、京、门巴、基诺、保安、塔塔尔、独龙、鄂伦春、俄罗斯、赫哲共 55 个。

中国的统一是由各民族共同完成的。人口众多的汉族在统一的大业中起了主要作用，其他民族诸如蒙古族、满族、匈奴族、鲜卑族、女真族、维吾尔族、白族等许多民族也为中国的统一和发展，都发挥了重要作用。

朝鲜，位于亚洲东部，土地面积 22 万平方公里。公元 1 世纪前后，形成了高句丽、百济、新罗三个封建国家。7 世纪中叶，新罗统一朝鲜半岛南部。10 世纪初，高句丽王朝灭新罗统一朝鲜半岛。14 世纪末，李氏王朝取代高句丽，改国号为朝鲜。1910 年 8 月，朝鲜沦为日本殖民地。朝鲜人民进行了长期的抗日武装斗争，1945 年摆脱了日本的殖民统治。美、苏军队以北纬 38 度线为界分别进驻朝鲜南部和北部。南部于 1948 年 8 月 15 日成立伪政权"大韩民国"；北部于 1948 年 9 月 9 日成立朝鲜民主主义人民共和国。1950 年 6 月 25 日朝鲜战争爆发，美国打着"联合国军"的旗号入侵朝鲜。10 月 25 日中国人民志愿军赴朝参战。1953 年 7 月 27 日美国签订停战协定。1958 年 10 月中国人民志愿军撤出朝鲜。

朝鲜是单一民族国家。朝鲜人，属蒙古人种。佛教和儒家思想由中国传入，对朝鲜文化的发展产生了重大影响。主要从事农业。

蒙古，蒙古人民共和国位于亚洲中部，南、东、西与中国接壤，北面与俄罗斯为邻。土地面积有 156 万平方公里。公元 13 世纪初期，成吉思汗统一大漠南北各部落，建立统一蒙古汉国。1279—1368 年建立元朝，1911 年 12 月蒙古王公在沙俄支持下宣布"自治"，1919 年放弃"自治"。1921 年人民革命胜利，1924 年成立蒙古人民共和国。1945 年 2 月苏、美、英三国首脑雅尔塔会议规定"外蒙古（蒙古人民共和国）的现状须予维持"，作为苏参加对日作战的条件之一。1946 年 1 月，当时的中国政府宣布承认外蒙古独立。中华人民共和国成立后，同蒙古人民共和国建立了外交关系。

"蒙古人"是当今世界对所有蒙古族的统称。额尔古纳河东岸一带是蒙古人的历史摇篮。大约于7世纪他们开始向西迁移，12世纪已经遍布今鄂嫩河、土拉河等河的上游和肯特山以东地区。当时在蒙古草原和贝加尔湖周围地区还有塔塔儿、翁吉剌、篾儿乞、斡亦剌、克烈、乃蛮、汪古诸部。13世纪初蒙古地区诸部被以铁木真（后来的成吉思汗）为首的蒙古部统一，逐渐融合为一个新民族，蒙古由原来一个部落的名称变成民族的名称。14世纪蒙古族建立的元朝灭亡，15世纪蒙古族遂分为东西两部，喀尔喀蒙古人为东部蒙古人。喀尔喀蒙古人有127万，为蒙古的主体民族，分布在共和国的中部、东部和南部，主要从事畜牧业和农业。

日本，位于东北亚，土地面积有37.7万余平方公里。公元4世纪中叶出现统一的国家大和国。公元645年，通过大化革新而确立天皇体制，开始向封建社会发展。但各封建诸侯长期混战。12世纪建立军政府镰仓幕府，实行幕府政治，史称"幕府"时期。19世纪中叶以后，英、美等西方国家迫其签订了不平等条约，民族矛盾激化。1868年明治维新后，迅速成为军事封建帝国主义国家，走上侵略之路。1894年发动了侵略中国的甲午战争。1910年侵吞朝鲜。后又参加第一次世界大战。1931年制造"九一八"事变，侵占中国东北。1937年全面侵华。1945年8月15日宣布无条件投降。

大和族为日本的主要民族，有1.1425亿人。据记载，其祖先可能是古代来自北方大陆的蒙古种人和南方来的波利尼西亚种人混合民的后裔。大约在公元前一千年纪的后半期，不断有朝鲜人和中国人移来日本。在这个基础上长期发展，于公元8世纪形成大和族，属蒙古人种东亚类型。公元1世纪，日本已形成许多部落国家，与中国汉朝常有来往。公元4—5世纪日本使用汉字作为书写工具，9世纪初利用汉字的偏旁部首创造出平假名和片假名。信仰神道教、基督教和佛教。农产品不能自给，主要靠进口。

（二）东南亚

东南亚，是指位于亚洲的东南部，包括菲律宾、东帝汶、柬埔寨、老挝、马来西亚、缅甸、泰国、文莱、新加坡、印度尼西亚和越南，共11个国家。这些国家的形成及其主要民族演变，均有其特色。

菲律宾，位于东南亚，面积约有30万平方公里。10世纪前，菲律宾群岛上已有麻逸、苏禄等国；后来又出现吕宋、冯嘉施兰等王国。

1521年3月17日，麦哲伦率领的西班牙远征队到达该岛。1565年西班牙侵入菲律宾，1571年西班牙殖民者占领菲律宾，从此对菲律宾进行了长达300多年的殖民统治。菲律宾人民进行了长期的斗争，1898年菲律宾宣告独立，成立历史上第一个共和国。第二次世界大战期间，菲律宾被日军占领。1946年7月4日成立菲律宾共和国。

菲律宾是多民族国家，有90多个民族，讲南岛语系语言。这些民族分为四类：一是北部和中部信奉基督教的民族；二是南部信奉伊斯兰教的民族，称为摩罗人；三是内地山区诸部落，各自信奉本部落的宗教；四是具有尼格利陀人种特征的阿埃塔人。较大的民族有比萨扬人（Bisayans）或译米萨鄢人，有2000万，是菲律宾人数最多的民族。主要从事农业。

东帝汶，位于东南亚东南海域的帝汶岛东部，土地面积约有1.5万平方公里。帝汶一词，在印尼语中有"东方"之意。自1520年以来长期遭受葡萄牙的殖民统治。1613年荷兰入侵，并排挤葡萄牙势力至东部地区。1859年葡萄牙、荷兰两国订立条约，重新瓜分帝汶岛，东帝汶归葡萄牙管辖。1942年又被日本占领。1945年日本投降，葡萄牙卷土重来。1975年11月28日东帝汶独立革命阵线宣布独立，成立东帝汶民主共和国。印度尼西亚于同年12月7日出兵东帝汶，1976年7月正式宣布东帝汶归并印度尼西亚。1976年12月联合国大会就印度尼西亚出兵东帝汶通过决议，1998年10月东帝汶脱离印度尼西亚的统治。

东帝汶现有居民72万人。葡萄牙语和泰通语为官方语。多数人信仰拜物教，从事农业。

柬埔寨，位于东南亚中南半岛西南部，土地面积有18万平方公里。从公元1世纪起，有扶南国和真腊国相继建立。9—14世纪的吴哥王朝为柬埔寨的强盛时期。以后不断遭到暹罗和安南的入侵。1863年被法国占领，1884年沦为法国殖民地。1940年被日本占领。1945年日本投降，1953年柬埔寨宣布独立，1976年改国名为民主柬埔寨。

柬埔寨为多民族国家，有20多个民族，其中高棉族（Khmers）有1040万人，占总人口的80%，是柬埔寨的主体民族，自古就繁衍在湄公河平原，后来与南岛语系的各部落混合。佛教为国教，多数人信奉，少数人信伊斯兰教。

老挝，位于东南亚中南半岛北部，土地面积有23万余平方公里。公元8世纪中叶建成澜沧王国，14世纪为鼎盛时期。18世纪初分裂为琅勃拉邦和万象两个土邦，1779年先后被暹罗征服。19世纪末法国入侵，沦为法国的"保护国"。1940年被日本占领。1945年日本投降，老挝恢复独立。1946年3月法国再次入侵，老挝人民经过斗争，于1975年成立老挝人民民主共和国。

老挝是个多民族国家。公元前5—前4世纪讲泰语的民族由北方陆续迁入此地。老挝境内属汉藏语系的民族占多数，约占全国居民的75%。佬人（Lao）为主要民族，佬人亦称佬邦考人，有230万，占全国人口的65%，分布在海拔1200米以下的所有河谷和平原地带，多数从事农业。

马来西亚，位于东南亚，"马来"在马来语中有"黄金"之意，土地面积约有33万平方公里，有黄金半岛之称。15世纪初，以马六甲为中心的满剌加王国崛起，先后征服彭亨、柔佛、霹雳之后成了强大的王国。1511年葡萄牙、1641年荷兰先后入侵马来亚。1786年英国占领槟榔屿、新加坡和马六甲。公元20世纪，马来亚沦为英国殖民地。第二次世界大战期间马来亚、沙捞越等地被日本占领。日本投降后英国恢复其殖民统治。1957年8月31日马来亚联合邦在英联邦内独立。1963年9月16日马来亚联合邦与新加坡、沙捞越、沙巴合并成为马来西亚。1965年8月9日新加坡宣布退出。

公元前3千年纪，马来人开始从邻近的东南亚地区迁入马来半岛。公元前3世纪左右，从亚洲大陆又迁来一批马来人。但马来人的大批迁入则在7—8世纪，他们主要来自邻近的苏门答腊岛，同当地居民混合，形成马来民族。马来人（Malays）有557.5万，分布在马来半岛东北部。当地的马来人与苏门答腊的马来人有许多共同点，信仰伊斯兰教、佛教、印度教和基督教。多数从事农业。

缅甸，位于东南亚中南半岛西部，土地面积67.6万平方公里。缅甸于1044年形成统一国家后，经历了几个封建王朝。英国先后于1824年、1852年、1885年三次发动侵缅战争，占领缅甸。1920年以后缅甸掀起民族解放运动。1937年英国又将缅甸从英属印度划出，由英国总督直接统治。1942年5月日本占领缅甸。1945年日本投降后由英国重新控制。1948年1月4日宣布独立，成立联邦政府。

缅甸为多民族国家，自远古时代就有孟高棉部落分布。公元前2千年纪，又有缅藏语族的人自北方迁入。公元前2世纪至公元初，泰人和掸人相继进入缅甸，并与当地的居民混合，逐渐形成多民族国家。主要民族是缅族。缅人（Burmese）有2430万，分布在伊洛瓦底江中、下游等地。公元8世纪中叶到9世纪，缅人的祖先开始从西藏高原东南部迁入湄公河、伊洛瓦底江上游，15世纪移居伊洛瓦底江三角洲。缅甸人主要信仰佛教，从事农业。

泰国，位于东南亚中南半岛中部，土地面积有51.4万平方公里。公元初期，湄南河谷的南部和暹罗湾沿岸就有孟人居住。公元7世纪，中国文献中曾提到暹罗湾地区有一个孟人国家堕罗钵底国。其统治区域后来扩大到泰国的北部地区。1238年开始形成较为统一的国家，先后经历了素可泰王朝、大城王朝、吞武里王朝和曼谷王朝；1350年建成暹罗国。从16世纪起，开始遭受葡萄牙、荷兰、法国、英国等殖民主义者侵略。1904年英国、法国又将湄南河以西划为英国势力范围，以东为法国势力范围。1932年6月人民党发动政变，建立君主立宪政体。1939年改国名为泰国。1941年遭日本侵占。1945年日本投降后又称暹罗，1949年恢复泰国一名。

泰国是多民族国家，泰人（Thai）亦称暹罗人，是泰国的主体民族，有2700万，占40%，属蒙古人种南亚类型，与中国的傣族、壮族以及缅甸掸人、老挝的赛人等同源，同中国古代"百越"有密切的渊源关系。泰人分为四大支系，即中部泰人、东北泰人、北部泰人和南部泰人。信奉小乘佛教，并受婆罗门教的影响，从事农业。

文莱，位于东南亚的加里曼丹岛北部，土地面积约有5800平方公里。中国史书上称文莱为渤泥。13世纪受麻喏巴歇国的统治。15世纪传入伊斯兰教，建立苏丹国。16世纪中叶起相继遭到葡萄牙、西班牙、荷兰、英国等西方殖民主义势力的侵略，1888年沦为英国的"保护国"。1941—1945年被日本侵占。日本投降后，文莱再度沦为英国的保护国。1984年1月1日获完全独立。

文莱的民族分三部分：马来人、土著居民和华人。首批马来人是在13世纪开始移入，来自苏门答腊和马来半岛；文莱的土著居民，习惯上被称为达雅克人。它包括许多在语言上不相同的民族，如克达扬人、杜松人等；文莱的华人最早大约在公元10世纪来到文莱。他们来自中国南方各省，以广东人为多数。

新加坡，马来语为"狮子岛"的意思，地处马来半岛南端，古称单马锡，意为湖泊、海城。公元8世纪建国，归属印尼室利佛逝王朝。18世纪至19世纪初属马来亚柔佛王国的一部分。1824年沦为英国的殖民地，此后一直是英国在远东的转口贸易商埠和在东南亚的主要军事基地。1942年又遭到日本的入侵。1945年日本投降后，英国恢复其殖民统治。1946年英国将新加坡划为直辖殖民地。1959年6月英国被迫同意成立自治邦，1963年9月16日并入马来西亚。1965年8月9日脱离马来西亚成立共和国，为英联邦成员国。

新加坡是多民族国家，有20多个民族，主要有三大民族：华人、马来人和印度人。其中华人有177.5万，占全国人口的76.1%。华人移民迁入最多的时间是在19世纪末20世纪初。其次是马来人35万，占全国人口的15%，共有两支，一支是在新加坡和马来亚出生的马来人；另一支是从印度尼西亚迁来的移民。来源不同，同属一族系。

印度尼西亚，位于亚洲东南部，土地面积有190万余平方公里。"印度尼西亚"一词来自希腊文，意为"水中岛国"，世界上最大的群岛国，共有大小17508个岛屿组成。故有"千岛之国"的称号。公元3—7世纪建立了一些分散的王国，公元7世纪印尼开始进入封建社会。13世纪末至14世纪初，在爪哇岛建立了印尼历史上最强大的麻喏巴歇封建王朝，其版图包括今印尼的大部分地区和马来半岛。13世纪伊斯兰教开始传入，后逐渐排挤和取代2世纪传入的印度教和4—5世纪传入的佛教。15世纪先后遭到葡萄牙、西班牙和英国的入侵。1596年被荷兰占领，1942年日本入侵，1945年日本投降，印尼于同年爆发8月革命，8月17日宣布独立，成立印度尼西亚共和国。

印尼为多民族国家。19世纪以来，在爪哇岛的中部和东部不断发现古猿人头盖骨。这些头盖骨分别命名为爪哇人、梭罗人、瓦贾克人。爪哇人属于60万年前旧石器时期的猿人，梭罗人属于20万年前旧石器时代的古人，瓦贾克人属于4万年前旧石器晚期到新石器时代的新人。公元前数千年，印尼已有尼格里托人和维达人居住，已懂得采集、耕种和手工制作，有了初步的天文知识。

公元前5世纪至公元2世纪，东南亚地区发生民族迁移浪潮，这次民族迁移是由亚洲大陆东部的中国和中南半岛向东南亚群岛移动：一部分由中南半岛，从陆路迁移到东南亚群岛；另一部分由中国大陆漂移过南海，从海路进入东南亚群岛。迁移的人口先后散落在苏门答腊、爪哇、加里曼丹、苏拉威西等岛屿，后来逐步发展成多数民族，构成了当地民族的主要基础。

东南亚民族大迁徙，传去了石器时代和青铜器时代的文明。考古发掘，印尼当时使用的矩形石斧与中国大陆南方出现的矩形石斧很相似。印尼考古学家认为，印尼制造青铜器的技术是从公元前数世纪由中国南部和中南半岛传去的，并还认为，印尼石器时代的文化受到中国大陆云南地区文化的影响。爪哇人（Javanese）有7500多万，人口最多，属蒙古人种。分布在爪哇岛、苏门答腊和加里曼丹等地。操爪哇语，属南岛语系，使用拉丁字母的文字。10世纪以古印度字母创制爪哇文，至今应用。信奉印度教和佛教。15世纪下半叶后不少人改信伊斯兰教，20世纪中叶起，部分人改信奉基督教。以务农为业。

越南，位于东南亚的中南半岛东部，面积有32.9万平方公里。越南自公元初期进入封建社会，10世纪后有大越、安南等古国建立，历经李、黎、阮等王朝。1858年法国势力入侵。1884年沦为法国"保护国"，1940—1945年又遭到日本侵占。1945年8月19日，越南八月革命成功。1945年9月2日，胡志明主席宣布越南民主共和国成立。1945年9月法国再度入侵。1954年5月越南人民取得奠边府战役的胜利，7月20日法国被迫签订日内瓦协议，以北纬17度线为界，越南北方获得解放，法国部队集结于南方。后来美国取代法国对越南殖民统治。1975年实现南北统一，1976年7月改名为越南社会主义共和国。

越南是多民族国家，有54个民族，均属蒙古人种南亚类型。主要民族有越人（Vits），亦称京人，有4500万，分布在平原和沿海地区。越人从公元初期使用汉文，13世纪仿汉字创制"字喃"，与汉字并用。19世纪80年代开始推行拉丁字母拼音文字。越人系古代骆越人的后裔，原住越南北部，后逐渐南移。越人信大乘佛教，尊孔、尊道。主要从事农业。

（三）南亚

南亚包括印度、巴基斯坦、不丹、马尔代夫、孟加拉国、尼泊尔和斯里兰卡，共七个国家。这些国家历史悠久，有的宗教简单，有的宗教复杂，流行多种宗教，在历史上各国多有联系。

印度，位于亚洲南部，是人类文明发祥地之一。考古证明，早在公元前2500年，古印度原始居民达罗毗荼人就已有了高度发达的城市文明，位于今天巴基斯坦境内的莫亨殊达罗和哈拉巴的古代遗址便是有力的明证。今天南印度的泰米尔人、泰鲁固人和马拉雅兰人是他们的后代。公元前2000—前1600年，游牧民族雅利安人，从西北进入印度，打败了达罗毗荼人，并将他们赶到南方。从此雅利安人由印度河流域逐渐向东南发展，移住恒河流域。他们带去了语言和原始宗教信仰。蒙古人约在公元前一千年纪中叶进入印度。现在的卡西人、廓尔喀人等是他们的后代。公元前518年，在伊朗高原的波斯帝国入侵印度，占据了印度河流域。至公元前327年，马其顿国王亚历山大征服波斯帝国后，越过兴都库什山入侵印度，占据了北印度。以后开始了印度与希腊、罗马世界的联系，因而影响了印度的文化。公元前200年左右，孔雀王朝被南方的安度罗国和北方的大月氏所灭。大月氏人本在中亚，侵入印度西北部后，建都犍陀罗城，称为贵霜王朝。公元3世纪，旃陀罗笈多一世驱逐大月氏，灭安都罗国，建笈多王朝。后因北方的哒人入侵，笈多王朝遭到灭亡。戒日王在位时，突厥人自中亚多次入侵，多达15次之多。公元495年，匈奴酋长多拉马那（Toramana）在印度北境建立一王国，并降服中部印度及旁遮普地方，以至到后来建立王朝。总之，从公元前6世纪开始，先后又有波斯人、希腊人、塞人、大月氏人、突厥人、匈奴人等轮番入侵，由于印度在历史上不断遭到异族入侵，所以它既有光耀人寰、彪炳史籍的文化，又有几经沧桑、屡遭外侮的苦难历史。因此，在外来征服，内部迁徙和不断同化的作用下，印度不仅人种多，而且民族成分及其血统非常复杂，有些民族是雅利安人、塞种人、匈奴人、蒙古人的混合种；有的民族则是由雅利安人、达罗毗荼人、塞种人混合而成；有的则是原始达罗毗荼人与雅利安人的混合后裔；有的则是雅利安人、达罗毗荼人和古希腊人的混合种，如此等等。

印度历史悠久，变化万千。公元前10—前6世纪，恒河流域就形成许多奴隶制国家，从公元6世纪起，印度进入封建社会。16世纪印度遭到欧洲殖民主义者的入侵。1757年开始，沦为英国殖民地。印度人民不断反抗，1947年8月15日印巴实行分治，印度实现独立，1950年1月26日印度共和国成立。

印度在历史上屡遭异族入侵和占领，因而人种繁多，血统混杂，语言纷乱，素有"人种博物馆"之称。如果单从外貌和体型看，很难辨认哪一个是印度人。有些印度人像欧洲的白种人，有些印度人又似非洲的黑种人，有些则是棕褐色的亚洲黄种人。他们有的头发乌黑，有的呈金黄色；有的身材高大，有的个子矮小；有的高鼻梁，有的塌鼻子。所以在印度，白种人、黄种人和黑种人等都有。许多世纪以来，各色人种、宗教和文化一直不断地流入印度，因此，印度文化吸收了多种民族不同传统，从而变得多姿多彩。一般人类学家认为，印度主要有七大种人：即达罗毗荼人、印度雅利安人、雅利安—达罗毗荼人、蒙古人、蒙古—达罗毗荼人、土耳其—伊朗人、色底安—达罗毗荼人。至于民族，有十几种，主要有印度斯坦族等，占全印人口的94%左右。除上述民族外，印度有不少土著部落民族，至少有550支，生活多种多样，文化丰富多彩。

巴基斯坦，南亚主要国家之一，位于南亚次大陆西北部。它原来和印度同属一个国家。1858年整个次大陆沦为英国殖民地。1906年全印穆斯林联盟成立。1940年3月23日该联盟在拉合尔会议上通过建立巴基斯坦的决议。1947年6月英国公布"蒙巴顿方案"，同意印巴分治。同年8月14日巴基斯坦宣布独立，成为英联邦的一个自治领，领土包括东、西巴基斯坦两翼。1956年3月颁布第一部宪法，定国名为巴基斯坦伊斯兰共和国，仍为英联邦成员国。1970年12月全国举行大选，人民联盟和人民党分别在东、西巴基斯坦获胜。1971年3月东巴基斯坦宣布独立，成立孟加拉国。

旁遮普人（Punjabis）有5000万，占全国人口的65.1%，为巴基斯坦的主体民族。巴基斯坦的旁遮普人信仰伊斯兰教，从事农业。

克什米尔人（Kashmiris）中国史称"迦湿弥罗"等，有280万，分布在巴基斯坦实际控制的克什米尔地区和印度实际控制的克什米尔地区，属欧罗巴人种，但混有明显的蒙古人种特征。其历史悠久，4—8世纪佛教文化高度发展，曾有不少僧人来中国传教，13世纪后改信伊斯兰教。操克什米尔语，克什米尔语属印欧语系印度语族，有大量的梵语、波斯语、突厥语和旁遮普语借词；文字使用阿拉伯语字母和梵文天成体字母。信伊斯兰教，或信印度教。主要从事农业。

不丹，属南亚国家，其东、北、西三面与中国接壤，南面与印度交界，为内陆国家。公元7世纪不丹是吐蕃王朝属地。8世纪喇嘛教从西藏传入。9世纪成为独立部落。1772年不断遭到英国侵犯，1865年11月英国强迫不丹签订不平等的《辛楚拉条约》，从不丹割地2000平方公里。1910年1月英国又同不丹签订《普那卡条约》，规定不丹对外关系接受英国的"指导"。印度独立后1949年8月同不丹签订《永久和平与友好条约》，规定不丹对外关系接受印度的"指导"。1961年后，不丹王国多次公开表示要保持自己的主权和独立。1971年不丹加入联合国。

菩提亚人（Bhotiyas）有76.5万，分布在中部和北部地区，为主要民族，在语言和文化上同中国藏族有亲缘关系。他们分为三个支系，分别操三种不同方言。不丹西部的菩提亚人，也叫纯不丹人，他们与锡金的菩提亚人有亲缘关系，宗卡语（不丹语）实际上是与中国西藏东部方言相似的一种藏语方言。另外两支菩提亚人分布在东北部和北部地区。其中一支讲洛巴卡方言，另一支讲脱莫卡方言。中部谷地的菩提亚人以农业为生；北部高山地区则以牧业为主。

马尔代夫，属于南亚地区，印度洋上的一个岛国，由1201个珊瑚岛组成，陆地面积有298平方公里。公元前5世纪雅利安人来此定居。12世纪初又有许多阿拉伯人迁入，同时运来非洲黑人为奴隶。自1116年起，岛民由信佛教改信伊斯兰教，建立苏丹国。16—19世纪，马尔代夫人相继遭到葡萄牙、荷兰和英国的殖民统治。1965年7月26日宣布独立，1968年11月11日建立共和国。

马尔代夫岛上最早的居民是僧伽罗移民。12世纪阿拉伯人进入该岛。16—18世纪在葡萄牙、荷兰统治时期，岛上又来了马来西亚、印度尼西亚等东南亚国家的移民。经过长期历史发展，现已形成单一的马尔代夫民族。

孟加拉国，位于南亚次大陆的东部，土地面积约有14.4万平方公里。18世纪后半叶，孟加拉沦为英国殖民地，成为英属印度的一部分。1947年印、巴分治后，孟加拉被割为东西两部：西孟加拉属印度；东孟加拉归巴基斯坦，即东巴基斯坦。1971年印、巴战争后东孟加拉脱离巴基斯坦独立，成立孟加拉人民共和国。

主要民族是孟加拉人（Bengalis），有1.2亿，占全国居民的97.6%，分布在全国各地，其历史的演变，在印度部分已提到。孟加拉人绝大多数信伊斯兰教。以务农为业。

尼泊尔，位于喜马拉雅山脉中断南麓，土地面积有14万余平方公里。尼泊尔建于公元前6世纪。公元13—18世纪建立马拉王朝。后来，中、西部甘达基河流域的郭尔喀国王于1768年战胜马拉王朝，攻占加德满都，统一了尼泊尔，建立沙阿王朝。1814年英国入侵，翌年尼泊尔被迫同英国签订了《塞哥里条约》（1816年3月生效），割让大片领土给英属印度。1923年英、尼签订《永久和平和友好条约》，承认尼泊尔独立。

尼泊尔民族较多，有尼瓦尔人、塔芒人、古隆人等。属于汉藏语系藏缅语族。公元11世纪到13世纪，印度的雅利安人迁入尼泊尔，并带去了印度教。从此，尼泊尔的人种和民族发生了变化。18世纪统一尼泊尔的郭尔喀王国的主要居民是郭尔喀人。郭尔喀人（亦称尼泊尔人）是由拉其普特人、卡人混血后裔与当地古隆人、马嘉人、松瓦尔人、塔芒人混血而成，经过历史的演变，形成了尼泊尔藏缅语族和印度语族两大支系的民族。前者基本上属于蒙古人种，而后者基本上属于欧罗巴人种。郭尔喀人分布在中部逊科西河、甘达克河和卡尔纳利河河谷地带。主要从事农业和手工业。

斯里兰卡，位于南亚次大陆南端，印度洋上的一个岛国，面积有6.5万平方公里。约在2500年前，由印度移至锡兰的德拉维之僧伽罗人建立了辛哈勒王朝。自1505年起，先后被葡萄牙、荷兰统治，17世纪90年代末成为英国的殖民地，长期受到英国的统治。1948年2月4日获得独立（当时称锡兰），成为英联邦的一个自治领。1972年5月22日，宣布斯里兰卡为自由、独立和主权的共和国。1978年8月16日议会通过新宪法，改国名为斯里兰卡民主社会主义共和国。

斯里兰卡岛上的最早居民是维达人（又名吠陀人），属于澳大利亚人种。达罗毗荼人和印度雅利安人与公元前一千年纪开始出现于该岛。一般认为僧伽罗人的祖先是原先居住在印度西北部和东北部的雅利安人，他们分批迁移到斯里兰卡岛上。僧伽罗人是印度雅利安人、达罗毗荼人和维达人的混合种。公元前3世纪，斯里兰卡岛上佛教传入。一部分属于达罗毗荼族的泰米尔人进入斯里兰卡岛。公元8世纪，尤其在公元10世纪初，有大批泰米尔人迁入该岛。于是，贾夫纳半岛和东北部沿海地区就形成了一个较大的泰米尔人居住区。公元12—13世纪，岛上又来了不少阿拉伯人，分布在沿海城市。

僧伽罗人（Sinhalese），为斯里兰卡的主体民族，属欧罗巴人种，但混有原始澳大利亚人的血统。有1180万，占全国人口的74%。操僧伽罗语，属印欧语系印度语族，主要信小乘佛教。

（四）西亚

西亚地区，共有17个国家，一般信仰相同，但历史有别，国家的演变和民族的发展各有特点。

阿拉伯联合酋长国 位于阿拉伯半岛东部，面积有83600平方公里。阿联酋历史上多遭强邻侵犯。公元6世纪遭波斯人占领。7—11世纪成为阿拉伯哈里发国的一部分。7世纪上半叶，居民接受伊斯兰教。公元7世纪隶属阿拉伯帝国。从16世纪起，葡萄牙、荷兰、法国殖民主义者相继入侵。从公元17世纪起，这一地区名义上归奥斯曼帝国管辖，实际上保持独立状态。1820年英国侵入波斯湾地区后，强迫当地七个酋长与其签订《永久休战条约》，称为《休战的阿曼》，该地区沦为英国的"保护国"。第二次世界大战后，民族解放运动高涨。1971年3月1日英国宣布同波斯湾各酋长国签订的条约于年底终止。该地区6个阿拉伯酋长国自1971年12月开始摆脱英国统治，宣告阿拉伯联合酋长国成立。

主要民族是阿联酋阿拉伯人，有 35 万，占全国人口的 49.3%。他们一般有两个来源：希纳维人来自也门的部落；加弗利人为内志地区移民的后裔。阿联酋阿拉伯人，在人种类型上混有明显的尼格罗人种成分。

阿曼 位于西亚的阿拉伯半岛东南部，最古老的国家之一。公元前 2000 年曾进行广泛的海上和陆上贸易活动，成为阿拉伯半岛造船中心。公元前 6 世纪被波斯人占领，后来也门阿季德部落侵入，赶走了波斯人。公元 7—11 世纪阿曼为阿拉伯帝国的一部分。居民从 7 世纪起皈依伊斯兰教。7 世纪末阿曼人侵入东非海岸部分地区。16 世纪初到 17 世纪中叶，阿曼沿海地区被葡萄牙人占领。18 世纪 30 年代，阿曼被波斯人占领。18 世纪末在沿海地区成立的阿曼苏丹国（马斯喀特）同内地的阿曼教长国之间进行了长期斗争。1970 年 8 月国名改为阿曼苏丹国。

主要民族是阿曼人（Omanis），亦称阿曼阿拉伯人，有 77 万，占全国人口的 91.6%，全国约有 100 个部落，其中较大的有布阿利、布哈桑、哈里斯、哈贾里亚等。多数人信伊斯兰教。主要从事农业，出口石油。

巴林 位于西亚波斯湾同名列岛上，由 33 个岛屿组成，土地面积约有 670 平方公里。巴林历史悠久，历史上早期统治过巴林的有腓尼基人、亚述人以及马其顿亚历山大帝国。公元 4 世纪遭波斯萨珊王朝统治。公元 7 世纪成为阿拉伯帝国巴士拉省的一部分。1507—1602 年为葡萄牙人所占领。1602—1782 年处于波斯帝国的统治之下。1783 年赶走波斯人宣布独立。1820 年英国入侵巴林。1880 年和 1892 年英国又先后强迫巴林同它签订了条约，成为英国的保护国。1971 年 8 月 14 日巴林宣布独立，成为君主立宪制酋长国。

巴林人（Bahrainese）又称巴林阿拉伯人，阿拉伯人的一支，是主体民族，有 29 万人，属欧罗巴人种，为阿拉伯人与波斯人的混血后裔。早在公元初期，巴林岛上就有阿拉伯人定居。公元 4 世纪后，伊朗移民陆续移居巴林岛。后来又有非洲黑人移入，他们相互混合，形成巴林人。巴林人操阿拉伯语，信伊斯兰教。巴林人主要从事石油企业，少数人务农。

卡塔尔 位于西亚阿拉伯半岛东部，公元初期属古代阿拉伯国家，后被波斯萨珊王朝占领。公元 7 世纪成为阿拉伯帝国的一部分。16 世纪被葡萄牙侵占，后不久被奥斯曼帝国统治。1846 年萨尼·本·穆罕默德建立卡塔尔酋长国。1882 年英国入侵并宣布为英国的保护地。

1971年卡塔尔宣布独立，成为君主立宪制酋长国。

主要民族是卡塔尔人（Qatari），阿拉伯人的一支，属欧罗巴人种，操阿拉伯语，信伊斯兰教。早在中世纪，卡塔尔人已同邻国其他阿拉伯人一起在东非建立贸易据点，从那里运来非洲黑人做奴隶。现有非洲人1.5万，均为奴隶后裔和移民。大多卡塔尔人从事石油企业，部分人务农。

科威特 位于西亚的阿拉伯半岛东北部。公元7世纪，科威特成为阿拉伯帝国的一部分。从1581年起，由半岛内地迁来的哈立德家族成为科威特的统治者。1710年阿奈扎部落中的萨巴赫家族由内志地区来到科威特，1756年取得政权，建立科威特酋长国。1822年英国总督从巴士拉迁到科威特。1871年科威特成为奥斯曼帝国巴士拉省的一个县；1899年英国强迫签订了英科秘密协定，英国成为科威特的宗主国。1939年正式沦为英国的"保护国"。1961年6月19日科威特宣布独立。

主要民族是阿拉伯人，占全国人口的90%。公元前3世纪起，阿拉伯部落从阿拉伯半岛内地陆续迁到波斯湾海岸。7世纪前来的部落有贝尼塔米尔、贝尼塔格利布等。当时多数人以游牧生活为主。16世纪初，在波斯湾沿海居住的部落有哈立德、卡阿布等。19世纪先后遭奥斯曼帝国和英国殖民主义的统治。自20世纪，特别第二次世界大战后，大批侨民入境，主要来自其他阿拉伯国家以及伊朗、印度等国，使民族成分发生变化，其中阿拉伯人约占人口的一半。其他还有约旦人、伊拉克人、黎巴嫩人、埃及人、伊朗人等。

沙特阿拉伯 意为"幸福的沙漠"，它位于亚洲的西南部，伊斯兰教的发源地。公元5世纪出现一个强大的部落联盟，其势力除包括整个内志外，还远达半岛东部。公元7世纪，伊斯兰教的创始人穆罕默德建立阿拉伯帝国。8世纪为鼎盛时期，版图横跨欧、亚、非三洲。11世纪开始衰落，16世纪被奥斯曼帝国统治。19世纪英国入侵，当时分汉志和内志两部分，1924年内志酋长伊本沙特兼并汉志，次年他自称为国王，1932年9月定名为沙特阿拉伯王国。

主要民族是沙特阿拉伯人（Saudi Arbians），有690万人，全国有许多部落，至今保留着部落界限。较大的部落在内志有沙马尔、阿纳扎、阿泰巴、穆泰尔等。部落酋长称为谢赫，属社会上层，是沙特王朝的政治基础。

伊拉克 在阿拉伯语中有"血管"之意，这是古代阿拉伯人对这一地区的喻称。伊拉克位于西亚美索不达米亚平原，土地面积为43.8万平方公里，幼发拉底河和底格里斯河流贯全境，两河流域是人类文明最早的发祥地之一。早在公元前4—前3千年纪，这里就出现了苏美尔人和阿卡德人的城邦；公元前19世纪出现奴隶制大国——巴比伦王国。公元前2—前1千年纪，在两河流域北部出现了一个军事大国——亚述。亚述王国在公元前7世纪被巴比伦人和米底亚人联合推翻。后来，美索不达米亚相继遭到新巴比伦王国、吉波斯阿赫梅尼王朝、马其顿亚历山大帝国、塞琉古王国的统治。公元前550年为波斯帝国所灭。公元3世纪，下美索不达米亚被伊朗的萨珊王朝占领。7世纪两河流域被阿拉伯人占领，被并入阿拉伯帝国。同时接受了伊斯兰教。11世纪被塞尔柱突厥人占领。1258年蒙古人入侵，阿拉伯帝国逐渐衰落。16世纪受奥斯曼帝国统治。第一次世界大战中奥斯曼帝国惨败，1920年沦为英国"委任统治区"。1921年8月独立。1932年获得完全独立。1958年7月14日建立伊拉克共和国。

主要民族是伊拉克人，亦称伊拉克阿拉伯人，占全国居民的76.9%。分布在幼发拉底河和底格里斯河两岸。伊拉克人信伊斯兰教，操阿拉伯语，主要从事农业。

伊朗 位于西亚中部。"伊朗"一词在古波斯语中有"光明"之意。伊朗有记载的历史始于公元前2700年，历史上称"波斯"，中国汉史上称"安息"。公元前2000年后出现印欧血统的伊朗人。公元前6世纪古波斯帝国阿契美尼德王朝曾盛极一时。该王朝第三代国王大流士一世统治时期（公元前522—前486）帝国版图扩张到东至阿姆河和印度河两岸，西到尼罗河中下游，北至黑海、里海一带，南达波斯湾。公元前3世纪帝国被希腊人所灭。公元前3世纪中叶出现安息帝国，中古波斯的强大萨珊王朝建于公元226年。公元7—16世纪阿拉伯人、突厥人、蒙古人曾先后入侵。18世纪末恺加部落建立王朝统治。19世纪初伊朗逐渐沦为英、俄半殖民地。1921年礼萨·汗发动政变推翻恺加王朝。1925年建立了巴列维王朝。1979年推翻王朝，建立伊朗共和国。

伊朗民族成分复杂，有40多个，分属不同的语系和语族。主体民族是波斯人（persians）。波斯人亦称伊朗人，属欧罗巴人种，有1600万，占全国人口的66%，分布在厄尔布尔士山脉以南的中伊朗和东伊朗。据考证，早在公元前2千年纪，他们就进入了伊朗，在居鲁士建立的阿赫梅尼德王朝占统治地位，后来逐渐同化了阿拉伯、突厥、蒙古以及当地部落。从公元7世纪起，在波斯人中相继混入了阿拉伯人、突厥人、蒙古人等民族成分。近百年来，有些民族，尤其是讲伊朗语族语言的民族，一直与波斯人相融合。操波斯语，信伊斯兰教，从事农业。

阿富汗 在古波斯语中为"山上人"之意，故有"山人国"之称。中国史书上称为阿富汗为吐火罗，公元3—6世纪阿富汗受大月氏统治，中国古代文献上也称其为大月氏或月支。古代一直是波斯、印度和中亚诸帝国争夺之地。18世纪中叶，阿富汗人民赶走了波斯侵略者，建立起自己的国家。阿富汗一度强盛，其疆域曾扩张到印度。19世纪后，阿富汗国力衰落，成为英国和沙俄的角逐场所。沙俄一向觊觎阿富汗，将它看成是南下印度洋的必经之路，英国将其看成维护英属印度北方统治的屏障。1838年后遭英国三次入侵，1919年阿富汗人民进行了斗争。同年8月英国承认阿富汗独立。1929年1月阿富汗右翼宗教势力和部族武装在英国唆使下发生暴动，推翻了阿曼努拉王朝。同年，出身王族的纳第尔自法国返阿富汗，击败部族武装，自立为王。1933年纳第尔被害，其子查希尔继承王位。1973年7月达乌德发动了政变，推翻查希尔王朝，成立阿富汗共和国，1978年4月亲苏的人民民主党的军事头目发动政变，推翻政府，改国名为阿富汗民主共和国。1987年12月又改名为阿富汗共和国。1992年4月由苏联扶持的纳吉布拉政权垮台，阿富汗游击接管政权，改名为阿富汗伊斯兰国。

阿富汗民族众多，共有30多个民族，基本上都属于欧罗巴人种南支印度帕米尔类型，主要民族有普什图人（pushtus），亦称阿富汗人，是阿富汗境内人数最多的民族，有800多万人，占全国人口的52.9%，分布在兴都库什山以南。普什图人的故乡原在苏莱曼山区。10—11世纪开始从游牧转向农耕，并向西北部塔吉克人居住地区和东南部印度各族居住地区渗透。在其发展过程中逐步混入塔吉克人、印度人和突厥人的血统。普什图人属于欧罗巴人种，操普什图语，信伊斯兰教，从事农业。

巴勒斯坦 位于亚洲西部。"巴勒斯坦"一名由巴莱斯特人的名称演变而来。据记载，早在公元前3千年纪左右，一些半游牧部落的迦南人已在巴勒斯坦沿海和平原地区居住；公元前13世纪腓力斯丁人在巴勒斯坦沿海地区建立国家。公元前12世纪希伯来各部落离开埃及迁入迦南地区。公元前11世纪希伯来人征服迦南人，建立希伯来王国。从此，巴勒斯坦一直处于周围大国的侵占和争斗之中，先后被波斯、希腊、罗马和突厥等外族占领；公元7世纪成为阿拉伯帝国的一部分；11—13世纪遭十字军占领，自16世纪至第一次世界大战，成为奥斯曼帝国的一部分。自19世纪末，大批犹太人移入巴勒斯坦。1947年11

月联合国大会通过181号决议，决定在巴勒斯坦建立阿拉伯国和犹太国。犹太人同意分治决议，于1948年5月14日宣布成立以色列国；阿拉伯国家反对分治的决议，未建阿拉伯国。以色列建国后，在帝国主义的支持下，先后与阿拉伯国家发生四次大规模战争，1967年战争中非法占领8万多平方公里的阿拉伯国家领土，并将100多万巴勒斯坦阿拉伯人赶出家园，使他们流离失所，沦为难民。1988年11月15日，巴勒斯坦全国委员会的会议通过《独立宣言》，接受联合国181号决议，建立以耶路撒冷为首的巴勒斯坦国。

巴勒斯坦人（Palestinese）有640万。他们是迦南人、腓力斯丁人及其他古代居民混血的后裔。自7世纪起，又与陆续迁入的穆斯林阿拉伯人不断融合，逐渐形成现代巴勒斯坦人。属欧罗巴人种地中海类型。信伊斯兰教，主要从事农业。

黎巴嫩 位于亚洲西南部地中海东岸，土地面积有10452平方公里。"黎巴嫩"一词在希伯来语中有"白色山岭"之意，作为国名意即"白山之国"。公元前2000年，在今黎巴嫩地域上便出现了腓尼基人建立的城邦。后来，相继侵入这一地区的有古代埃及人、亚述人、巴比伦人、伊朗阿赫梅尼德王朝、马其顿亚历山大帝国、塞琉古王朝、罗马帝国、拜占庭帝国等。公元7世纪，阿拉伯人入侵，黎巴嫩成为阿拉伯哈里发国的一部分。11世纪末至13世纪，欧洲十字军占领黎巴嫩，并在这里建立几个封建公国。13世纪至16世纪初，黎巴嫩处于埃及马木留王朝统治之下；1516年被奥斯曼帝国吞并。第一次世界大战后沦为法国委任统治地，1943年11月12日独立，成立黎巴嫩共和国，1946年12月英、法军全部撤离黎巴嫩。

黎巴嫩人（Lebanese），亦称黎巴嫩阿拉伯人，阿拉伯人的一支，黎巴嫩的主体民族，属欧罗巴人种，操阿拉伯语。黎巴嫩人有许多不同其他阿拉伯人的特点，其一是黎巴嫩人中有欧洲人成分。这是十字军时代迁到沿海地区的法国、意大利殖民者与当地居民混血的结果。其二是宗教信仰复杂，既有伊斯兰教又有基督教，还有不同派别。主要从事农业。

塞浦路斯 位于地中海东部。公元前1500年，希腊人移居该岛。公元前709—前525年，先后被亚述人、埃及人、腓尼基人、波斯人、希腊人、罗马人等征服。从公元前58年起受古罗马人统治达400年之久。公元395年归属拜占庭版图。1571—1878年由奥斯曼帝国统治300余年。1878—1960年为英国占领。1925年英国宣布塞浦路斯为英国

"直辖殖民地"。1959年2月19日塞浦路斯与英国、希腊、土耳其三国签订了《苏黎世—伦敦协议》，1960年8月16日塞浦路斯宣布独立，成立塞浦路斯共和国。

主要民族是塞浦路斯希腊人（Greeks of Cyprus），有49.2万，占全体居民的79.4%，属欧罗巴人种地中海类型。希腊人从公元前1500年左右开始移居塞岛，后来迁入的越来越多。以后数千年，虽遭多种异族入侵，但其传统一直保持。塞浦路斯土耳其人占全体居民的18.6%。自公元1571年后，土耳其陆续移居塞岛。他们为该岛带来了东方文化。长期以来，基督教堂和伊斯兰教清真寺毗邻而立，但两种教徒没有冲突，并为反抗殖民主义统治而并肩战斗。1974年希腊族军人集团发动军事政变；土耳其出兵占领塞岛东北地区，形成南北对峙局面。1975年5月23日，土族人宣布在北部成立"塞浦路斯土族邦"，1983年11月15日又宣布成立"北塞浦路斯共和国"。主要工业有食品加工、纺织等。旅游业较发达。

土耳其 位于西亚西北部。"土耳其"一词由突厥音转变而来，在突厥语中有"勇敢"之意。据记载，土耳其人发源地是中国新疆阿尔泰山一带，史称突厥。公元7世纪，东、西突厥汗国先后被唐所破。公元8—13世纪，突厥人西迁至小亚细亚。14世纪初建立奥斯曼帝国，15—16世纪为鼎盛期，帝国版图包括东南欧、北非、阿拉伯半岛以及高加索、黑海北部地区。16世纪末开始衰落。17世纪下半叶起，受奥斯曼帝国统治的国家纷纷独立。奥斯曼帝国在与欧洲一些国家的战争中节节失利。20世纪初沦为英、法、德等国的半殖民地。1919年穆斯塔法·凯末尔发动民族资产阶级革命，1922年战胜外来侵略军，1923年10月29日成立土耳其共和国。

主要民族是土耳其人（Turks），自称突厥人，为该国的主体民族，有3700万人，约占全国居民的86.8%。属欧罗巴人种，操土耳其语，信伊斯兰教。土耳其人由外来的突厥部落与当地居民混血而成。在11—13世纪随着突厥—蒙古军队的进军，由中亚和伊朗来到安纳托利亚（小亚细亚）。另外，在土耳其的族源里还有别的民族成分，如阿拉伯人、南斯拉夫人和阿尔巴尼亚人等，分布在安纳托利亚西部、西南部和南部山区。主要从事农业。

叙利亚 古称苏里斯顿，有"玫瑰之地"的意思，位于西亚西部，土地面积为18.5万平方公里。公元前4—前3千年纪，在地中海沿岸与河流谷地就有了人定居。前3千年纪，这里就形成了许多奴隶制城邦。

叙利亚自古受到古埃及人、赫梯人、亚述人、巴比伦人、波斯人和罗马人等在不同时期的侵略。但希腊马其顿人的入侵影响较大。公元633年，阿拉伯军队进入叙利亚；200年后，又有埃及人入侵。11世纪下半叶塞尔柱突厥人侵入，后来又有欧洲的十字军侵入。13世纪下半叶埃及的马木留克王朝赶走十字军后占领叙利亚。16世纪奥斯曼帝国打败了马木留克人，统治了叙利亚，第一次世界大战奥斯曼帝国战败。后来叙利亚又沦为法国的委任统治领地。1946年4月17日，英国、法国被迫撤军，叙利亚把这一天定为独立日。1958年2月1日，叙利亚和埃及宣布合并，成立阿拉伯联合共和国。1961年9月28日，叙利亚宣布脱离阿联，成立了阿拉伯叙利亚共和国。

主要民族是叙利亚人（Syrians），亦称叙利亚阿拉伯人，占全国人口的86.5%，属欧罗巴人种，操阿拉伯语。叙利亚人的形成经过了相当复杂的过程，融合了相当多的民族成分。早在阿拉伯军队进入叙利亚前，这里就有了相当多的阿拉伯部落。当7世纪阿拉伯军队占领后，叙利亚人很快就阿拉伯化，当地居民和外来的阿拉伯人，以及其他外来民族，经过长期的接触，最后融合为叙利亚阿拉伯人。主要信伊斯兰教，少数人信基督教。主要从事农业和手工业等。

阿拉伯也门共和国　位于西亚的阿拉伯半岛西南部，土地面积有19.5万平方公里。也门共和国的"也门"由"龙姆尼"一词转化而来，意为幸福的阿拉伯或阿拉伯乐园。也门的历史悠久，从公元前14世纪到公元525年，先后建立了麦因、萨巴和赫米叶尔三个王朝。525年也门被埃塞俄比亚人占领，6世纪末遭到波斯萨珊王朝的统治。7—9世纪也门是阿拉伯帝国的一部分。9—16世纪也门成为埃及、叙利亚等许多王朝的附庸。16世纪初遭葡萄牙入侵。1538年和1849年两次遭土耳其奥斯曼帝国入侵。1872年土耳其人派总督常驻萨那。1918年摆脱土耳其统治，宣布独立，建立穆塔瓦基利亚王国。1962年改为共和制，始称现名。

主要民族是也门人（Ycmcesc），亦称也门阿拉伯人，约1972万（2008年），为主体民族，占全国居民的99%。共分两大支：卡坦尼人和阿德纳尼人，属欧罗巴人种地中海类型。信伊斯兰教。多数从事农业，部分人从事工矿业。

以色列　位于亚洲西部。土地面积为1.49万平方公里。犹太人远祖是古代闪族的支脉希伯来人。公元前13世纪末开始从埃及迁居到巴勒斯坦，并于公元前11世纪建立希伯来王国。公元前935年王国一分为二，北部称以色列王国，南部称犹太王国。前者于公元前722年被亚述征服，后者于公元前586年被巴比伦灭亡。后来这块土地相继遭到阿赫梅尼德王朝、托勒密王朝、塞琉古王朝以及罗马人的侵略和管辖。公元前1—公元2世纪反罗马起义失败后，犹太人大部分流散到地中海沿岸各国，后又流散到中欧、东欧及世界其他地区。自7世纪起，巴勒斯坦被阿拉伯帝国占领，成为阿拉伯帝国的一部分。自11世纪起，又相继遭到欧洲十字军、亚洲蒙古人、非洲马木留克人的侵略。16世纪，巴勒斯坦被奥斯曼帝国吞并。1917年英国占领巴勒斯坦。1922年7月24日，国际联盟通过了英国对巴勒斯坦的"委任统治训令"，规定在巴勒斯坦建立"犹太民族之家"。此后，世界各地犹太人大批移居巴勒斯坦。1947年11月29日，联合国大会通过决议，决定在巴勒斯坦分别建立阿拉伯国和犹太国。1948年5月14日以色列国正式成立。

主要民族是犹太人（Jews），有311万，为主体民族，犹太人重新定居巴勒斯坦，始于19世纪80年代。自19世纪末，犹太人移居巴勒斯坦受到国际性犹太复国主义组织的支持。散居世界各地的犹太人相继返回他们的"祖先的土地"。1918年，在巴勒斯坦居民中犹太人仅有5.7万，而阿拉伯人则有53.3万。但自巴勒斯坦沦为英国委任统治领地后，犹太人数量开始增多。犹太人信奉犹太教，以其为国教。经济以工业为主，农业人口只占6%。

约旦 约旦位于阿拉伯半岛的西北，西与巴勒斯坦、以色列为邻，北与叙利亚接壤，东北与伊拉克交界，南部与沙特阿拉伯相连。约旦基本上是一个内陆国家，全国面积91390平方公里，西部多山，东部和东南部为沙漠，气温较温和。

约旦国名来自约旦河。在希伯来语中，"约旦"意为"水流急下"之意，约旦原为巴勒斯坦的一部分，因此其历史基本上与巴勒斯坦相同。约旦原是贝都因阿拉伯部落居民的居住地，但1948年以后，巴勒斯坦则成为当地居民的重要组成部分，目前贝都因人仅占约旦总人口的4%。其他有切尔克斯人、德鲁兹人、土库曼人、亚美尼亚人、吉尔吉斯人等。

约旦属发展中国家，可耕地少，资源较贫乏，主要靠进口，但政府采取了一系列保护民族经济、调整经济结构、增加产品出口等政策。约旦重视贸易，与世界100多个国家和地区有贸易往来，既有进口，又有出口，经济较活跃。

约旦公民实行免费医疗；政府工作人员根据不同职业，每月可领取交通、出差、住房、服装和物价等补贴。约旦重视教育，公民从小学到高中可享受免费教育，因此，全国文盲率低，仅为15%。

三　亚洲的殖民地化

　　古老而文明的亚洲，从公元16世纪初开始，就变成了欧洲殖民者侵略和掠夺的对象。它们凭借着资本主义的发展所带来的政治、经济、文化和军事上的优势，对亚洲进行了征服，使亚洲各国先后沦为它们的殖民地和半殖民地。先是葡萄牙和西班牙，继之而来的是荷兰、英国、法国和沙俄。到19世纪中叶先后侵占了菲律宾、印度尼西亚、马来西亚、印度等地。奥斯曼帝国、伊朗和中国等也相继被列强敲开了大门，强加上不平等条约，沦为半殖民地。与此同时，西方的宗教和文化也相继带入亚洲，对亚洲传统文化产生了不同程度的影响。下面介绍一些亚洲主要国家殖民地化的情况。

　　印度尼西亚是最早遭受殖民侵略的国家之一。由于该国有些地方盛产香料，特别是马鲁古群岛出产的香料，诸如胡椒、丁香等，一向驰名于东方和欧洲。因此葡萄牙人在公元1511年入侵了印度尼西亚，强行占领了安汶岛。继之而来的是荷兰人，荷兰人把西班牙人击退，并相继建立许多公司。荷兰从印尼掠夺了大量财富，使印尼人民陷入贫困之中，因此不断激起印尼人民的反抗。17世纪末，爆发的苏拉巴蒂领导的起义就是一例。

　　到19世纪初，印尼成了英、法争夺的对象。英国统治印尼后，推行了一系列新殖民政策，诸如增加了对农产品的出口，扩大英国工业品的市场等。

　　拿破仑帝国覆灭后，荷兰恢复独立。根据1814年英国、荷兰所签订的条约，荷兰殖民者又卷土重来，重新恢复了对印尼的统治，加重了对当地的剥削与掠夺。因此，荷兰殖民主义者同印尼社会各阶级之间矛盾更加激化，导致了1825年至1830年爪哇人民大起义，给荷兰殖民者以深重打击。尽管如此，荷兰殖民者在印尼的侵略范围不断扩大，印尼沦为荷兰的殖民地。

　　19世纪中叶以后，殖民当局在印尼实行了新的殖民政策，1870年颁布了"糖业法"和"土地法"。这样，在加速农业分化的过程中促进了农业中某些资本主义的发展。由于允许外国资本家对印尼农民土地的短期租赁，又导致农民对外国种植园主和商人的依附，使印尼人民遭受到空前的浩劫。到19世纪末期，荷兰殖民者的残酷剥削引起了印尼各地农民奋起反抗，于是后来农民运动变成了武装起义，给殖民当局以沉重打击。

（一）西班牙对菲律宾的殖民统治

早在15世纪末16世纪初，西班牙就把侵略魔爪伸向了亚洲。1521年，麦哲伦率领西班牙舰队经美洲侵入菲律宾的萨马岛、宿务岛和克坦岛，令当地人民服从西班牙的统治，但遭到当地人民迎头痛击，麦哲伦也被击毙身亡，其残余部队狼狈逃窜。后又多次入侵，直到1565年西班牙才开始对菲律宾进行殖民统治。

西班牙殖民者对菲律宾的残酷殖民统治和对外贸易的垄断，激起了菲律宾人民的强烈不满。随着外国资本主义的入侵和社会经济的发展，菲律宾社会阶级结构也发生了变化。

菲律宾的无产阶级出现较早，随着外资经营的工厂出现和企业的开办，也就出现了菲律宾的工人阶级队伍，他们一直站在民族解放运动的最前列，首先喊出了"打倒西班牙"等战斗口号，1896年菲律宾掀起了资产阶级民族民主革命的新高潮，以安德列斯波尼法秀（1863—1897年）为代表的资产阶级激进派提出了通过武装斗争取得民族独立的纲领，得到群众的响应。后因内部分裂，他惨遭杀害。1899年1月菲律宾共和国宣布成立，标志着西班牙对菲律宾300多年殖民统治结束。

1898年12月10日，美国、西班牙在巴黎签订了和约，西班牙以2000万美元代价把菲律宾"转让"给美国。从此美国的魔爪伸向了菲律宾，菲律宾人民感到极大愤慨，并进行了英勇斗争，但最后以失败告终，菲律宾被美国霸占。

菲律宾的独立斗争虽失败，但推翻了西班牙300多年的殖民统治，也给美国侵略者以沉重打击。

（二）法国对越南的殖民统治

早在17世纪初，法国殖民主义者就看中了越南，不断派传教士和商人来越南活动。当19世纪中叶，越南阮氏封建王朝的统治面临严重危机时，法国殖民者便加快了侵略和吞并越南的步伐。在吞并越南领土的同时，强迫与阮氏王朝签订丧权割地的条约（1862年第一次西贡条约），使越南开始沦为法国殖民地。继第一次西贡条约之后，于1874年

3月又签订第二次西贡条约。《顺化条约》规定法国对越南有保护权，越南一切外交事务均由法国控制等。1884年6月6日阮氏王朝被迫在卖国条约《巴德诺条约》上签字，越南变成法国的殖民地。

从1860年殖民军入侵越南领土开始，到1884年阮氏王朝签订卖国条约止，越南人民的反法斗争从未停止过，到20世纪初，越南人民反殖民斗争更加高涨。

农民战争是越南人民早期抗法斗争主流。法国入侵越南后，越南各地农民手持木棍、砍刀等进行了抗法游击战争，农民军一次次粉碎殖民军的围剿，给殖民者以沉重打击。

（三）19世纪时期的亚洲

在西方资本主义向帝国主义过渡时期，西方列强对亚洲进行了瓜分，朝鲜、越南、缅甸、阿拉伯各国相继变成了西方一些国家的殖民地，中国、缅甸、泰国、土耳其则变成了半殖民地。

这个时期的亚洲，社会结构开始发生变化，开始形成新的阶级——资产阶级和无产阶级，极大地推动了亚洲民族解放运动的发展。

这个时期，亚洲许多国家爆发了反帝反封建的人民起义。主要有越南安世农民的反法起义（1887—1913年）、朝鲜的甲午农民起义（1894—1895年）、菲律宾的独立战争和抗美战争（1900—1901年）等。与此同时，亚洲许多国家还出现了以地主资产阶级知识分子为核心的资产阶级改良运动，主要有伊朗的君主立宪运动、土耳其新奥斯曼党人领导的立宪运动、中国的戊戌维新运动、印度的国大党运动等。这些运动由于没有很好地同工农群众相结合，因此收效不大，但是这些运动对唤起民众起到一定作用。

从19世纪30年代起，英、德殖民主义者的炮舰一再轰击朝鲜的大门。1866年法国和美国相继入侵，1871年美国舰队再次入侵，但都未能得逞。但是1875年9月和1876年2月日本侵略者先后入侵朝鲜成功，当时朝鲜政府向日本投降，签订了《江华条约》等不平等条约，1882—1892年，美、英、法、俄、德等国继日本之后，也强迫朝鲜签订了一系列不平等条约，朝鲜逐渐变为半封建半殖民地国家。

在日本侵略者和本国封建统治者双重压迫下，朝鲜人民忍无可忍，奋起反抗，各地人民的起义不断。其中主要有1875年蔚山人民起义，1878年韩山人民起义，1880年长连、鸟龄、安东的农民起义，1880年到1881年的仁川人民起义等。

人民群众的起义也影响了士兵，因此爆发了壬午兵变（1882年7月23日），汉城驻军数千人在柳万春、金长孙的领导下举行起义，这支起义部队与汉城贫民起义军相会合，声势浩大，烧毁了日本公使馆，杀死了日本教官和官员。虽然起义遭到镇压最终失败，但起义沉重地打击了日本侵略者和朝鲜封建统治者。

随着民族矛盾的加深，朝鲜统治阶级内部出现了要求改革的开化派。一些人受到外国资本主义的影响，看到欧美各国，尤其是日本迅速发展的日本文明，意识到封建朝鲜的落后和祖国前途的危机，要求仿效资本主义国家进行社会改革。他们的要求反映了朝鲜资产阶级的改良要求和人民自强的愿望。开化派利用他们在政府中的职位，于1882年年底进行了一次改革，如开办新式农场、改革警察制度、选派青年去外国留学等，但由于当权的保守派阻挠，改革成效不大。于是1884年12月4日晚开化派发动了政变，即甲申政变。但由于开化派不依靠人民群众，却求助于日本侵略者，甲申政变遭到失败。

甲申政变失败后，资本主义列强对朝鲜的争斗更加激烈，加紧了对朝鲜人民的压榨与剥削，于是从19世纪80年代以来，全国农民起义连绵不断，著名的1894年1月10日甲午农民战争就是在这种背景下发生的。这次农民起义，控制了全国五分之三的土地，起义军士气高昂，但由于农民军领导集团发生分裂和叛徒的告密，声势浩大的农民战争断送在日本侵略者及其走狗之手。这次农民起义，瓦解了朝鲜封建制度，打击了日本侵略者，唤醒了人民的觉悟，推动了抗日战争的进行，是一次规模巨大的反殖民地、反封建的民族解放运动。

（四）伊朗的半殖民地化

葡萄牙人也是最早侵入伊朗的殖民主义者，早在16世纪，葡萄牙人就占据了靠波斯湾口的霍尔木兹等地。18世纪中叶，荷兰人趁伊朗全国混乱之机，夺取了波斯湾的哈尔克岛。1763年英国强迫伊朗签订奴役性条约，获得了自由贸易、免交进口税等特权。这样，伊朗开始沦为半殖民地。18世纪末19世纪初，欧洲列强为了扩大销售市场和争夺原料产地，使伊朗成为英、俄、法等国争夺的对象。

但毗邻伊朗的沙俄不甘落后，多次对伊朗发动侵略。伊朗战败，被迫与沙俄签订《古利斯坦条约》和《土库曼彻条约》，伊朗变成了沙俄的"附属国"。

英国也不示弱，为了同沙俄抗衡，1800—1841年，先后4次强迫伊朗签订不平等条约，获得了种种特权。此后法国、美国、奥地利等国也不甘心，与伊朗也签订了一系列不平等条约，使伊朗半殖民地化。

外国商品潮水般地涌入伊朗，破坏了伊朗农业和手工业相结合的自然经济，扼杀了处于萌芽状态的伊朗资本主义手工业，使大批手工业者和商人破产。

外国商品的涌入加深了封建制度的危机，封建地主加重对农民的剥削，许多农民失去耕地，生活更加悲惨。于是农民暴动与城市下层人民起义不断发生。1848—1852年伊朗巴布教徒起义就是一个突出例子。起义虽最后失败，但迫使统治阶级进行了一些有利于人民利益的改革。

（五）印度的殖民地化

印度是殖民地的典型。最早来到印度的欧洲殖民者是葡萄牙人。16世纪初，葡萄牙殖民者占领了果阿、达曼和第乌等据点，独占了印度与西方的海上贸易。17世纪初，荷兰、英国和法国相继东来，在印度展开了争夺殖民地优势的斗争。1600年英国创立的东印度公司，1602年荷兰创立的东印度公司，1664年法国创立的东印度公司，都是殖民主义国家侵略印度的重要工具。

到18世纪中期，英国、法国在印度的争夺更趋激烈，英国大胜，法国在印度的势力一蹶不振。1757年印度开始沦为英国殖民地，1849年全境被英国占领。英国殖民统治印度期间，从印度掠夺了大量财富，源源不断地流入英国。据统计，在占领孟加拉以后的58年间（1757—1815年），英国从印度榨取10亿英镑的财富。这一大笔财富促进了英国的工业革命，使它迅速成为世界上第一个资本主义工业强国。但是，却使印度变成了一个相当贫穷的国家。英国殖民者强化统治的结果，瓦解了印度的农村公社，破坏了农业和手工业密切结合的封建自然经济，摧毁了传统的手工业，使印度遭受深重的苦难，人民陷入水深火热之中。民族起义连连发生。英国人在印度站稳脚跟之后，便以印度为基地，向周边国家扩张。从19世纪初开始，先征服了锡兰，后又把马尔代夫、尼泊尔、不丹、锡金置于自己的控制之下，印度、锡金成了它的殖民地，马尔代夫、尼泊尔、不丹、锡金成了它的保护国。到19世纪后半期，南亚地区都在英国的独霸之下。

在印度整个历史长河中，屡遭异族入侵，尤其英国的殖民统治，使印度人民灾难深重，但从另一方面看，印度吸收并融合了所有与其相接触的文明，取其精华，以满足其需要。印度所反对的并不是英国人及其文明，也不是西方人民和文明，而是帝国统治制度。印度选择了继续保留英联邦制度，还采用了英国议会民主制度，保留英国建立的司法、行政管理、国防和教育机构及研究机构。

四 亚洲民族解放运动与现代国家的建立

到第一次世界大战时，东南亚地区，除泰国以外，均被瓜分完毕，沦为西方列强的殖民地或保护国。两次世界大战期间，英国占有了缅甸、马来亚、文莱、沙捞越、沙巴和新加坡；法国占有越南、老挝和柬埔寨，建立法属印度支那联邦；荷兰占有印度尼西亚群岛，建立荷属东印度；葡萄牙占有东帝汶；美国取代西班牙，占有菲律宾群岛。

这一时期，东南亚各国已成为殖民地国家的商品市场、原料产地、投资场所和战略基地。从经济上，东南亚各国已基本上完成了向殖民地、半殖民地、半封建社会形态的转变。在政治上，这些国家的中央政权基本上由殖民地国家控制。

第一次世界大战后，东南亚各国的交通运输发展起来，城市兴起，人口也逐渐增多，各国的阶级关系都发生了变化。无产阶级、资产阶级、城乡小资产阶级和知识分子成长起来，因此，民族解放运动开始进入一个新的阶段。

这一时期，东南亚民族资产阶级的力量有了增强，越南国民党、印尼民族党、缅甸德钦党等先后成立。到后来，东南亚各国，如印尼、越南、马来亚、菲律宾、缅甸和泰国等相继建立了共产党，并开展了活动。因此，战后的东南亚各国工农运动和民族解放斗争风起云涌，蓬勃发展。当然，各国的民族解放运动发展并不平衡，各具特点。但大多数的国家从总体上看都经历了各种形式的激烈斗争。

第二次世界大战爆发后，日本于1941年12月发动了太平洋战争，用武力强占东南亚地区，把东南亚诸国纳入日本帝国主义的"大东亚共荣圈"的殖民体系之中，这样激起了东南亚各国人民的反日高潮。他们进行了英勇的抗日斗争，构成了世界反法西斯斗争的组成部分，为第二次世界大战的胜利作出了积极贡献。

（一）印度尼西亚的民族解放运动与现代国家的建立

印度尼西亚从公元15世纪先后遭到葡萄牙、西班牙和英国的入侵。

从17世纪初便逐步沦为荷兰的殖民地,到第一次世界大战后经历了长达300多年的殖民统治。在殖民统治时期,印尼被称为"荷属东印度"。进入20世纪,荷兰面对帝国主义列强的竞争,为保持自己在印尼的地位,宣布实行"门户开放"政策,允许列强资本自由输入东印度殖民地。因此英国、美国、日本、比利时等外国垄断资本大量涌入印尼。

20世纪初,印尼民族日益觉醒,1908年5月20日印尼的第一个民族主义组织——至善社成立,其宗旨是发展教育、农业、工业、畜牧业和商业。到1909年,至善社已发展到40多个分社,会员1万余人,这个组织的建立推动了印尼民族主义运动的发展。第一次世界大战和十月革命的胜利,促进了印尼工人运动的发展和共产党的建立。1918年印尼各地工人运动轰轰烈烈地开展,推动了党组织的建设,1924年东印尼共产主义联盟改称印尼共产党。在共产党的领导下,印尼的工农运动进一步发展,工人罢工斗争不断高涨。20年代,亚洲民族解放运动蓬勃发展,印尼人民受到鼓舞,革命运动不断高涨,于是荷兰殖民当局对印尼人民加强了镇压。但印尼的工农革命运动未被平息下去,终于在1926—1927年爆发了民族大起义,起义的风暴震撼了荷兰的殖民统治,后来苏加诺参加并领导了印尼的民族解放运动。但最后被殖民军镇压下去,印尼共产党也严重受损,印尼革命暂时处于低潮,后来又发展壮大。

第二次世界大战爆发后,日本加紧了侵略步伐。1941年12月发动了太平洋战争,用武力侵占东南亚地区,印尼又处于日本法西斯铁蹄的蹂躏之下。整个东南亚国家都纳入日本帝国主义的"大东亚共荣圈"的殖民体系之中,从而激起了东南亚各国人民的抗日斗争高潮,第二次世界大战时期,越、缅、马、新、菲等国进行了抗日武装斗争,印尼和泰国也开展了抗日运动。1945年8月日本投降,消息传到印尼,印尼人民纷纷行动起来,做好了武装起义的准备。8月15日,印尼共产党人和青年革命组织的领导人在雅加达召开会议,讨论独立事宜,当时印尼共产党还处于地下状况,决定派代表与民族主义领袖苏加诺、哈达协商,要求他们出面宣布独立。在群众热情的推动下,8月17日,苏加诺和哈达在雅加达签署了印尼独立宣言,宣布印度尼西亚共和国成立,这就是印尼历史上有名的"八月革命"。

共和国成立不久,英军以接受日军投降为名在印尼登陆。占领了雅加达等地,企图恢复其殖民统治,于是斗争又出现了反复,印尼人民进行了坚决抵抗,英军被迫撤退,但却把占领区交给了荷兰殖民者。荷兰在英国、美国的支持下，对印尼发动大规模进攻，发动了一次又一次殖民战争。后来印尼人民逐步收复失地，印尼共和国的统一和领土完整的权利是逐渐实现的。

（二）印度的民族解放运动与现代国家的建立

南亚的印度是受西方殖民统治、剥削最重的国家。由于英国的剥削与压榨，导致了1857年印度士兵起义。随着印度资产阶级民族意识的不断提高，1885年成立了全国性的政治组织——国大党。随着国大党成分的变化，及其领导觉悟的不断提高，对英国的斗争日益尖锐。第一次世界大战爆发后，印度被英国帝国主义拖入战争的深渊。英国从印度征调150多万人为战争服务，同时从印度运走370万吨装备和物资以及500万吨粮食，还搜刮了1亿英镑的战争费用，给印度人民带来深重的灾难。

第一次世界大战结束时，印度仍是农业国。在英国殖民统治下，大多数农民仍受着封建王公和地主的剥削。1918年由于普遍的饥荒和流行病，印度约有1200万人被夺去生命，这使印度人民与英国帝国主义和封建主义的矛盾日益尖锐。于是爆发了第一次非暴力不合作运动，掀起了反英斗争的高潮。印度民族解放运动的领导权一直掌握在资产阶级政党即国大党及其领袖甘地手中。

第一次世界大战结束时，甘地作为印度民族独立运动的领袖登上政治舞台。在群众运动的推动下，国大党根据甘地的提议，决定于1919年4月6日举行总罢工。但各界群众于3月底就提前自发行动起来，许多城市都发生了罢工、示威游行和暴动。在斗争中，不同宗教信仰的各族人民空前团结，向英国殖民者进行了坚决斗争。1920年12月，国大党在那格普尔召开大会，会议通过了甘地拟订的"非暴力不合作计划"，宣布其目的是以和平的和合作的手段取得"自治"。为了扩大影响，国大党进行了改组，使国大党发展壮大。在甘地的号召下，国大党成员还深入农村，广泛开展宣传活动。

甘地和国大党领导的不合作运动得到了印度各阶层人民的积极响应，运动蓬勃发展，学生罢课、工人罢工，拒购英货，甚至公开烧毁英货，并掀起了手工纺织的热潮。后来，甘地领导的非暴力不合作运动与印度工人运动交织在一起，掀起了轰轰烈烈的民族运动高潮。1921年在联合省、孟加拉省和旁遮普省等地，农民的斗争冲破了甘地的非暴力的限制，经常发生武装起义。

面对蓬勃发展的印度民族解放运动，英国殖民者采取了镇压政策，宣布国大党自愿队为非法，对国大党和哈里发委员会的领导人大肆逮捕。为抗议英国殖民者的暴行，国大党在甘地的提议下发动群众坐牢。一时间，成千上万的印度人自愿走进监狱，使监狱很快人满为患，英国殖民当局狼狈不堪。有的地方，群众的示威抗议运动还转化为军警的流血冲突。1922年2月12日，国大党接受甘地的提议，在巴多利会议上作出了停止非暴力不合作运动的决议，向英国殖民者妥协，印度第一次非暴力不合作运动就此终止。

甘地领导的非暴力不合作运动适应了当时印度的社会情况，用"不合作"的策略广泛动员了人民群众加入反英斗争的行列，对印度民族解放运动的发展起了推动作用。

在1929年开始的世界资本主义经济危机的打击下，印度的经济状况日益恶化，迫使许多农民破产，大批工人失业。这期间，英国殖民者却加强了对印度的压榨和掠夺。一方面加强对在业工人的剥削，降低工人的工资，加大工人的劳动强度；另一方面英国把过剩产品倾销到印度，促使印度的民族工业破产，而英国从中获得高额利润。这样又加剧了双方的矛盾，印度人民同英国殖民者的矛盾日益加深，于是20世纪30年代，印度出现了反英斗争的高潮。

这一时期，印度民族运动的特点是以工农运动为先导，例如1929年1—3月，印度举行了声势浩大的群众集会和抗议示威游行。3月孟买的纺织工人举行总罢工，1930年印度举行的各种罢工多达141次，参加罢工的人数多达53万人之多。

在工农运动的推动和影响下，国大党内要求"独立"的呼声越来越高。1929年12月，国大党在拉合尔召开大会，提出争取印度完全独立的任务，大会宣布1月26日为印度独立日。1930年1月26日，印度各地人民群众高呼"反帝、独立"的口号，举行了盛大集会和游行。尤其到1930年3月12日，甘地为抵制"食盐专卖法"，发动了向食盐进军，从而开始了第二次非暴力不合作运动。这一天，甘地率领78名信徒从艾哈迈达巴德出发，步行24天，于4月5日到达丹地海岸。甘地带头自制食盐，以示反对殖民当局食盐专卖法。消息传出后，全国效法，自制食盐，各地形成了大规模的抗英运动。4月9日，发出指示，规定不合作运动的范围限于：自制食盐，监视酒店、鸦片馆和洋布店；自纺自织棉纱棉布，抵制英货，不进英国学校等。但群众的斗争冲破了上述框框，许多地方组成了武装，在白沙瓦和加尔各答等地还爆发了武装起义。英国殖民当局大为恼火，进行了残酷镇压，还逮捕了国大党领袖甘地、尼赫鲁等人。同时，英国殖民当局宣布国大党非法，禁止群众举行大会和示威游行，斗争又有反复。到1933年7月，国大党决定停止群众的非暴力不合作运动，代之以个别的暴力抵抗。1934年4月，甘地宣布完全停止不合作运动。5月国大党在巴特那召开会议，批准了甘地关于无条件停止不合作运动的声明。于是，第二次不合作运动就此终止。

第二次世界大战给印度人民带来了巨大灾难。1939年9月3日，印度被拖入了战争，有250万人被征拉上前线。战争结束后，英国又把战争负担转嫁到印度人头上，人们生活更加悲惨。因此，1945年印度先后发生罢工800多次，参加者近80万人。到1946年罢工次数达1600次，参加人数多达196万。后来又发生农民起义，所有这些都给英国殖民当局以沉重打击。

反英斗争风起云涌，英国殖民当局为了自身利益，改变了统治印度的方法，制造了所谓的《印度独立法案》，即《蒙巴顿方案》，它是一个对印度采取"分而治之"的方案，即按宗教信仰的不同而将印度分为印度斯坦和巴基斯坦两个国家。1947年7月，英国议会通过了《印度独立法案》，于同年8月1日起生效。8月14日巴基斯坦宣布独立。15日印度宣布独立。英国结束了对印度的统治，这是印度人民长期反英斗争的结果，是被压迫民族争取自由和独立的重大胜利。

（三）西亚一些民族解放运动及现代国家的建立

从19世纪初叶起，英、法等殖民国家的势力已进入西亚地区。北方的沙俄也不甘落后，与英、法争夺黑海海峡地区，企图为其南下寻找一个出海口，后起的德国也侵入土耳其。第一次世界大战前，德国势力上升，取代了英、法。第一次世界大战爆发后，战争使奥斯曼统治下的西亚阿拉伯地区人民的生活状况更加恶化。从1916年开始，阿拉伯人掀起了反对奥斯曼土耳其统治的民族起义，斗争遍及巴勒斯坦、叙利亚、黎巴嫩和伊拉克等地区。阿拉伯人民的反抗运动加速了奥斯曼帝国的瓦解。第一次世界大战结束，土耳其战败投降，奥斯曼帝国彻底瓦解。协约国集团英、法、意等战胜国将奥斯曼帝国土耳其的西亚属地几乎全部瓜分。1916年11月，英国把卡塔尔变为其"保护国"。据1920年国际联盟的圣勒摩会议规定，英国获得对伊拉克外约旦和巴勒斯坦的委任统治权，法国获得对叙利亚、黎巴嫩的委任统治权。另外，科威特和阿拉伯诸酋长国也先后沦为英国的"保护国"。

第一次世界大战给西亚各国人民带来了重大灾难。由于战争的需要，帝国主义国家加强了对西亚的掠夺，并利用西亚的人民为战争服务。因此，战争加剧了西亚各国人民与帝国主义的矛盾，激发了西亚各国的反帝斗争和民族解放运动的发展。

（四）伊朗的民族解放运动与国家的建立

第一次世界大战爆发后，伊朗虽宣布中立，但其领土仍被参战国英、俄占领。大战结束后，俄军从伊朗北部撤走，但英国军队却退到了伊朗北部。到1918年，英军几乎占领了伊朗全境。1919年8月，英国迫使伊朗王国政府签订英伊条约，全权控制了伊朗，激起了伊朗人民的反抗。

伊朗各地斗争不断高涨，吉兰省的斗争最为突出。由米尔扎·库切克汗领导的森林军游击队斗争，战果显著。后来，于1920年建立了以库切克汗为首的临时革命政府。其任务是推翻王室政权，建立共和国政府，把英国赶出去。后来又得到伊朗共产党的合作和苏俄红军的支持，革命形势迅速发展。

但不久由于领导之间意见分歧，使吉兰革命政府内部发生分裂，在紧急时刻，改组了中央领导机构，提出新的纲领，主张联合一切阶级，反对国王、大封建主和帝国主义。1921年5月吉兰革命统一战线恢复，组成了以库切克汗为首的新政府，并宣告吉兰为苏维埃共和国。1925年10月31日礼萨·汗通过国会宣布废除卡扎尔王朝。同年12月12日伊朗立宪会议宣布礼萨·汗为伊朗国王。从此伊朗进入巴列维王朝统治时期。1978年伊朗人民反对国王独裁统治的群众运动爆发，国王被迫于1979年1月16日流亡国外。流亡巴黎的宗教领袖霍梅尼回国，于2月11日接管政权，4月1日宣布伊朗伊斯兰共和国成立。

（五）阿拉伯民族解放运动与阿拉伯国家的建立

第一次世界大战后，伊拉克、叙利亚和黎巴嫩等阿拉伯地区分别被英、法占领，并建立了委任统治制度，从而引起了阿拉伯人民的强烈不满和反对，自1920年下半年起，叙利亚、黎巴嫩各地的反法起义接连发生，伊拉克人民的反英起义也不断出现。尤其在1922—1928年期间，伊拉克人民的罢工斗争和武装反抗从未间断。因此，英国被迫于1932年宣布结束对伊拉克的委任统治，伊拉克获得独立。1958年7月14日伊拉克人民推翻费萨尔王朝，成立伊拉克共和国。

叙利亚、黎巴嫩人民为反对法国的委任统治于 1925—1927 年多次举行起义，起义的火焰燃遍叙利亚全国各地，后来扩展到黎巴嫩。起义最后被法军镇压下去，但持续两年的反法大起义给法国在叙、黎的委任统治制度以沉重打击，后来法国召开了立宪会议，力图缓和与阿拉伯人的关系。1941 年 9 月 27 日，"自由法兰西军"总司令贾德鲁将军以盟国名义宣布叙利亚独立，1943 年 8 月叙利亚成立政府；1946 年 4 月 17 日英、法被迫撤军；1958 年 2 月 1 日叙利亚与埃及合并，成立阿拉伯联合共和国；1961 年 9 月 28 日叙与阿联分离，成立阿拉伯叙利亚共和国。

第一次世界大战后，黎巴嫩沦为法国委任统治地，到 1941 年 6 月英军在自由法国部队的协助下占领了黎巴嫩，同年 11 月自由法国部队宣布结束对黎巴嫩的委任统治，1943 年 11 月 22 日，黎巴嫩共和国宣布成立。

（六）朝鲜的民族解放运动与现代国家的建立

在东亚地区也不平静。19 世纪末，日本的势力侵入朝鲜半岛，与沙俄开始了激烈的争夺。1904—1905 年日俄战争爆发后，日本把沙俄从朝鲜排挤出去，朝鲜成了日本的"保护国"，日本控制了朝鲜。1910 年 8 月，日本威逼韩国君臣签订了《日韩合邦条约》，从此，朝鲜沦为日本的殖民地。

日本吞并朝鲜后，殖民当局颁布了法令，取缔一切集会、结社、言论和出版等自由权利。日本对朝鲜进行了野蛮掠夺，占有朝鲜的矿山和工矿企业。日本殖民者对朝鲜实行奴化教育，禁止朝鲜人使用朝鲜语，强迫学习日语，妄图摧残朝鲜的民族文化。

在日本殖民统治下，朝鲜人民境地悲惨，反日斗争不断发生。1910 年前后，朝鲜人民的反日起义持续几年，给日本殖民者以沉重打击。

苏联十月革命的胜利，鼓舞了朝鲜人民。于是在 1919 年 3 月 1 日爆发了著名的反抗日本殖民统治的民族起义。示威群众振臂高呼"朝鲜独立万岁"等口号，朝鲜青年的斗争，产生了积极影响。

日本对朝鲜的掠夺，激起了朝鲜人民的反抗，以金日成为代表的朝鲜共产主义者起了重要作用。1931 年以金日成为首的朝鲜人民抗日游击队在中朝边境开展抗日游击战争。1934 年 3 月游击队扩建为朝鲜人民革命军，使抗日斗争进入了武装斗争。1937 年 6 月 4 日，金日成指挥朝鲜人民革命军，越过鸭绿江，奇袭日军重要据点普天堡，并获全胜。

1945年8月15日，金日成领导的朝鲜人民革命军配合苏军解放了朝鲜北部领土。同时，美国、苏联军队以北纬38度线为界分别进驻朝鲜南部和北部。南部于1948年8月成立"大韩民国"，北部于1948年9月9日成立朝鲜民主主义人民共和国。

（七）中国的民族解放运动与现代国家的建立

中国的历史悠久，文化灿烂。新中国的成立，经历了漫长的奋斗历程。它的古代史从远古开始，到1840年鸦片战争前为止，其间经历了原始社会、奴隶社会和封建社会三个不同的社会发展阶段。从1840年鸦片战争开始，中国逐步沦为半殖民地半封建社会，深受帝国主义和封建主义的剥削和压迫，中国人民受尽了种种苦难，但不同形式的反抗和斗争此起彼伏，从未间断。1911年终于爆发了辛亥革命，推翻了腐朽的清朝统治，建立了中华民国，结束了两千多年的封建专制制度。1921年中国共产党成立后，领导中国人民进行了反帝反封建的伟大斗争，经历了北伐战争、土地革命、抗日战争和解放战争，终于取得了新民主主义革命的胜利，于1949年10月1日建立了中华人民共和国。

（八）中亚的民族解放运动及现代国家的建立

中亚八国的历史并不很长，这八国有共同特点。哈萨克斯坦于公元6—8世纪曾建立过突厥汗国、突骑施等早期封建国家，15世纪末建立哈萨克汗国。19世纪以后被俄罗斯统治，1917年11月建立苏维埃政权，后属俄罗斯联邦，1925年4月改称哈萨克苏维埃社会主义自治共和国，1936年作为加盟共和国加入苏联。1990年10月25日宣布独立，脱离苏联。1991年12月10日改为哈萨克斯坦共和国，同年12月16日正式独立，加入独联体。

乌兹别克斯坦族于9—11世纪正式形成，13世纪被蒙古人征服，14—15世纪建立帖木儿帝国。后来历史上几经变化，改朝换代。1917年乌兹别克人参加了伟大的十月社会主义革命，后来建立了苏维埃政权。1924年10月27日成立乌兹别克苏维埃社会主义自治共和国，并加入苏联。苏联1991年"8·19"事件后宣布独立，加入独联体。

塔吉克部族形成于公元9—10世纪，也是中亚的一个古老民族。16世纪加入布哈拉汗国。1918年建立苏维埃政权。1924年10月14日成立塔吉克苏维埃社会主义自治共和国，属乌兹别克苏维埃社会主义共和国，1929年12月5日改称塔吉克苏维埃社会主义共和国，并加入苏联。1991年"8·19"事件后，苏联解体，塔吉克宣布独立，1991年8月底改名为塔吉克斯坦共和国。同年9月9日为独立日，12月加入独联体。

在吉尔吉斯斯坦的国土上，早在公元6—13世纪就建立了吉尔吉斯汗国。16世纪开始，不断受到沙俄的侵扰，1876年被沙俄吞并，1917年建立苏维埃政权，后成立卡拉吉尔吉斯自治州，属俄罗斯联邦。1936年12月5日成立吉尔吉斯苏维埃社会主义共和国，并加入苏联。苏联1991年"8·19"事件后，吉尔吉斯于8月31日宣布独立，同年12月12日加入独联体。

格鲁吉亚早在公元4—6世纪就建立了封建国家，6—10世纪形成了格鲁吉亚部落，19世纪被沙俄吞并。1921年2月15日成立格鲁吉亚苏维埃社会主义共和国，1922年12月加入苏联。1990年改名为格鲁吉亚共和国，1991年4月9日宣布独立。

土库曼族形成于公元15世纪，在历史上屡遭波斯人、突厥人、阿拉伯人等异族的入侵。1917年12月建立苏维埃政权，1924年10月27日成立土库曼苏维埃社会主义共和国，并加入苏联。1991年"8·19"事件后，苏联解体，土库曼于10月27日宣布独立，改国名为"土库曼斯坦"。

阿塞拜疆部族形成于公元12—13世纪，后建立过封建王朝。从18世纪起出现过十几个封建国家。1917年11月建立了苏维埃政权。1920年4月28日宣告成立阿塞拜疆苏维埃社会主义共和国。1936年12月5日成为苏联的一个加盟共和国。1991年2月6日改国名为阿塞拜疆共和国，同年8月31日通过独立宣言，宣布独立。

亚美尼亚历史悠久，早在公元前9—前6世纪就建立了乌拉杜奴隶制王国。公元前6—前3世纪又建立了大亚美尼亚国，后来两次被土耳其和伊朗瓜分。1804—1828年间，俄罗斯与伊朗两次交战，以伊朗的失败告终。1920年1月29日建立了亚美尼亚苏维埃社会主义共和国，不久加入苏联。1990年8月23日亚美尼亚宣布独立，改国名为亚美尼亚共和国。1991年9月23日宣布正式独立，同年12月21日加入独联体。

（王树英、朱伦）

中 国

一 中华民族

（一）族称

当代中国各民族的总称"中华民族"，包含56个民族，即汉族、蒙古族、回族、藏族、维吾尔族、苗族、彝族、壮族、布依族、朝鲜族、满族、侗族、瑶族、白族、土家族、哈尼族、哈萨克族、傣族、黎族、傈僳族、佤族、畲族、高山族、拉祜族、水族、东乡族、纳西族、景颇族、柯尔克孜族、土族、达斡尔族、仫佬族、羌族、布朗族、撒拉族、毛南族、仡佬族、锡伯族、阿昌族、普米族、塔吉克族、怒族、乌孜别克族、俄罗斯族、鄂伦春族、鄂温克族、德昂族、保安族、裕固族、京族、塔塔尔族、独龙族、赫哲族、门巴族、珞巴族和基诺族。据目前中国人口普查统计，共有13亿7千万人（不包括台湾、香港和澳门），约占世界总人口的五分之一。

"中华"作为一个专用名词，始见于南朝宋人裴松之注《三国志·蜀·诸葛亮传》云："若使游步中华，骋其龙光，岂夫多士所能沈翳哉。"（中华书局标点本第912页）其后北齐人魏收所撰《魏书·宕昌羌传》亦有"其地东接中华，西通西域"一语。唐朝之后，"中华"一语使用较为普遍。

"中华"为"中"与"华"的合成词，"中"即中央、中心，"华"古与"花"通，转义为光彩、光辉、精华等，合而言之，即"中央文化发达之地"或"中央文明之地"。古代华夏族兴起于黄河流域一带，居四方之中，历史悠久，文化发达，故称其地为"中华"。后"中华"与"中原"、"中国"相通，并成为"中国"的代称。《唐律疏义》对

"中华"一词有较为详细的解释:"中华者,中国也。亲被王教,自属中国,衣冠威仪,习俗孝悌,居身礼仪,故谓之'中华'。"近代著名学者章太炎认为:"中国云者,以中外分地域之远近也。中华云者,以华夷别文之高下也。"(《章太炎文录初编·别录卷一·中华民国解》)

至近代,"中华"与"民族"合成为"中华民族",并逐渐成为包括汉族和少数民族在内的中国各民族的名称。近代著名学者梁启超曾解释"中华民族"说:"凡遇一他族而立刻有'我中国人'之一观念浮于其脑际者,此人即中华民族一员也。"(《饮冰室合集》卷四一《历史上中国民族之研究》)孙中山在《中华民国临时大总统宣言书》中提出:"今汉、满、蒙、回、藏诸族为一人,是曰民族之统一。"

(二) 族源

从历史文献和有关传说来看,中华民族的先民自古以来生活在中国辽阔的土地上。早在新石器时代,炎帝和黄帝两族系活动于黄河流域;太昊和少昊两族同属东夷族系,居住于中国东部地区;戎狄族系居住于中国西北地区,苗蛮族系和百越族系则居住于长江流域和中国南方广大地区。这些族系都是中华民族的族源。经过数千年的融合、分化,大部分远古族系融合而成为汉族,有些原居住在边疆地区的族系,其后裔则成为今天的少数民族。另有一些民族,如俄罗斯族等,其族源并不在中国,而是近代从国外迁入的,成为中华民族大家庭中的一员。

关于中华民族的来源,近代以来有多种说法,有的主外来说,有的则主本土说,此外还有一元说与多元说。以往各种假说,受作者所处时代流行的理论和方法的影响,有的还受特殊政治目的的影响,同时也受到当时古人类学、考古学发展水平的限制。近几十年来,古人类学和考古学的资料证明,中华大地是人类起源的地点之一。中华大地发现的远古人类,其体质特征与蒙古人种相似,从而说明中华大地是蒙古人种的故乡。结合历史文献和有关传说,可以认为,中华民族虽然在长期的历史发展过程中,吸收了一些外来的成分,但从整体而言,中华民族的远古祖先,是起源于中华大地。至于各种"外来说",是没有科学依据的。

二 汉族

（一）人口和分布

汉族是中国的主体民族，也是世界上人数最多的民族。据20世纪50年代以来的历次人口数，1953年为542824056人，占全国总人口的94.11%；1964年为651296368人，占总人口的94.23%；1982年为936674944人，占总人口的93.38%；目前为1159400000人，占总人口的91.99%。

先秦时代，汉族先民主要居住在中原地区。魏晋南北朝之后，北方少数民族大量南迁，并大多融入汉族。随着中原王朝疆域的扩大和汉民族的南迁，南方的少数民族也有不少融入汉族。汉族之所以人口众多，与大量吸收、融化少数民族是分不开的。同样，边疆少数民族也融合了不少汉族成分。从秦汉到清朝，历代都有不少汉人通过屯垦、移民、流亡等方式移居边疆各地。两千多年间，移居边疆的汉族有不少融入当地少数民族之中。此外，在长期的历史发展中，汉族有相当数量人口移居海外，成为当地的华裔；有的则保留中国国籍，成为散布在世界各地的华侨。

现代汉族分布于全国各地，聚居于黄河、长江、淮河、珠江等大河流域及松辽平原等农业发达地区及大中城市。从省、自治区的人口来看，四川省最多，其次是山东、河南、江苏、广东、湖南等省区，西藏自治区最少。

（二）语言文字

汉语是世界上最古老、最为丰富发达的语言之一，使用人数最多。有的语言学家推测，汉语至少有1万年以上的历史。汉语是中国各民族的通用语言，也是世界五大通用语言（英、法、西、俄、汉）之一。

在语言谱系上，汉语属汉藏语系。由于使用人口众多，分布地域辽阔，方言差异较大，各方言之间难以交流。主要方言有北方话、吴语、湘语、赣语、客家话、闽北话、闽南话和粤语。现代汉民族的共同语言是以北京语音为标准音、以北方话为基础方言、以典范的现代白话文著作作为语法规范的普通话。

汉字源远流长，早在新石器仰韶文化时代，已出现一些刻画在陶器上的符号。学术界普遍认为，陶器上刻画的符号，可以肯定地说就是中国文字的起源。仰韶文化距今六千多年，则汉字至少也有六千年的历史。

从文字的形体和类型来看，汉文属音节文字和表意文字，与西方民族的拼音文字不同。汉字读音古今不同，但意义一样，因而用汉字写文章可以通古今、通四方，这是拼音文字所不能代替的。

（三）族称与族源

"汉族"是近代以来的民族名称，历史上曾有多种异称。先秦文献称汉族先民为"夏"、"诸夏"、"华"、"诸华"、"华夏"等。秦汉之后则有"秦人"、"汉人"、"唐人"及"中华"等称。汉族这一族称直接源于"汉人"一名，而"汉人"之称则源于汉朝。汉朝以"汉"为国号，是因为开国皇帝刘邦曾被封为汉王，管辖巴、蜀、汉中等地。而古汉国之称又源自长江最长的支流——汉水（汉江）。

汉民族虽得名于汉朝，但汉朝时并不称为"汉人"，而是被称为"秦人"，因秦王朝统一中国而威震四海，声名远扬，天下各国均知有"秦人"。尽管汉代时秦朝已亡，但世界各国仍习惯于以"秦人"称呼中国人。英语中的支那（China），即源于"秦"这一名称。

"汉人"真正赋予"汉民族"之意是在魏晋南北朝时期，并且初为他称。五胡乱华后，北方少数民族入主中原，他们称中原居民为"汉人"、"汉儿"、"汉子"、"汉家"、"汉辈"等，后来由他称演变为自称。

关于汉民族的起源，历来众说纷纭。20世纪50年代前，"外来说"在西方颇为盛行。在"外来说"中，一些人主张"西来说"，另有一些人主张"南来说"。在主张"西来说"的学者中，有的认为汉族来源于西亚，经土耳其斯坦到中国西北地区，有的则认为来源于中亚和南俄罗斯的欧罗巴文化；主张"南来说"的学者则认为汉族源自越南、印度。但这些观点没有充分的证据，没有得到学术界的公认。汉民族属蒙古人种，国内外古人类学家经过长期研究表明，人种起源是多元的，各大人种的形成与该地区的猿人有直接的关系。一般认为，蒙古人种起源于东亚，其祖先系170多万年前的元谋猿人和40万—50万年前的北京猿人及中国其他地区的古猿人。也就是说，汉民族及其他属蒙古人种的少数民族均起源于中国本土。

史学界一般认为，新石器时代的炎帝和黄帝两大族系及东夷族系是汉族的主要先民。至夏公代，炎、黄族系、东夷族系和苗蛮族系经过不断的融合和分化，汉族的雏形——华夏族形成。华夏族可说是汉族最主要的族源。有的学者认为，汉族的主要族源有两支：一是炎黄两大族系；二是东夷族系。其支源则有三支：一是苗蛮族系；二是百越族系；三是戎狄族系。汉族是在两支主要族源的基础上，融合相当数量的支源而形成的。在数千年的历史发展中，汉族先民先后融合大量的少数民族，可以说，汉族是世界上族源最为复杂、混血程度最高的民族之一。

（四）宗教信仰

汉族在历史上曾信仰过原始宗教、儒教、道教和佛教等，有部分人还信仰基督教、天主教等。

原始宗教或称早期宗教，是人类社会早期的宗教信仰形式。它产生于原始时代，以崇拜自然物和自然现象、动植物和祖先等为主要内容。汉族在先秦和史前时代主要信仰原始宗教，其残余形式一直保留至20世纪，至今还有不少人相信万物有灵。

儒教是由儒家学说演化而来的，其思想体系具有宗教的性质。儒家学说是春秋时代的思想家孔子创立的。主要经典有十三经：《尚书》《周易》《诗经》《礼记》《仪礼》《周礼》《论语》《左传》《公羊》《谷梁》《孝经》《尔雅》和《孟子》。其思想核心是"仁"和"礼"。

道教是中国本土宗教之一，是在原始宗教信仰的基础上发展起来的。东汉时，张陵倡导的五斗米道，奉老子为教主，以《老子五千文》为主要经典，于是道教逐渐形成。魏晋南北朝后，道教得到进一步发展。至宋代，道教最为兴盛。清代，道教逐渐势微。基本信仰和教义是"道"，认为"道"是"虚无之系，造化之根，神明之本，天地之元"。"万象以之生，五行以之成。"宇宙、阴间、万物都是由它化生的。崇拜的最高尊神是由"道"人格化的三清尊神，其中道德天尊为老子。

佛教也是历史上中国普遍信仰的宗教之一。佛教起源于印度，相传公元前6世纪至前5世纪释迦牟尼所创。从公元前3世纪开始，佛教向古印度境外不断传播，发展为世界性的宗教。传入中国大部分地区和朝鲜、日本、越南等国的，以大乘佛教为主，称为北传佛教，其经典主要属汉文系统；而传入中国西藏、蒙古、西伯利亚等地的，为北传佛教中的藏传佛教，俗称喇嘛教，其经典属藏文系统。一般认为，佛教于西汉末传入中国内地，魏晋南北朝时得到发展，至隋唐达到鼎盛。

汉族并不像西方人那样只信仰一种宗教，相当多的人没有固定的宗教信仰，没有明确的宗教观，有不少人不论是道教、佛教还是基督教等，见神就拜，见佛就求。路过道观、佛寺、教堂或其他寺庙，都要进去烧香、跪拜或祈祷。

三　少数民族

（一）人口

中国现有 56 个民族，据 2000 年人口普查统计，全国总人口为 13 亿 7 千万人，少数民族合计 10643 万人，占全国总人口的 8.01%。各少数民族人口数不等，有一千万人以上的民族，也有仅数千人的民族。

在全国少数民族中，人口数超过一千万的民族只有一个——壮族，1990 年为 15555820 人。一千万人以下一百万人以上的民族有 17 个，分别是满族（9946776 人）、回族（8612001 人）、苗族（7383622 人）、维吾尔族（7207024 人）、彝族（6578524 人）、土家族（5725049 人）、蒙古族（4802407 人）、藏族（4593072 人）、布依族（2548294 人）、侗族（2508624 人）、瑶族（2137033 人）、朝鲜族（1923361 人）、白族（1598052 人）、哈尼族（1245800 人）、黎族（1112498 人）、哈萨克族（1110758 人）、傣族（1025402 人）。

一百万人以下 50 万人以上的民族有两个：畲族（634700 人）和傈僳族（574589 人）。

50 万人以下 10 万人以上的民族有 13 个：拉祜族（411545 人）、东乡族（373669 人）、水族（347116 人）、佤族（351980 人）、纳西族（277750 人）、土族（192568 人）、柯尔克孜族（143537 人）、达斡尔族（121463 人）、景颇族（119276 人）、仫佬族（160648 人）、羌族（198303 人）、仡佬族（438192 人）、锡伯族（172932 人）。

10 万人以下 1 万人以上的民族有 15 个：布朗族（82398 人）、撒拉族（87546 人）、毛南族（72370 人）、阿昌族（27718 人）、普米族（29721 人）、塔吉克族（33223 人）、怒族（27190 人）、乌孜别克族（14763 人）、俄罗斯族（13500 人）、鄂温克族（26379 人）、德昂族（15461 人）、保安族（11683 人）、裕固族（12293 人）、京族（18749 人）、基诺族（18022 人）。

1万人以下的民族有7个：塔塔尔族（5064人）、独龙族（5825人）、鄂伦春族（7004人）、赫哲族（4254人）、门巴族（7498人）、珞巴族（2322人）、高山族（2877人，台湾地区未计算在内）。

此外，云南、西藏等地还有75万多人，民族系属有待确认。

（二）分布

少数民族人口虽然只占全国总人口的8.01%，但居住面积却占全国总面积的60%左右。少数民族地区的一般特点是：面积辽阔，人口稀少；地大物博，资源丰富；多在边疆，交通不便。

少数民族居住的主要特点有聚居、杂居和散居。

1. 聚居

即主要居住在一个地区或几个地区，人口相对集中，如维吾尔族、柯尔克孜族、塔吉克族、哈萨克族约99%居住在新疆。藏族主要居住在青藏高原，约46%居住在西藏，约23%居住在四川，约20%居住在青海，约8%居住在甘肃。裕固族、保安族约91%居住在甘肃。撒拉族约88%居住在青海，另有一部分居住在甘肃和新疆。土族约85%居住在青海，另有约11%居住在甘肃。鄂温克族约89%居住在内蒙古，约9.8%居住在黑龙江。鄂伦春族约52%居住在黑龙江，约45%居住在内蒙古。赫哲族约88%居住在黑龙江，另有一小部分散居于吉林等省区。纳西族约96%、傣族约99%、哈尼族约99%、傈僳族约97%、佤族约99%、拉祜族约99%、景颇族约99%、布朗族约99%、普米族约99%、怒族约98%、独龙族约95%居住在云南。壮族约91%居住在广西，约6.5%居住在云南，另有一小部分居住在广东。么佬族、毛南族约98%居住在广西，另有一小部分居住在贵州。布依族97.4%聚居于贵州，其余居住在云南、广西、四川等地。在湘鄂川黔毗连的崇山峻岭中，聚居着570多万土家族，其中约31.46%居住在湖南，约30.99%居住在湖北，约18.86%居住在四川，约18.03%居住在贵州。

2. 杂居

即由于历史的原因，一些少数民族离开自己的聚居区，迁移到其他民族聚居区内，形成交错杂居状况。杂居情况最突出的是回族、满族、朝鲜族、瑶族和畲族。回族约18%聚居于宁夏回族自治区，其余大部分杂居于全国各地，甘肃约有13%、河南约有10%、新疆约有7.9%、青海约有7.4%、云南约有6.1%、河北约有5.7%、山东约有5.3%、安徽约有3.5%、辽宁约有3.1%、北京约有2.4%、内蒙古约有

2.2%、天津约有1.9%，此外，黑龙江、陕西、贵州、吉林、江苏、四川等省区亦有不少回族，与汉族或其他少数民族杂居。满族约50%居住在辽宁，另有50%居住在其他省区。在后者中，河北约有17.6%，黑龙江约有12%，吉林约有10.7%，内蒙古约有4.6%，新疆约有1.9%，山东约有2%，北京、宁夏、甘肃、贵州分别约有1.7%，成都、西安、广州等大、中城市也有不少。朝鲜族约62%居住在吉林，约24%居住在黑龙江，约12%居住在辽宁，约1.2%居住在内蒙古，河北、山东等省也有部分人居住。瑶族约62%居住在广西，约21.5%居住在湖南，约8.1%居住在云南，约6.3%居住在广东，约1.5%居住在贵州等省，海南等地亦有少数人居住。畲族分布于福建（54.9%）、浙江（27.4%）、江西（12.2%）、广东（4.20%）四省，与汉族等民族杂居。

此外，蒙古、彝、苗、锡伯等民族，也有相当一部分人口是杂居的。蒙古族主要居住在内蒙古（70.22%），另有约30%的人居住在辽宁（12.2%）、吉林（3.26%）、河北（2.98%）、黑龙江（2.92%）、新疆（2.87%）、青海（1.49%）和河南（1.37%）等省区，与其他民族杂居，四川、贵州、云南、甘肃、北京等地亦有部分人居住。彝族约有61.7%居住在云南，约有27.15%居住在四川，约有10.76%居住在贵州。苗族有49.84%居住在贵州，约12.12%居住在云南，约21.04%居住在湖南，约5.75%居住在广西，约7.24%居住在四川，约2.71%居住在湖北，约0.7%居住在海南。锡伯族约有69.48%分布在辽宁各县市，19.14%居住在新疆，与其他民族杂居，另有少数居住在黑龙江、吉林。此外，云南、贵州等省区的许多少数民族中的一部分，没有居住在自己的聚居区，而是与其他民族交错杂居。

3. 散居

即没有自己较大、较为集中的聚居区，散居于各民族地域之内的民族，这些民族被称为散居少数民族。如俄罗斯族，大部分散居于新疆维吾尔自治区的伊宁、塔城、阿勒泰、乌鲁木齐等城市，一部分散居于农村，另有一部分散居于内蒙古自治区和黑龙江省等地。乌孜别克族也没有自己的聚居区，大部分散居在新疆各城镇，其中居住在伊宁、塔城、喀什、乌鲁木齐、莎车、叶城等地的较多，少数散居在农村。塔塔尔族也没有自己的聚居地，他们中的一部分散居于城市，主要生活在新疆维吾尔自治区的乌鲁木齐、伊宁、塔城、阿勒泰等城市，与维吾尔族、哈萨克族、乌孜别克族、俄罗斯族、回族和汉族杂居共处，从事教育、文化、商业等事业；一部分散居于牧区，主要分布在伊犁、塔城、阿勒泰地区各县和昌吉回族自治州的奇台、吉木萨尔县的牧区，与哈萨克、乌兹别克牧民杂居交融，从事畜牧业和养蜂业。居住在云南的德昂族也没有自己的聚居区，散居于云南德宏傣族景颇族自治州五县一镇及保山、临沧、思芭地区所辖各县。仡佬族也散居在贵州省西部的织金、黔西、六枝、关岭等20多个县，还有少数分布在广西壮族自治区隆林各族自治县和云南省文山壮族苗族自治州的广南、文山、富宁、马关等县，居住非常分散，与其他民族交错杂居。

（三）语言文字

1. 语言

在当代中国55个少数民族中，除回族没有自己的语言外，其余54个民族历史上都有自己的民族语言。全国各少数民族语言分属5个语系：汉藏语系、阿尔泰语系、南亚语系、印欧语系和南岛语系。属汉藏语系的民族语言有：壮语、布依语、傣语、侗语、仫佬语、水语、毛南语、拉珈语、黎语、藏语、嘉戎语、门巴语、彝语、傈僳语、纳西语、哈尼语、拉祜语、基诺语、白语、景颇语、独龙语、羌语、普米语、珞巴语、怒语、阿昌语、载佤族、苗语、畲语、瑶语、勉语、布努语、土家语和仡佬语等。属阿尔泰语系的民族语言有：维吾尔语、哈萨克语、柯尔克孜语、塔塔尔语、乌兹别克语、裕固语、撒拉语、蒙古语、图瓦语、土族语、东乡语、达斡尔语、保安语、满语、锡伯语、赫哲语、鄂伦春语和鄂温克语。属南亚语系的民族语言有佤语、德昂语和布朗语。属南岛语系的有高山族语言。属印欧语系的民族语言有塔吉克语和俄语。朝鲜语和京语的系属未定。

有些民族虽然历史上有过自己的语言，由于与汉族杂居或受其他民族的影响，普遍都用汉语，如满族、畲族、土家族等。大多数民族除了使用本民族语言外，还使用汉语作为共同交际的语言。另有一些民族由于杂居于各少数民族之间，因而掌握多种语言，例如，新疆的锡伯族，除了掌握自己的母语外，一般都通维吾尔语、哈萨克语和汉语。新疆北部的操图瓦语的蒙古人，由于与哈萨克和操蒙古语的人接触频繁，所以他们除了会说自己的母语外，还熟练掌握了蒙古语和哈萨克语。

2. 文字

在当代中国56个民族中，只有部分民族有自己的文字，不少民族没有自己的文字，而有些民族往往同时使用两种或两种以上的文字。例如，蒙古族使用两种蒙文，傣语各地区分别使用 4 种傣文。20 世纪 50 年代前流传的少数民族文字有 21 个民族的 28 种文字：藏文、维吾尔文、蒙古文（2 种）、傣文（4 种）、朝鲜文、满文、彝文（2 种）、哈萨克文、锡伯文、景颇文、苗族的伯格理文（用于传教）、纳西族的东巴文和哥巴文（多用于宗教）、老傈僳文（用于宗教）、拉祜文、柯尔克孜文、塔塔尔文、乌兹别克文、俄罗斯文、方块壮字、方块白文和水族的水书。其中沿用至今的有藏文、蒙古文、维吾尔文、哈萨克文、柯尔克孜文、朝鲜文、锡伯文、彝文（2 种）、傣文（4 种）、景颇文、拉祜文、俄罗斯文共 12 个民族的 17 种文字。老傈僳文、苗族的伯格理文和方块壮字仅在局部地区使用。回族、满族等一般通用汉文。

根据文字的形体和字母类型等，中国少数民族的文字可分为象形文字、音节文字和拼音文字三类。象形文字主要有纳西族的东巴文和水族的水书；音节文字主要有彝文、纳西族的哥巴文、方块壮字、方块白文；拼音文字可分为古印度字母（藏文、傣文 4 种）、回鹘字母（蒙古文、锡伯文、满文）、阿拉伯字母（维吾尔文、哈萨克文、柯尔克孜文、乌兹别克文、塔塔尔文）、拉丁字母（景颇文、拉祜文、傈僳文）、朝鲜文字母（朝鲜文）、斯拉夫字母（俄罗斯文）、独创字母（伯格理苗文）。

（四）宗教信仰

1. 宗教信仰基本情况

在中国少数民族中，有多种宗教信仰形式，主要有原始宗教（早期宗教）、萨满教、道教、佛教、伊斯兰教、基督教、天主教和东正教等。

在 20 世纪 50 年代前，不少民族仍信仰原始宗教，在鄂伦春、基诺族、佤族、傈僳族、独龙族、怒族、纳西族、阿昌族、景颇族、彝族、羌族、珞巴族、苗族、瑶族、水族、仡佬族、侗族、畲族、黎族、高山族等民族中，保留较多的原始宗教形式。

萨满教主要是北方民族原始社会晚期形成的一种宗教形式，大多数北方民族曾信奉过这一宗教形式。至 20 世纪 50 年代前，东北的赫哲族、鄂温克族、达斡尔族、满族仍保留较多的萨满教信仰及其仪式，西北部分游牧的哈萨克和柯尔克孜等民族也保留部分萨满教习俗。

汉族的传统宗教之一——道教也为部分少数民族所信奉。南方的壮族、土家族、侗族、黎族、苗族、仫佬族和毛南族等民族居住的地区，都有道教的传播和影响。

佛教在少数民族地区占有较重要的地位，主要有两支：一支是藏传佛教，另一支是小乘佛教。佛教于4世纪传入西藏后，与当地的本教相结合形成了藏传佛教（俗称喇嘛教）。在长期的发展过程中，藏传佛教先后形成宁玛（俗称经教）、萨迦（俗称花教）、噶举（俗称白教）、格鲁（俗称黄教）等教派。13世纪之后，藏传佛教得到较大的发展，除了藏族信奉之外，还逐渐为蒙古族、土家族、裕固族、门巴族、羌族、普米族等民族及部分纳西族、怒族、锡伯族、鄂温克族、达斡尔族等民族所信奉。小乘佛教于公元前1世纪由东南亚传入云南，为傣族、阿昌族、德昂族等民族和部分布朗族、佤族等民族所崇奉。

伊斯兰教于7世纪中叶传入中国，主要为回族、维吾尔族、哈萨克族、柯尔克孜族、东乡族、撒拉族、塔吉克族、乌孜别克族、保安族、塔塔尔族10个民族所信奉。在中国的伊斯兰教教派主要有两支：一是什叶派中的伊斯玛仪派，为塔吉克族所信仰；二是逊尼派，为其余9个民族所信奉。

基督教和天主教主要是近代传入少数民族地区的，在云南和贵州的一些少数民族中有较大的影响。曾为傈僳族、怒族、独龙族、苗族、彝族、哈尼族、白族、佤族、拉祜族、景颇族、京族、朝鲜族、高山族等民族所信仰。

东正教是伴随着俄罗斯族迁入中国而传入的，主要为俄罗斯族所信仰。在蒙古族和鄂温克族中，也有少数人信奉。

2. 民族宗教的特点

中国少数民族的宗教信仰有自己的特点，它主要表现在四个方面：

其一是兼容性。不少民族同时信奉多种宗教，多种宗教相互兼容。中国大多数民族（包括汉族）不像西方民族那样，只信仰一种宗教，或是基督教，或是天主教，或是伊斯兰教，而是多种宗教信仰相互兼容。不少民族信仰一种宗教为主，但同时不排斥其他宗教。如20世纪50年代前，纳西族普遍信奉本民族传统的东巴教，但一部分人同时信奉藏传佛教。而另有一部分人则兼奉汉传佛教和道教。白族大部分地区信奉本民族固有的传统信仰——本主崇拜，但对外来的宗教信仰兼容并蓄，如佛教为白族所普遍信奉，道教在白族地区也流传较广，20世纪50年代前还有少数人信奉天主教和基督教。普米族20世纪50年代前同时信奉本民族的传统信仰——丁巴教（又称韩规教）和从藏族传入的喇嘛教，此外还崇奉自然神灵。新疆的哈萨克族和柯尔克孜族以崇奉伊斯兰教为主，兼奉本民族原有的宗教信仰——萨满教。虽然伊斯兰教在近几个世纪以来在这些民族地区占据统治地位，但传统的萨满教并未退出历史舞台。城市和农区的哈萨克族和柯尔克孜族因受维吾尔等民族的影响，伊斯兰教占主要地位，而萨满教居次要地位。而在牧区，尽管伊斯兰教是全民公认的宗教，但萨满教的巴克思（巫师）仍然很活跃，驱鬼治病、祭祀神灵都少不了巴克思。一些地区在进行宗教活动时，往往既请毛拉念经，又请巴克思跳神。

其二是政治性。在20世纪50年代前，宗教信仰与一些少数民族的政治制度结合在一起，形成"政教合一"的制度，宗教领袖同时也是政治首领。例如，原西藏地方政府，是由藏传佛教的格鲁派首领达赖喇嘛领导的上层喇嘛和上层贵族所组成的，其所属各级政府机关，也由僧官和俗官共同主持。在信仰小乘佛教的云南西双版纳傣族地区，封建领主政权的首领"召片领"，同时享有小乘佛教领袖的权力和"松领帕丙召"（意即"至尊佛主"）的宗教首领称号。在西北一些信仰伊斯兰教的地区，虽然没有实行"政教合一"制度，但宗教首领享有很高的地位，对当地政权影响极大。例如，西北一些回族地区，伊斯兰教四大门宦中的教主，不仅对该派群众有绝对权威，而且还左右当地政权。信仰伊斯兰教的维吾尔等族地区，过去曾设有宗教法庭，以伊斯兰教法为依据，处理民事和刑事案件。

其三是全民性。在一些少数民族中，在20世纪50年代前，宗教信仰往往是全民的，人们没有不信教的自由，每一个人都必须履行宗教义务，参加各种宗教仪式，交纳各种宗教税负，遵守各种宗教法律和禁忌。否则，将会受到各种制裁。例如，藏传佛教是藏族全民信仰的宗教，伊斯兰教是维吾尔族全民信仰的宗教。在这些民族中，无论高官显贵或平民百姓，也无论男女老幼，都负有各种宗教职责。

其四是渗透性。少数民族的宗教信仰具有极强的渗透性，它渗透到社会文化生活的每一个角落，使民族文化与宗教信仰融为一体。例如，维吾尔族自崇奉伊斯兰教之后，社会生活和民族文化逐步伊斯兰化，从衣食住行、生老病死、婚丧嫁娶，到法律制度、伦理道德、文化教育、文学艺术、社会规范和节日活动等，都具有浓厚的伊斯兰教色彩。藏族也一样，藏传佛教文化在藏族文化中占有绝对的优势。

3. 宗教信仰自由政策

新中国成立之后，中国共产党和中国政府十分尊重各民族的宗教信仰，制定了保护宗教信仰自由的法律和政策。《中华人民共和国宪法》规定：中华人民共和国公民有宗教信仰自由；国家机关、社会团体和个人不得强制公民信仰宗教或不信仰宗教,不得歧视信仰宗教的公民和不信仰宗教的公民;国家保护正常的宗教活动。任何人不得利用宗教进行破坏社会秩序、损害公民身体健康、妨碍国家教育制度的活动。也就是说,每个公民既有信仰宗教的自由,也有不信仰宗教的自由;有信仰这种宗教的自由,也有信仰那种宗教的自由;在同一宗教中,有信仰这个教派的自由,也有信仰那个教派的自由;过去不信教现在信教有自由,过去信教现在不信教也有自由。为了使宗教信仰自由得以真正实现,使宗教信仰逐步成为个人的纯粹的精神信仰,实行宗教与民族分开、宗教信仰与宗教制度分开、宗教与行政分开、宗教与教育分开的原则。

(何星亮)

朝　鲜

一　概　况

朝鲜位于亚洲北部朝鲜半岛，地理位置是东经124°10′47″—131°52′40″，北纬33°06′43″—43°00′39″。北以鸭绿江为界与中国和俄罗斯相邻，东濒日本海（朝鲜东海），西临黄海（朝鲜西海），南以三八线为界与韩国相接，全国面积12.2962万平方公里。

朝鲜通用的标准时，是以东经135°子午线为准的地方时。

朝鲜半岛由于在地质时代多次发生地壳运动、侵蚀作用和堆积作用，形成了山地、高原、平原、山谷、海岸等多种类型的地形。其中山地和高原约占总面积的80%，平均海拔440米。北部和东部高山较多，朝鲜的第一大山是中朝边界的白头山（海拔2750米）；除此以外，还有金刚山、妙香山、七宝山、九月山等景色绮丽的高山。朝鲜东北部有白头高原、盖马高原、白茂高原。朝鲜的平原多在西部，主要有平壤平原、龙川平原、云田平原、十二三千里平原、载宁平原、延白平原。朝鲜河网稠密，较大的江河有冲边界的鸭绿江、图们江，流经平壤中心的大同江，还有清川江、临津江和礼成江等。

朝鲜的气候四季分明，是典型的海洋性温带气候。年平均气温8℃—12℃。年平均降水量为1120毫米，由于季风的影响，夏季三个月的雨量占全年总降水量的50%—60%。一年总日照时数为2280—2680小时，夏季每月日照时数超过200小时。春秋雨季，由于大陆和海洋季风影响互相交替，风向不定，持续较暖的晴天，降水量也变少。

朝鲜地下资源较为丰富，在已经勘察到的300多种矿物中有200多种是有用矿物。其中磁铁矿和褐铁矿等铁矿的蕴藏量均达数十亿吨，其分布地层较浅，便于开采；金、银、铜、铅、锌等有色金属矿物的蕴藏量也很丰富，尤其菱镁矿和石墨的蕴藏量闻名于世界。还有各种稀有金属和轻金属矿物。朝鲜蕴藏着石灰石和磷灰石、硫化铁、明矾石和重晶石等化学和建筑材料工业所需矿物资源；还蕴藏着大量的萤石、蓝晶石、高岭土、硅砂、酸性火成岩等天然石材资源和云母、石棉、滑石及硅藻土、膨润土等各种非金属地下资源。朝鲜的褐煤、高热有烟煤、优质无烟煤和泥炭的蕴藏量也较为丰富。朝鲜的行政体系由中央、道（直辖市）、市（区）、郡和里（洞、工人区）组成。现有9个道和3个中央直辖市。道和道行政首府如下：

平安南道 …………… 平城市
平安北道 …………… 新义州市
慈江道 ……………… 江界市
两江道 ……………… 惠山市
咸镜北道 …………… 清津市
咸镜南道 …………… 咸兴市
江原道（北）……… 元山市
黄海北道 …………… 沙里院市
黄海南道 …………… 海州市

平壤市、开城市、南浦市为中央直辖市。朝鲜有200多个郡和4000个里。首都是平壤，平壤人口200万。

朝鲜坚持社会主义制度，国家活动的最高原则是确立"主体思想"为指导体系的民主主义中央集权制。国家机关体系包括以最高人民会议为中心的权力机关体系，行政机关体系和审制及检察机关体系。最高人民会议是最高权力机关和最高立法机关，由最高人民会议修改宪法，选举国防委员会长和最高人民会议常任委员长，并任命内阁总理。1998年9月5日举行的最高人民会议第十届第一次会议，代议员共687名；内阁是国家最高权力机关的行政执行机关，由总理、副总理和34个部委的首长（相）组成。

朝鲜实行传统的社会主义计划经济体制。生产资料的国家所有制和协同农场的集体所有制是朝鲜的经济基础。工业管理主要依靠"大安工作体系"，农业管理则依靠"青山里方法"。大安工作体系由四个方面的工作体系组成：（1）工厂党委会的集体领导体系；（2）集中统一的生产指挥体系；（3）送货到门的材料供应体系；（4）全面负责职工生活的后勤供应体系。青山里方法的基本要求是：上级机关帮助下级机关，上级领导帮助基层领导，领导干部深入实际了解情况，及时解决存在问题；政治工作先行，把人的工作放在一切的首位，充分调动群众的积极性；把一般领导与个别领导正确地结合起来，有组织有计划地开展一切工作。

朝鲜国内生产总值约 200 亿美元（1996 年），人均国民所得约 1000 美元（1996 年）。在产业结构中，农林、矿业等第一产业比重在 30%以上。其货币单位为元，外汇兑换券与美元汇率为 2.12∶1（1997 年 9 月）。1974 年 4 月 1 日，朝鲜废除了所有税制，成为"无税之国"。

朝鲜实行普遍的免费义务教育。1956 年第一次实行初等义务教育制，1958 年实行中等义务教育制（7 年制），从 1959 年起实行免费教育，1967 年实行 9 年制技术义务教育制；1975 年实行 11 年制义务教育，即 1 年的学前教育，4 年的人民学校教育，6 年的高等中学教育。学生不交学费，由国家供给教科书和校服。目前，朝鲜设有 280 所大学（1992 年）、470 多所高等专科学校和近一万所中小学。

所有的道根据自己的地方特点和生产布局设立工业大学、农业大学、医科大学、师范大学以及体育和艺术专科学校等各种高等教育机构。在主要工厂、企业和工业区设立工厂大学和工厂高等专科学校，所有的郡都有一所以上的高等专科学校。

二 民族形成与朝鲜

说明朝鲜民族起源的有《檀君神话》："昔有桓因庶子桓雄，数意天下，贪求人世，父知子意，下视三危太伯，可以弘益人间。乃授天符印三个，遣往理之。雄率三千，降于太伯册顶神树下，谓之神市，是谓桓雄天王世。将风伯、雨师、云师，而主谷、主命、主弄、主善恶、凡主人间三百六十余事，在世理化。时有一罴一虎，同穴而居，常祈于神雄，愿化为人。时神遗灵艾一炷，蒜二十枚曰：尔辈食之，不见日光百日，便得人形。罴虎得而食之忌三七日，罴得女身。虎不能忌，而不得人身。罴女者无与为婚，故每于檀树下，咒愿有孕。雄乃假化而婚之。孕生子，虽曰檀君王俭，以唐高即位五十庚寅，都平壤城，始称朝鲜。"神话中的檀君被视为朝鲜民族的始视其建国年代推断为公元前 2333 年。为了同后来的李氏朝鲜区别开来，称其为

"古朝鲜"。

1993年，朝鲜考古工作者挖掘了檀君陵，并从中找出认为是檀君的遗骨，经年代测定，推断为5011年前的。根据考古发现的平壤地区人类活动有100万年历史的事实，否定了从前的古朝鲜中心是辽河流域王俭城的说法和朝鲜民族起源于中亚阿尔泰山脉一带的种族东移的说法。至于古朝鲜何时进入奴隶制社会尚无定论。公元前109年，武帝发动征服卫满朝鲜的战争，公元前108年卫满朝鲜灭亡。汉在其地设四郡，即乐浪、玄菟、真番、临屯。古朝鲜时代即告结束。此时，朝鲜半岛南部有马韩、辰韩、弁韩等部族势力。

公元前后时期，高句丽兴起于中国东北东南部卒本（今辽宁桓仁）地区，新罗兴起于辰韩地区，百济兴起于马韩地区。这三国在朝鲜半岛势成鼎立互争雄长直至7世纪中叶，史称"三国时期"。7世纪后半期，新罗第一次统一了朝鲜，进一步推动了民族的形成。

9世纪末10世纪初，新罗王朝在农民起义的打击下日益衰弱，百济和泰封国随之出现，新罗分裂为三个国家，史称"后三国"。

918年，王建建立高丽，建都松岳（开城）。建国伊始，太祖王建极力加强封建中央集权，中央设三省六部，实行府兵制，地方设道府州县。到10世纪末11世纪初，完善了田制（田柴科）、官制和兵制，中央集权进一步加强，高丽的封建经济比较发达，农业、手工业、商业、对外贸易都很兴盛，著名的高丽青瓷远销日本和中国。高丽人在中国活字印刷术的基础上，发明了世界上最早的金属活字（13世纪中叶）。

高丽曾三次击退了契丹的进攻。13世纪中叶，蒙古多次入侵，高丽人民奋起反抗，曾几次打退蒙古的进攻，但腐败的朝廷终于屈服。蒙古（元朝）在高丽设达鲁花赤，监督国政。元末农民大起义推翻了元朝统治，高丽开始摆脱蒙古的干涉和压迫，存续了近500年。

1388年，李成桂发动兵变，控制高丽大政，1392年，李成桂夺高丽王位自立，改国号为朝鲜，即李氏朝鲜（李朝），两年后由开京迁都汉城。李朝基本上沿袭高丽的统治体制，与明朝长期保持友好关系。

1592年，日本关白丰臣秀吉发动了侵朝战争，三京失守，形势危急。民族英雄李舜臣建造装甲龟船痛打敌人，各地义兵奋起抗战，明军抗倭援朝，终于击败并驱逐日本侵略者，取得历时7年的卫国战争的胜利。

1876年，日本强迫朝鲜签订不平等的《江华条约》后，帝国主义列强加紧侵略朝鲜，使朝鲜沦为半殖民地半封建社会。1884年，以金玉均为首的开化派发动甲申政变，进行国事改革，但告失败。1894年，爆发了甲午农民战争，沉重打击了日本侵略者和李朝政府。1905年，日本迫使朝鲜签订《乙巳保护条约》，1910年又炮制所谓的《日韩合并条约》，朝鲜被日本吞并，李朝灭亡。李朝存续时间超过500年。

日本在朝鲜设总督府对朝鲜人民实行残酷的宪警武装统治。在苏联十月革命的影响之下，朝鲜人民于1919年3月1日举行声势浩大的反日示威，要求独立。示威斗争遍及全国，有200多万底层人民参加了这一示威活动，史称"三·一运动"。"三·一运动"的爆发标志着朝鲜民族解放斗争转入新时期。20世纪20年代以后，朝鲜民族主义者和共产主义者在国内外以各种斗争方式展开了反日独立运动。

第二次世界大战期间，中、美、英三国首脑在开罗举行会议，讨论对日联合作战问题。会议决定在相当期间内，使朝鲜自由独立。苏联没有参加这次会议，但宣布完全同意《开罗宣言》。但由于使用了"相当期间"这类含混的措辞，致使战后人们根据自己的需要对它作出歧义纷争的解释，导致了问题的复杂化。1945年7月，中、美、英、苏在《波茨坦宣言》中重申了《开罗宣言》的立场。但美苏两国又根据同年12月在雅尔塔达成的协议，将朝鲜半岛一分为二，解除日本的武装，苏联占领三八线以北地区，美国占领三八线以南地区。

1946年3月，美苏联合委员会在汉城开会，协商建立统一政府问题，但未能达成协议。1947年，朝鲜问题被提交联合国大会。当年11月17日联合国大会通过了美国的提案，要求在联合国监督下举行大选以建立独立政府。但美苏之间不配合，南半部单独举行大选，于1948年8月15日宣布大韩民国成立。接着北半部于当年9月9日成立朝鲜民主主义人民共和国。后来，由于持续三年的朝鲜战争，南北分裂的局面更加永久化。1991年9月南北双方同时加入联合国。

早在三国时期，朝鲜就使用汉字。由于汉字是外国文字，所以表达自己的语言很不方便。于是在7世纪末叶，新罗学者薛聪创制一种用汉字的音和意表达朝鲜语的方法，即吏读文。但通用的是汉字汉文，文字和语言相分离。1444年，李朝第四代世宗王有感于"国之语音，异乎中国，与文字不相流通，故愚民有所欲言，而终不得伸其情"，在集贤殿学士们的协助下，制定了朝鲜拼音文字，由17个子音，11个母音，共28个字母组成，称为"训民正音"。

现在朝鲜使用的文字有21个母音和19个子音，共40个字母（见

《音标》)。朝鲜语的特点是语音丰富，特别是母音多，这是音节多样化的基础。朝鲜语的词汇很丰富，在词汇总量中汉字词约占70%，固有词占30%，具有鲜明的民族特点和很高的表现力。朝鲜语的敬语体非常发达，对不同对象说话均使用与之相应的敬语。

朝鲜人的服饰多种多样，分男装、女装，穿法讲究。男装有裤、袄、坎肩、长袍。裤腿和裤脚比较肥大，裤腰由左向右掩，再系以裤带；裤脚由里向外挽，再系以腿带。袄有领，但不直立，领上敷以宽约2厘米的白布领衬，可随时拆洗，袄的右襟在里，左襟在外，用袄带在右胸前系以一定式样的活扣。袄裤多为白色，也有灰色或淡青色的。坎肩套在袄外，扣纽扣，有衣兜，颜色花纹各异。长袍与袄式样同，只比袄长，垂至膝下，作外衣用。

女装有裤袄、裙、袄、袍。女裤与男裤式样同，但比男裤短瘦一些，裤脚不系腿带。裙有紧身长裙和筒裙之别，紧身长裙以宽大裙幅裹身，长垂脚背，筒裙似西服裙，但比西服裙长，作为礼服和外出穿用的筒裙更长一些，平常穿的筒裙则短一些。裙料按季节、年龄的不同，颜色、花纹也各不一样。女袄与男袄基本相同，只是袄襟很短，领子呈圆形，襟和下摆略呈弧形，线条柔和、颜色多样。朝鲜女装的最大特点是，袄很短，紧贴身，裙子肥长，加上色彩和纹饰的搭配，民族形式鲜明，优美大方。

朝鲜人无论男女，都喜欢白衣，朝鲜从古代起就盛行白衣，直到李朝末期，甚至成为围服，故某些史籍称朝鲜人民为"白衣民族"或"白衣同胞"。有的学者认为，古代朝鲜人崇拜太阳神，自称太阳神的子孙，白色表示太阳光，故此形成喜穿白衣的习惯，白衣成为朝鲜民族的特征之一。

朝鲜人饮食富有营养，有鲜明的民族特色，有的甚至闻名于世。

打糕 是用糯米制成的一种食品。将淘好的糯米放水中浸泡4—5小时，捞出控干后置笼屉中蒸30—40分钟，再洒些淡盐水，焖半小时左右。将焖好的糯米放木臼里或石板上，以木槌用力击打，不见米粒便成打糕。同时，将小豆煮熟，做成豆沙，或将大豆炒熟，碾成豆面，拌以少许盐面或适量白糖。然后将打糕切成小块，蘸豆沙或豆面食用，味道很美。

发糕 其制法是：大米面里放少量酒，用温水和匀，置一夜，发酵，再平铺于笼屉内，其上放栗子、大枣、松仁、柿饼等，用急火蒸熟，便成发糕，味道酸甜。

五谷饭 是朝鲜人民在正月十五吃的一种饭。其做法是：先将黑豆和小豆煮熟，再同糯米、黏高粱米等掺在一起做成饭。据说，正月十五吃五谷饭，可望一年五谷丰登，邻里之间互送五谷饭，还可增进彼此之间的友谊。此外还有药饭、盖浇饭等。

冷面 是朝鲜人民喜爱的一种面条食品。尤其是平壤冷面，条细质韧，汤汁凉爽，酸甜可口。按材料的不同，分小麦面、荞麦面、燕麦面、土豆面等多种，其中以荞麦面为最佳，其做法是：将热水和荞麦面加土豆面（7∶3）拌匀，塞冷面机中压条，煮两分钟左右，在冷水中过两三遍即可。面汤可用野鸡汤、鸡汤或牛肉汤。食前，先在碗内放些汤，加味精，盛入适量凉面条，上放辣白菜、肉片以及配好的作料，如鸡蛋、鲜梨条、黄瓜丝、葱丝、辣椒丝等，再浇以汤即成。

泡菜（酸辣菜） 是朝鲜人民普遍喜食的一种副食品，种类很多，鲜美爽口，最宜就饭的莫过于酸辣白菜，其做法是：将白菜擗去老帮，洗净，在淡盐水中浸泡1—2天，取出，清水洗3—4次，控干；把蒜泥、姜末、辣椒面、萝卜丝、葱丝、味精、胡椒、白糖、精盐等和在一起，做成糊状作料；将白菜帮和叶抹匀作料，一层层放入缸中，每层中间可铺些萝卜块，最后压上板石，封好缸口，放入菜窖，过几天后，再倒进适量腌菜用的新鲜汤，温度保持在1℃—5℃，发酵月余，便可食用。泡菜由于在发酵过程中产生乳酸等有机酸，营养价值很高，闻名世界。

朝鲜人的住房简单，最常见的民间住宅是单排房，由里间、外间和厨房组成。每个房间都有向外开的门，各间之间还有相通的门，里间和外间的正面有前廊（或称退房）。这种房子的取暖设施是火炕。在灶口烧了火，火和烟气经过炕洞，使屋子暖和。炕面上糊上几层薄纸，然后糊上油纸，油纸炕面使得屋子亮堂，油纸上面还可铺莞草席子和坐垫，朝鲜人习惯脱鞋上炕。

朝鲜人注重礼仪，而且名目繁多。家庭礼仪包括婚礼、丧礼、祭礼、还甲宴、周岁、节日礼、客宾礼以及家庭成员之间的各种礼节。家庭礼仪中至关重要的是尊敬老人。长子扶养父母为世代的习惯；子女对父母说话要用敬语；在长辈面前不许吸烟、饮酒，只在节庆之日可稍饮一些；与老人递接物品须用双手；子女不得在老人面前盘腿大坐，而应跪坐。礼法要求严格的家庭，甚至起床和饭后都要向父母问安；父母外出或归来，子女均须迎送行礼。有条件的家庭，祖父或父亲用小桌单独进餐，其余人则围坐大桌吃饭；即使条件差的家庭，也要尽量避免公公和儿媳、大伯与弟妇同桌而食。父亲去世,由长子做户主,故有尊重长兄的习惯,家庭的重要仪式要由长兄主持。岁首和除夕,子女要向父母拜岁;子女长期在外,一旦回家见到父母要行跪拜礼。日常生活中,儿媳不仅要敬重老人,还要尊重丈夫和丈夫的兄弟,对他们说话要用敬语,递接物件用双手。家里来了年长客人,先由父母与客人行拜礼,然后父母令子女向客人行跪拜礼。

三 民间文学与传统艺术

20世纪50年代以来,朝鲜族民间文学工作者在东北朝鲜族居住地区,搜集整理了5000多篇民间故事,70—80年代先后出版了《延边民间文学作品集》(朝鲜文)、《朝鲜族民间故事选》(汉文)等20多部。其中数篇民间故事被选辑于1981年上海文艺出版社出版的《中国少数民族文学作品选》,1982年该出版社翻译出版了《朝鲜族民间故事选》,1983年又出版了朝鲜族民间故事家《金德顺故事集》(30万字),这是我国首次出版的民间故事家本人的专集。

朝鲜族是能歌善舞的民族,延边朝鲜族自治州以"歌舞之乡"著称于世,朝鲜族民间歌谣内容广泛,包括农民在长期劳动生活中创造的"农谣";从巫俗中发展而成的"神歌";封建社会末期由城市下层人民创造,后来又传播到农民中间而成为歌谣的"杂歌";来自人民大众,由民间艺人加工创作,后来又在流传过程中民族化了的"盘索里";从20世纪初开始,由进步学生和知识分子创造,并在口头流传中定型为民谣的"新民谣"。这些歌谣根据其所反映的题材与演唱形式,又可分为劳动歌谣、爱情歌谣、生活生态歌谣、轮舞歌谣和仪式歌谣等若干类。

朝鲜族民间歌谣,以表达思念家乡妻儿之情的《阿里郎》、在野外劳动或喜庆之时自由演唱的爱情歌谣《道拉吉》等为代表,其历史久远,内容广泛,数量颇多。现代歌曲有《延边人民热爱毛主席》《在故乡山坡上》《祝妈妈长寿》等,在社会上广为流传。

朝鲜族传统音乐分为民间音乐、乡乐、唐乐和雅乐等。朝鲜族音乐工作者亲自搜集整理的民间音乐共有400多篇。朝鲜族的民族传统乐器主要有枷倻琴、扬琴等弹拨乐器,大琴、短箫、洞箫、笙篥、唢呐等吹奏乐器,牙筝、奚琴等弦乐器,手鼓、长鼓、圆鼓、锣、手锣等打击乐器。

朝鲜族的传统舞蹈，有民俗舞、宫廷舞及僧舞。充满生动活泼和欢乐气氛的《农乐舞》，以独特的典雅飘逸的舞姿而驰名中外的《长鼓舞》《扇子舞》等传统歌舞和《春香传》《阿里郎》等呈现出浓郁民族特色的现代歌舞剧，闻名于国内外。集中体现了民间舞蹈的群众性、即兴性及自娱性的特点。

摔跤 古时亦称角戏、脚戏、角力、角抵。据古墓壁画，三国时期就有摔跤比赛；高丽时期开始普遍流行；随后，朝鲜各地每逢节日，尤其是端午节，便举行大规模的比赛活动。摔跤运动是右大腿上绑了布绳的两个人相对弯腰，右手抓住对方的腰，左手抓住对方的腿绳，较量谁先把对手摔倒。跤场通常是直径10米左右的圆沙地。过去，摔跤和农民的劳动生产有着密切的关系。冠军力士获一头大黄牛，得胜一方簇拥骑在牛背上的力士，举行庆功活动。如今，摔跤已成为朝鲜民族的体育项目之一，有团体赛和个人淘汰赛，分少年组和成年组，成年组又按体重分为不同等级。

跳板 每当五月初五、八月十五，朝鲜妇女们穿上节日服装，聚集一起进行的一种游艺活动。方法是，在长条木板正中垫圆木一块，两端各站一人，一方首先跳起，靠下落的冲力，将对方弹向空中，在如此一起一落之际，做出各种动作，姿态优美，宛如蝶舞，令人神驰。据传，旧社会妇女囿于封建礼法，不得越出庭院一步，为了观赏院外风光，便想出跳板的方法。这种游戏始于高丽末期。

秋千 在木架或铁架上系两根长绳，下面拴上一块板子，人在板子上利用脚蹬板的力量在空中前后摆动，是朝鲜妇女和儿童的传统游戏。秋千有各种不同的比赛方法：一种是在秋千前方高处悬挂铃铛，以踢到铃铛次数计分；另一种是在秋千踏板上系以标出尺寸的绳，用来衡量秋千升起的高度，有单人的，也有双人的。其高度因地而异，一般随比赛地区级别的提高而提高。

农乐舞 是在乐队的伴奏下将歌与舞有机结合的具有浓厚民族形式的一种文艺活动。据文献记载，朝鲜早在三国时期就已有了农乐舞。但那时的乐队、服装、歌舞均简单。近代以后，农乐舞的形式和内容有很大发展。大体分为农乐舞、农乐会和农乐歌。农乐舞队一般由20—25人组成，基本队形是圆舞，随意加上郡兴舞、对舞、上帽舞、假面舞等，以表演个人技巧为主。其中上帽舞最为精彩，在圆帽上拴上1米至10米长的彩色纸条，靠头部的摇动使纸条飞速旋转。乐器有大锣、小锣、长鼓、大鼓、手鼓等打击乐器，还有唢呐等吹奏乐器。农乐舞不仅普及民间，而且经过提炼加工已搬上舞台，内容更加丰富，一般安排在舞会的终场。

(高敬洙、朱在宪)

韩 国

一 概 况

韩国全称大韩民国。位于亚洲大陆东北部,朝鲜半岛的南半部。东濒日本海,西面与中国山东省隔海相望。半岛海岸线全长17300公里(包括岛屿海岸线)。

首都汉城(Seoul),位于汉江下游,人口1046.99万(1996年12月),面积605.6平方公里。

全国面积99313平方公里(1998年)。全国70%的土地为山地,地势北高南低。太白山脉绵亘于整个东海岸,由于受东海波涛的冲击,东海岸形成了许多悬崖峭壁和岩石小岛,西部和南部多为平原和近海岛屿。韩国属温带季风气候,年降水量1500毫米左右。夏季炎热、潮湿,冬季漫长,干燥而寒冷。春秋两季较短,但天气舒适宜人,多晴朗日子。

全国人口5051.5万(2011年),人口密度为每平方公里463人。1997年人口增长率为0.98%。城市人口占全国总人口的比例为78.5%(1995年)。

全国分为9道(京畿、江原、忠清南、忠清北、全罗南、全罗北、庆尚南、庆尚北、济州)、1个特别市(汉城)、5个直辖市(釜山、大丘、仁川、大田、光州)。

韩国实行基于三权分立及制约制度的民主政体。行政部门实行总统制。总统任期为5年,不得连任。总统通过由其主持的国务会议执行行政职能,本届国务会议由总统(主席)、国务总理(副主席)和17名部长组成。立法权属于一院制的国会。目前国会共有299个议席,其中253个由国民投票选出,其余的席位则在直接选举中赢得5个或5个以上席位的政党中，按比例分配。议员任期为4年。国会议员总数不得少于200人。韩国最高法院叫大法院，大法院院长由总统任命，须取得国会同意，任期为6年，不得连任。全国有5个高等法院。

自20世纪60年代以来，韩国经济发展速度较快。到1997年，国内生产总值达4426亿美元，人均国内生产总值9511美元。三个产业在整个产业结构中的比重是，第一产业为6.7％，第二产业为47.9％，第三产业为45.4％。韩国已是世界上第二造船大国、第五大汽车生产国和世界十大电子工业国之一。

国民生活水平较高。人均国民收入9511美元（1997年），人均住房面积9.4平方米（1995年），平均寿命73.5岁（1995年）。小汽车占有率6.6辆/百人，电话普及率0.43部/人，约每962人拥有1名医生，每300人拥有1张病床（1996年）。

实行小学6年制义务教育。高等教育机构分国立和私立，其中80％为私立。1997年度政府教育预算占政府开支的25％。全国各类学校1.9万多所，学生1173万多人，教师44万多人。

有关韩国民族起源的各种传说和神话中，最古老也是影响最大的是关于檀君的传说。相传天帝的儿子桓雄带领3000名忠仆，降临太白山，建立"神城"。那时，有一只熊和一只老虎希望变成人。桓雄告诉它们，如果它们能在黑暗的洞穴里待上100天，而且只吃大蒜和艾蒿，它们就能变成人。熊经受住考验，变成了一个美女，老虎却因为缺乏毅力失败了。后来，这个熊女嫁给桓雄，生下檀君。据该神话的传说，檀君于公元前2333年在平壤建立了叫作朝鲜的王国。今天的韩国人将据说是檀君建国的日子10月3日，定为民族的开天节来庆祝。

韩国有记载的历史始于"三国时期"。所谓"三国"分别指公元前37年至公元668年期间的高丽、公元前18年至公元660年间的百济和公元前57年至公元935年期间的新罗三个封建国家。公元7世纪，新罗统一朝鲜半岛的南部，10世纪高丽灭新罗。

高丽王朝（918—1392年）时期，社会经济发展，文化繁荣。特别是高丽陶瓷工匠制作的青瓷釉料绿中透青，十分精巧，曾博得包括中国宋朝宫廷在内的整个东亚的较高评价。佛教极为盛行，被定为国教，促进了相关的建筑、绘画艺术的繁荣。10—11世纪先后受到契丹、女真、元蒙的侵略，日本倭寇亦常为患，国势日衰，1392年为李氏朝鲜所代替。

李氏朝鲜（1392—1910年）尊崇儒教，农、工、商、科学、艺术较发达。1442年创制朝鲜文字——"训民正音"。1592—1598年联合明朝进行了反抗日本侵略的卫国战争，击败了侵略者。1876年《江华条约》签订后日本大举入侵。1897年改国号为"大韩"，以求重振国力。1910年，被日本吞并，沦为殖民地。

日本在第二次世界大战中战败，美苏两国分别占领朝鲜半岛的南北方。1948年5月10日，在半岛南部举行大选，并于8月15日宣布成立大韩民国政府。

二　韩国与韩国人

一些韩国学者认为，尽管韩国的历史悠久，但朝鲜半岛的全体人民真正集合成为一个民族的历史却相对短暂。

与其他民族的形成过程一样，韩民族的形成也经历了由氏族、部落到部落联盟，最后为民族的过程。韩国学者赵芝薰先生认为，高句丽与汉和乐浪的抗争是古代部落、部族时代的事情，高句丽和百济对魏、晋的对抗是部族联盟时代的事情，这些都是在今日韩民族形成之前发生的。无论是高句丽对隋、唐的反抗，还是三国（高句丽、新罗和百济）鼎立，在性质上也与前面的情况相同。严格来说，一直到三国时期，韩国还没有形成统一的民族。因此，当时人们意识中不可能有什么统一的韩国人的意识，而只能有相互并列的高句丽人、新罗人和百济人意识。这些部落、部族或民族的继承者把他们的历史包括在民族的形成和成长的历史之中，但不能直接成为当代韩国人的民族史。

从历史过程来看，三国时代是在人种上形成韩国人的时期，但把他们在文化上融合在一起则是在新罗时期。因此，可以把新罗视为民族史上韩国人的起点，即第一个阶段。后经过高丽时期的"双城收复"① 和李氏朝鲜的"六镇""四郡"② 的设置，韩国民族完成了在地理、血缘、文化和历史等方面的形成过程，而在朝鲜王朝时期发生的"丙子胡乱"（1636年清朝入侵朝鲜而引起的社会动乱，朝鲜战败成为清朝的附属

---

① "双城收复"：1356年高丽王朝驱逐元朝统治者，废除双城总管部，恢复对和州（今永兴）的控制。
② "六镇""四郡"：朝鲜王朝时期，1434年为抵抗女真人的入侵，在朝鲜半岛的东北边疆设立的六个要塞被叫作"六镇"；1443年又在北部边境设立四个郡，以加强边疆防务。

国）和"壬辰倭乱"（抗击倭寇）则标志着韩国人民族意识的形成和巩固。

直到1910年日本合并朝鲜王朝，广大的韩国人民仅仅依附于封建王朝，只作为封建统治阶级压迫和剥削的对象，还不可能形成成熟的民族共同体意识。韩国人成熟的民族意识的产生，真正现代的民族运动史的开始，只是20世纪以来的事情。

朝鲜民族属于蒙古人种通古斯系统，并因地理、历史等方面的原因，与西伯利亚、中国东北等地的古代民族具有多方面的联系，在体质方面留下了不少痕迹。尽管如此，韩国人在体质方面仍具有自己独特的因素，形成了本民族独有的特点。

中国古代书籍中有关韩国先人身体情况的论述比较多，总的印象是：在体形方面，"其人形长"[1]，"人类长三丈"[2]；在体质上，则显得"有气力"，"人壮勇"[3]，"性勇悍"[4]。总的来说，我国先人对当代韩国先人的印象是体格高大、健壮、勇敢和有力气。

一般认为韩国人是游牧民族的后代。考古材料表明，早在石器时代，也就是在四五十万年以前，朝鲜半岛上已有人居住。韩国许多新近发掘出来的古代遗骸、盔甲、鞋袜和其他一些随葬品，表明古代的人无论身长还是体重等，高出现代人很多。也许是由于当时的人们在自然体力活动条件下，常年进行激烈的身体活动，使他们具备了这样优越的身体素质。

韩国人头型属于短头型，成为世界三个短头中心之一（其余两地分别为以苏联的土耳其斯坦为中心的中亚地区和瑞士的阿尔卑斯地区），具体头型指数男女分别为81.5和82.7，明显区别于中头型的中国人。在头长高指数方面，韩国人男女分别为80.1和79.4，属于高头型（hypsicranial），有别于整头型的蒙古人。总的来说，在短头型上韩国人接近于蒙古人，但在高头、尖头型方面则接近于中国人和日本人，而在颜指数和上颜指数方面又与蒙古人和日本人较接近，属于中颜型，这与中国人大不相同。

传统的韩国人头颅根据地方的不同有着不同的特点，南部地区的指数大一些，北部则小一点，但整体来说，韩国人的头颅指数一般都在

---

[1] 《梁书》卷五四。
[2] 《唐书》卷二二〇。
[3] 《后汉书》卷八五。
[4] 《晋书》卷九七。

80以上，呈现明显的短头型特点。与此相比，中国人的头颅指数一般在75—80之间，属于中头型类型。

韩国人的脸型也发生了较大的变化。总体上来看，自有调查统计数据的20世纪30年代到1986年，韩国人的脸型宽度一直在增加，大约增加了8.11毫米，但1986年以后则呈现迅速变窄，脸型的长度则一直在增加。其中前额的长度，1986年比30年代的长一些，而1991年又比1986年增加了约5%。

血型方面，韩国人A型血较多，占总人口的32.34%，其次为B型，占29.53%，O型为27.88%，AB型为10.25%。人类学中，表明各民族各血型比例的民族指数（人类系数，即A型血与B型血之比）分为3个类型，即在2.0以上的规定为欧洲型，1.0以下的为亚非型，在这两者之间的为中间型。整个朝鲜半岛人口的民族指数为1.07，其中北部、中部和南部的民族指数分别为0.98、1.05和1.25。这表明，北部的人口指数与中国东北较接近，而南部则与民族指数较高的日本较接近。

韩国人属于中身型。根据Martin的分类，韩国男子属于上中型（supra-medium），而女子则属于中中型（medium）。黄色人种中，韩国人属于蒙古人种东亚类型。与周围民族和国家的人进行比较，韩国人与中国东北地区的满族相差不大，但与北方的汉族比较则矮一些。韩国身材较矮的忠清南道和全罗北道的人与日本人相比不相上下。因此，从整体上来说，韩国人的身材与日本人相比稍微高一些。随着社会的发展和时代的变迁，韩国人的身材高度情况也发生了不少变化。这些变化突出反映在身高的增长方面。

朝鲜民族文字以其简洁明了著称于世，十分有利于学习掌握。韩字总共只有24个字母，很容易就能掌握好，而且只要掌握这24个字母之间的相互关系，就可以读写所有的韩字。

韩字的这个特点在很大程度上要归功于"训民正音"的创制者李氏朝鲜的第三个国王世宗。直到16世纪，韩国虽然有自己的语言，但还没有文字，文人墨客都是用汉字进行创作和交流的。在民间，也有以汉字表音韩语的办法，但由于这两个语言无论在语系语法，还是在发音方面都有很大的区别，因此很难真正流行起来，至于一般百姓就更难以掌握和利用了。鉴于这种情况，世宗国王在创制韩字的时候首先考虑的是文字能否便于掌握的问题。为此，他在谈到创制"训民正音"的目的时指出："国之语音，异乎中国，与文字不相流通，故愚民有所欲言而终不得伸其情者多矣。予为此悯然，新创二十八字（后演变为24个——笔者注），欲使人人易习，便于日用耳。""训民正音"的重要创制者之一、在世宗国王手下曾任过世宗领议政的郑麟趾在"训民正音"的结尾中也写道：韩字的特点在于"简而要，精而通，故智者不终朝而会，愚者可浃旬而会"。

韩字便于领会和掌握，字母数量少是最有利的因素。创制当初仅为28个，到现在又减少到24个，比被看作不能再少的英文字母还少2个。另外，韩字各字母之间的对称关系又进一步提高了百姓掌握的便利程度。韩字的创制者把《周易》的原理贯彻到韩字字母关系之中，使它们之间充满很多对称关系，例如在元音中，有"ㅏ"就有"ㅓ"，有"ㅗ"就有"ㅜ"，有"ㅡ"就有"ㅣ"。各副音之间也有类似的对称性，如"ㄱ"与"ㄷ"，"ㅁ"与"ㅂ"，等等。这些字母不仅在外形上对称，在发音上也有相应的对应关系。这使本已数量相当少的字母相互间都能连贯起来，使学习者很容易掌握。对已经会说韩语的韩国人来说，一天之内学会韩字的确不是很困难的事情。至于在10天（即一旬）左右掌握它则是相当普遍的事情。

韩国人的生活方式是在一定自然环境和社会发展条件下，经过人们长期的实践活动逐渐形成并成熟起来的，它通过人们的衣、食、住、行等方面的行为，反映着韩民族的社会发展水平，反映着他们对环境的适应能力和发展潜力。

韩国人的服装具有鲜明的民族特征，根据季节的变化和生产、生活的需要，花样繁多，形式多样，成为韩国民族文化的重要象征。

韩国传统男装主要是袄、裤、坎肩和长袍。袄宽松而短，有领子，但不直立，领上敷有白领衬，以便时常拆洗。袄的右襟在里，左襟在外，用袄带在右胸前系以一定样式的活扣，多为半蝴蝶结形状。坎肩套在袄外，有衣兜，颜色花纹各异。裤子宽松肥大，裤腰较肥，由右向左掩，再扎以裤带。长袍与袄样式略同，但长过膝盖。韩国男人喜欢戴有沿的礼帽，有时帽子也可以区分身份和地位。

韩国传统的女装有裤、裙、袄、袍。女袄非常短，衣襟在前面交叉系以很长的蝴蝶结，领子呈圆形，襟和下摆略呈弧形，线条柔和，颜色多样，袖子长而宽大。韩国妇女的裙子极有特点，通常是宽大松长，下垂脚面，上面系在腋部。极短的小袄、优雅小口的长袖与长松飘逸的长裙形成了韩国传统女装的基本特点。

现在，韩国人的穿着已经发生了很大的变化。尽管在公共场所还时常能看见身穿传统民族服装的男女,但以西服为代表的各种现代服装为主。韩国人在西服等现代服装的设计和加工等方面,也已经显示出卓越的才能。例如,在国际奥林匹克技能比赛的西服项目上,韩国自参加这一活动以来,连续12次获得冠军(自第16届到1983年的第27届)。有人甚至说之所以把该项目排除在国际奥林匹克技能比赛的项目之外,就是为了阻止韩国人连续不断的独霸态势。

泡菜和烧烤是韩国人最具特色的两种饮食。其中的泡菜(一种加配料盐渍的白菜或萝卜等,也音译为"金齐"),可以说是过去没有保暖设备的条件下,在寒冷的冬天保存蔬菜的新鲜度非常有效的方法。这是在长期的实践过程中发展起来的,解决了在寒冷的冬季向人体提供充足维生素的问题。因此,在现代科技时代到来之前,泡菜被看作是寒冷地区首选的食品之一。即使在科技水平很高并相当普及,到处都可以找到储藏设备的今天,泡菜不仅在韩国,而且在世界各地,特别是地处北方较寒冷地带的日本、中国等地仍旧大受欢迎。日本京都大学的一份研究报告指出,韩国泡菜有很强的脂肪分解功能,[①] 因此,在讲究减肥的当代,泡菜受到各国消费者的欢迎也许是情理之中的事情。

至于烧烤,作为游牧民族的后代,韩国人的食肉量较多。在古代的三国、高丽时代,韩国人已经以各种肉类当作日常食物。各种肉类例如牛肉、猪肉和狗肉等的加工办法也比较发达。特别是韩国牛,长期以来因其免疫力强,性情温顺,很受广大农民的欢迎。烧烤也已经走出国门,在日本、中国,乃至美国等地扎下了根。

过去,韩国居民以饮酒著称,但随着经济的发展和人们对自身健康的日益关注,最近一个时期以来开始出现了有所减少的趋势。

传统的韩国住宅一般是以长方形、L形和U形为主的平房,主要建筑材料是木材和土。屋顶不高,上面是厚厚的茅草。最简单的传统住宅以一间起居室加上一个房间和一个厨房组成。厕所另建,不与房屋连在一起。地处较寒冷的东北亚的韩国传统房屋注意防寒功能,因此房间一般较小,门窗不多,四周大都是土墙。屋内大都铺设"温突"地板,即以地板下的烟道生火取暖。这种取暖方法在过去十分有效,使一般韩国人至今仍喜欢垫着软垫和厚席在地上坐和睡觉。

从20世纪60年代开始,韩国开始大规模修建现代化的住宅。这些新建筑都注意保留民族传统。高层公寓普遍设有类似传统的土炕,当然

---

① 李圭态:《韩国学随笔》,新元文化社1996年版,第39页。

它已经是通过地板下的散热管道供暖。这既经济又卫生，也有益于人们的健康。

韩国人比较爱整洁。传统的韩国农民家庭没有特殊的卫生设施，但这不影响他们讲究卫生的习惯。普通百姓的房子尽管没有很多摆设，但一般都整齐干净。传统房子的火炕管道结构有利于保持屋内的温度，在寒冷的北方十分有益于人们的健康。据《阿伦的朝鲜滞留记》的记载，当过英国驻李氏朝鲜王朝总领事的爱尔兰出身的外交官曾对此说到，韩国农村的家庭与爱尔兰农民的家庭一样干净而舒适。①

据 2005 年的统计，信教人数为 2517 万人，有 53% 的韩国人信仰各种宗教，其中佛教徒为 1072 万人，占各宗教信徒总数的 48.8%；基督教徒 809 万人，占 36.4%，天主教徒 262.3 万人，占 11.8%，儒教徒 17.8 万人，占 0.8%。另据 1994 年由韩国宗教社会研究所出版的《韩国宗教年鉴》，如果把韩国佛教、基督教、天主教等 8 个宗教的调查资料汇总，韩国的各种宗教的信徒共计 6600 万，远远超出这一年的总人口 4455.3 万，超出总人口一半还多。这些信徒的分布是佛教徒 2998.5 万人、基督教徒 1446.3 万人、儒教徒 1026.3 万人、天主教徒 305.7 万人、圆佛教徒 119.5 万人、天道教徒 112 万人、大棕教徒 46.8 万人、其他各种宗教徒 673.7 万人。尽管我们不排除各个宗教和教派为了宣传自己的影响和作用，在教徒的计算上难免有夸大倾向，但宗教在当今韩国社会中所处的重要地位和巨大影响却是毋庸置疑的。有一次问卷调查，有 82% 的韩国学生认为，宗教信仰对实现完整人生观的形成发挥不可替代的作用。② 另外韩国还有大量的人信萨满教，它是一种主要民间信仰。

萨满教 韩国萨满教的一个突出特点是对已去世的人的灵魂的绝对信任。在传统上，韩国的萨满是主要负责解决和消除现在的人与已故人之间的紧张、摩擦和冤仇的。韩国人的这种习惯至今仍很普遍。过去的萨满没有明确的性别划分，但现在几乎都是女性。萨满教已成为韩国艺术的重要组成部分。在有关萨满教的仪式中，有很多驱赶鬼神的行动和音乐等巫法。其中有些已发展成完整的艺术形式，对韩国的艺术创作和表演产生过重要影响。道教、儒教和佛教传入韩国并没有动摇萨满教的影响。韩国人的萨满意识不仅没有受到这些宗教的排挤，相反它们之间

---

① 阿伦：《阿伦的朝鲜滞留记》，第 121 页。
② 金在恩：《韩国人的意识和行动方式》，梨花女子大学出版社 1988 年版，第 77 页。

已相互渗透，形成了"和睦相处、相互影响、共同发展"的格局。

佛教 佛教传入朝鲜半岛是在公元4世纪。当时，朝鲜半岛正处于三国中期，即处在新罗统一朝鲜半岛的前夕。由于地理上的原因，新罗接触和接受外来宗教较晚。公元372年，一位名叫须道的中国和尚来到位于新罗北部的高句丽进行传教。12年以后，西部的百济也接待了途经中国前来的印度和尚摩罗难陀。新罗是在半个世纪后才开始接受佛教影响的，并到公元528年佛教才成为合法宗教。到公元668年新罗统一朝鲜半岛时，佛教被确定为国教。始于公元936年的高丽王国对佛教的热情也不亚于新罗的统治者们。这时期佛教影响日益扩大，一些僧人进入政界，其中有的成为显赫一时的朝臣，有的则腐化堕落，追求世俗权力。13世纪强大的元朝大军侵入朝鲜半岛，并很快征服了全国几乎所有的土地，只有国王和朝廷避难到汉江口的江华岛。当时的国王和朝廷想不出什么有效的反抗措施，就祈求万能的神明帮助他们摆脱这一厄运。为此，他们动员能够动员的所有力量，夜以继日，把卷帙浩繁的佛经全部刻成木刻印版。这部佛经就是世界著名的《高丽大藏经》，至今仍存放在韩国的海印寺展览。这套佛经共有81258块木板，前后花了整整16年时间才完成，被认为是佛教历史上最杰出的杰作之一。

由于佛教与政治有瓜葛，1392年开始的李氏朝鲜王朝既反对元朝统治者，也反对佛教徒。日本统治时期，日本人曾企图把韩国的佛教并入日本的佛教教派之中。日本的和尚是可以结婚的，而韩国和尚是从来不允许结婚的，即所谓的"守身"。在日本的影响下，韩国的一些和尚也曾结过婚。但日本投降后，经过多年激烈的争论，最后还是"守身派"战胜了"结婚派"。

截至1991年，韩国共有26个佛教宗派，9231座寺庙和1100多万名信徒。曹溪宗是韩国佛教宗派中最大的一个，其总部设在汉城的曹溪寺内，分布在全国有24个地区。

韩国的佛教界力求更好地适应现代社会，进行不断的探索和改革，加上近年来韩国社会关心和讲究本民族传统的风气日益浓厚，韩国社会关心佛教的人越来越多，佛教的社会影响和地位呈现扩大和提高的态势。韩国佛教界已建有自己的城市总部，以加强在城市中的宣传和影响。他们还着手把《高丽大藏经》译成现代韩语，以求扩大它在现代韩国人中的影响。

儒教 儒教传入朝鲜半岛时间很早，以至目前无法考证。早在高句丽时期，即在公元4世纪已办有一所中央的儒教大学堂。在各地也分布着很多儒教私学，叫作偏堂。在古代，韩国人十分专注地、一丝不苟地接受儒教，并派生出许多不同派别和学说，引起争执。这些分歧和争论对韩国历代政治统治产生过较大的影响。

李氏朝创建者认为，高丽之所以被元朝打败，原因在于佛教势力的影响，因此朝鲜王朝一建立就摒弃佛教，提倡儒教。这使儒教获得迅速发展，并在社会政治生活中开始发挥巨大的作用。在1910年日本统治韩国以后，儒教作为社会政治体制的意识形态基础至少在表面上受到了根本动摇。

目前韩国虽然没有有组织的儒教教会，但仍有不少儒教社团，定期举行祭祖仪式和纪念重要人物如孔子的仪式。汉城的城均馆大学是当今世界唯一的一所专门传授儒教和研究儒家学说的大学。它既是韩国儒教中心，也是一座孔庙所在地，每年春秋两季在那里举行纪念活动。韩国还有200多所向青年人教授儒教价值观和礼节的学校。它们都是设有孔庙的儒家学院。

天主教 天主教最早传入朝鲜半岛是在17世纪。当时每年派往北京向中国皇帝进贡的使轩带回天主教传教士利玛窦著作的中文本。到18世纪，韩国已有了若干皈依这一西方宗教的人。到1785年，一位耶稣会教士彼得·格拉蒙神甫偷越国境，开始在韩国给信徒举行洗礼并委任神职人员。到1863年，韩国已有12名韩国神甫管辖着2.3万名信徒。

第二次世界大战以后，天主教在韩国发展迅速。1962年建立韩国教会主教轩，同年，第二届梵蒂冈公会议批准实行改革，允许用韩语做弥撒以及天主教与新教共同翻译出版韩文圣经。这些都极大地推动了天主教在韩国的发展。到1986年，韩国共有3个大主教管区和14个主教管区。

1984年，在韩国天主教教会成立200周年之际，当时的教皇约翰·保罗二世前来韩国祝贺，并追认殉教的93名韩国传教士和10名法国传教士为圣徒。在梵蒂冈以外的地方举行圣徒追认典礼，这在天主教发展史上是第一次。

基督教 基督教在朝鲜半岛社会中一直发挥着一种独特的作用。过去，在日本侵占整个朝鲜半岛以后，许多来自外国的传教士直接或间接地支援韩国的独立运动。很多独立运动的领导人都是他们教会学校的学生或毕业生。外国传教士有时直接保护这些领导人，并提供各种帮助。他们还发起各种现代化运动，在从农业到卫生的各个领域，向韩国人提供帮助。这些情况引起日本殖民统治当局的不满，于1940年日本驱逐了这些传教士。

在现代文明的传播和人道主义的救死扶伤等方面，基督教也曾起过重要作用。韩国的第一所医院、第一座结核病疗养院以及第一个麻风病人聚集地都是由传教士医生创立和开办的。韩国妇女接受现代教育也是从教会学校开始的。

第二次世界大战以后韩国的基督教发展十分迅速。目前韩国已有70多个教派。1985年是新教传入韩国的100周年。这一年，韩国20多个教派和24个团体成立"韩国教会100周年纪念筹备委员会"，以制订纪念教会先驱的各项计划使各个教派作为一个教会聚在一起。

伊斯兰教 韩国最早一批接受伊斯兰教信仰的是原来住在中国东北的韩国人。这些人是在1895—1928年间日本统治时期迁移过来的。第二次世界大战以后，这些人陆续回到国内仍然信仰伊斯兰教。但他们人数较少，没有什么组织，也没有地方做礼拜。直到韩国战争爆发后，土耳其军队作为联合国军的一部分来韩国并带来一名阿訇作随军教士。这时，韩国的穆斯林开始获准与土耳其军一起做礼拜。

1955年9月，举行韩国伊斯兰教的成立礼拜仪式，选出第一位韩国阿訇，成立了韩国伊斯兰协会，并在汉城建造了一座清真寺。1966年，韩国伊斯兰协会扩大，改组为韩国穆斯林联合会。1976年，韩国伊斯兰教正式到有关部门注册登记，从此具有了合法地位。1976年，韩国中央清真寺落成，此后又建了7座清真寺，其中包括釜山和光州各一座。目前韩国穆斯林有2万多人，同穆斯林国家的文化和宗教联系频繁。

韩国数量庞大的各种新宗教达240多种。其中绝大多数宗教的教徒不多，小的只有十多名成员。其中较大的有19世纪60年代动学运动中发展起来的天道教等宗教，教徒最多时达60多万。但所有这些宗教的教徒加起来目前大概只有160万人。随着近年来社会趋向日益稳定，这些宗教的数量呈现减少的态势，影响也日益缩小。

白丁与韩国 白丁，指韩国王朝时期主要从事屠宰业、柳器制造业的特定贫民阶层。为与高丽时期的白丁相区别也叫做"新白丁"，时间约在世宗五年（1423）。从这一年起，"禾尺"改称为"白丁"。

朝鲜时期的"白丁"可追溯到古老的三国时期，最近的也可以延伸到新罗末到高丽初。当时，东北亚局势动荡，大批靺鞨人和契丹人进入朝鲜半岛，散居在各地。开始，人们称他们为"杨水尺"，后又称作

"禾尺"、"白丁"等。此后，一直到朝鲜时期，仍有数量不等的中国东北的百姓迁入朝鲜半岛。这些民族一般都从事游牧业，在朝鲜半岛定居以后仍在一定程度上保持这样的传统。其中的不少人仍流动于各地，或从事狩猎、畜牧业，或流浪于各地。由于生活贫困，其中一些人经常偷袭民居，进行烧杀掠夺。有时还与外界沟通，发动内乱。特别是在高丽末，有的曾充当契丹兵的向导，有的则冒充倭寇进行公开抢劫。

从朝鲜时期开始，定居于各地的"白丁"逐渐形成自己的"产业"，有的从事柳器制造和销售、肉类加工以及屠宰业等。朝鲜初期，除白丁之外，还有被称作"去骨匠"的平民出身的人也从事屠宰业，但到朝鲜中期，"去骨匠"先后退出屠宰业，"白丁"逐渐垄断了屠宰业。他们之中很少有人从事农业生产。

大部分"白丁"一般聚居于特定地区。为了便于管理，朝鲜王朝的统治者查找散居在汉城和全国各地的"白丁"，分配于各"坊"和"村"，制作户籍，记录和报告"白丁"的出生、死亡和逃亡等情况，对那些逃亡的以"逃亡例"论处。为了使他们尽快定居，还分给他们一定数量的土地，鼓励他们与本地人通婚，参加各种军役，对一些有一定能力的则允许其参加"乡试"。但这些措施中，除鼓励他们参加军役在一定范围内得到推行之外，其他的措施收效甚微。

到朝鲜中期，不少"白丁"逐渐沦落为各地方土豪的"私奴"。根据这些土豪的要求，这些"白丁"大都从事屠宰业。当时，大部分"白丁"作为"贱人"都不承担对国家的赋税。结果，在一般平民中有的因生活困难也变成"白丁"，使得"白丁"的数量逐年增加。

1894年"甲午更张"宣布废除有关奴婢的典籍，从制度上使"白丁"获得解放。然而，对他们的各种歧视仍十分普遍。不仅在婚姻方面受到歧视，一般人都不愿意与他们相邻而居，在子女教育、各种社会活动，以至穿衣等方面都受到差别对待。这种情况一直持续到日本殖民统治时期。关于"白丁"的人口统计，据日本总督府的调查有7538户，共33712名，但实际人数肯定比这个统计数据多。

现代以来，随着"白丁"觉悟水平的提高，他们进行了各种形式的争取平等的斗争。1923年4月25日，清尚北道晋州市，李学赞等人组织"衡平社"，开展反对社会上和观念上歧视的运动，提出要废除侮辱性的"白丁"称呼，奖励教育，争取使"白丁"同其他社会成员一样享有平等的权利。成立一年以后，该社在全国设立12个支社和76个分社，在社会上赢得广泛的反响。但进入30年代以后，有关的运动逐步纳入到社会主义运动和其他社会运动之中,失去了原有的声势。

在第二次世界大战以后,有关"白丁"的情况未见于一般书刊之中。

(李红杰)

蒙 古

一 概 况

蒙古，亦称蒙古国。1924年11月至1992年1月称蒙古人民共和国。1992年1月改称现名。

蒙古国位于亚洲中部，属内陆国家，地处中亚高原北部。面积156.65万平方公里，东西长2392公里，南北宽1259公里。北邻俄罗斯，国境线长达3485公里；东、西、南三面与中国接壤，边界线长达4673公里。

境内多山，地势高，平均海拔1580米，整个地形由西向东倾斜。最高点为阿尔泰山山脉的友谊峰，海拔4374米；最低处为东部草原上呼和诺尔盆地，海拔仅560米。地形可分为阿尔泰山区、杭爱—肯特山区、东部平原区和戈壁区等四个较大的自然地理区。

全国属大陆性温带草原气候，日温差和年温差很大。气候干燥，降水少。蒙古是世界上日照时间最长的国家之一，年日照时间长达2600—3300小时。

全国分18个省、3个直辖市。省下设县，县下设乡。省会所在地为直辖市。直辖市下设区，区下设里。乡和里为蒙古的基层行政单位。根据经济地理情况，蒙古把全国划分为中部区、东部区和西部区等3个经济地理区。

政体为共和制。1990年以来，实行多党制和两院议会制，即大人民呼拉尔行使国家最高权力，国家小呼拉尔行使立法和监督权。1991年实行国家及政府要害部门非党化。1992年1月通过新宪法，将原来的"蒙古人民共和国"改称为"蒙古国"，国家实行设有总统的一院议会（即国家大呼拉尔）制，使多元政体制日趋巩固。

蒙古属发展中国家。工业产值约占总产值的49.4%，农牧业占15.7%，商业占13.9%，建筑业占9.9%，运输业占9.3%，通信业占1.3%。

在土地总面积中，农牧业用地占80%，森林面积占7.2%，湖泊河流占1%，另有11.8%的国土属"国家保密土地"。森林人均占有量为4.90公顷，仅次于芬兰等北欧国家。因人口密度小，工业规模小，蒙古为世界上污染程度最低和生态环境基本未遭破坏的少数国家之一。

教育有普通教育、职业技术教育、中等专业教育、高等教育、成人教育等多种教育形式。普通教育结构分小学、不完全中学（即初中）和完全中学（即高中）。普通教育学校特别是乡村教育学校正在向完全寄宿学校发展。有普通教育学校634所，在校生44万人。职业技术教育有1年制、1年半制、2年制、3年制等不同年限和不同专业的形式，但大多都有自己的实验工厂，政府各部委也指定引进设备好、管理先进、技术力量雄厚的企业作职校的实习基地，这些企业还选派出一些优秀技工担任职校的辅导员。中等专业学校有30多所。有7所高等院校，还有军事大学1所。在校学生近2万人。成人教育有居民学校、临时性学校、季节性学校、夜校等多种形式。

全国人口为250.4万（2011年），城市人口占60%，农牧区人口占40%。主体民族为喀尔喀蒙古人，占全国人口的78.8%。少数民族有哈萨克人、杜尔伯特人、巴亚特人、布里亚特人、乌梁海人等。除哈萨克人外，蒙古国的大多数民族为中国清朝统治时的"外藩蒙古"各部，故在血缘、语言、宗教、习俗等方面均与中国内蒙古的蒙古族相一致。1990年以前，蒙古政府中始终有一名哈萨克人任部长，1990—1992年间曾一度被取消，1992年后又恢复了这一传统。

二 蒙古国与蒙古人

据史料记载，蒙古族属于东胡系统，系由室韦人的一支发展而来。12世纪末，蒙古族社会处于由奴隶制向封建制过渡的时期。当时，蒙古族社会内部已形成众多部落。各部落的首领称"汗"，铁木真即为其中一个部落的汗。铁木真经过多年的兼并战争，终于在1206年统一了蒙古各部落，并改称成吉思汗，建立了蒙古汗国。其子孙们也开始了对欧亚进行大规模的征战。至1279年，成吉思汗的孙子忽必烈消灭宋朝，建立了一个横跨欧亚两洲的蒙古帝国,其管辖范围包括元朝版图、伊儿汗国、钦察汗国、察合台汗国和窝阔台汗国五部分。这种大规模的扩张政策,给欧亚各国人民带来了深重的灾难,激起了各国人民的反抗,加上蒙古贵族之间的内部斗争,使帝国迅速衰落,至1368年,元朝被农民起义推翻,欧亚各汗国也相继灭亡。1368—1691年,蒙古社会长期处于封建割据状态。

16世纪末,居住在中国东北地区的满洲人兴起,并征服了南部蒙古。1644年,清帝国建立,并以戈壁沙漠为界,将漠北喀尔喀(哈拉哈)4部划称为外蒙古。1691年,外蒙古喀尔喀封建主全部投降,外蒙古正式并入清帝国版图。为巩固对蒙古的统治,清政府将蒙古划分为数十个旗,任命蒙古王公担任旗扎尔扎萨克,使之成为清王朝统治蒙古的代理人。军事上,清政府派重军常驻军事要地乌里雅苏台,以示震慑;精神上,大力扶持喇嘛教,使喇嘛教首领呼图克图(活佛)的待遇和特权与蒙古汗相同。如此一来,喇嘛教在蒙古族地区迅速传播,至1921年革命前,外蒙古有寺院2500多所,喇嘛10余万人,占当时蒙古男子的三分之一,使蒙古经济、文化和人口增长长期处于停滞状态。

18世纪初,沙俄开始了对蒙古的渗透。1907年后,沙俄的参谋本部及西伯利亚和远东两个军区派遣两个考察团到蒙古地区;伊尔库茨克总督府经常举行关于蒙古问题的特别会议。1909年,沙俄工商部内成立了讨论蒙古事务的特别联合会。沙俄官方刊物公开声称:俄对外蒙古负有特殊使命,戈壁沙漠是帝国远东和东南部的天然边界。1911年,辛亥革命推翻了清朝统治,沙俄趁机煽动外蒙古封建主和上层喇嘛脱离中国。同年12月26日,沙俄唆使外蒙古封建王公和上层喇嘛宣布成立以大活佛博格多格根·哲布尊丹巴为首的自治政府,并以承认袁世凯政府为诱饵,要求中国政府承认外蒙古的自治。1913年10月23日,中俄签订了关于蒙古问题的声明和附件,其中规定:"中国承认外蒙古的自治权,俄国承认中国在外蒙古的宗主权和外蒙古土地为中国领土的一部分。"以维护外蒙古自治为名,沙俄进一步扩张其在外蒙古的势力,并通过对蒙古自治政府的经济援助,攫取了在外蒙古的大量特权。1917年,俄国十月革命推翻了沙皇统治,外蒙古遂于同年11月17日宣布取消自治,并呈请中国恢复旧制。中国政府理所当然同意了外蒙古的这一请求,并宣布1913年中俄签订的声明文件无效。

受俄国十月革命的影响,1919年年初,蒙古人民革命领袖苏赫巴特尔和乔巴山在库伦先后成立两个革命小组,进而又合并为蒙古人民党。1920年夏，为美国、英国所操纵的中国直系军阀打败了执政的安福系集团，使日本失去了在蒙古活动的安福系力量。日本为了其自身的利益，利用被苏联红军击退后逃窜到中国东北的白匪军残余军队染指蒙古，先后打败北洋军阀部队，占领库伦，扶植博格多格根登上"蒙古大汗"宝座，成立所谓的"自治政府"，从而激起了蒙古人民的反抗情绪。1921年3月1日，蒙古人民党（1925年改为蒙古人民革命党）在俄罗斯境内的恰克图召开了第一次代表大会，讨论通过了"进行反帝反封建的人民革命，解放民族，把政权移交给人民大众，进而改造社会生活"的党的第一个奋斗纲略。1921年7月，在苏联红军的军事援助下，外蒙古的革命党终于驱逐了白俄军队和北洋军阀的军队，成立了"临时蒙古人民政府"。1924年，"蒙古人民共和国"成立，但始终未得到中国政府和国际社会的承认。除苏联于1921年对外蒙古以"外交承认"外，第二次世界大战结束前，没有任何国家在外交上承认"蒙古人民共和国"。

为争取斯大林参加对日作战，美国总统罗斯福同意承认外蒙古独立（但实际上，美国政府迟至1987年才正式承认蒙古）。中俄于1945年8月签订的《中俄友好同盟条约》，同意由"公民投票"决定外蒙古是否独立。同年10月，外蒙古组织了关于"独立"的公民投票，结果，当时的中国国民党政府承认了外蒙古独立。1949年，国民党政府向联合国控告苏联政府，认为苏联未能履行《中苏友好同盟条约》的内容。1953年2月，台湾国民党政府立法院通过议案，废止该条约，不予承认1945年"公民投票"的结果。故至今在台湾印制的地图上，外蒙古仍被标为是中国的一部分。

三 居民来源与民族演变

蒙古人的体质特征主要表现为：头发色黑型直，胡须和体毛不甚发达；颧骨明显；眼球呈褐色，上眼睑褶发达，有内眦褶，眼外角高于眼内角；鼻梁不高；身材中等或稍高。

据史载，蒙古人源于"蒙兀室韦"或"蒙瓦"，为室韦联盟部落之一。中国两宋、辽、金时，对其有"萌古"、"朦骨"、"盲骨子"、"蒙古里"等译称。初分布在额尔古纳河流域，后向西逐渐发展到鄂嫩、克鲁伦、土拉三河上游肯特山一带。以游牧和狩猎为生。后期渐有农业，但发展迟缓，地域有限。与契丹、女真、畏兀儿等古代民族有交往关系；与辽有聘使往来，并接受其封号。金时，其势日增，既与金保持往来，又不断与之争战，曾一度强迫金与之割地议和。同时还常与札剌亦儿部、塔塔儿部等交战。合不勒罕时统一部众，逐渐成为蒙古地区强部之一，始有"汗"号。

12世纪末13世纪初，蒙古部首领成吉思汗相继战胜札答兰、泰亦赤兀、篾儿乞、塔塔儿、克烈、乃蛮等部，统一大漠南北，建立蒙古汗国，形成统一的民族整体。从这时起，"蒙古"也由原来的部落名称演变为民族名称。

成吉思汗统一蒙古后，遂制定政治、军事、法律等制度，设置必要的国家机构，并采用以回鹘文字母为基础的拼音文字。随后，结束部落战争，抑制金人剿杀，安定社会秩序，促进了民族繁荣和生产发展。其后，成吉思汗的子孙们又展开了大规模的军事扩张活动，并开始南下和西征，先后兼并了西辽，降服了西夏，灭掉了金朝和南宋，建立了元朝政权，势力范围扩展到欧亚大陆，对中国和世界历史产生了深远影响，被人称之为是一个曾经"征服过世界"的民族。

四 喀尔喀蒙古人与蒙古

毫无疑问，喀尔喀蒙古人是蒙古国的主体民族。1978年，喀尔喀蒙古人人数达到127万，约占全国总人数的88%。到1993年，则下降为78.8%。属蒙古人种北方类型，与中国蒙古族同源。

中国明朝时，喀尔喀蒙古人为达延汗六万户之一。1638年向清朝纳贡，清康熙二十七年（1688），其封建主率众归清。清雍正三年（1725），分为4部86旗，属外札萨克，仍沿用喀尔喀蒙古称呼，隶属理藩院，归乌里雅苏台定边左副将军节制。1911年，喀尔喀蒙古封建主在沙俄策动下宣布"自治"。1915年，中、俄、蒙三方缔约，外蒙古地方政府承认主权属于中国。1919年，放弃"自治"。1921年，发生人民革命，同年7月11日，成立君主立宪政府。1924年11月，废除君主立宪制，成立人民共和国。1946年1月，当时的中国国民党政府承认其独立。1949年10月16日，中华人民共和国与其建立了外交关系。

虽然中国内蒙古的蒙古族与蒙古国的蒙古族分属于蒙古的不同部落，但是却有着共同的祖先、共同的历史和共同的文化。16世纪末叶的蒙古部分为漠北、漠南和漠西三大部分。漠南蒙古东部和科尔沁部与女真人结盟，最早归顺清朝。漠南蒙古中部和西部的喀喇沁、察哈尔、土默特、鄂尔多斯 4 部则与明朝关系密切。在清朝入主中原的过程中，漠南蒙古诸部先后归顺了清朝，被称为"内藩蒙古"。漠北喀尔喀蒙古人分为车臣汗、土谢图汗和札萨克图汗 3 部。17 世纪，漠北喀尔喀蒙古诸部受漠西准噶尔部进犯，归顺清朝。康熙三十六年（1697）举行多伦诺尔会盟，编审旗制，漠北喀尔喀蒙古正式成为清朝的一部分。漠西厄鲁特蒙古人分为准噶尔、杜乐伯特、和硕特和土尔扈特 4 部。18 世纪时，漠西蒙古诸部也先后归顺清朝。

操蒙古语，属阿尔泰语系蒙古语族。原有文字创于 13 世纪，20 世纪 40 年代改用以斯拉夫字母为基础的拼音文字。词汇中有大量俄语借词。现存最早的蒙古文献是 13 世纪 20 年代的石碑铭文。字母上下连书，行款从左至右。后改用以俄文字母为基础的"新文字"后，有 35 个字母。长元音用双写字母表示。有大写字母和小写字母的区别；印刷体和手写体明显。在正字法中，为适应俄文字母的某些特点，还制定有相应的规则。

善于骑射，能歌善舞。骑马、摔跤、射箭等活动至今为民众所喜好。牧民多住蒙古包，喜穿蒙古袍。以羊肉、牛肉、奶品和炒米为主食，喜饮奶茶。

主要从事畜牧业，饲养绵羊、山羊、牛、马。有的地区已开始从事农业，种植小麦和土豆。手工业、采矿业、建材业、木林加工业、食品加工业、重工业、轻工业等，近年来均有所发展。

实际上，喀尔喀蒙古人作为蒙古国的主体民族，其发展程度如何，将对整个国家的发展有着至关重要的影响。

五　少数民族与蒙古

一般人认为，蒙古是一个单一民族国家。其实不然，除了上面提到的喀尔喀蒙古人为其主体民族外，在语言和习惯上相近的还有杜尔伯特人、土尔扈特人、额鲁特人、扎哈沁人、吸阿特人、浩托戈特人、布里亚特人等。他们都属于蒙古族的不同部落或支系，其中尤以杜尔伯特人为最多。

大多数杜尔伯特人聚居在乌布苏省，少数居住在毗邻的巴彦乌列盖和科布多两省。大部分布里亚特人散居在库苏古尔、布尔根、色楞格、中央、肯特、东方等省的北部各县。土尔扈特人、额鲁特人和吸阿特人主要集中在科布多省。浩托戈特人聚居在库苏古尔省和扎布汗省。

在少数民族中，人数最多的要算哈萨克族。这个民族的人口占全国总人口的5.9%。几乎全部聚居在巴彦乌列盖省。除了1990—1992年外，蒙古国政府中始终有一名哈萨克族人任部长。此外，还有少数俄罗斯人。

可以说，在蒙古国已有的物质文化和精神文化中，除了很大程度上取决于主体民族喀尔喀蒙古人的功劳外，也有这些少数民族的一份。而且从实际情况看，蒙古国也算得上是一个多民族国家。至少蒙古国在处理很多问题时，也同样面临着一个如何正确处理好民族与民族之间的关系问题。

六　历史民族与地区差别

值得注意的是，在宗教和文化方面，蒙古出现了一些新情况。历史上，具体地说是在元朝时，喇嘛教传入蒙古地区。1921年革命前，蒙古有1118座庙宇、747座寺院和10多万名喇嘛，喇嘛约占男子总数的1/3。喇嘛不从事生产劳动，不结婚生育，影响了经济发展和人口增长。1937年，蒙古还有喇嘛7.8万名。经过民主革命，至1940年，黄教寺庙几乎全部被毁，喇嘛基本上还俗务农务牧。尽管后来喇嘛教在蒙古社会生活中影响不大，但仍有一些信徒，有的人还在家里供着佛像。特别是到了90年代，各地又重新修建黄教寺庙94座，喇嘛发展到180多万人，宗教在各城市和牧区又重新流行起来。

在文化活动中也出现了复古现象。如在新《宪法》中规定："把蒙古统一后所建开国政权的传统大白纛作为蒙古国的象征。"国庆活动的礼仪、服饰全部模仿成吉思汗时代，并且重新使用成吉思汗时代的语汇。现已废除了苏联创制的用俄语字母拼写的"新蒙文"，而采用了蒙古人传统所使用的"老蒙文"。这些措施，旨在建立蒙古独立文化，追溯蒙古族传统历史。但是如何把传统文化与现代化有机地结合起来，仍然是一个需要认真讨论和解决的问题。

苏联解体后，蒙古国摆脱了苏联的控制，并进行了体制上的一系列改革，既有成功，也有失误。就存在的问题而言，既有经济上的滑坡，也存在城乡差别问题、地区与地区之间的差别问题、民族与民族之间的差别问题。虽然从总体上说,蒙古国的民族问题不太突出,但也绝不可以掉以轻心。

从蒙古族的发展历史看,内蒙古与外蒙古有着密切的历史和文化渊源,有着割不断的血肉联系。只是由于20世纪20年代中国的混乱局面和外部势力的介入,外蒙古成为一个独立的国家。蒙古国自从摆脱了苏联控制后,从族源和文化角度对中国特别是内蒙古有亲近感,这完全是历史的必然。中国政府在充分尊重蒙古国的主权与独立的前提下,将充分利用蒙古族语言相同、文化习俗相近、宗教信仰一致的有利条件,积极促进中蒙两国人民在政治、经济、文化、教育、科技、卫生、体育等各方面的交流与合作。

国名	蒙古国,简称蒙古(Mongolia)。1924年11月至1992年1月称蒙古人民共和国。1992年1月改称现名。蒙古国是以蒙古族而得名
首都	乌兰巴托
面积	156.65万平方公里
人口	250.4万(2001年)。自然增长率24.8‰
国家政体	共和制
国旗	红、蓝、红颜色并列,蓝色象征长生天,红色象征兴盛,内侧红底的中央镶有象征蒙古独立的金色"索云博"图案。国旗为长方形,宽长的比例为1∶2
语言文字	蒙古语为国语。1945年12月以前文字为旧蒙古文,1946年1月至1993年12月31日文字为斯拉语系新蒙古文。1994年1月1日起将恢复使用传统蒙古文(即旧蒙文)
民族	多为蒙古族,其中以哈拉哈(也叫喀尔喀)人最多;还有少数哈萨克、俄罗斯族
国庆节	7月11日(1921年)(人民革命日)
建军节	3月18日(1921年)
空军节	5月25日(1925年)
同中国建交日	1949年10月16日
货币	图格里克(Tugrik,缩写:Tug),每图格里克等于100蒙戈(mongo)。40图格里克等于1美元(1990年)

(熊坤新)

日　本

一　概　况

日本是位于东亚太平洋西部的岛国，由北海道、本州、四国、九州，四个岛屿和南部的琉球群岛，小笠原群岛和北方四岛等4000多个岛屿组成。日本是个四面临海的国家，北临鄂霍次克海，东临太平洋，西隔东海、黄海，与中国、朝鲜、韩国、俄罗斯隔海相望，南部隔黄海、东海与中国的最大城市上海及南京相望。海岸线长3万多公里。九州的长崎同中国上海相距460海里，南端的先岛群岛同中国台湾仅隔60海里。

日本实行以天皇为国家象征的议会内阁制。

二　居民来源与民族演变

（一）大和民族为日本的主体民族

日本考古证明，公元前2—3世纪，日本以农耕、铁器为特征的弥生时代（相当于中国的秦、汉时期）突然取代了在此之前延续了大约一万年之久的绳文时代，其原因就是中国移民大量进入日本列岛。这批被称为"渡来民"的移民带来了先进的农耕文明，促使日本社会发生了飞跃性的进步，并成为现代日本人的祖先。日本学术界一般认为，这些"渡来民"来自多种渠道，主要有朝鲜半岛和中国。

1999年中日联合研究首次尝试证明长江流域也是"渡来民"的故乡。专家对中国江苏省江淮地区出土的春秋战国末期至前汉时代的人骨与日本九州地区出土的同一时期（弥生时代）的人骨进行比较，结果发现两者的头盖骨、四肢骨骼有许多共同点，据推算身高也相近。牙齿都属于中国齿型，并且都有拔牙的习俗。此外，两者基因也基本相同。研究成果表明，弥生时代渡来民的故乡不仅是朝鲜半岛和中国山东地区，还极有可能扩大到水稻的发祥地——中国江淮地区。尽管如此，至今关于大和民族的种族性质尚无明确的定论。

一般来说，大和民族具有典型的混合、混血特点。大陆周围的海岸地区许多种族和民族密集，在身材、语言、文化上，呈现各种情况复杂的特点。从旧石器时代开始，濒临亚洲大陆东部地区的日本受到人口流动的影响。但由于特殊的地理环境，这种流动呈现由东向西扩展的态势，没有流出日本范围，从而使不同种族和民族滞留在日本，逐渐形成了今天大和民族在体格、语言、文化等方面复杂而多样的特征。

大和民族是由来到这个列岛的各个民族共同组合形成的。大和民族文化的来源大体可能有以下几个方面：首先是黎明期的采集、狩猎人文化；其次是新石器时代早期的采集、狩猎民文化；最后是芋栽培民文化，东南亚系列的陆地水稻种植民文化，东南亚系列的水稻种植文化，刀耕文化，阿尔泰系列的统治文化等。

对大和民族的来源问题，实际上早就存在有主张大和民族来自南方的"南方说"和主张来自北方的"北方说"的提法。"南方说"认为大和民族属于马来—波利尼西亚人种，而"北方说"则认为大和民族属于阿尔泰人种或通古斯人种。但不少学者指出，把整个大和民族归结于北方或南方的说法至少在理论上是不够全面的。

一般推测，日本天皇族登陆日本诸岛的时间是在公元三四世纪。当时日本各地分别处在母系或父系社会发展阶段，以种植水稻和捕鱼业为主。天皇族先后通过征服一些种族部落，扩大了控制区域，逐步巩固了自己的统治地位。例如，居住在今天日本九州南端，宫崎县、鹿儿岛县一带的"隼人"，在大和朝廷强迫他们接受佛教的教化时，于和铜七年（714）叛乱后，被大和朝廷分割成11郡来统治。而且每郡都设一个郡司以便监视。这些被分割的隼人族，渐渐失去抵抗力。

在日本的古代文献里，也可以看到被称为"土蜘蛛"或"国栖"的蛮族。住在奈吉野的祭拜国神的国栖，相对于祭拜天神的朝廷皇室与豪族，民族地位低了一等。他们起先和皇室作对，但后来归顺皇室，成为皇室忠实的仆从。奈良时代以后，土蜘蛛再也没有出现在日本历史的舞台。大和朝廷开始征服全国的时期，是三世纪后半期到四世纪。这时期，占领各地的小首长不断出现，但是，在深山等偏远地区，仍然有人过着狩猎或渔捞的生活，他们仍过着绳文时代的生活，维持绳文时代的信仰。然而，随着朝廷统治范围的扩大，这些人后来也都变成了农耕民族。

还可以看到日本飞鸟时代（7世纪初）古志国的一些记载。大化革新，古志国名称统一成越国，其位置在今日新县至福井县北部，以后，从山形县、秋田县至青森县的最北端，都称为越国。到了7世纪后半期的天武、持统天皇时期，越国三分为越前、越中、越后，此称呼沿用到现在。肃慎是移居越国的通古族的中心分子，他们本是中亚的游牧民族，后来势力从中国东北延伸至黑龙江流域及沿海州，再迁徙至北海道或日本东北的日本海岸。另外，727年到中国东北建立了渤海的靺鞨人，在与大和民族维持约200年的正式外交关系期间，多数拥到日本，归化为大和民族。

在政治上统治这些原住民的过程中，天皇族自觉不自觉地接受了居民的文化。因此，在文化上天皇族相对地反而处于被统治、被控制的地位。加上天皇族人数较少，在常年流动过程中未能积累多少自己的文化。而且，他们来到日本后定居的地方多为母系社会部落，仍实行母子同居、夫妻分居（母处访婚）的习俗。天皇族也逐渐适应这种制度，与原住民实行通婚，结果使皇子一般与异族母亲同住，并在异族的家庭里成长，接受该部落的文化和习俗，使这些原住民的文化习俗迅速渗透到天皇族的生活和意识之中。随着通婚的广泛进行，各部落之间的融合也快速展开，使各个部落先后纳入到国家的组织结构之中。即使作为统治部落的天皇族也逐渐失去其独立性，而成为国家和社会的统治阶层或贵族阶层。那些被统治部落也先后失去自己的独立性，形成一国内部的农民、渔民等下层阶级。通过这种各部落之间的相互接触、交流和通婚，相互间的部落意识差异逐渐消失，经过时间的流逝逐渐形成为同一个文化共同体和意识共同体，进而形成大和民族。

（二）大和民族的特征

大和民族的基本特征是，在经济方面以多姿多彩的生产，即水稻种植业为主，在此基础上则是政治上较为成熟的天皇种族。其脸型没有统一的特征，在某些方面具有印度尼西亚人、泰国人、柬埔寨人、华南人、朝鲜人、通古斯人和蒙古人的一些特点。其语言在语法结构和母音语调等方面与阿尔泰语一致，但也有许多阿尔泰语无法解释的情况。特别是在母音结束和词汇方面，大和民族的语言更接近于东南亚语。这种文化上多姿多彩的现象，说明大和民族的来源并不是单一的而是多元的。但从民族形成的角度来看，对大和民族形成起决定性作用的则是水稻种植业和天皇种族。

神道教和佛教系并立的两大宗教，为多数大和民族所信奉，较盛行，其次是基督教新教和天主教。据统计，日本现有神道教信徒9500多万人，佛教信徒8200多万人，基督教信徒110多万人。此外，战后日本还涌现出二三百种新的宗教和教派。大和民族普遍信仰宗教，而且多数人兼信两种以上宗教，这是大和民族在宗教信仰上的突出特点。据统计，日本全国各种宗教信徒总人数达22400万以上，接近全国总人口的2倍。

和服是大和民族的传统服装，它是在依照中国唐代服装的基础上，经过1000多年的演变而形成的别具特色的民族服饰。和服种类繁多，而且男女和服差别特别明显。男式和服色彩比较单调，偏重黑色，款式较少，腰带细，附属品简单，穿着方便；女式和服色彩缤纷艳丽，腰带很宽，而且种类、款式多样，还有许多附属品。穿和服时讲究穿木屐、布袜，还要根据和服的种类，梳理不同的发型。女式和服有婚礼和服、成人式和服、晚礼和服、宴礼和服及一般礼服。

"料理"是大和民族对饭菜的统称。日本料理系称"和餐"，种类很多，除有名的生鱼片、河豚、天麸罗（油炸鱼虾蔬菜等）、寿司（饭团）、荞麦面条等之外，还有关东料理、京都料理、大阪料理等各具特色的地方风味。

和式住宅 日本国土的大部分被山地覆盖，自然资源丰富，有用木材进行建筑的古老传统，拥有世界上最古老和最大的木质建筑，其中大部分是庙宇。日本独特的木底建筑风格，非常适合当地潮湿的气候，适于民居的建造。日式住宅，都是木结构，平房和二层小楼居多数。由于日本列岛的地理气候条件比较特殊，建造木结构住宅有利于抗震、防风、防潮。和式住宅多为左右拉门，屋内铺面只略高于房间地面，上面放有草席和坐垫，以供起居之用。人们进屋必须脱鞋赤脚，以保持室内清洁。和式住宅一般房间都比较小，室内设有壁龛，供祭祀之用。和式住宅在农村占绝大多数，而城市里多为西式住宅。

禁忌 大和民族一向注重礼仪。认为饮酒时将酒杯放在桌上，让客人自己斟酒是失礼的，斟酒时要右手托瓶底，而客人则应右手拿酒杯，左手托杯底。大和民族还忌荷花图案；忌"9"、"4"等数字，因为

"9"在日语中发音和"苦"相同,而"4"的发音和"死"相同,所以在平时有避开4层楼、4号房间、4号餐桌的习惯。日本商人还忌"二月"、"八月",因为这是营业淡季。还讨厌金银眼的猫,认为看到这种猫的人要倒霉。忌讳八种用筷子的方法,即舔筷、迷筷、移筷、扭筷、插筷、掏筷、跨筷、剔筷。同时,还忌用同一双筷子让大家公用,也不能把筷子垂直插在米饭中。

婚俗 大和民族的婚姻形态基本有两种,即"嫁入婚"和"赘入婚"。嫁入婚意指娶新娘,这是一种在男方家举行结婚仪式,新房自始至终设在男方家的婚姻。这种婚姻一般要经过媒人介绍、双方同意、举行订婚仪式、择订婚礼日期、举行婚礼等程序,媒人从中起着重要作用,为日本最主要的婚姻形态。赘入婚亦称"婿娶婚",但不是娶新郎。这是一种在女方家举行成婚仪式,新房在一定期间内设在女方家的婚姻形态。这种婚姻一般是男方通过信使在取得女方的同意后夜到女处,提前开始事实上的结合,并在公开关系前对女方家长保密。待此种事实婚姻为双方家长认可后,男方才与女方家长见面认亲,并举行正式结婚仪式。自此男方便公开住到女方家,直到女方过门到男方家为止。过门一般以女方作为男方家主妇的条件成熟为原则。过门之前所生子女,一般由女方养育,而男方则须为女方家提供劳务。

花道 是一种陶冶性情、培养审美观的日本传统艺术,成为大和民族生活中不可缺少的一部分。花道讲究艺术造型,最完美的造型为三角形,表示圆满如意,体现了儒教和道教天地人合一的思想。插花造型一般分为三面,最高的一枝象征天,最低的一枝象征地,中间的一枝象征人。三个主枝的形态,有直、斜、横、垂等造型。插花分为立花、生花、投入花、自由花等不同形式,有"瓶插"和"盆插",使用的器皿有陶瓷制品和塑料制品。花材包括木本花枝和草本花枝,在进行艺术加工时,须处理好花、枝、叶三者间的关系,充分发挥其自然美。

茶道 具有悠久历史,体现了古典雅致的文化修养,成为大和民族接待宾客的一种特殊礼仪。它不同于一般的喝茶、品茗,具有一整套的严格程序和规则,包括对点茶、冲茶、献茶、接茶、品茶、奉还以及茶具的选择与欣赏、茶室的建筑与室内的装饰等,都有许多讲究。茶道品茶很讲究场所,一般均在茶室中进行。正规茶室多起有"××庵"的雅号,以"四叠半"(约合$9m^2$)大的茶室居多。接待宾客时,待客人入座后,先由主持仪式的茶师按规定动作点炭火、煮开水、冲茶,然后依次献给宾客。客人按要求恭敬地双手接茶,先致谢然后三转茶碗,轻品、慢饮、奉还。点茶、煮茶、冲茶、献茶，是茶道仪式的主要部分，需要专门的技术和训练。茶道在日本家喻户晓，尽人皆知。如今日本的茶道人口约达1000万，将近全国总人口的1/10。

手工艺 大和民族对美的理解强烈地体现在他们的陶瓷、漆器及染织物中。各个地区都有各自独特的手工艺，分别反映出不同的地理和历史情况以及人们的需求。

（1）日本自1985年起已成为世界最大债权国。（2）在贸易和国际收支方面，仅次于美国和德国，为世界第三大贸易国。从1965年转为黑字，到1987年对外贸易顺差和国际经常收支黑字，已分别增至964亿美元和870亿美元，达到历史最高点。此后有所下降。（3）日本对外投资到20世纪80年代后半期迅速增加，已成为世界上最大的资本输出国。

日本工业高速发展，工业产值约占国内生产总值的40%，是国民经济的主要支柱。20世纪70年代以前，产业结构以重化工业为主。80年代后产业结构逐步由劳动、资本密集型转向知识、技术密集型，并向着低耗能、高附加价值化的方向发展。钢铁产量在1亿吨左右，居世界第二位。汽车工业超过美国，是世界上最大的汽车生产输出国。在机械工业中，通信机械、电子计算机、产业用机器人等发展迅速。由微电子计算机控制的产业用机器人的生产和使用，均居世界首位。日本在半导体和高密度集成电路及超集成电路的研制开发、生产应用和市场销售方面，逐步取得世界领先地位。铁路、公路、航空、海运等连接全国各地，形成密集的交通网络，十分发达。时速210公里的新干线有3条，总长1832公里。信息网（INS）和通信网（VAN）连成一体的综合数据通信服务网络高度发达。高速数据传送、传真通讯服务，发展尤为迅速。已进入高度信息化社会。

东京拥有世界闻名的股票市场，是世界三大金融都市之一。商业十分发达。全国2/3以上的出版社在东京，书籍发行量占90%。有日本空间计划和宇宙研究试验中心等世界著名的科研机构和大学。在东京有许多名胜，如皇宫、明治神宫、上野动物园、东京塔、阳光城、银座繁华街、浅草的寺庙等。大阪有华侨5000人，还有国立民族学博物馆，东洋陶瓷美术馆等文化设施，大阪古城、万国博览会公园、天王寺、通天阁、住吉大社、梅田繁华街、"虹街"地下城和新世界大街等名胜古馆。

阿伊努人是日本的少数民族。他们原居住在千岛、萨哈林和北海岛，历史上分别被称作千岛阿伊努人、萨哈林阿伊努人和北海岛阿伊努人。

北海岛，古代被叫作"虾夷国"或"虾夷岛"。在镰仓时代，阿伊努人与移居到渡岛半岛南部的日本人接触。随着移居此地的日本人逐年增加，开始引起阿伊努人与他们之间的摩擦和矛盾。1457年爆发的"格厦芒之乱"是对日益严重的日本人压力的一种反抗。结果，蛎崎（后来的松前）氏成为日本人一方的中心势力，逐步统治了阿伊努人。尽管阿伊努人仍在进行反抗，但以1669年在日高静内爆发的夏格虾英之乱为标志，松前氏最终确立了对虾夷岛即北海岛的统治地位，西南部地区的阿伊努人势力大减。残存于东北部地区（千岛）的阿伊努人，面对日本商人的欺诈和剥削曾进行过抗击，但在1789年的"宽政虾夷之乱"中败北，也先后落入日本人的控制之下。

松前藩禁止阿伊努人与日本人通婚，把日本人和阿伊努人居住的区域分别称做"和人地"和"虾夷地"以进行隔离，并将"虾夷地"进一步分割为十几个区域，分别赐给各个家臣，赋予这些家臣与阿伊努人进行交易的垄断权。后来面对俄罗斯南下的威胁，"虾夷地"一度成为幕府的直辖领地，但不久又受到松前藩的统治。当时，在松前藩的残酷压迫和剥削下，阿伊努人的状况十分糟糕。从1804年到明治初年的70年间，阿伊努人口减少了近三成，可见其命运的悲惨。

明治维新以后，明治政府将虾夷地改称北海道，使阿伊努人得以从封建割据势力的统治下解脱出来。历经100多年阿伊努人的经济、精神生活已经发生了很大的变化。

阿伊努人具有在现代民族分类中没有的特殊体质，引起人们广泛的兴趣和讨论，有欧洲人种说、蒙古人种说、南方人种说和北美印第安人种说等。也有人认为是古代亚洲人种，在当代世界属于一个独立的人种。这些研究还缺乏充分的资料，尤其缺乏与邻近种族及其古代骨骼变化的比较研究，因此不少结论往往只是一种大胆的假设而已。

北海岛阿伊努人、萨哈林阿伊努人和千岛阿伊努人尽管在体质方面各有特点，无论是在各地区之间还是在各部落之间都有一定的差异，但各地阿伊努人也有共同的体质特征。大体来说主要有：阿伊努人的身材原来比日本人较矮，但现代阿伊努男人的平均身高已达到160.54厘米，与日本人比较已无大的差异；腿长而躯体较短，肩宽，腰粗，胸厚，显得十分强壮。他们的一个显著特征是长头（198.36毫米），不仅有别于邻近的一些民族，在世界范围内也很少见。但他们的头围则较短，外形上属于长头型（头部的长短指数为75.95）。阿伊努人的面部呈颊骨弓幅状，下颚较宽，脸面低，额头朝后，双眉之间的部位凸出，眼位深陷，鼻宽朝天。身上毛发较密，尤以上下肢和胸部、背部更为明显。少有日本儿童中较普遍的"蒙古壁"。虹膜呈黑色，眼皮自幼呈现明显的二重脸性，一般没有所谓的"蒙古壁"。四肢骨骼的特点是长骨一般较平稳，肘部凸出并隆起。在其他方面，也有不少古代人的特征。阿伊努人的血型，在ABO式方面以B型居多，在MN式上则以N型的比例为多。随着与日本人接触和交往的增多，阿伊努人在体质上的特点已大有淡化。

传统上，阿伊努人以狩猎和捕鱼为主，以大马哈鱼、鹿、海豹等为主要食品，以野外的草木搭建房屋，以兽类的皮毛制作衣服，过着完全自给自足的生活。大约在1000年之前，在日本和北亚文化的影响下，阿伊努人逐渐进入石金并用的时代。从300多年以前开始，阿伊努人与外界的接触有了进一步的扩大，其中包括俄罗斯人等。日本明治维新以后，在当局的各种奖励政策推动下，当地的农业等多种产业得到迅速发展。到目前，阿伊努人物质文明水平已基本达到了现代社会水平，与日本其他地方相比已无大的区别。

（三）日本的"外国人"

一般来说，日本的外国人指的是目前居住在日本的不具有日本国籍的人。自锁国至幕末，被称为"南蛮人"（即来自东南亚进行贸易往来的人），以后到明治时期被称为"异人"，昭和以后有"外人"的称呼，现在一般常用"外国人"。此外，还有"异邦人""异国人"等称呼。目前对拥有永久居留权或日本国籍的人（在日中国大陆人、在日中国台湾人、在日朝鲜人、日裔巴西人、在日菲律宾人、在日秘鲁人等）被称为"在日外国人（resident aliens）"。短期停留者（驻日美军关系者，没有临时居住资格的人）被称为"来日外国人（visiting aliens）"。

（四）在日华人

一般指的是，在日台湾人和在日中国大陆人。在日华人是日本第一大的外侨，是一个流动性较大的族群。自2007年起，在日中国人人数跃居进行登记的在日外国人之首，2009年，在日中国人登录者人数更是突破了68万人，达到680518人，比2008年增长25141人，增长率为3.8%。截至2009年年底，取得日本国籍的华人总数已达115527人，非法滞在者为17822人，还有5208名文化意义上的中国人——中国归国残留孤儿等。从2000年以来，在日中国人的增长率十分迅速：1999年增长8.1%；2000年14.1%；2001年13.6%；2002年11.3%；2003年9%；2004年5.4%；2005年6.6%；2006年7.9%；2007年8.2%；2008年8%，平均每年增长9.2%。而2009年呈增长钝化倾向。其中一个重要原因是来日中国研修生的减少。2009年，在日中国研修生为50437人，和2008年相比激减15279人，减少23%，由于研修生这个制度和日本劳动法的矛盾，加之使用研修生、实习生的企业非法行为多发，使这一制度变得"臭名昭著"，迫使政府和国会不得不改变这一制度。随着新的研修、实习制度的实行，日本对研修生的需求，开始大量减少。日本国会于2009年7月15日通过了《出入国管理法及难民认定法》的修改。伴随着《出入国管理法及难民认定法》的修改，外国人技能实习制度于2010年7月1日起更新。

"民族教育"缺席，成为在日华人的忧虑。在日华人下一代面临的教育问题，引起人们的注意。在日本，"民族教育"的缺席可能是华侨华人感受到的最大的"忧虑"、最深的"痛"。目前，日本全国有五所中华学校，包括两所大陆系学校、三所台湾系学校。从招生情况来看，已经供不应求。五所中华学校在籍学生总数为2155人，其中日本人学生287人，占13.3%。横滨、神户这两所大陆系学校在籍学生1202名，超过全体的一半。

在日华人对日感情，复杂多变。由于近年来日本各地发生的多起骚扰事件，引发在日华人不安。

（五）在日朝鲜人

在日朝鲜人为日本的永久居民，但是，仍然持有朝鲜或韩国的公民资格。1910年日本吞并朝鲜以后，大批朝鲜人移居日本。"在日朝鲜人"主要包括1945年8月以前及以后居住在日本的朝鲜人。大部分为1910—1945年朝鲜日治时期，来日本的移民，多为当时被日本引进的劳工。也有从1939年9月到1945年8月，根据日本的《国家总动员法》"被迫移居或被强制征用"到日本的。1945年日本战败时，有约200万朝鲜人居住在日本。第二次世界大战后，主要是一些难民，包括"济州事件"产生的难民。1953年的官方一份调查显示，在这些人中有93%来自现在的韩国。此后，在日朝鲜人分裂为，在日韩国人和在日朝鲜人。据日本法务省的统计，截至2007年年底，日本的外来人口数量达到 2152973 人，自 1959 年开始统计外来人口以来，在日本登记的韩国人和朝鲜人数量，一直跃居榜首，有 593489 人，但是，这一数据，被在日中国人数量首次超过，达到 606889 名。近年来，在日本韩国人和朝鲜人数量出现逐年下降的趋势。对此，法务省分析说，这是由于很多韩国人和朝鲜人取得了日本国籍的缘故，今后还会有越来越多的韩国人和朝鲜人加入日本国籍。

历史上，日本学界对在日朝鲜人有过不同称呼，有"鲜人"、"朝鲜人劳动者"、"在内地朝鲜人"、"内鲜人"、"半岛人"、"半岛同胞"等。现今，日本国内称呼有"在日朝鲜人"、"在日朝鲜·韩国人"、"在日韩国人"等，韩国史学界则称"在日韩国人"。

在日韩国人和朝鲜人的国籍问题。1948 年韩国和朝鲜相继成立，与此同时，日本政府又在法律上依然把他们定为日本国民。在第二次世界大战结束后，日韩建交，之前在日本登记国籍为"朝鲜"的朝鲜半岛籍人可以选择加入日本或大韩民国国籍，而忠于北朝鲜的朝鲜籍人士保留了他们之前登记的国籍，出现自认为是"朝鲜国籍"者。要注意到他们在日本注册的国籍"朝鲜"不等同于朝鲜民主主义人民共和国。由于日本政府不承认朝鲜，也不承认其颁发的"国籍文件"，因而便保留了日本政府长期以来在国籍栏中一直填写的"朝鲜"国籍。这实际上就意味着，在日本存在着"韩国"和"朝鲜"两种国籍。在日本，有一个韩国人的民间组织，即"民团"。目前，在总共居住在日本但未入籍的朝鲜人中，65% 加入了民团。日本的北朝鲜人组织，即"总联或朝鲜总联"。此组织承担着维持日朝关系的外交机构的角色，25% 加入了总联。总联开设了 60 所"朝鲜学校"以及 1 所"朝鲜大学"，还有银行等其他机构。

在日韩国人和朝鲜人受歧视问题。在日本社会一向"蔑视"朝鲜半岛人，存在排朝、排韩现象。在就业等生存空间问题上，常受到挤压。在选举权和被选举权问题上，完全排除了定居在日本的朝鲜人、韩国人的参政权。法律地位上，在日韩国人，不能受到与日本国民相同的待遇。韩日两国虽然早在 1965 年就签订了《居住在日本国的大韩民国国民的法律地位和待遇的有关协定》，但是问题仍然没有得到根本改善。1991 年，韩日两国的外交部部长签订了协议备忘录，有机会解决这一问题，但是没有对承认地方选举权等参政权问题进行协商，因此对于在日韩国人的法律地位和权益保护仍然存在很多问题。在两国的立场上，在日韩国人争取参政权的运动是从 20 世纪 70 年代中期，由一些在日韩国知识分子为中心开展起来的,到了80年代中期再次受到了关注。韩国政府在1991年1月,就在日韩侨第3代以后的子孙的法律地位的协商过程中,向日本政府要求承认在日韩国人的"地方选举权"。之后在两国的外交部部长等高层会谈和首脑会谈上,也屡次要求赋予在日韩国人以"地方参政权",提高其法律地位。对此,日本政府坚持,赋予外国人以"地方参政权",是违背以日本国民为前提的日本宪法第15条的规定的。还有,诸如在受教育上,在日朝鲜人、韩国人也不能享受日本国民受教育的优惠,相反,还有大批朝鲜人学校被迫关闭。

可以说,在某种意义上,在日朝鲜人受到日本社会不同程度的"歧视",同时也受到朝鲜半岛方面的"蔑视",表现比较突出的是,在日朝鲜人的认同问题。在日朝鲜人二世总是在归属于民族还是同化于日本;是韩国籍还是北朝鲜籍;是使用本名,还是使用通名的二择一中,反复拷问自己。

1965年,《韩日基本条约》签署的同时,缔结了《在日韩国人法的地位协定》。日本实施了"差别与同化"政策,对取得韩国籍的,允许其得到协定永住许可,把具有同样历史的在日朝鲜人的法定地位作了"差别规定"。此外,通名的使用、日本学校就学、归化等,使得在日朝鲜人社会"同化现象"日益加剧,民族意识日渐淡薄。现在,在日朝鲜人社会呈现出自然多样的价值观,难以明确把握。在日朝鲜人中绝大多数人生长在日本,基本上已遵从于日本文化的价值体系,"不愿意做韩国人"数量在增加,出现所谓的"民族身份认同缺失的现象",在日朝鲜人的"同化倾向"加速。在日朝鲜人认同意识呈现多样化。

其主要表现是:其一,归化。现在,对于二世来说,归化只是一种选择。很多人认为"国籍和民族是不同的",把归化等同于同化的观点应该修正。很多人选择归化是为了逃避"在日"(指"在日朝鲜人",有贬义)这一污名,也为了避免因在日朝鲜人身分引起就职、结婚、生活上的歧视,更是为了孩子将来的考虑。1995年以后,每年都有1万左右的在日朝鲜人归化为日本国籍。二世以后的在日朝鲜人,在成长过程中都经历过认同困惑。在日朝鲜人内部有,"韩国人"和"朝鲜人"、"南"和"北"、"民团"和"朝总联"的区别,但对一般日本人来讲,这种区分没有任何意义,因为在他们看来"不是日本人"这一点最重要。即使这些在日朝鲜人已经"被同化",或者已经归化为日本人,但是日本人和在日朝鲜人一分为二的界限依然存在。其二,"国际结婚"。20世纪90年代后,在日朝鲜人与日本人的婚姻呈现上升态势。在日朝鲜人与日本人结婚的主要原因在于取得日本国籍，以此摆脱"民族歧视"。

（六）其他族裔

在日本，其他较大的外侨还包括，日裔巴西人和在日菲律宾人。西方人是指那些原籍为欧洲、北美、澳洲和新西兰的人。在20世纪80年代日本经济快速起飞后，有不少西方人来到日本从事英语教学、金融和商业活动等。少数成为永久居民或归化为日本籍，但大多数为短期居留。20世纪80—90年代，日本出现劳工短缺，从南美洲和东南亚引进劳工。在日本只有极少数的犹太人，多数聚居于大城市。

另外，2010年，日本外国人入境人数达944万。日本法务省公布的数据显示，2010年入境日本的外国人比上年增加了24.6%，共计9443671人次。首次来日的外国人也增加了29.4%，达7919678人。从地区来看，韩国最多，约269万人次（增46.4%）；中国大陆约166万（增34.4%），台湾约131万（增22.9%），美国约76万（增4.0%）。1990年入境日本的外国人为300万人次，2000年突破500万大关。2007年首次超过900万，为915万人次。2009年因全球经济不景气仅有758万，比2008年减少了150多万人次。

（七）日本的"外国人"问题

近来，日本的外国人政策正在走向缓和。诸如放宽留学生政策、修改研修实习政策、引进护理人员政策、柔性对应超期滞在人口、放宽入籍和长期居住条件等等，呈现出宽松化态势。日本的移民制度，在尝试实施"积分制"改革，目前外国人在日住满五年，可申请"永住"资格。2010年01月，日本"第5次出入国管理政策恳谈会"提交的报告书指出，为了给拥有高度专门技术的外国人专业人才提供在留的优惠政策，将对在日外国人采取"打分制度"，并将过去原则上获得在日永住权资格所需的10年在留期间，可缩短为5年等，以吸收具有"专业技能"的外国人。此外，对医疗、看护领域的外国人放宽限制。据法务省统计，截至2008年年底，在日外国人已达2217426人，占日本总人口比率达到1.74%，比2007年增加3.0个百分点。从外国登录者的国籍来看，中国人居第一位，为655377人，占外国人人口总数29.6%；第二位是韩国、朝鲜人，为589239人，占26.6%；第三位为巴西，为312582人，占14.1%，菲律宾193488人，占9.3%，秘鲁58721人，占 2.8%，美国 51321 人，占 2.5%，其他等，另外约有 5 万名驻日美军。从居住资格、人数的构成比来看，特别永住者 451909 人，占 22.5%，永住者 349804 人，17.4%，定住者 265639 人，13.2%，日本人配偶等 259656 人，12.9%，留学 129568 人，6.4%，其他 554979，27.6%，今后，随着日本"移民制度"方案的出台，在日外国人在日本安居乐业将有据可查，有法可依。

另外，日本的外国人政策有待完善。除在一些个别化有针对性的政策缓和以外，那些对外国人社会具有牵一发而动全身作用的根本制度和基本保障，在日本依然不尽如人意。比如生活保障，只有政府裁量，而没有法律保证，外国人必须服从裁量，无须理由。这说明了日本的外国人政策，还没有形成系统配套，仍处于"头痛医头、脚痛医脚"的各自为政状态；还处于战术对应阶段，没有进入国家性的战略统筹层面。日本厚生省在 1954 年发布了《关于对生活穷困外国人实施的生活保护措施》，在 1986 年又做出了修正。这一措施指出，如果：在日外国人生活陷入穷困时，在符合生活保护法所规定的条件下，可以得到生活保护。但是，给于外国人的生活保护，不是作为法律权利加以保障的，只是单方面采取的行政措施。这意味着，生活穷困的在日外国人，可以得到行政同情，却未必都能得到法律保护。最近，一位出生在日本、持有永住资格的 78 岁在日中国人女性因生活贫困而向大分市政府申请最低生活保障遭拒绝；她向大分县地裁提出民事诉讼也被驳回，因为她不是日本国民，不是日本《生活保护法》的适用对象。这个判例，是日本行政与法律发生扭曲和抵触的明显例子，逐渐在在日外国人社会中引起关注。个人最低生活保障等个人应该拥有的社会权利，得不到法律保护，这一事实所引起的心理不安和思想波动是广泛的。"日本不是一个移民国家、一个能够长居久安的国家"等负面印象的扩散，将对日本建设国际化社会造成影响。

从目前来看，无论在生活保障，还是地方参政权等各方面，永住外国人都免不了在国籍条款面前碰壁。日本社会没有把在日外国人，哪怕是长年在日生活、已经融入日本社会的永住者，看成推动日本发展的动力和积极因素，相反通过"歧视性的政策"设置，而在"潜意识"中把他们划入"施舍"的对象，这一现象应该得到改变。

目前，在日本的"外国人"，非法就业与犯罪问题日趋突出，这使日本政府面临着严峻的挑战，成为日本的社会问题之一。2010 年 3 月 9 日，日本法务省入国管理局公布的数据显示，截至 2010 年 1 月 1 日，签证到期后仍然非法滞留日本的外国人为91778人，较上年减少21294人，减少幅度达18.8%，有所下降，韩国人占多数。非法滞留人数1993年达到约30万人的峰值后逐年下降，上一次低于10万人还是在21年前的1989年。2008年日本开始在入境审查中采用"体征信息认证系统"加强了对"外国人的管理"。从非法滞留人员的国家和地区来看，韩国为21660人，中国大陆12933人，菲律宾12842人，台湾4889人，泰国4836人。其中，持90天以内短期签证的非法滞留者共有63169人，占到近7成。2009年被强制遣返的外国人有32661人，中国大陆以29.2%的比例连续7年居首位，而因非法从事劳动的外国人占到81.3%。在港口、机场等地被拒绝入境的外国人为4780人，比2009年减少33.5%。其中617人在通过认证系统时被查出与不准入境的外国人体征信息一致。

日本为了避免"民族歧视"，在"住民票"、"户籍簿"，即各种身份证和履历书中，都不设"民族"栏。

（八）阿依努人

阿依努人是住在以北海道为中心的日本诸岛的有独自语言文化的日本先民。所谓"先民"就是原先就住在那里的人。"阿依努"在阿依努语中是"人、人类"的意思。阿依努人除在北海道外，还在东北地区和库叶岛（萨哈林岛）、千岛群岛居住。据统计，阿依努人现在约有2.5万人。阿依努人是日本除大和民族外唯一的"少数民族"，具有白色人种特征。阿依努人是日本最初的居民，是赤道人种的一支。在公元5世纪时，被称为"毛人"。面孔具有欧洲人的特征。语言与毗邻的各民族和国家的语言没有任何相似之处，男人留着红胡子。其传说故事和流传的众多叙事诗歌，与大洋洲和澳大利亚各土著居民的民间（口头）创作有许多共同的地方。至今对他们是怎样来到日本的，以及这种"混合文化现象"还没有人作出解释。有一说，其祖先是新石器时期早期（约六七千年以前）就从东南亚迁居到日本的。某些学者认为，阿依努族人是阿拉伯移民，他们在某个时期控制了远东广大地区后分布在本州诸岛。从公元7世纪后半期起，被称为"虾夷"，这是对他们的鄙称。大约从公元14世纪中叶起，逐渐地改称为阿依努人。从公元16世纪起，有一部分迁移到库页岛一带。在17—18世纪，阿依努族大部分被消灭，今天仅剩下不足2万人。

目前，阿依努人的民族特征已经所剩无几，可以说是处于被逐渐

"同化"的过程中。北海道曾被称为"荒蛮之地",在日本明治维新时期,本州的很多日本人到北海道大规模进行"开拓"垦殖,开采矿产,建立工厂,修建铁路和公路。阿依努人由于土地被夺走,导致生活困难,而且明治政府以"旧土人"称呼他们,对其生活方式不予承认,强制制定了与日本人一样的法律,即"北海道旧土人保护法"。之后,平日的阿依努语逐渐没落,其文化迅速消失。

阿依努人的传统生活方式发生了变化。原先,主要靠渔猎为生,18世纪末,德川幕府实行"同化政策",要求阿依努人改变风俗习惯,剃去胡须、洁发、穿和服、按日本方式改名换姓。19世纪以后,随着对北海道的开发以及普及"大和民族的文明",阿依努人的传统生活方式发生了变化,他们被破放弃了传统的捕鱼和打猎,成了过定居生活的农民。

阿依努人有独特的宗教信仰。阿依努人信奉一种带有浓厚的萨满教色彩的宗教,有自己的节日和祭祀活动,经常举行"熊祭"、"鲸祭"等宗教仪式。最有名的是"熊祭",他们喜欢用凿子在剥了皮的圆木上雕刻动物,尤其是熊的形象,日本称之为"阿依努雕"。

阿依努人有独特的文化语言,阿依努人称其故乡作 Ainu Mosir,意思是"人类的土地"。在那里,他们捕鱼、打猎、崇敬大自然,并孕育出独特的文化。荷马史诗式的口传诗歌"Yukar"就是在这个文化中诞生。阿依努人具有丰富的文化遗产,善于刺绣,喜爱舞蹈。他们创作了不少诗歌,凭着记忆代代相传。阿依努人有自己的语言——阿依努语,属抱合语,属于马来——利尼西亚(澳斯特罗尼西亚)语系。目前,世界上除阿依努人以外,只有爱斯基摩人和美国印第安人使用这种语言。日本东北部的地名,许多来源于阿依努语。如:"札幌",原意为"大的河谷";"小樽",原意为"砂川";"名寄",原意为"乌鸦出没的城市"等。近年来,日本国内成立了专门机构研究阿依努语,并出版了许多古籍。另外,研究阿依努族历史,也是远东考古学家的重要研究课题之一。但是在日本从事阿依努族问题研究的人极少,因此,阿依努族的古老文化仍面临灭绝的危险。

争取阿依努人的原住民身份权利的运动,长期在进行。在日本,从20世纪80年代开始,振兴阿依努文化的运动高涨。1997年,持续了100多年的"旧土人保护法"被废除,确立了"阿依努文化振兴法",现在各地开展阿依努语和阿依努舞蹈传给下一代的活动。2008年,日本政府终于出人意料地承认阿依努人"原住民"。国会的提案迅速地被通过，这项决议案确定阿依努人拥有一个"独特的语言，宗教和文化"。而日本保守派则一直声称日本是单一民族的国家。数十年来，日本政府都反对承认阿依努人的地位，因为他们担心需要面对索偿诉讼。在北海道，官方的承认，引起了当地社区的强烈情绪。有人因为终于得到长期要求的身份而感到满意，有人则对东京政府此举的长期效果感到怀疑。

（曹　剑）

东 南 亚

东 帝 汶

一 概 况

东帝汶位于东南亚东南海域的帝汶岛的东部，包括该岛西部的欧库西地区以及附近的阿陶罗岛，在努沙登加拉群岛最东端。其西部与印尼的西帝汶相接。从地理环境上来讲，东帝汶和属于印尼的西帝汶自然组成一个完整的帝汶岛。把帝汶岛划分为东帝汶和西帝汶，不是自然地理的划分。

东帝汶全部面积14874平方公里。境内多山。平原、谷地属热带草原气候，其他地区为热带雨林气候。年均气温26℃。12月至翌年3月为雨季，4—11月为旱季。东帝汶是个景色优美，气候宜人，错落有致，资源丰富的好地方。

东帝汶人口106万（2006年统计，由于其国情的特殊性，后来没有人口统计），主要是巴布亚人泰通人、曼拜人、托科德人、罗地人马来人后裔以及华人。通用德顿语。居民多信奉拜物教，约有20万人信奉基督教，少数居民信奉伊斯兰教。

东帝汶地处热带，自然条件非常好，但由于长期受殖民统治和印尼的控制，经济落后，人民生活贫困。一些地区的居民基本上还处于自然经济状态，以农业为主。其矿藏十分丰富，已发现的矿藏有金、锰、铬、锡、铜等，且在帝汶海有高达10万桶以上的石油储量。农牧业为其经济主要成分，主要农产品有玉米、稻谷、薯类等，粮食不能自给。经济作物有咖啡、橡胶、椰子等。经济作物主要供出口。交通不便，许多路只能在旱季通车。帝力港为深水港。其包考镇有国际机场，可起降大型飞机。

16世纪，东帝汶先后遭到葡萄牙和荷兰殖民者的入侵。16世纪遭葡萄牙殖民者的入侵。1613年，荷兰势力侵入，并排挤葡萄牙势力至东部区。1859年，葡、荷两国签订条约，重新瓜分帝汶岛。帝汶岛西部并入荷属东印度（今印尼），东部及欧库西归葡萄牙。1942年，日本占领东帝汶。战后，葡萄牙恢复对东帝汶的殖民统治，1951年名义上改为葡萄牙海外省。1960年，第15届联大通过了第1542号决议，宣布东帝汶岛及附属地为葡萄牙管理的领土。1975年11月，宣布东帝汶独立，成立东帝汶民主共和国革命阵线。

二　坎坷的民族命运

东帝汶的民族命运是坎坷的。就在东帝汶于1975年宣布独立并成立东帝汶民主共和国的同一年12月7日，印尼出兵东帝汶，革命阵线撤至山区开展游击战。

1976年7月，印尼总统苏哈托签署特别法案，宣布东帝汶归并印尼，成为印尼的第27个省。对此，世界各国反应强烈，1975年12月联合国大会就印尼出兵东帝汶问题通过决议，要求印尼撤军，呼吁各国尊重东帝汶的领土完整和人民的自决权利。此后，联大每年都审议东帝汶问题，但至今东帝汶问题仍然没有得到令东帝汶人满意的解决。

东帝汶的这种命运一方面是印尼出兵干预的结果，另一方面也是其内部民盟和民协两股政治力量与国外政治势力遥相呼应的产物。1975年，当葡萄牙政府给东帝汶人实行民族自决权利的时候，东帝汶的三股政治力量在东帝汶是独立还是并入印尼问题上有分歧。1975年东帝汶各派政治势力成立了三个主要政党：第一个是东帝汶独立革命阵线（Frente Revolucionaria De Timor Leste Imdependente，简称革阵），主张东帝汶的独立；第二个是民主联盟（Uniao Democratica Timorense，简称民盟），主张维持同葡萄牙的关系；第三个是帝汶人民民主协会（Associacao Popular Democr atica Timorense，简称民协），主张同印尼合并。同年8月，民盟发动政变，要求独立，成立"独立政府"，革阵进行反击，并控制了大部分地区。被击溃的民盟势力同科塔党、工党等小党联合组成"反共运动"，要求同印尼合并，希望印尼提供武器并为其训练军队。1975年11月，虽然革阵宣布东帝汶独立，成立东帝汶民主共和国，但民盟和民协发表联合声明，称东帝汶是印尼的一部分。印尼正是在这一背景下出兵东帝汶的。

在印尼出兵东帝汶之后，1975年12月联合国大会就此问题通过决议，要求印尼撤军，呼吁各国尊重东帝汶的领土完整，认为人民的自决权利是不可剥夺的。此后，联大每年都审议东帝汶问题。但联大对东帝汶问题一直都未能取得统一的看法。例如，1982年的联合国大会，以微弱多数通过了支持东帝汶人民自决的决议，其赞成东帝汶独立的有50票，反对的竟然有46票，弃权的高达50票。1983年至今，联大连续推迟审议东帝汶问题。

印尼出兵东帝汶后，西方各国反应很强烈。葡萄牙宣布同印尼断交。1984年7月，葡萄牙总统府发表公报，"谴责任何干涉东帝汶人民自由表达意愿的企图"，重申"决意同直接卷入冲突的所有各方进行对话"，并寻求"尊重东帝汶人民意愿的和平解决办法"。

1984年8月，安哥拉、莫桑比克、几内亚比绍、佛得角、圣多美和普林西比五国在几内亚比绍举行会议，他们"敦促葡萄牙以东帝汶前管理国的身份尽责任"。

1985年6月，亚洲、欧洲和大洋洲的一些国家，如澳大利亚、新西兰、日本、挪威、瑞典纷纷呼吁印尼停止镇压运动，并同东帝汶的代表进行会谈。同年9月，联合国秘书长在一份报告书中表示，希望葡萄牙、印尼会谈能为国际社会提供公正和全面的解决办法。对此，印尼也寻找能为葡萄牙所接受的解决途径。1986年4月，革阵和民盟在里斯本发表声明，将采取联合行动使东帝汶问题得到公正合理的解决，并呼吁葡萄牙政府支持这一行动。7月18日，葡萄牙议会一致决议重申东帝汶人民的自决权，拒绝把东帝汶并入印度尼西亚。

印尼军队曾与东帝汶首都群众发生流血冲突。1991年11月11日，东帝汶首府帝力发生示威群众与印尼军队冲突的流血事件。对此，葡萄牙等西方国家反应强烈。在西方国家的压力下，一方面印尼事后组织了全面调查并惩处了其中部分有责任的军人；另一方面在1992年11月又逮捕了东帝汶革阵领导人萨纳纳。1993年，联合国人权委员会日内瓦会议通过了关于东帝汶人权状况的决议。1993年5月，却把萨纳纳判处无期徒刑。所以国际大赦机构称这是对正义的歪曲。同年8月，苏哈托根据首席法官和司法部长的建议，决定将萨纳纳从无期徒刑减为有期徒刑20年。1993年12月，国际红十字会共同组织了东帝汶被监禁人员家属的探监活动。对此，萨纳纳写信给国际律师委员会，要求重新对其进行审判。

1994年是联合国加大力度解决东帝汶问题的一年。1994年1月，联合国特使文德勒尔探访狱中的萨纳纳并同印尼外长阿拉塔斯会谈。阿拉塔斯于同月会见 24 名葡萄牙籍东帝汶人参观小组，表示欢迎东帝汶人回来帮助印尼特别是东帝汶的发展。联合国第 51 届人权会议于同年 3 月，就东帝汶问题发表主席声明，对不断报道关于东帝汶发生侵犯人权的情况表示关注。这样就促进了东帝汶问题的进一步解决——使得印尼在 4 月组织美、英、澳、日、泰等国 31 名记者去东帝汶参观访问，了解东帝汶的经济发展情况。印尼外交部东帝汶事务所大使洛佩斯于 5 月率宗教团访问葡萄牙，目的在于让葡萄牙公众更多了解印尼对东帝汶的政策及东帝汶的现状。7 月，联合国秘书长人权问题特别报告员恩达耶到帝力实地考察东帝汶的情况。阿拉塔斯在会见时表示，随着东帝汶的局势不断稳定，印尼将逐步从东帝汶撤出作战部队。9 月，洛佩斯率代表团前往伦敦与海外主张独立组织的东帝汶代表团举行会谈，以减少分歧。10 月，阿拉塔斯与东帝汶独立组织头目拉莫斯霍塔举行会谈。30 多名东帝汶青年，于 11 月在美国驻印尼使馆前抗议印尼对东帝汶的政策，要求东帝汶的独立。1994 年 12 月，联合国秘书长代表访印尼，为 1995 年葡、印尼两国外长在日内瓦举行的东帝汶问题第五轮谈判做准备。

1995 年 1 月和 7 月，双方进行第五和第六轮会谈，但均未取得实质性的进展。至 1998 年，印尼曾有一定的撤兵动作。1999 年年底，在联合国的参与下，东帝汶举行全民公决，解决该地是否独立的问题，虽然全民主张独立，但亲印尼的民协干预不允许独立，于是联合国决定在 2000 年 1 月直接由联合国派人接管。将来东帝汶是否能够独立，怎样独立，现在还不能武断作出判断，不过独立的可能性是很大的。

三　东帝汶的民族概况

按语系划分，东帝汶的民族主要分为三类：讲南岛诸语的民族、讲巴布亚诸语的民族和黑色葡萄牙人。前两类占多数，是东帝汶的土著民族，后一类占少数。

讲南岛语言的民族，有泰通人、曼拜人、托科德人、罗地人、阿托尼人等。下面着重介绍泰通人。

泰通人也称"贝卢人"，意思是"朋友"。他们是东帝汶人数最多的土著民族，约占全境人口的 46.5%，分布在境内的各个地区。甚至在东帝汶岛西部的印尼部分，也有泰通人的同族分布。泰通人最集中的聚居地是沿海平原地区。他们主要从事农业和畜牧业，种植玉米、水稻和汗稻、甘薯、高粱等。其经济作物有咖啡、橡胶、可可和椰子等。家庭手工艺尚未形成专门行业，每个女子从小学习编结各种家用器皿、织布和土法染色。男子也是编结能手。

泰通人男子平时穿"卡因"，是用一块布料缠在腰间，上身穿背心或汗衫。城市男子穿便西装。节日服装除了卡因外，还有各色披巾、手镯和脚镯等装饰品。男子平时不戴头饰，过年时则在额前扎一个布结，上面插些羽毛或贵重金属做成的权威象征。妇女在节日除了把卡因缠在腰间，还缠在胸前。常用檀香木、果核、金属做成项链，喜欢戴耳环和留长发，用骨制或木制梳子将发束固定在头后。

泰通人住的是干栏式房屋。屋内用席子把父母的卧室与青年夫妻隔开。少女睡在炉灶旁边，幼子睡在前庭。他们一般席地而卧，夜间冷时还盖席子。

泰通人是一个具有音乐天赋的民族。他们从小就拨弄乐器，其歌声旋律以五声音阶为基础。他们的舞蹈热烈激昂，丰富多彩，很富有感染力，并有个人舞蹈和集体舞蹈之分。

泰通人的祖先来自马六甲，体质特征属于马来人种，最早出现在帝汶岛是14世纪以前。开始他们居住在南部，后来移居到附近适合于农业发展的地区，既排挤当地居民，又和当地人通婚。20世纪的前半期，他们的基层社会还是氏族公社。每个公社都拥有一片土地分配给各户使用。繁重的农活由集体协作完成。家庭大多是一夫一妻制。直到19世纪末，还存在三个氏族联姻。

曼拜人分布在帝力以南的广大山区。托科德人分布在西北部的沿海地区。罗地人和阿托尼人生活在帝汶岛的欧库西地区。

讲巴布亚语言的民族有布纳克人、马卡赛人和法塔卢库人。布纳克人分布在与印尼接壤的边境地区。马卡赛人生活在沿海地区。法塔卢库人生活在帝汶岛的东北角上。这些民族主要从事农业耕种，此外还从事渔业、狩猎和采集。他们保持着刀耕火种的落后耕作方法，故产量很低。

黑色葡萄牙人是东帝汶的第三类居民。他们是葡萄牙与当地土著人的混血后裔。他们大都从事小学教师和小商贩的行业。

除了以上三类族体之外，东帝汶还有华人、葡萄牙人，他们主要居住在帝力市。

（曹　兴）

菲 律 宾

一 概 况

菲律宾位于亚洲的东南部，北隔巴士海峡与中国台湾省遥遥相对，南与印度尼西亚、马来西亚，隔苏拉威西海、巴拉巴克海峡相望，东濒太平洋，西临南中国海，处于亚、澳两洲大陆，东亚和南亚之间的交通要道，地理位置十分重要。其由7107个大小岛屿组成。菲律宾的岛屿虽多，但主要由吕宋岛、棉兰老岛、萨马岛、内格罗斯岛、巴拉望岛、民都岛、保和岛、莱特岛、宿务岛和马斯巴岛等11个岛屿组成，约占全国总面积的96%。吕宋岛是其最大的一个岛，而棉兰老岛则是其第二大岛，由4000个岛屿组成。全国海岸线长约18533公里。

菲律宾面积不大，地理环境特殊，全国划分为13个地区，73个省，2个分处和60个市。从地理及文化角度，可将菲律宾人划分为多个地区。每个地区的人都有其独特的性格和方言。北部的伊卢肯奴斯族人（Ilocans）健壮俭朴，中部平原地区的塔加拉族人（Tagalogs）勤劳朴实，中部群岛的维萨亚斯族人快乐无忧，棉兰老岛（Mindanao）上的部族则充满原始色彩，伊斯兰教徒更是信仰虔诚。此外，全国各地还分布多个部落社区。

美国文化对菲律宾民族文化的影响很大。首先，受美国的影响，菲律宾人多数信仰天主教。其次，菲律宾在独立后，模仿美国的政治制度，国家整体采取共和制，实行行政、立法和司法三权分立。政府实行总统内阁制。总统是国家元首、政府首脑兼武装部队总司令。总统拥有行政权，由选民直接选举产生，任期六年，不得连任，由于其采取共和制，使总统无权实施戒严法，无权解散国会，不得任意拘捕反对派，而且还禁止军人干预政治；保障人权，取缔个人独裁统治。

国会是国家最高的立法机构,由参众两院组成。司法权属最高法院和各级法院。

菲律宾人口有9580万(2012年),民族成分以马来人为主,也混合着中国、美国、西班牙及阿拉伯血统,故其血统是很难分清的。长期的西方殖民统治加上世界各地商业旅游观光的人络绎来访,从而孕育出一个无论是在外貌上还是文化上都糅合着东西方特色的民族,故菲律宾的民族特性是多元文化融合的结晶。

菲律宾的主体民族是马来人,占全国人口的85%以上,包括他加禄人(约占全国人口的22%)、比萨扬人(约占43%)、伊洛科人(约占11.4%)、摩洛人(约占4.6%)等。少数民族有土著民族、华人、印尼人、阿拉伯人、印度人、西班牙人和美国人。菲律宾约有84%的居民信奉天主教,15%的居民信奉伊斯兰教,主要集中于棉兰老岛(Mindanao)。少数居民信奉基督教新教,华人信奉佛教,而土著民族则多信仰原始宗教。

二 菲律宾的民族演变

菲律宾的历史,在1521年麦哲伦登陆宿务岛之前就已经开始。13世纪婆罗洲(Borneo)的族长带领族人登上了现在的菲律宾维萨亚斯群岛的班乃岛,菲律宾的历史就从此开始。

其实,早在此之前,这片土地上就有人居住。中国宋代、元代以后,中国史籍就有了对菲律宾的记载,其中被称为麻逸、三屿、白蒲延、蒲端、民多朗、麻里噜和苏禄等的古国,都在今天菲律宾的群岛内。

不过,菲律宾的古代民族,由于其远离东方古代文明的中心地带,社会发展非常缓慢。10世纪以前,菲律宾所处的地带因偏离古代印度和中国的国际贸易航线,使其同外界的交往不多。其同外界主要的交往联系是在连续几次的人口迁移中的接触。因此,这一地区的社会发展比东南亚其他国家较为缓慢,甚至在西班牙殖民者入侵前还未能形成一个基本统一的国家,也没有一个统一的国家称号。10世纪以后,随着航海技术和造船技术的提高和中国手工业的兴盛,中国和菲律宾的海上交通被打通,菲律宾同亚洲邻国文化和经济的联系和交往增强,菲律宾社会才发生重大变化,才由原始社会向阶级社会过渡,但其社会发展由于地理环境的复杂性产生了极大的不平衡。

起初，外界把菲律宾这一地区称作"巴朗盖"，是早期马来人到达菲律宾乘坐的一种帆船的名字，后来才成为当地居民的基本社会组织的名称。这时菲律宾社会还处于原始社会末期向封建社会的过渡阶段。1543年2月，以维拉洛沃斯为首的西班牙探险队到菲律宾，他们居住在坦达亚岛，并以当时西班牙太子菲力普亲王的名字，把这一地区命名为"菲律宾那"（Felipian），这便是后来菲律宾群岛的总称。

1521年，麦哲伦率领的西班牙远征队到达该岛。1565年，西班牙侵占菲律宾，统治其长达300多年之久。当时对于正与葡萄牙展开激烈殖民竞赛的西班牙来说，发现菲律宾是一件无上光荣的事。

在西班牙统治期间，菲律宾曾出现过多次革命运动。其中一次，有三位菲律宾教士因进行民族解放运动而被处决，为此引起了激进的改革派展开的改革运动，为后来菲律宾的独立革命奠定了基础。

医生兼作家的荷西黎萨（Jose Rizal）是菲律宾独立运动的英雄人物。他因两部小说被指控有猛烈批评西班牙统治者的言辞，而被拘留后处决，死时仅30岁，被后世历史学家誉为亚洲的民族英雄，与中国的孙中山和印度的甘地是同时代人物。黎萨之死，掀起了菲律宾独立革命的浪潮，起初由安达斯波尼法斯奥领导，后于1898年6月12日，由安密里奥亚昆诺杜在甲米地省的卡威特镇宣布菲律宾独立，成立菲律宾历史上第一个共和国。

由于西班牙曾秘密地将菲律宾割让给美国以换取2000万美元的代价，所以争取独立的战争持续了6年，于1905年，宪制政府才宣告成立，菲律宾共和国才得以宣告诞生。1941年第二次世界大战爆发，日军和美菲军队惨烈激战，日军于1942年占领菲律宾。1945年大战结束，美军宣布解放菲律宾宣言。1946年7月4日，美军退出菲律宾，美国被迫同意菲律宾独立，菲律宾才终于正式诞生。

1965年，马科斯就任第六任总统，并三次连任。1972年他废除了民主制度，剥夺了公民的自主权。科拉松·阿基诺（Corazon C. Aquino）顺应民意，成为下任执政领导人。她是菲律宾的首位女总统。执政期间，她克服了过渡时期的种种困难和挑战，完全恢复了民主政治。前任总统菲德尔·拉莫斯（Fodel V. Ramos）以面向菲律宾2000年独到的眼光，稳健的领导作风以及成功地加强了国家的经济基础建设而备受人们的回忆。其接班人于1998年6月30日就职，肩负特殊的使命，把国家建设得更加昌盛，带领国家从独立的100周年迈向下一个 100 年。

最早生活在菲律宾群岛的民族是当地的土著居民，被人类学家称作尼格利陀族系的民族。他们主要分布在吕宋岛、内格罗斯岛、棉兰老岛、班乃岛、巴拉望岛和米沙鄢岛的深山老林中。由于其邻居以当地语言来称呼他们，因而有以下的不同称呼：在吕宋岛各地的人被称作阿埃塔人或海胆人、埃塔人、阿戈人；在米沙鄢岛的人被称为阿提斯人；在棉兰老岛的人被称为玛玛努亚人、塔萨代人等。

菲律宾的土著民族在经济和信仰文化方面都很落后。在经济方面他们使用简陋的生产工具，过着采集和狩猎的原始生活。塔萨代人还以钻木取火的方式来生火。在信仰方面，他们还相信鬼神，并对死者的灵魂极其恐惧。

早在 5000 年前，菲律宾就有操南岛语系语言的民族居住，但他们大都是外来的移民，而其原始居民则是尼格利陀人。第一批移民来到菲律宾后，这里的原始居民就躲藏在深山老林。其所剩不多的后裔至今仍然居住在难以到达的内地山区。后来，早期的移民后裔又被晚来的移民所排挤，迁到吕宋岛和棉兰老岛的内地山区。现在这些岛屿的山区民族正是由他们的后裔组成的。

移民浪潮持续了几千年之久，到了 13 世纪后，才形成了现在生活在沿海地区的各大民族。这些民族大致可分为四类。第一类是北部和中部民族，信奉基督教，在人数上占绝大多数。由于他们是从印度尼西亚来的移民，是菲律宾在经济上最发达的民族。他们把其他所有的民族排挤到各岛的内地，并对那些民族进行同化，只有摩洛人没有被同化，现在还保留着伊斯兰教的信仰和自己独特的民族特点。第二类叫作摩洛人，是南部信仰伊斯兰教的民族。第三类是内地山区的部落民，还信奉各自的部落宗教。第四类是阿埃塔人，他们具有尼格利陀人种的特点。

早在西班牙殖民者入侵之前，菲律宾就有许多土族部落和马来族移民建立的割据王国。

三 菲律宾的民族特色

菲律宾的民族特色有两点值得注意：其一是菲律宾的特殊地理环境，使菲律宾人对阳光有了某种特殊而神奇的感情。可以说，菲律宾人是对阳光有特殊感情的民族。其二是"与他人共处的菲律宾的快乐"与巴罗克的艺术。菲律宾人用"Liwanag"来表示太阳光，也指月光。菲律宾的国旗上就有八道光。

在菲律宾人的眼里，光有一种神奇的能力，它具有穿透力，可以达到任何偏僻的角落，就像空气一样。这就是光的质量——它是无所不在的。光的这一属性，使其并不具有重量而区别于湿气。光也不同于热，热是直接发自太阳的。所以光是一种纯纯的物质。和光相反，具有无法穿透而造成光线的不足，这种无能的物质便是"混浊的水"和"白内障导致的失明"。

菲律宾人喜欢乘公共汽车而不喜欢乘坐小汽车和吉普车到乡村，因为小汽车和吉普车的座位很高。只有乘坐公共汽车到乡村，才会注意到洒落在田间、山坡上和村庄里的光真正是什么样子的。在这种方式里，光随处可见。

菲律宾人盖房子用的材料和其他国家不一样，他们喜欢用玻璃、棕榈叶和竹子。这并不是因为穷，在他们的眼里，只有这些材料才最适合于热带。所以，对于菲律宾人来说，盖一座房子，其实就是建造一个可以遮阳的建筑物，一座房子就是一个遮篷。菲律宾人在这里可以坐着促膝谈心，可以吃东西，可以工作，可以做爱，可以养孩子，可以做日常生活中所有快乐的事情。热带的阳光是最炽热的，所以菲律宾人必须避暑。

还有，这种建筑物很透光。光就像空气一样照进来，使人感觉到格外舒服和明澈。光使白天变得美丽，整个房屋由于有了光的照射，而充满了祥和与美好。不需要人工电的帮助，菲律宾人就可在房子里进行各种活动，因为房屋里的光线很充足。菲律宾人的小屋，给菲律宾人的生活一种无形的、清澈透明的品质。

在菲律宾，人们在房屋里每天的活动都是有节奏的：每当太阳升起的时候，居民们也就跟着醒来；当太阳落山时，所有的人也就准备睡觉了。

在热带的菲律宾，每天的日照时间常常超过12小时。剩下的晚上时间，是人们促膝谈心、讲故事、听音乐和做爱的好时光。

在菲律宾人的眼里，光并不是要遮挡的敌人，也不是人们为了捕捉热源的东西，光就是光，光像空气一样，给人一种无处不在的感觉。菲律宾人就是要把房子建成能够让光穿透每个偏僻的角落。在这里，光不用捕捉，它就是令人感到舒适、温暖的礼物。

特殊的地理环境和特殊的历史文化，塑造出菲律宾民族特殊的文化特色。对于菲律宾的民族特色和菲律宾民族的自我意识，菲律宾有一首流行歌曲是这样描述的：

> 我是一个菲律宾人
> 我的民族杰出、优秀
> 我的心天生怀着崇高的理想
> 我是一个菲律宾人
> 我憧憬我的国家，拥有一种精神
> 为了国歌和国旗，我愿献出我的热情、我的生命
> 我是一个菲律宾人
> 傲立于世界之林
> 菲律宾人就是我

是什么构成了菲律宾人民？学者阿莱格雷（Ediberto N. Alegre）是这样给菲律宾人定义的，"与他人共处就是菲律宾人的快乐"。有人说，菲律宾人有金子般的心和钢铁般的意志，他们与战友在战场上并肩作战；他们信仰宗教并为生活而奔波；他们具有愉快轻松和虔诚的奉献精神；他们布满皱纹的脸上写着丰富的人生经历，还有他们对美好未来的憧憬；他们言行一致，心神合一，终日思考，以他人为中心。

菲律宾人的民族情结可以到菲律宾的艺术中去寻找。在菲律宾的艺术中，菲律宾人的民族性格被称为"pakikipag-kapwa"，意思是"与他人共处"和"团结互助"。对菲律宾人来说，"Kapwa"的意思，就是为别人着想，而从字面上的理解是，与他共享生命及世界的人。哪一种风俗习惯最能典型地表达出菲律宾人的"pakikipag-kapwa"呢？是与他人共处，是团结互助，还是狂欢节？有人说，无论是菲律宾人还是外国人，透过无所不在的吉普尼旅车便可窥见菲律宾民族的灵魂。他们各具特色，富有爱心，乐于助人。吉普尼旅车原来是一种军用车，后来变成了一种大众运输工具。如此独具特色的一面，向世人讲述一种外国物品成为菲律宾一大景观的故事。

由于菲律宾特殊的历史等原因，菲律宾人把自己的民族情结概括为"巴罗克"（Baroque）。菲律宾人是其独特历史的产物——历史的不连贯性，民族的混合性和随意性，对待变化的泰然自若的接受能力，塑造了菲律宾人。菲律宾人把这种独特的文化现象概括为"Baroque"。

"Baroque"这个词，也许是"Baruecoo"一词的讹用，意思是一颗太大而不太完美的珍珠，通常用来形容后文艺复兴时期的文化，是再恰当不过的了。后来"Baroque"逐渐演变为形容过分、丰富的修饰，以及修饰和结构之间的不协调、戏剧性、怪诞、奢华、堕落、繁荣和激情，简而言之，即丰富、铺张和迟钝。

菲律宾人的性格各种各样，并无法压抑。这种性格表现菲律宾人的衣着佩戴及生活方式便能透露出一种奢华。这种奢华，很容易被误解为浮夸、华丽，并带有一种令人讨厌的娇气。也许穿衣人本来的目的是想达到令人敬畏的效果，但却常常被认为是品位不高。为此，人们对菲律宾人有如下一些有趣的说法：有的用"菲律宾人不懂得适可而止"的说法来针对设计师、家具制造商、吉普尼装饰者，更不用说是公众发言人。有的说，菲律宾人无法将某一部分弃置不顾，以为创造力是毫无选择的积累，而不是有选择的、有控制的；以为艺术是装饰品的借口，而不是实际功能的和对外界环境的反映；以为有空间就要去充满它。其西班牙风格的别墅，入口处有狮子站岗，有铁栅栏，还有凿有枪眼的护墙和辉煌的塔楼，以及希腊罗马建筑的上檐及檐上雕刻的言情作品，其奢侈华丽的程度比传闻有过之而无不及。

那些矫揉造作的现代别墅，更是采用装饰性的烟囱假装乡土气息，稀奇古怪的屋顶所使用的厚玻璃板足够盖一幢百货商店用的，所使用的窗帘用品足够装饰一整个贫民区。菲律宾人的建筑都证明了他们对自己深深喜爱的事物总是极尽奢华的。

菲律宾人受外来人的影响，使其文化总是成为混合型的。无论来自摩尔人，还是西班牙人、希腊罗马人、巴西人、日本人或马来西亚人的影响，其采纳的方式总是混合性的，菲律宾人总是主张巴罗克的。如果观看其宗教狂欢节的拱门及狂欢节所用的近乎恭维的装饰品，加冕典礼所穿的礼服和加冕典礼时发表的演讲，都可以看到狂欢节时的那种巴罗克式的怪诞和华丽的服饰。

为什么会称为"巴罗克"呢？有个很好的解释，那就是菲律宾人第一次接触西方文化是在巴罗克时代。半岛上的教父、公务员和冒险者，总是深受盛行欧洲大陆的巴罗克的影响。自此以后，菲律宾的教堂、政府大楼及所有建筑物都留下了巴罗克的印迹。菲律宾的天主教建筑物总是过于华丽和罗曼蒂克。

菲律宾的历史造就了菲律宾人的风格，但历史却无法解释倾向和态度。

一年365天，菲律宾所经历的都是炎热的盛夏，那是一幅勃勃生机和绿意盎然的图画，一面是鲜艳的花朵和丰盛的果实；另一面是荒瘠的土地上、岩石上和废墟上布满了杂草植物。使人看到的是完完全全巴罗克式的风景。那是一种奔放无羁的、充满生命和活力的本色，并与那狂野式的完美融为一体。这里既没有沙漠，也没有白雪皑皑的山脉，无论是在高处还是在低处，大自然的郁郁葱葱都与人工的艺术融为一体了。

　　可以说，菲律宾人是巴罗克的狂热崇拜者。

　　菲律宾人的品位与其周围的环境息息相关。由于菲律宾特殊的地理环境，使菲律宾人不曾经历过春季、秋季和冬季，使他们不曾看到过皑皑白雪、瑟瑟秋意和春色的盎然生机的景色，从而使他们不懂得欣赏外界和谐的美丽，不懂得欣赏卸下盛装后大自然的朴实。但我们不能由此而贬低菲律宾人。菲律宾人自有其魅力的一面——长期处于一种多彩多姿的环境，使其养成一种追求完美的风格及夸张的品位。

　　丰富就是美。这便是菲律宾人的审美观。

四　菲律宾的三大族系及主体民族

　　菲律宾群岛主要有马来族系、原始马来族系和尼格利陀族系三大族系。

　　马来族系的民族属于蒙古利亚人，约是公元前200年至16世纪陆续由亚洲大陆的东南部移民到菲律宾群岛的。经过历史的变迁，这一族系的民族逐渐演变成现在菲律宾的民族主体，约占菲律宾人口的90%，这一民族主体生活在菲律宾比较富饶的平原地带。其在菲律宾的不同地区有着不同的族称，主要有他加禄人、伊洛克人、米萨扬人、米骨人、邦板牙人、班丝兰人、塞牧巴人和卡加延人等。他加禄人是菲律宾各民族中文化和经济最发达的民族。因此，菲律宾政府把他加禄语定为国语。马来族系的民族大多数信奉天主教，少数人被称为摩洛族，居住在南部的棉兰老岛和苏禄群岛等地区，信奉伊斯兰教。

　　菲律宾的原始马来族系的民族也属于蒙古利亚人种，其社会发展落后于马来族系的民族，主要分布在山区。他们有伊富高族、伊隆戈特族、邦都族和卡林加族的不同称谓。外界对伊富高族的了解最多。他们在高高的山坡上修造层层叠叠、蔚为壮观的梯田，被称为世界第八大奇迹。他们以种植稻谷为主要生产品种。他们分散为10户左右的小群体，居住在干栏式的房屋内。虽然说马来语，但没有自己的文字。他们并不是菲律宾当地最早的居民，而是公元前3000年至前1000年从亚洲大陆移民到菲律宾的。

菲律宾的第三大族系是土著居民，被人类学家称为尼格利陀族系的民族。他们主要分布在吕宋岛、内格罗斯岛、棉兰老岛、班乃岛、巴拉望岛和米沙鄢岛的深山老林中。

他加禄人（Tagalos）约占全国总人口的22%，主要分布在吕宋岛的中部，以马林杜克岛和波利略岛为主，多数居住在沿海、河谷及湖泊周围地区。他加禄人的文化比较发达。菲律宾首都马尼拉就位于他加禄的分布区，为全国政治、文化、经济的发展中心。由于其殖民时代的历史原因，他加禄人多数信奉基督教，主要是天主教。在他加禄，由于现人口过剩，因而有许多人移民到邻近岛屿。

伊洛克人（Ilocans）在菲律宾也是一个较大的民族，约占菲律宾人口的11.4%，主要分布在吕宋岛的西北海岸。20世纪上半叶，他们把邦板牙人、邦阿西楠人、桑巴尔人和伊巴纳格人等邻近民族驱赶到南方，扩展了自己的地盘。现在伊洛克人在吕宋西北部的居民中占有很大的比重。伊洛克人也出现了人口过剩的现象，因而有许多人移民到南方岛屿，甚至移民国外。他们是种植水稻、耕种水田的能手，并培植出香稻和黏稻。他们是菲律宾群岛上最先种植棉花的民族。他们多数信奉天主教。

五 菲律宾的少数民族

菲律宾的少数民族有米萨扬人、山区民族、阿埃塔人、比科尔人、摩洛人和华人。

菲律宾的米萨扬人（Bisayamns，或为比萨扬人、米沙鄢人），约占全国人口的43%，是菲律宾人数最多的民族。其主要分布在萨马尔岛、保和岛、莱特岛、宿务岛、宿务岛、内格罗岛和怕奈岛。目前，他们在棉兰老岛、苏加禄岛和巴拉望岛的人数最多。由于其地理环境的差异，各地岛屿的米萨扬人存在着地方的差异，也就常常被称为塞布安人、奂利盖农人等不同的民族。他们主要从事农业，种植水稻、香蕉和椰子等，而沿海的米萨扬人主要从事渔业。

菲律宾的山区居民是菲律宾人数较少的少数民族，分布在菲律宾一些大岛屿的内地山区。由于地理环境条件的保护，使山区居民抵制了西班牙人的入侵，也成功地避免了穆斯林的袭击，故被人称作地神教的民族。相传，他们是马来人的后裔。

山区居民"鸡犬之声相闻，老死不相往来"的生活方式，使其形成60多个山区民族，主要有比兰人、苏巴农人、邦都人、伊富高人、坎卡奈人、布基人、纳巴洛伊人。由于其地理环境的复杂和艰难，他们中间不断地有"新人"出现，如1971年，在棉兰老岛内地的热带丛林中，发现了一个以前并不为人所知叫作"塔萨代人"的部落民，1978年在巴拉望又发现名叫"陶特巴托人"的部落民，甚至至今还有不被人所知的族体。菲律宾的山区民族主要从事农业灌溉，饲养牛、羊、猪等，信仰万物有灵。

菲律宾的阿埃塔人（Aeta）是菲律宾古代居民的后裔。其主要分布在吕宋岛上难以通行的高山密林中和帕奈岛、内格罗岛、巴拉望岛上。由于他们不断被外族人同化，加上自然生活条件的艰辛，阿埃塔人的人口在不断减少。阿埃塔人是目前世界上亚洲最大的一支尼格利陀人。他们皮肤黝黑，身材矮小而壮实，毛发卷曲。阿埃塔人在社会经济方面远远落后于其他民族，以采集、狩猎为生。他们没有固定的住所，过着游移不定的生活，经常住在窝棚里。不过，最近十几年来，他们中的有些人定居下来，开始进行农耕生活。他们很早就丧失了本民族的语言，讲邻近的民族语言，主要讲桑巴语、他加语和邦西楠语。

比科尔人（Bicols）约占全国人口的6.9%，主要分布在吕宋岛的东南部、马斯巴特岛和卡坦端那斯岛。

摩洛人（Moros）约占菲律宾人口的4.6%，是棉兰老岛和苏禄群岛的一个民族集团，包含有许多民族，是15—16世纪皈依伊斯兰教的原住居民和印度尼西亚移民的混合民。其中较大的民族有生活在卡塔巴特省棉兰老河流域的马京达瑙人，生活在拉瑙湖周围的伊利农人，生活在棉兰老岛南部海岸的陶索格人。在语言上，他们与苏禄群岛和棉兰老岛等整个西南沿海地区的苏人和萨马相近。

菲律宾的华人（Chinese），在很早就开始大批移民到菲律宾群岛，绝大多数来自中国东南各省。1975—1988年，约有20万人加入菲律宾国籍。在菲律宾，有相当多的华人不是很纯的，而是华人和当地的菲律宾人混血的后裔。菲律宾的华人多数是商人、大实业家、手工业者、小业主和服务业人员。华人文化在菲律宾并没有被同化，华人基本上按乡土原则聚居,保留了本民族的语言、宗教信仰和风俗习惯。华人和华侨自古至今就与菲律宾人民和睦相处和共同劳动,为菲律宾的经济等方面的发展作出了积极的贡献。

(曹 兴)

柬埔寨

一 概况

柬埔寨王国位于中南半岛南部，东部和东南部与越南接壤，北部与老挝为邻，西部和西北部与泰国相连，西南部濒临暹罗湾。海岸线长约460公里。热带季风气候，年均温度为24℃。全年分为两个季节：雨季（5—10月）和旱季（11月至次年4月）。

柬埔寨于公元1世纪建国，历经扶南、真腊、吴哥时期。吴哥时期（9—14世纪）国势最为兴盛，文化、宗教发达，创造了举世闻名的吴哥文明。1863年沦为法国保护国。1940年被日本占领。1945年日本投降后，法国殖民主义者卷土重来，再次占领柬埔寨。1953年11月9日，柬埔寨王国宣布独立。1954年7月，法国被迫同意撤军。1978年底，越南侵占柬埔寨。1979年12月，民柬决定终止宪法，改组政府。1982年7月9日，西哈努克亲王、宋双、乔森潘三派抵抗力量实现联合，组成民主柬埔寨联合政府。1990年9月，柬埔寨抵抗力量三方同金边方面的代表在雅加达会晤宣布组成柬埔寨全国最高委员会。1991年7月，西哈努克被推举为全国最高委员会主席。10月23日，柬埔寨问题国际会议在巴黎召开，签署了《柬埔寨冲突全面政治解决协定》，11月西哈努克亲王返回祖国，全国最高委员会在金边设立总部。1993年5月23—28日，柬埔寨在联合国驻柬埔寨临时权力的组织和监督下举行大选，选举产生制宪会议。9月21日，制宪会议通过新宪法，决定恢复君主立宪制。9月24日，西哈努克亲王签署新宪法，制宪会议转为国民议会。9月24日，联合国驻柬机构宣布结束在柬埔寨的使命。11月2日，柬埔寨王国政府正式成立。11月15日，联合国驻柬维持和平部队全部撤离，柬埔寨进入和平重建历史新时期。

柬埔寨全国分为20个省：马拉望、贡布、干丹、磅湛、磅清扬、磅士碑、磅同、桔井、波萝勉、菩萨、暹粒、上丁、茶胶、柴桢、戈公、腊塔纳基里、蒙多基里、柏盛夏、奥棉多吉、班选棉吉省；3个直辖市：金边市、西哈努克市、白马市。

1993年宪法规定，柬埔寨是君主立宪制王国，实行自由市场经济。国王是终生元首、国家军队最高司令、国家统一和永存的象征，国王统治国家但不执政，有权宣布大赦，根据首相建议并征得国会主席同意后解散议会。

国民议会是全国最高权力机关和立法机关，每届国会任期五年。政府为内阁制，称为王国政府。

由于长期战乱，经济落后，百废待兴，人民生活贫困。王国政府成立后，实行自由市场经济，促进私有化，鼓励和吸引投资，争取外国和国际组织的援助，恢复和重建工作取得一定进展。

国内生产总值（1995年）76470亿瑞尔（折合30.65亿美元），比上年增长7%。人均国内生产总值（1995年）277.4美元。

矿藏主要有金、磷酸盐、宝石和石油，林业、渔业、果木资源丰富。由于战乱，森林资源遭到严重破坏。森林覆盖率由战前的71%下降到战后的45%。洞里萨湖是东南亚最大的天然淡水渔场，西南沿海也是重要渔场。

工业基础薄弱，门类单一。长期受战乱影响，大多数工厂设备陈旧，原料缺乏，技术落后。工业部门构成，按从业人口依次为制造业、建筑业、采矿业、供电和供水业等。1995年工业总产值6574亿瑞尔（折合2.63亿美元），比上年增长9.4%，占国民经济总产值的8.5%。

农业在国民经济中占主要地位，农业人口约占总人口的85%，可耕地面积670万公顷。主要农产品有稻米、玉米、大豆等，稻谷种植占全部耕地面积的80%，经济作物有橡胶、胡椒、棉花、糖棕、大豆、烟草、麻类等。1995年农业总产值为38235亿瑞尔（折合13.5亿美元），比上年增长3.5%，占国内生产总值的50%以上。

20世纪60年代，柬埔寨的教育事业一度有较大发展，1975—1978年主要致力于扫盲工作。近年来恢复了一些中高学校。1994—1995学年，全国有大学及大专8所，在校学生16350人；高中90所，学生46371人；初中348所，学生196720人，此外还开办了不少英语、汉语速成班。金边等地还开办了十几家华文学校。教育方面总的情况是师资、设备、资金都很缺乏。

全国人口1340万人（2008年），城市人口占15%，首都金边人口约80万。全国有20多个民族，均属蒙古人种南亚类型。主体民族是高棉人，约占总人口的84.6%，华人占5%以上。此外还有占人、普侬人、佬人、泰人、斯丁人等少数民族。高棉语为通用语言，高棉语与英语、法语均为官方语言。佛教为国教，其信徒占全国总人口的80%以上。占人信奉伊斯兰教，有少数都市居民信奉天主教。

二 高棉人

高棉人，自称"古蔑"，高棉语属南亚语系孟高棉语族，高棉人是该语族中人口最多的民族，也是柬埔寨人口最多的民族，占总人口的84.6%，高棉人几乎在全国各地都占居民的多数。高棉人大约在公元前4—5世纪来到中南半岛。至于他们的来源地，学术界说法不一：一说来自印度半岛；另一说来自中国西南地区（康藏高原）。

古蔑人在今柬埔寨建立的第一个国家称"真腊"，时间在公元6世纪中叶，是伊奢那仙（611—635年在位）约627年在灭扶南后建立的。真腊于公元706年后分裂为南北两部；南部地处海滨，且多湖泽，故名水真腊，北部则称陆真腊。公元9世纪，水、陆真腊又统一于真腊的吴哥王朝。苏利耶跋摩一世统治时期（1002—1050年），向外扩张，向西征服湄南河流域诸国，往北势力达琅勃拉邦，南下马来半岛。苏利耶跋摩二世（1113—1150年在位）和耶跋摩七世时期（1181—1219年在位），国势达到鼎盛。长年与东邻占城争战不休，终于1203年吞并占城，成为中南半岛的强大帝国。公元13世纪，暹罗国兴起，成为真腊的劲敌。1431年首都吴哥被暹军攻占，迁都金边。后国势渐衰，1593年被暹罗国征服。公元17世纪起称为柬埔寨。

吴哥王朝文化发达，创造了著名的吴哥艺术，包括大小两地的吴哥城和吴哥寺，今已成柬埔寨的旅游和考古胜地。

高棉人中有72%的人从事农业。主要种植水稻。普通水稻有两种：春季稻和秋季稻。秋季稻比春季稻产量低，因而90%的农田种春季稻。在洞黑萨湖水网地区还有水稻的一个特殊品——浮稻，其穗浮在水面，稻根扎在水下泥中，稻秆有几米长，收割时要乘船。

最重要的出口农产品是橡胶、胡椒和木棉。木棉树是一种落叶大乔木，亦称"攀枝花"，一般栽种在宅旁地块上。木棉树结的坚硬果实里装着像丝一样的白色纤维。它不能纺织，只能单独或掺入其他料中作填充材料。在稻田堤堰上一般栽槟榔和椰子树。

采集对高棉人来说虽不是必不可少的活动，但林产品却有着更重要意义，割树胶、采树漆松香都是重要经济活动。森林中有许多果实和根、茎可作染料和入药，也是他们采集的对象。

柬埔寨畜牧业比较发达，家庭饲养牛（黄牛和水牛）较多，因佛教禁止杀生，猪养的很少。高棉人将乳猪养大喂肥后，卖给华人屠宰户去宰杀。黄牛只为役使才养，绝少有高棉人去吃它的肉。

渔业较为发达。绝大多数高棉人住在河、湖、海岸边，都有捕鱼的习惯。鱼酱在农民生活中占有重要位置，因而做鱼酱是件大事。每年12月至次年2月，渔民捕获大量的鱼，将其中做鱼酱的小鱼卖给农民。农民多全家出动，就地加工将小鱼做成鱼酱，运回家中。

高棉人的村落都建在涨水时最高水线以上的地方，房子长长的脚柱伸入水底，一旦春汛到来，水面几乎高及地板。只有渔民的房子建在沼泽地和浅水滩。较大的村庄一般都集中在湄公河的堤岸上，住房都是高脚屋，与住房连在一起的厨房也是高脚建筑。一家一户之间用栅栏或竹篱笆隔开，院子里有果树和小菜园。储藏室和粮仓一般设在高脚屋下层。

高棉人的传统服装多为黑色。男服与泰人男服相似：对襟的窄袖上衣，下身是缠住腰和罩住大腿的黑色宽幅布。在节日和闲暇时下身穿一种缝好的肥筒裙。妇女穿紧身短上衣，下穿筒裙或缠裙。上衣多为白色，下衣多用黑灰相间的花纹和图案。

在高棉人的传统服装中，宽大的布巾是不能少的，平时经常搭在肩上。它的用处很多，如充当腰带、毯子、缠头巾等。

高棉人也和印支各民族一样，主要食物是米饭，菜肴是干鱼和特殊味道的酸鱼酱。此外，还有蛋类、鸡、鸭、猪肉等。

吃米饭用的作料很多，如香草、葱、蒜、辣椒，果类有柠檬、罗望子等。餐桌上汤是不能少的，最常见的是鱼汤，而且加柠檬和辣椒。

高棉人家庭实行一夫一妻制。青年人自由恋爱结婚。首先要经过订婚阶段。青年男女表白爱慕之后就互赠信物。女方如果把男方赠送的盛有槟榔果的盒子接受下来，就算订婚了。此后就可择吉日成婚。结婚年龄，男23—25岁，女16—22岁。高棉人非常崇尚贞节，姑娘严禁婚前失贞。

婚前要对新郎进行考验，时间往往是从一个月到一年不等。在此期间，新郎要到岳父家干田里活和家务事（是服役婚的残余）。在考验期内，如果女方父亲对未来女婿不满意，就可中止婚事。

婚礼之前，新郎要支付"母乳钱"，酬谢岳父母对新娘的养育之恩。婚礼举行三天。第一天，乐队自早晨开始演奏，双方家庭做最后的准备工作。男方家在庭院搭起迎客大棚。第二天客人来，带来赠送新人的礼物。新婚筵在这天下午举行。用餐时，男女宾客分座，男宾客在餐桌旁坐椅子，女宾客坐席子上。这整个时间里都在演奏鼓乐，宾客们唱歌。新娘不露面，只有新郎忙里忙外。晚上，寺庙僧人来为新人祝福。然后开始跳舞。第三天，客人来到新娘家。这天就不再招待吃饭了。僧人来念经祝福，让新人在一个碗里喝圣水，然后互喂香蕉。

婚后，新婚夫妇单过。他们的家建在新郎双亲家附近。

高棉人离婚现象颇为罕见。但要离婚却也相当容易。离婚时，女方带走所有陪嫁物品和三分之一婚后共同置备的物品即可。离婚者即可结婚。

在遗产继承方面，儿子女儿权利平等。在农村，儿子继承地产，女儿继承动产。高棉人实行双行续谱制，一个人既属母系亲属，也属父系亲属。

高棉族男孩女孩都有表示成年的仪式：男孩到12岁时要举行剃头仪式，把头顶的头发剃掉，以表成年。女孩初潮后要与家人隔离开一段时间，自己住在专门的茅屋里，凡男人均不许见她，她不能吃肉。隔离时间由几天到几个月不等。隔离期后，女孩就算进入成年。

人死后实行火葬。火葬那天，死者家属要招待邻里，请和尚念经。骨灰装罐，藏于塔里。

高棉人绝大多数信奉南传佛教（上座部佛教）。佛教对人们生活的影响是多方面的。在农村，寺庙同时还是学校，僧侣是教师，教学生念佛典和写字。僧侣还治病。他们懂得民间医道，且常常精通西医疗法。寺庙还是失业者和无靠无靠者的庇护所。当他们找到工作或能自谋生路时，就可以很容易地脱掉袈裟还俗。寺庙不仅是宗教活动中心，还是附近农村的社会生活中心，人们来到这里收听广播、聊天、休息。寺庙院子还是举行节日仪式的场所。

公元13世纪后，暹罗国不断入侵，摧毁吴哥寺等建筑，推行上座部佛教。从此上座部佛教成了柬埔寨的国教。由泰国传入的上座部佛教分为两派：大部派和法相应派。大部派的寺庙在全国2650座寺庙中占2500座，与农村一般教徒联系密切，影响面广；法相应派是1864年由泰国传入的改革派，人数虽少，势力却很大。它与王室、贵族联系密切，得到王族的布施和信仰，戒律较严。它的势力集中在各大城市。

两派互相并不对立，分歧主要是托钵方式不同：法相应派以手把钵，而大部派则以肩挂钵。此外，两派对巴利文字母的读音和背诵经典的方式不同；两派互不参加对方的仪式。

三 山地高棉人

山地高棉人是个有许多民族的民族集团。除柬埔寨外，在泰国、越南、老挝也有分布，总数160多万人（1988年）。在柬埔寨有近20万人，主要分布在北部和东北部的高山林带和谷地。他们的语言也属南亚语系孟高棉语族，与高棉语接近，在柬埔寨，他们通常被当作纯高棉人的支系，其中有墨依人、斯丁人、库伊人、布劳人、塔普翁人、色当人、巴纳人等小民族。他们的住地交通不便，经济落后，多数至今从事刀耕火种农业，兼营渔猎和采集等。其中只有库伊人、巴纳人从事犁耕农业、种植水稻。各山地高棉族的共同特点有：住房是高脚屋，传统食物主要是黏性稻米，有共同的习俗和礼仪，以及神话传说。如今许多山地高棉人受到高棉人的极大影响，正融合到高棉人之中。

库伊人生活在磅同以北森河上游扁担山地区。库伊人在各支山地高棉人中比较特殊，首先他们的文化水平比较高。他们的制陶技术虽比高棉人差些，但比其他各支山地高棉人要高超得多。库伊人落后于高棉民族的共同发展进程，并非始于很古的古代，而是发生在吴哥王朝时期，原因是暹罗人的进攻和文化中心的南迁。虽然库伊人在与高棉人融合，但他们还保留着相当特殊的文化。他们虽信奉佛教，但仍保留相当多的从前的祭祀活动。他们的铁匠和铜匠的手艺是相当驰名的。

库伊人除种植水稻、甘蔗外，还种桑养蚕。库伊人的住房与高棉人的高脚屋式样相同，只是结构更简单。他们使用的家具和器皿还保留许多古代特点。例如，他们还在使用陶制、木制和竹编的容器。他们用一种竹篾编的像筐那样的容器，编得极为严密，甚至连水都不漏。

墨依人和斯丁人以及与他们接近的比埃特人、布诺尔人等这些山地高棉人生活在柬埔寨东部湄公河以东地区。过去，他们与上述山地高棉人没什么联系。直至20世纪30年代，他们居住地区与外界仍很少联系。据说，他们与越南南部的山地高棉人在生活方式和文化方面却很近似。在腊塔纳基里省北部与老挝接壤的边培地区，居住着布劳人及与其近似的克拉维特人、塔普翁人等山地高棉人。他们在语言与文化上与墨依人接近，但他们受到更多的佬族文化的影响。

这些山地高棉人在社会生活中尚保留着相当多的原始公社制残余。他们从事刀耕火种农业。刀耕火种的农耕方法是不翻地，下种时使用一种特殊工具——一支长竹筒。长竹筒一头削尖，播种时用竹筒的尖头把土壤戳出坑，通过竹筒把一撮种子撒入坑内，培土即可。

四　占人

在柬埔寨生活着一些操南岛语系印度尼西亚语族语言的小民族，有占人、山地占人和马来人，其中以占人数量最多，约10万人以上。占人多数分布在湄公河谷地和金边以北的磅同地区。柬埔寨的占人全都是来自越南的移民。早在公元2世纪，占人在今越南的中部曾建立一个"占婆"国，中国史书先后称为"林邑"、"占城"。该国一直与中国关系密切，常与邻国真腊战争。公元10世纪后，屡遭越南封建王朝侵略，到1471年大部领土被后黎王朝吞并，1697年最终被南方阮氏所灭，占人被赶往南方，部分迁往柬埔寨。今天柬埔寨的占人来到柬埔寨后在长期的历史发展中曾与马来人发生混血。据说分布在洞里萨湖与湄公河之间水净华半岛上的一支占人就是15世纪后占人与来自苏门答腊的米南卡保人（马来人的一支）混血的后裔。后来来自马来半岛的马来人主要分布在西哈努克城至磅同地区。这些讲南岛语系语言的占人都信伊斯兰教，这是他们联合成一个民族的客观因素。占人接受伊斯兰教是来到柬埔寨以后的事。原来的占城受印度文化影响，曾信奉印度教。占人与马来人语言文化因素相同，使他们更容易接受马来人带来的伊斯兰教。信仰伊斯兰教又使他们不容易同化于高棉人，因而占人与高棉人通婚结成的家庭很少。尽管如此，在文化方面，他们还是与高棉人越来越接近。他们的清真寺一定程度上吸取了佛寺的建筑风格。今天柬埔寨占人的正式名称是"穆斯林高棉人"。高棉人与占人的关系是融洽的，占人都会讲高棉语，只在家里使用占语，书写时用阿拉伯字母。

占人主要从事渔业，兼营农业，种水稻，畜牧业也比较发达，耕田、运输用水牛。在柬埔寨，正是占人养肉牛，并从事屠宰，而高棉人不善于此道，因为高棉人信奉禁止杀生的佛教。

占人的住房与高棉人的高脚屋不同，多是直接搭建在地面上，村庄沿河而建。传统服装：女服是纱笼和无领长袖紧身上衣，颜色多为黑或深绿。男人下身也着纱笼，上身穿直达膝盖的长衫，通常带有白、红、绿相间的条状图案。占人妇女不戴面纱，戴一种带穗的圆顶帽，男人必戴小白帽。

分布在柬埔寨东部柬越边境地区的山地占人（埃往人、嘉来人）只是语言和文化接近占人，宗教信仰是精灵崇拜，自然与占人不同，除语言和文化外，与柬埔寨的占人几乎再无共同之处。他们在生产、生活方式上与布劳人及分布在腊塔纳基里省的其他山地高棉人十分接近。

柬境内还有讲南岛语系语言的马来人，分布在贡布以西的进罗湾沿岸。

五 华人与越人

华人有30多万人。他们中多数是19世纪下半叶至第二次世界大战期间，分期分批来自中国东南沿海省份（广东、海南、福建），以及新加坡、马来西亚。在柬埔寨他们的居地分散，操本地方言。其中来自潮州汕头的人最多，约占一半，还有一大部分来自广东其他地区。他们绝大多数集中在城市，多数是工人以及服务行业的各类人员。

在金边以南西哈努克城至贡布地区，聚居着来自海南岛的华人。他们主要是农民。由于他们一般都是由乡亲介绍而来的，因而集中住在一个个的村庄中，保持着家乡的风情。

华人正逐渐与高棉人融合。华人与高棉人异族通婚组成的家庭极为普遍。这种婚姻和家庭，不论华人和高棉人都支持，不存在任何种族歧视。相当多的混合家庭中，华人和高棉人文化习俗融合得十分紧密，以致令外人难判断这个家庭究竟属于哪个民族。不过分辨一个家庭究竟属华族还是高棉族有一个可靠的标准就是华人实行土葬，而高棉人实行火葬。

越人主要是在法国对印支进行殖民统治时迁来的。在柬埔寨独立后，很多越人返回越南了。据估计，20世纪80年代前半叶，在柬埔寨的越人有30多万（这里指的是在柬埔寨常住的越人，不包括军人和其他暂住者）。洞里萨湖地区渔民中越人占多数，但他们居住不稳定。在湄公河各南部地区有越人村庄。然而，越人多数还是住各大城市，从事商业和手工业以及照相、理发等行业。还有人是橡胶种植园工人。

越人与华人不同,他们大多数是侨民;越人与华人的共同点是都信奉北传佛教(大乘佛教),但来自越南方的越人多信天主教。

(陈 鹏)

老　　挝

一　概　况

老挝人民民主共和国位于中南半岛北部，北邻中国，南接柬埔寨，西北与缅甸接壤，西南达泰国，东与越南毗连，是个内陆国家。面积达23.68万平方公里。

老挝境内多山，地势北高南低，自东向西倾斜。境内80%的地区是高原和山地，素有"印度支那屋脊"之称。比亚山、宋山、来山和鞘山是老挝的四大山脉。它们构成四大高原：川圹省的川圹高原、桑怒省的有会芬高原、甘蒙省的甘蒙高原、巴色省和阿速坡省的波罗芬高原。最大的河流湄公河发源于中国的澜沧江，老挝境内1877.7公里。老挝属热带亚热带季风气候，年均气温20℃—30℃。全年分旱季和雨季两个季节，5—10月是雨季，11月至次年4月是旱季。全国森林覆盖率约42%。

全国划分为16个省，1个直辖市（万象市），省以下称县、乡、村，市以下称区、村。

1975年12月宣布废除君主制，成立老挝人民民主共和国。议会称国会，是国家最高权力机构和立法机构，负责制定宪法和各项必要的法律。1991年8月老挝最高人民议会二届六次会议通过了老挝人民民主共和国第一部宪法。宪法明确规定，老挝人民民主共和国是人民民主国家，全部权力归于人民，各族人民在老挝人民革命党领导下行使当家做主的权力。

1991年8月，老挝最高人民议会二届六次会议把部长会议改称政府。该届政府于1993年2月22日由老挝三届国会首次会议批准成立。

老挝是农业国，农业人口占全国总人口的74%。工业基础薄弱。

1988年开始推行革新开放路线，实行以农业为基础，农林业与工业和服务业相结合，取消高度集中的管理体制，实行利用和发挥多种所有制基础上的多种经济成分，努力把自然和半自然经济转为商品经济；实行对外开放，改善投资环境，吸引外资，引进资金、先进技术和管理方法。1993年2月制定了至2000年的国民经济和社会发展规划，实行市场经济机制。1994年国民生产总值7806.57亿基普（约合10.8亿美元），人均国民生产总值约335美元。货币名称基普（KIP）与美元汇率为720:1（美元）（1994年12月）。

自然资源丰富，有锡、铅、钾、铜、铁、金、石膏、煤、盐等矿藏，至今得到少量开采的只有锡、石膏、钾、盐、煤等。盛产柚木、紫檀等名贵木材。

老挝教育，小学5年制、初、高中各3年。1993—1994年，中等专科学校78所，高等学校15所，其中大学3所。高校在校学生人数6200人。

根据统计，老挝总人口数为600万（2007年）。全国有民族部落60多个。由于社会和历史等方面的原因，老挝政府对本国各民族没有进行系统、详细的识别和分类。20世纪60年代初，察国战斗部队对全国几十个民族根据他们居住地的地势高低划分为三大族系：老龙族，意为平原低地上的老挝人，也称泰老族系，一般居住在平原各地；老听族，意为住在半山腰的老挝人，他们一般住在半山腰及山顶上；老嵩族，意为高处的老挝人，他们一般居住在高山地区。

老挝三大族系的划分完全符合中南半岛各民族在高山地区的分布状况——立体分布，即山顶、山腰、山下的民族界线十分明显。这个分布状况主要是历史上自然形成的。

老挝历史上第一个统一的国家"澜沧王国"始建于公元748年（一说749年），国都在孟沙瓦（即现在的琅勃拉邦）。澜沧又称南掌、缆掌、兰掌、兰章等同音异译名。公元14世纪时，澜沧王国是东南亚的繁荣国家之一，为了防备外国侵略，1563年迁都万象。1707年，澜沧王国分裂为万象和琅勃拉邦两个王国。历史上，老挝曾多次遭到外国侵扰。1779年，万象和琅勃拉邦两个王朝先后被暹罗征服。

19世纪末，法国殖民主义势力侵入老挝。1893年，法国与泰国签订《曼谷条约》，迫使泰国把湄公河左岸的宗主权让给法国，从此老挝被并入法属印度支那联邦，沦为法国的保护国。1940年，老挝被日本军国主义占领。1945年8月日本投降，同年10月12日老挝宣布独立。

1946年3月，法国殖民军再次入侵老挝，1954年7月，法国被迫签署关于印度支那问题的日内瓦协议，从老挝撤出殖民军。美国乘机取代法国，扶植亲美势力控制政府。1964年美国支持亲美势力破坏和平，进攻解放区。1973年2月，老挝各方签署了关于在老挝恢复和平与实现民族和睦的协议。1974年4月成立了以梭发那、富马为首相的联合政府和以苏发努冯为主席的政治联合委员会。1975年12月1至2日，在万象召开了"全国人民代表大会"，宣布废除君主制度，成立老挝人民民主共和国。

二　老龙族系

老龙族系也称泰老族系，是三大族系中人口最多的，约占全国人口的2/3，其中包括的民族有佬人、泰人、蕃人、卢人、贺人等，主要分布在琅勃拉邦至占巴塞一带的湄公河两岸的平原各地。佬人亦称"寮"，自称"哀牢"，主要分布在中、下寮地区。佬人与泰国的泰人、缅甸的掸人、我国的傣、壮等族有着同源关系，都来自我国古代的百越。他们原来居住在长江上游地区，公元初开始南迁，后来沿澜沧江、湄公河南下，公元6—7世纪来到老挝境内。

佬人是老挝的主体民族，属蒙古人种南亚类型。佬人的语文是境内各族的通用语文。佬语属汉藏语系壮侗语族，与泰语极为近似。佬文产生于公元14世纪，是由巴利文和孟文演变而来的。佬人信奉南传佛教，各村都有寺院。男孩必须有一段时间入寺为僧，经过一定时间方可还俗回家娶妻生子。老龙族生产水平和文化水平比其他民族高，其文化是老挝各民族文化的代表。

绝大多数佬人从事农业，耕作形式与中南半岛其他国家许多平原地区民族的相同：用水灌田种植水稻。老挝水稻据说有60多个品种，种植较广泛的是结出粉红色米粒的品种。佬人自己食用的稻米是一种黏稻品种。按气候条件，老龙族居住的河谷低地，一年可收获两次水稻。农耕周期也按雨季和旱季两个季节进行。

在老挝，几乎各地田边都栽种槟榔树、椰子树等常绿乔木，在河旁低地则种甘蔗。

在自然经济中，家庭手工业往往起很大作用。早在20世纪初，佬人农民手工业就很发达。他们几乎不需外购什么物品，可以自给自足。

他们的手工业产品交换、买卖的范围很窄，只在邻近村寨和亲戚家进行。

男人的大量手工业劳动都与竹子有关，用竹子制造劳动工具、家具、盖房材料；用竹篾编各种规格的席子、容器等。妇女则纺纱织布以及用稻草编织各种用具。

农民的传统住房都是高脚屋。支撑房子的立柱大多深埋地下，少数立在石基上，房顶是人字形的，覆盖茅草，墙壁用大竹席或竹板条做成。这种墙一般没有窗户。一幢房子一般设两个门或三个门。第一个门是人人可以出入的，位于房子的正面。第二个门供家庭成员出入，有的地区，第二个门只供女人出入。第三个门有其特殊用途：通过此门递送典礼器具，有的地方专用此门往外抬死人，所以也叫"鬼门"。第二、第三门设在房子两端。

像东南亚中南半岛诸多民族的农家一样，佬人房内火塘设在屋中央，少数靠墙边。做火塘要在地上用木板或竹板做一方框，然后在方框里填上约30厘米厚的泥土，待泥土干硬后在上边放三块石头，叫锅桩石，石头上放锅。火塘上方吊着竹篾大筐，里边盛放待烤干衣服物品。火塘都不设烟囱，烟从四周墙壁或房顶自然散出。据说，这样用烟熏着，建房用的竹木材料及房顶上的茅草都可延长寿命，免被虫蛀。

在高脚屋的楼板下或附近放有舂米的石臼和脚碓。在农村，妇女每天大清早起来舂米，黎明总是伴随着脚碓吱吱声和杵臼的咚咚声到来的。

佬人传统男服有围腰布、裤子和衬衫。传统女装是短上衣和一幅布做的围裙，如今被长上衣和缝制的筒裙和褶裙所代替。妇女平常穿布料衣服，节日则着丝绸服装。

佬人的饮食与中南半岛其他农耕民族没多大差别。主食以稻米为主，尤其喜食糯米。最典型的是佬人不饮用牛乳及其他奶制品。一般也不食用面制食品，只有城市居民有时到华人餐馆享用蒸的面食。食肉极少，人们摄取最多的动物蛋白来自鱼肉。鱼是在湄公河及其支流捕捞的或是稻田放养的。鱼的吃法很多，有渍酸的、蒸的、磨碎的等。

佬人和其他老龙族人一样，基本家庭形式是一夫一妻制。最长的儿子结婚后另立新家，父母由最小的儿子赡养。

佬人中至今残留服役婚习俗。为娶回妻子，新郎必须在未来岳父家服劳役，时间由一年到三年不等。在这段时间里，两个年轻人实际上已经亲近了，甚至生了孩子，但服役期不能减短。如果在这段时间女方没生孩子，也没怀孕，那么女方的父亲有权宣布延长服役期，或干脆把未来女婿赶走，结束这桩婚事。如今，服役渐渐被用金钱赎买妻子的办法所代替。现在结一次婚，男女双方家庭都要花费巨额款项，尤其新郎家往往不堪重负。

妇女在怀孕和生产过程中还有许多禁忌和限制。怀孕妇女不许触摸别人的衣服以及家庭用品（丈夫和子女的用品除外），不许参加社会活动，不许参与决定大家庭的任何事项。更有甚者，禁止靠近公共火塘。分娩一周内，只能在自己屋里的火塘边度过。

佬人的名字要随着家庭和社会的重要变化而改变。出生不久取的是表示爱的乳名，是根据孩子的生理或相貌特征取的。入学读书要取个学名。学校毕业后要到寺庙当一段时间的和尚，这时要取个僧名，还俗后要有个官名和姓。这个名字，在人的社会地位、职务改变后，甚至迁到另一村寨后，都要发生变化。有时在流行病发生期间，人也要改名。据说，这样魔鬼找不到他，从而避免患病。

男孩一生中一个重要时刻是12—13岁时的剃头仪式。这象征着他转入成年期了。这是成年礼的残余，只不过减去了勇敢精神和坚忍毅力的考验罢了。

人死后，亲属的悲痛表现要尽量避开外人，因为人人都相信眼泪、痛哭会对死者走向新的转生不利。葬礼中要饮宴、唱歌、跳舞，甚至看木偶戏等。然后进行火葬或土葬。如果死者是和尚则必须实行火葬，有钱有势的人也愿意火葬。穷人家多进行土葬，死人入棺埋在森林里，既不做坟，也不做任何标记，家属也不再上坟。

在遗产继承上没有性别区分。但房子、院落多由赡养父母的小儿子继承，田地尤其是有人工灌溉系统的田地必须由儿子继承。

在佬人中，离婚现象极为罕见。离婚有很复杂的事要做：分割财产，分配和抚养子女，归还彩礼、嫁妆等。在保留服役婚的地区要离婚，女方娘家必须答应把妻妹或其他女性亲属嫁给男子，以补偿他所付出的劳役。

佬人信奉佛教，但广泛保留着自然崇拜和祖先崇拜。在一般佬人的理念里，森林、山峰等处都有鬼。对稻田的鬼态度要和善，每年农历五月和十月，都要杀牲祭稻田鬼，同时用新稻米做的米饭去祭祖。六月要祭管稻谷生长的鬼村寨鬼和祖先的魂，为此要宰牛、备酒、跳舞。

佬人崇祭最广泛的还是祖先的鬼魂，因为他们能保佑家人。至今每幢房子里都设有祭祖堂。对于其他鬼魂，则只在他们可能出现的地方设立临时祭坛。

在老挝也和信奉上座部佛教的其他东南亚国家一样，乡村寺庙在很大程度上是社会生活和文化教育中心。佛寺同时也是学校，比丘也是教师。儿童在这里学习文字和最通行的佛经等。每个男性佛教徒一生中都要过一段寺庙生活，即入寺当一段时间和尚，以前连王族也不例外。这段时间的长短不定，最长可达三年，短的也可十天，但最常见的是三个月。剃度一般在雨季进行。落发后披上袈裟就成僧徒了。在农村，不经过这段寺庙生活就不算成年人。在这段时间，凡表现出诵经和讲道才能的学生往往被留下当和尚，将来培养成住持。

僧徒生活有规定：黎明即起，先祈祷一小时，然后出去化缘斋饭。化缘得来的食物，是他们的一日口粮。每日两餐：早餐大约在早上九点，晚餐在中午十二点至下午两点。其他时间不再进餐。整个下午和尚和僧徒们都在佛像前虔诚地默默祈祷。

佬人最愉快最大的节日是农历新年——宋干节（通常所说的泼水节）。老挝和泰国一样，新年开始于阳历4月。这时雨季即将开始。在三天的群众性节日活动期间，城乡都举行泼水活动。人们都认为，水泼得越多越吉祥，五谷收成越好。在中南半岛有泼水活动的民族中，佬人是泼水举动最文雅的民族。他们一般用树的枝叶沾水泼洒，很少用盆和桶。新年期间最高兴的是青年和孩子们。大人们通常给孩子们吃甜食，还要一定数额的压岁钱。青年和孩子们常常通宵达旦娱乐、游玩。

塔銮节是老挝及佬人中仅次于宋干节的另一大节日，时间在佛历每年12月中旬。在气氛方面，塔銮节和新年一样热闹，全国放假三天。节日第一天，万象居民拥向东郊的塔銮寺，举行膜拜仪式。节日期间，全国各地佛教徒有可能都往塔銮寺朝拜。人们捧着各种食品、香烛、鲜花，十分虔诚地奉给佛的仆人——僧侣。夜晚，人们观看文娱节目，或载歌载舞尽情欢乐，直至破晓。

塔銮寺矗立着一群著名佛塔——塔銮，建于一千多年前，是砖石结构的塔群，气势壮观。它是澜沧王国古代文明的象征，也是万象的标志，老挝的国宝。千百年来，它是老挝佛教徒和全国民众顶礼膜拜的圣地。每年慕名前来参观的国内外游人络绎不绝。

三　山地泰人

山地泰人是老挝讲壮泰语族语言的另一民族集团，其中包括雷人、卢人、泰人等。山地泰人以妇女服装颜色来称呼各个支系：红泰、黑泰、白泰。在老挝境内，山地泰人主要分布在长山山脉西坡，红泰占其中的绝大多数。

一般都认为，山地泰人与佬人一样，也是由中国南下迁入老挝的，也源于百越。

山地泰人的经济以农业为主，主要种植水稻，此外还种玉米、油料作物、棉花等，宅旁有菜园和果园。

畜牧业不太发达，只饲养黄牛、水牛和猪，最多的是鸡。狩猎极少，所谓狩猎也只是在稻谷成熟期，主要对象也就是糟蹋庄稼的野猪和猴子。鱼是山地泰人食物中的重要组成部分，鱼也是在池塘和稻田里放养的。

家庭手工业有编织（材料用竹、藤等）和纺织等。男人还打制首饰，女人绣花。

山地泰人和佬人一样，传统住房都是高脚屋。

婚姻关系中，服役婚是最典型的婚姻形式，服役时间在不同支系中各不相同，但一般时间都很长。尽管在服役期间生了子女，甚至子女都到了上学年龄，但服役者还不算正式丈夫，女方父亲及其家庭还有权寻找借口将他赶走。山地泰人虽然也信奉佛教，但祖先崇拜和自然崇拜仍然十分盛行。

四　老听族系

老听族系亦称卡族系，包括数十种族称带"卡"字和不带"卡"字的民族，如卡科、卡木、卡派、卡洛、卡丹、卡霍、卡三陶、卡卡森，等等；不带"卡"的如阿拉克、索克、沙普安、苏图阿，等等。他们主要聚居在中、下寮地区尤其是阿速坡和沙拉湾等地。在上寮地区他们多与老嵩人及老龙人杂居。他们主要居住在山腰，"老听人"意即"生活在半山腰的老挝人"。

老听族系各族属蒙古人种南亚类型，有自己的语言，但无本族文字。宗教信仰方面盛行自然崇拜和祖先崇拜。

老听族来源有不同说法：一说当地土著；一说来自中国古代西南地区的百汉人。无论哪种说法对，但有一点可以肯定：他们入住老挝早于老龙人。而且，他们居住在半山腰的分布状况主要是在古代自然形成的，并非外部强力作用的结果。因为当时在热带亚热带气候条件下的群山之中，半山腰乃至部分山顶是生活居地的最佳选择。①

老听族居地多是深山老林地区，往往处于与世隔绝、半隔绝状态，因而生产方式落后，处于刀耕火种农业阶段，垦种山地，不知使用犁铧，经济不发达，生活条件困难，生活水平低。

五　老嵩族系

老嵩族系亦称汉藏族系，老嵩各族散居高山地区，故称"老嵩"，意即居住在山顶上的老挝人。老嵩族系包括苗、瑶、胡、倮倮、姆苏、哈尼、拉祜等，其中以苗人占多数。苗人自称"赫蒙"或"蒙"，共三支：黑苗、白苗、花苗。多数分布在半沙里、川圹、桑怒、琅勃拉邦、万象、南塔以及沙子武里的高山地区。他们通用苗语，属汉藏语系苗瑶语族。② 人种学上，老嵩族属蒙古人种南亚类型。

现在一小部分苗人使用一种由法国、美国传教士于20世纪50年代在琅勃拉邦创制的苗文。这套苗文以拉丁字母为基础，声母韵母用拉丁字母拼写，声调也由不同的字母表示。这套苗文是为了传教而创的，除了念经外，更多的是用它记录民间故事、风俗、医药和学习其他文化知识。60年代初，川圹省、华潘省、琅勃拉邦等地已有苗文的传播。1967年，有着近万苗人居民的新城龙镇建起了苗语广播电台。1975年后，老挝苗人纷纷逃往泰国，后又分流到一些西方国家，这套苗文也随之被带去。现在这套苗文成为西方国家、东南亚国家苗人交流的工具。老嵩族中大多数有文化的人还是通用老挝文。

老挝的苗人、瑶人同中南半岛其他国家的一样，都是由中国迁徙来

---

① 参见陈鹏《东南亚民族的"主体分布"与排挤论》，载《云南社会科学》1991年第2期。
② 近年来有的学者将苗瑶语划归南亚语系，此处据我国多数语言学家主张。

的，时间最早始自明清两代；而且在这些国家一般都生活在山上，在老挝就被称为"老嵩"。他们喜欢同姓聚族而居，至今也不是永久定居于某地，他们是爱迁徙的民族。

居住地决定了他们的生产方式。老挝苗人大多居住在北部高山地区，实行刀耕火种的传统生产方式。一般在冬季用刀砍倒树木和杂草，晒干后，春季放火焚烧，然后适时播种。这种新开垦的土地种玉米，已经种两三年的熟地种旱稻、豆类等主要农作物。此外，他们还种经济作物：烟草、茶叶、咖啡、橡胶，还有人种植人们熟知的罂粟。罂粟在老挝苗人生活中占有重要位置，是他们的重要经济收入来源。苗人栽种的果树主要是热带亚热带水果：菠萝、香蕉、木瓜、橘子等。中南半岛的苗人是个喜爱搬迁的民族，为的是寻找好的地方和好的生活。由于他们常常搬迁，往往在林中留下片片果类作物，成了无人经管的野生果木。近些年，政府禁止毁林开荒和种植罂粟，住在山上的苗人逐渐改变原来的耕作方式和结构，逐渐减少罂粟的种植。

苗人的住房与老龙族的不同。他们的住房直接建在地上，房子内部也不间隔，但分为女部和公共部两部分，设两个火塘。

老挝苗人的婚恋形式分三种：由父母做主、私奔和抢婚。男方家托请媒人到女方家提亲，经过一定仪式后，如果女方家同意，就协商彩礼数量和结婚日期。婚礼分两处进行，首先在女方家举办简单的宴席，招待女方家长辈和亲友。此后，男方媒人以唱歌形式请新娘去男家。新娘同一位伴娘及自己的叔伯、兄弟等随迎亲队伍热热闹闹去男家。男方家准备盛宴，招待全寨的亲朋和新娘的送亲人员。女方婚后住男方家。

所谓"私奔"是热恋的青年男女遭到某方家长坚决反对时不得已采取的一种结婚形式。反对一方的父母在得知"木已成舟"后，也只好认可这桩婚事。

抢婚被公认是一种正常的婚姻形式。青年男女经恋爱准备结婚时，双方约好抢姑娘的地方和时间，由男青年请几个年轻伙伴把姑娘"抢走"，此时姑娘假装拒绝，经过人们劝说，拉的拉，推的推，将姑娘抢回家。女方家在得知姑娘被抢后约请兄弟、朋友前去追讨，称为"追婚"。男方家请媒人向追讨者尽说好话，并代表新郎父母付给追讨者一定数额的辛苦费。经女方家认可（一般都会认可）后，由媒人代表双方家长协商择吉日举行婚礼事宜。

老挝苗人实行一夫一妻制，严禁同姓结婚。

人死后，行土葬，有的以木棺殓尸，有的以席裹尸，然后坑埋。

老挝苗人信仰万物有灵。他们认为，人们生活中一切物体都有神灵：如门神、灶神、水神、地神、田神、屋神、犁神、磨神，等等。苗人还盛行祖先崇拜。逢年过节，邀请祖先灵魂与家人共度佳节。巫师在苗人生活中有着重要的地位。任何一个苗人村寨都有巫师，有的还不止一个。人们对巫师很尊敬。丧葬请巫师主持还请巫师驱魔鬼、占卜吉凶、治病等。

19世纪末以来，由于法国、美国传教士在苗人中进行传教活动，到20年代末，已有约1/10的老挝苗人信奉天主教。

老挝苗人有过春节、清明节、端午节等习俗。

六 拉祜人

老挝的拉祜人自称"哈祜"，与缅甸的克钦人及泰国的阿卡人较为接近。拉祜人有自己的语言，拉祜语属汉藏语系藏缅语族，没有文字，有文化的人使用老挝文。

拉祜人从事刀耕火种农业，种植旱稻、玉米、豆类。他们还采集野生植物，以备缺粮时食用。

每个村寨一般20—30户人家。邻里间互助性强，一家建房全寨相帮。往往一幢房一天即可建成。房子多是依山坡而建的吊脚楼。

七 哈尼人

老挝的哈尼人自称"爱尼"，周围的不同民族称他们为"乌尼人"。他们散居在老挝北部地区。哈尼人迁入老挝的时间无文字记载。民间传说是约在三百年前由北方迁来。这种迁徙一直在继续。

哈尼人从事农业生产，种植黏稻、玉米，以及棉花、胡椒等。生产工具主要是木制和竹制的工具和长刀。

他们在收成不好的年头还要采集野生的根块、茎块植物充饥。家庭手工业有制陶、纺织、铁器加工以及竹编和藤编等。

哈尼人住房直接建在地上，一幢房有两三个房间。设灶的地方也与周围民族不同。他们的锅灶不放在住屋里，而设在离房子不远的地方。

哈尼人多是一夫一妻制家庭。离婚的妇女和寡妇必须第二次结婚。

还保留传房制习俗。兄弟死后，寡嫂及其子女转给夫弟。严禁同姓通婚。

哈尼人盛行图腾崇拜和精灵崇拜，特别崇拜树木。迁入早的哈尼人已信奉佛教。

哈尼人的语言呈尼语属汉藏语系藏缅语族。哈尼人没有本族文字，有文化的人使用老挝文，有很少的人会写汉字。

（陈　鹏）

马来西亚

一 概 况

马来西亚是一个由移民构成的国家。约在旧石器时代，这里就开始了移民的历史，直到第二次世界大战结束，移民浪潮才告一段落。马来人迁徙的历史是悠久的。马来人的迁徙浪潮持续了数千年之久。

马来西亚民族文化的最大特点是，伊斯兰教成为马来西亚的国教。另外，新加坡本是马来西亚联邦的一个组成部分，但在1965年8月脱离了马来西亚，走向了独立发展的道路。

马来西亚是东南亚的一个国家，由于其被中国南海分隔成东西两部分，所以有"东马来西亚"和"西马来西亚"之称。东马来西亚位于加里曼丹岛的北部，东南与印度尼西亚接壤，西北与菲律宾隔苏拉威海相望。西马来西亚位于马来半岛南部，东临中国南海，西濒马六甲海峡，南与新加坡相连，北与泰国接壤，扼守太平洋和印度洋的咽喉要道，地理位置极为重要。海岸线总长4192公里，全国面积329758平方公里。马来西亚全境属热带雨林气候。首都吉隆坡位于西马来西亚即马来亚地区。

马来西亚是东南亚一个经济比较发达的国家。1993年人均收入3257美元。

马来西亚是个多民族的国家，有30多个民族。目前马来西亚人口有2500万。其中马来人占全国人口的47%，华人约占34%，印度、巴基斯坦和孟加拉的移民及其后裔约占9%，印巴人（多为泰米尔人）约占6.3%。其中，沙捞越土著民族中以伊班族为主，沙巴以卡达山族为主。马来语为国语，通用英语和华语。伊斯兰教为国教，国人绝大多数信奉伊斯兰教，少数人信奉佛教、印度教、基督教和德教（近年来华人部兴起的一种融合性宗教）。

二 马来西亚与马来人

这个地方虽然名为马来西亚，但马来人（Malays）并不是马来西亚的最早居民，而是从亚洲大陆迁移过来的，属蒙古人种。马来人迁徙的历史是悠久的。

按时间先后，马来人被分为原马来人和新马来人。关于马来人的民族来源，至今尚无定论。多数人认为，最早的一批马来人（称为前马来人）约在公元前3000年，开始从亚洲内陆逐渐南下，迁入中南半岛，经马来半岛进入苏门答腊，然后扩散到爪哇、加里曼丹、苏拉威西和菲律宾群岛，广泛散布于太平洋和印度洋群岛，西至马达加斯加岛，东达复活节岛和夏威夷岛。这批马来人属于蒙古人种。

新马来人迁徙的时间，大约在公元前5世纪至16世纪，是已受印度、中国和阿拉伯文化影响的人们共同体，文化水平的发展较高。马来人大批移民到马来西亚，是在7—8世纪的事，其主要来自邻近的苏门答腊岛。

各批马来人在其分布地区都留下了人数众多的后裔，并不同程度地与早来的移民及当地居民混合，才逐渐形成了马来民族。贾昆人和达雅克人的身上至今还保留着原始马来人的特点。

现在马来西亚的马来人，自称是"马来由人"（Orang Malayu），主要分布在马来半岛中南部和沙捞越地区，多混有中国人、印度人、泰人和阿拉伯人的血统，讲马来语。马来人在1985年约占马来西亚总人口50%，但由于华人出生率高，使其到20世纪90年代降到47%。

公元初马来半岛有羯荼、狼牙修等古国。15世纪初以马六甲为中心的满剌加王国统一了马来半岛的大部分。这是马来西亚历史上最重要的王国。虽然才存在109年，但当时在政治、经济、军事、外交和文化上都取得了巨大的成就。

1414年，拜里迷苏剌国王皈依伊斯兰教。到了第5任国王苏丹芒速沙时期，使其达到满剌加王国的鼎盛时期。其对内加强统治，对外进行领土扩张，先后征服了碰亨、柔佛、雪兰莪、丁加奴等马六甲沿岸各国，疆域几乎包括了整个马来半岛和苏门答腊，成为东南亚最强大的国家之一。在这一时期，马来人和印度人、阿拉伯人、波斯人和中国人多有贸易往来，并使其成为东南亚国际贸易中心。

马来西亚于1511年遭受葡萄牙入侵，1641年荷兰又受插足。1862

年英国将自己先后占领的马来半岛组成海峡殖民地。20世纪初，马来西亚就完全沦为英国的殖民地。沙捞越、沙巴历史上属文莱，1888年两地沦为英国保护国。第二次世界大战中，马来亚、沙捞越、沙巴被日本占领。日本投降后，英国恢复对马来西亚的殖民统治。1957年8月31日，马来亚联合邦宣布独立。1963年9月16日，马来亚联合邦同新加坡、沙捞越、沙巴合并组成马来西亚，但新加坡于1965年8月9日退出马来亚联合邦。

马来西亚的马来人和苏门答腊的马来人，在其文化传统上有许多共同之处，于是从印度尼西亚移民的马来人和马来半岛的马来人很容易混合在一起。

马来人绝大多数从事农业，其种植的农作物有橡胶、可可、椰子、水稻等。少数马来人从事渔业。

三 马来西亚与少数民族

马来西亚的少数民族，主要有马来西亚的土著民、华人、印度人和泰人。

根据学者研究，马来西亚的原居民是尼格利陀人和塞诺伊人，至今分布在吉达、吉兰丹和霹雳州。他们属于尼格罗—澳大利亚人种。马来西亚属于南岛语系的古代民族主要有塞诺伊人、塞芒人、贾昆人、伊班人、杜松人、巴召人、克莱曼丹人、梅拉瑙人。

塞诺伊人分布在马来半岛中心地带的坎怕尔附近、丹怕尔湖东北和怡保东北部等地的密林中。塞芒人主要分布在与泰国的交界华岭地区及吉兰丹州的中部。这两个民族的语言属于南岛语言马六甲语族。他们过着游移不定的生活。体质属于尼格罗—澳大利亚人种尼格利陀类型，身材矮小，成年男子身高不过150厘米。他们主要靠采集、狩猎和刀耕火种的手段来谋生，并信奉万物有灵，20世纪70年代左右改信伊斯兰教。

华人是马来西亚的第二大民族，约占全马来西亚人口的34%，是在该地仅次于马来人的第二势力，在西马和东马都有分布，但在西马的人数要更多。在西马，华人很少在中央山脉以东，主要聚居在马来西亚海岸。由于吉打州等地长期允许华人进入，在吉打和玻璃市的华人很少，而在吉兰丹和丁加奴等地几乎没有华人。只有劳勿和文冬才是华人占多数的两大聚居点。华人主要分布在马来西亚的城市里，约占华人总数的一半。

华人移民到此地比较晚,约在唐朝年间。最初是僧侣和商人移民到此。18世纪后期,英国殖民者侵入马来西亚后,华人逐渐大批移入。当时的华人主要从事商业活动。1927年,移民奖励办法公布后,40多万华人拥入马来半岛。在1928年至1937年的10年间,移入此地的华人就高达280万。由于战后再没有中国人移入马来西亚,因此,80%的华人都是在马来西亚当地出生的。其先民多数是中国东南各省的移民。华人最早落脚的地方是槟榔岛屿和马六甲两州。后来的华人正是当年的华人和当地妇女通婚所生的后裔。所以他们讲一种混合语,既有马来语,又有华语。在马来西亚的华人能够自觉牢固地保留着本民族的风俗习惯,大都单独生活,既不同马来人聚居,也不与印度人同村。除了华人之外,马来西亚的少数民族还有印度人、泰人等。

在马来西亚的印度人绝大多数是泰米尔人,约占全国人口的6%,其移居到马来西亚始于公元初年,大多数聚居在西马,集中在吉隆坡—巴生港—马六甲地带,以及近打等河谷地段。在西马的吉隆坡、槟榔、太保市有最大的印度人聚居区,占到马来西亚印度人总数的33%。在东马的印度人主要分布在海边城市。

马来西亚的泰人主要分布在吉打州和玻璃市州和泰国接壤的边境一带。

此外,马来西亚还有英国人和阿拉伯人。

四 奇异的习俗

由于马来西亚是一个由不同民族、不同宗教和不同历史组成的国家,因此各民族保持着其传统的奇特风俗。

马来西亚,最大的风俗是独具特色的"国服衣着"。马来人有个习惯,就是在公共场合,无论男女,其衣着都不得露出胳膊和腿部。在这里,到处可以看到人们穿着由蜡染花布做成的长袖上衣。其色彩鲜艳,美观而大方,质地薄而凉爽,非常适宜当地的炎热气候,无论是在正式的场合,还是在比较随便的场合都可以穿,所以被人们称为"国服"。传统的服装:男子上身穿无领长袖衫,下身围着一大块布叫作"纱笼",女子身穿无领长袖叫作"克巴亚"的连衣裙。

现在,马来人传统的住宅只能在乡村或城市郊区看到,它们大都是些单层建筑群的"浮脚楼",其房顶用树叶铺盖,墙和地板用木质材料建成。门口有一张梯子,来访的客人必须先脱下鞋子,然后才可拾级而上。地板离地数尺,目的是防潮和避免毒蛇及老鼠的侵害。

在马来西亚的众多民族中,古老民族海达雅克人至今还保持着原始社会时期的习俗。他们身材魁梧,全身都有刺青;刺青对他们来说有驱魔避邪的功效;刺青式样的总和必是奇数,传说这样可以摆脱魔鬼的纠缠。海达雅克人仍然处于父系社会阶段。他们崇尚一神说,这个神拥有无穷的力量。

马来人的婚姻大都是男子入赘女家。结婚的第一天,新郎在亲友们的簇拥下,欢欢喜喜地来到新娘家,在新娘家举行婚礼仪式,礼毕后新郎虽然可以留在新娘家,但和新娘却要分居而住,待到第三天才洞房花烛夜。七天后,小两口才双双到男方家里探亲,最后回到女方家里生活。不过,近年来这种风俗逐渐发生变化,出现了相反的现象,即新娘到男方家里居住的现象,尤其是在城市里。

马来西亚的节日也很多,主要有先知穆罕默德诞辰节、最高元首诞辰节、开斋节、春节和圣诞节等。

先知穆罕默德诞辰节又叫圣纪节,在3月12日这天,是伊斯兰教徒的节日。马来西亚的国家元首也是伊斯兰教徒,所以,成千上万的伊斯兰教徒在最高元首的率领下,拥向吉隆坡的清真寺,举行隆重的祈祷仪式,然后各种庆祝活动才开始。

最高元首诞辰节即现任最高元首诞辰的节日。这一天首都要举行各种各样的庆祝活动,如举行文艺演出和免费放映电影;全国伊斯兰教徒在当地的清真寺为国王举行特别祈祷;为了表彰对国家和社会有贡献的人,最高元首向他们颁发各种各样的奖章、奖品以表示奖励。

开斋节是马来人最重要的节日。每逢伊斯兰教历的9月,全国的穆斯林(绝大多数是马来人)都实行白天斋戒禁食,时间长达一个月之久,然后才恢复正常的生活习惯。节日前,穆斯林要进行慈善捐赠活动,帮助那些欠债、刚皈依伊斯兰教的穆斯林。斋月的第一天就是开斋节,这一天全国放假。节日的清晨,穆斯林们在教堂举行隆重的祈祷仪式,然后互相祝贺。

由于马来西亚的华人较多,春节便是华人保持传统文化的一个象征。这一天是全国的公共假日。节日的风俗和汉人春节大致相同。

(曹 兴)

缅　　甸

一　概　况

缅甸位于亚洲中南半岛西北部。北部与西藏自治区和云南省毗邻，西部和西北部与孟加拉国和印度接壤，东部和东南部与老挝和泰国相连，西南和南部濒临印度洋的孟加拉湾和安达曼海。陆地边境线全长约6000公里，海岸线全长约2816公里。

缅甸全国总面积为676580平方公里，形状犹如一只长菱形的风筝，南北长，东西短，南北最长处约2050公里，东西最短处约937公里，是中南半岛上面积最大的国家。总的趋势是北高南低，从北向南逐渐倾斜，三面环山，一面临海，中间为大平原。缅甸境内主要有三条大河，即伊洛瓦底江、萨尔温江（又名丹伦江）和锡唐河。伊洛瓦底江为缅甸第一大江，源于中国青藏高原，缅甸属于热带季风气候。一年分为三季，即3—5月为暑季，6—10月为雨季，11月至次年2月为凉季。

缅甸全国共有7个省（Division）和7个邦（State），以缅族人居住为主称为省，以少数民族居住为主称为邦，省和邦为同级。省以下是市，市以下是县，县以下是镇区。缅甸全国共有314个镇区。

缅甸为联邦制国家，1988—2008年为军政府执政时期。（1988年，缅甸爆发了大规模的群众运动，军队于9月18日接管了政权，成立了缅甸恢复法律与秩序委员会和军政府，选举了人民议会。缅甸恢复法律与秩序委员会是最高权力机构，1997年11月15日，改称为缅甸和平与发展委员会。该委员会主席为国家元首和武装部队最高统帅。）

缅甸是一个农业国，按1985年可比价格计算，1997—1998年，农业产值占国民经济净生产和服务业总值的35.6%，工业产值只占

9.2%，人均产值为1602缅元（约合267美元）。

缅甸盛产稻米，曾是世界主要稻米出口国之一，下缅甸伊洛瓦底省是主要产稻区，被誉为"缅甸粮仓"。除了稻米外，缅甸木材、宝石和矿产资源也很丰富。目前，森林面积占国土面积的50%，珍贵树种柚木产量占世界总产量的三分之二。缅甸的玉石产量高，质量好，享誉世界。

实行十年制教育制度，小学5年，初中3年，高中2年。大学一般为4年，但医科大学6年。1998年，缅甸共有小学37433所（其中包括1556所寺庙小学校），中学3014所（其中初中2091所，高中923所），专科学校154所，大学46所。在校学生，小学52388396人，中学1930871人，中专44605人，大学374112人。大学生在校人数占同年全国人口的0.8%。

目前，全国人口6038万，其中，城市人口占20%，农村人口占80%。居民多属蒙古人种。按缅甸学者的说法，缅甸共有135个民族，其主体民族为缅族，主要的少数民族有7个，即克伦族、掸族、克钦族、钦族、克耶族、若开族和孟族。缅甸语为官方语言和全国通用语。全国约90%的人信奉佛教，其他宗教还有伊斯兰教、印度教、基督教。信奉伊斯兰教的，约占4.5%。信奉印度教的，约占4.5%。信奉基督教的，约占1%。

二　缅甸与缅甸历史

缅甸历史，大致可分为五个时期，即早期部落国家时期（公元前至1044年）、蒲甘王朝时期（1044—1287年）、南北朝时期（1287—1555年）、东吁王朝时期（1555—1752年）和贡榜王朝时期（1752—1885年）。在上述五个历史时期中，蒲甘王朝、东吁王朝和贡榜王朝是缅甸历史上三个势力最强大的封建王朝，这三个王朝都是由缅族建立的。早期部落国家是指公元前后至公元10世纪这段时期内，缅甸境内曾先后建立了许多小王国。在缅甸南部有孟族的狼牙修、土瓦、直通、白古和勃生等小国，在今掸邦一带建立过掸国，在若开邦建立过若开族国家，在上缅甸建有太公国，在缅甸中部建立有骠国。骠国是缅甸早期部落国家当中最强盛的王国，从公元1世纪至10世纪，历经近10世纪之久，先后建都于毗湿奴城、翰林城和室利差旦罗城。蒲甘王朝时期一般是指公元1044年，由缅族首领阿奴律陀王第一次统一了缅甸，建都蒲甘。南北朝时期是指蒲甘王朝衰落后，缅甸出现了封建割据局面，13世纪末，孟族头领在缅甸南部建立了勃固王朝。14世纪中叶，掸族人在缅甸北部建立了阿瓦王朝。公元1531年，缅族达彬瑞蒂王征服了北部掸族的阿瓦王朝和南孟族的勃固王朝，建立了东吁王朝，并于1551年第二次统一了全缅甸。1752年，孟族推翻了东吁王朝，但缅族首领阿帕耶王组织民众，割据一方，同年，建立了贡榜王朝，并逐渐消灭了孟族，在缅甸历史上第三次统一了缅甸。建都阿瓦，后又迁至阿摩罗补罗，最后迁至现在缅甸第二大城市曼德勒。1824年、1852年、1884年，英国先后三次发动侵缅战争，1885年11月28日，英军攻占了首都曼德勒，俘获了缅甸封建王朝的最后一个国王锡袍王，从此缅甸沦为英国殖民地，长达100多年。1948年1月4日，缅甸独立。

三　居民来源与民族形成

缅甸最早的居民为尼格利多人，属澳大利亚人种，是缅甸古代的土著人，散居在缅甸南部，人数不多，作为外来人种进入缅甸境内的主要是来自中国大陆的蒙古人种。从进入缅甸境内的先后来看，最先是属于南亚语系的孟高棉语族人，包括有孟族、佤族、布朗族、德昂族等。其次是属于汉藏语系的藏缅语族人，藏缅语族人包括有缅族、若开族、克钦族、钦族、那加族、傈僳族以及后来被缅族同化的骠族等。最后是属于汉藏语系的汉泰语族人，包括有掸族、克伦族、克耶族、勃奥族等。

孟高棉语族人，源于中国古代的百汉族，大约于公元前2000年，从中国的康藏高原向西南地区迁徙，进入中南半岛后，逐渐定居在中、越、柬、老、缅交界的地方。孟族是除缅甸最早的居民尼格利多人以外最先进入缅甸的民族，建立了自己本民族的王朝，并形成了自己的文化，现在大多居住在下缅甸的孟邦。

藏缅语族人，原属于羌族的一个支系，源于中国古代的氐羌族。从各种史料看，大约于公元1世纪，向南迁移，从中国西北甘肃省察隅地区迁入缅甸境内。公元7世纪时，缅族南迁至缅甸中部的叫栖，公元9世纪建蒲甘城，以后逐渐南下，定居在缅甸伊洛瓦底江中下游以及三角洲地区。由于势力日益强大，南征北战，东伐西讨，占领了太公王朝，消灭了掸族的阿瓦王朝，吞并了孟族的勃固王朝，逐渐同化了与其杂居在一起的骠族，先后建立了蒲甘王朝、东吁王朝和贡榜王朝，在缅甸历史上稳固地确定了以缅族为主体的地位。与缅族前后进入缅甸境内的藏缅语族人还有若开族、克钦族、钦族等民族。若开族定居在西南沿海的若开邦，克钦族定居在缅甸北部的克钦邦，钦族定居在缅甸西北部。

汉泰语族人，包括有掸族、克伦族、耶族和伯奥族。掸族与我国云南境内的傣族、泰国的泰族、老挝的老族、印度的阿萨姆族为同族，源自我国古代的百越族，大约于公元1世纪前后进入缅甸，最后，掸族定居在缅甸东北部的掸邦高原，克伦族定居在缅甸东南部与泰国接壤的克伦邦，克耶族定居在缅甸东部与泰国接壤的克耶邦。

按照缅甸学者的说法，现在居住在缅甸境内的有135个民族，共分8大支系。其中，缅族是主体民族，下有缅、土瓦、丹老、约、耶本、克都、格南、萨隆蓬等9个支系。主要少数民族有7个。其中，克伦族下有克伦、白克伦、勃雷底、孟克伦、色郭克伦、德雷勃瓦、勃姑、勃外、木奈勃瓦、谋勃瓦、波克伦等11个支系。掸族下有掸、云（老）、桂、频、达奥、萨诺、勃雷、茵、宋（散）、卡姆、果（阿卡意果）果敢、坎地掸、贡（箜）、当尤、德努、伯朗、苗、茵加、茵奈、小掸、大掸、拉祜、佃拉茵达、女对、伯奥（东都）、傣仂、傣连、傣龙、傣雷、迈达、木掸等30多个支系。克钦族下有克铁克尤、德朗、景颇、高意、克库、杜茵、玛育（劳高）、耶湾、拉希（拉漆）、阿济、傈僳等十几个支系。钦族下有钦、梅台、克岱（卡随）、萨莱、克林都鲁些、克米、奥瓦解克米、润挪、康梭、康塞钦、卡瓦西姆、孔立（西姆）、甘贝、贵代、阮、西散、辛坦、塞丹、扎当、佐通、佐佩、佐赞涅（赞尼亚）德榜、铁定、德赞、达都、多尔、定姆、岱（茵都）、那加、丹都、玛茵、勃南、玛甘、玛乎、米延（玛雅）、米埃、鲁鲜鲁些、雷渗、林代、劳都、莱、莱佐、巴金姆（玛尤）、华尔诺、阿努、阿南、乌布、林杜、阿休钦、养突等53个支系。克耶族下有克耶、泽仁、克延（勃当）、给扣、给巴、巴叶（格约）、玛努玛诺、茵达莱、茵多等9个支系。若开族下有若开、克曼、卡密、岱奈、玛拉玛基、谬、德等7个支系。孟族下有一个分支，即孟分支。

四 缅族人与缅甸

缅族是缅甸的主体民族，人口约为 3318 万（1997—1998 年），占缅甸总人口的 71.5%，主要居住在缅甸的中部水草丰美的伊洛瓦底江中下游一带和以"缅甸的粮仓"美誉而闻名于世的三角洲一带。贯穿于缅甸南北的伊洛瓦底江是缅甸文化的摇篮，也是缅族人民借以繁衍生息发展壮大的生命线，勤劳勇敢的缅族人民世世代代生活在伊洛瓦底江边，谱写了悠久的缅甸历史，并在骠族和孟族文化的基础上创造了灿烂的缅甸文化。缅族历史的发展是缅甸历史发展的主线，缅族的兴衰决定了缅甸历史的发展和缅甸国力的强弱。缅甸人民至今仍然有口皆碑的缅甸历史上的民族英雄，如阿奴律陀、莽应龙、阿朗帕耶、敏东、班都拉等都是缅族人。

缅族人使用缅语，缅语是缅族人在长期的生产劳动中创造出来的。缅语属于汉藏语系项缅语族缅语支，是藏缅语中一种比较重要的语言，也是现在缅甸联邦各民族的通用语，即官方语言。

缅族的信仰主要是小乘佛教，即南传佛教或称上座部佛教。大约 2500 年以前，小乘佛教从印度南部随着印度商人沿水路传到缅甸南部的孟王朝的首都杜翁那崩米（古称金地，今称直通），约于公元 4 世纪传入建于卑廖以东 5 英里处的室利差旦罗国，即中国文献称的骠国（骠族人后来湮灭，被缅族人同化，今已不复存在），并在骠国获得了较大的发展。公元 1056 年，孟王朝推崇密教（大乘佛教的一个派别），小乘佛教被排挤，于是小乘佛教派长老四处寻找明主。而此时，在北部由缅族首领阿奴律陀建立的蒲甘王朝，人民普遍厌恶属于大乘佛教的阿利横行霸道，阿奴律陀王也正拟寻找新教，于是，一拍即合，当小乘佛教的信阿罗汉向阿奴律陀王宣讲小乘佛教的佛法以后，阿奴律陀王说就拜信阿罗汉为国师，废阿利教，立小乘佛教，并派兵南下攻打孟王朝首都直通，历时三个月，直通陷落。阿奴律陀王将直通小乘佛教僧侣 3000 人，信徒 6 万人掳往蒲甘，并用 32 头大象将全套小乘佛教经典带回。从此，定小乘佛教为国教，大兴土木，普建佛塔。广收弟子，弘扬佛法，使小乘佛教在缅甸得到了很大发展。公元 1871 年，贡榜王朝敏东王在首都曼德勒召开了第五次佛经结集，缅甸、锡兰、泰国、柬埔寨等国高僧 2400 余人参加了结集，历时 5 个月之久。敏东王时期，缅甸佛教十分兴盛，成为佛教发展的中心，仅曼德勒一地，就有佛塔群217处，寺庙1442座，僧侣15366位。缅甸独立以后，1954年，在仰光举行了第六次佛经结集，缅甸、斯里兰卡、泰国、印度、尼泊尔、巴基斯坦、老挝、柬埔寨等国高僧500余人参加了结集，历时2年之久。此外，独立以后，缅甸还先后三次把中国佛牙迎奉到缅甸，供缅甸人民瞻仰朝拜。在缅族的影响下，缅甸有90%的人虔诚地信奉佛教，使缅甸成为地道的佛教国度。

缅甸文化具有浓郁的佛教色彩，缅甸文化的核心则是缅族文化，而缅族文化的基础又是佛教。佛教对缅族文化的影响首先是对缅族文学的影响。在公元1044年，缅族首领阿奴律陀建立了统一的蒲甘王朝，创制了缅族的文字，产生了最早书面文学。因为该时期小乘佛教传到了蒲甘并在蒲甘深深地扎下了根，获得了空前的大发展，所以缅族文学一开始就受到佛教的影响。比如，缅甸素有"缅甸文学始自蒲甘碑铭"之说，而蒲甘碑铭所记载的大多是施主的善行。刻于1112年的蒲甘著名碑文"妙齐提碑"碑文所记载的就是蒲甘江喜陀王病危时，其子亚扎古曼为感谢父王养育之恩，将父王赐给母后，母后死又赐给他的首饰铸成金佛的故事。1287年，蒲甘王朝灭亡，经彬亚、阿瓦、东吁、良渊、贡榜等几个王朝，直至封建时期结束，前后600多年时间当中，缅族文学所表达的主要有三大主题，其中第一大主题就是佛教。缅族建立的缅甸最后一个封建王朝贡榜王朝，是文学发展的鼎盛时期。该时期的作家主要是佛教僧侣。信摩诃蒂拉温达是缅甸人民心目中的僧侣文学巨匠，被推崇为诗圣。他是佛陀轶事"比釉"的创始者，也是传播佛教的缅甸第一部小说《天堂之路》的作者。该时期著名的缅族僧侣作家还有信摩诃拉塔达拉、信乌达玛觉、信埃加达玛底以及垒底法师等。

缅族的绘画艺术也很有名。它经历了贝叶画、壁画、书贴画、佛本生经故事张贴画和现代画五个发展阶段。在古代，当造纸技术尚未传入缅甸以前，缅族人在贝叶上作画，先是画福禄格子、生辰八字天宫图、星宿图等，后来发展到画佛本生经故事、传统故事和小说情节等。他们曾把佛本生经故事"威丹德耶"全本刻画在贝叶上，该贝叶画被英国掠走，现藏于大英博物馆中。壁画是缅族绘画艺术的瑰宝，产生于公元11世纪。从11世纪至13世纪是缅甸壁画发展的鼎盛时期。现存于蒲甘地区佛塔群中墙壁上的壁画是缅甸壁画艺术的宝库。壁画内容多与佛教有关。蒲甘时期壁画的内容大致有以下8种：（1）

佛教史与佛像；(2)五百五十篇佛本生经故事；(3)大乘部派与僧伽罗宗事迹；(4)神像与梵天像；(5)蒲甘时期人物肖像；(6)"葛诺"花边图案；(7)乐舞图；(8)禽兽图。书贴画是在书贴上作画。公元1364年，阿瓦王朝建立，此时，造纸技术由中国传入缅甸，缅族人开始用树皮制造黑色的纸，后来，又用亚麻制造白色的桑皮纸。将纸做成书贴，然后在书贴上作画，故有"黑色书贴画"和"白色书贴画"之分。书贴画内容包括有宫廷记事、日月天文气象图、佛本生经故事图、驯象图、御舫图、节日庆典图、国王出巡图和赛马图等。贡榜王朝时，书贴画成为宫廷记事画册和御用档案。贡榜王朝后期，缅族人开始在布、丝绸和锌板上作画，称为佛本生经故事张贴画。这是一种装饰性很强的画。一般在请佛、施舍、结婚、僧侣圆寂和葬礼仪式上挂在棚子上，起装饰作用，其内容大多为佛本生经故事。20世纪以后，西方美术写真画传入缅甸，使绘画艺术发展到一个新的阶段。缅甸现代画有油画、水彩画、素描画和传统画。该时期，著名画家有吴吞拉、吴山温、吴钦貌、吴巴昂、吴巴佐、吴巴基、吴伟开等。著名的绘画作品有吴巴基的"佛教史图"、"仰光机场"和吴伟开的"瑞东战役"、"独立庆典升旗仪式"等。

　　缅族具有独特的建筑艺术，缅族的建筑艺术是缅甸建筑艺术的基础。高脚干栏式的高脚屋住宅、金碧辉煌的宫殿和多姿多彩的佛塔是缅族建筑艺术的代表。缅族人从古代起，就住高脚屋，这是由缅甸的生态环境和气候所决定的。高脚屋有的用竹子建的，有的用木头建的，现代也有用砖瓦和钢筋水泥建的。即把竹竿或木柱插入地下，竹竿或木柱必须为奇数，在竹竿或木柱高于地面1米左右时建房。房屋下面是空的，四面无遮拦，多用于饲养家禽或存放农具等。若是竹屋，则用竹板铺地，用竹席做墙，屋顶为人字形，多用茅草做顶，若是木板房则用木板铺地，用木板做墙，用锌板做顶。设有前廊，用以吃饭、纳凉、待客。前廊中间有一楼梯直通地面，厕所建于屋后。现在缅甸农村和城镇基本上全是这种高脚屋，甚至在大城市里也有不少这种房子。曼德勒皇宫是缅族建立的缅甸最后一个封建王朝贡榜王朝的首都，非常庞大，是缅族建筑的杰作。寺庙是缅族建筑艺术的集中体现和最高代表。公元1044年，缅族自蒲甘王朝定佛教为国教以来，在全国上下大兴土木，建筑佛塔，从此佛塔越建越多，越建越好，人们把最好的建筑材料，最好的建筑艺术和最好的装饰艺术通通应用在佛塔建筑中，使佛塔不仅是缅甸人朝拜和礼佛的圣地，而且也成为缅甸一道最美丽的风景线。现在，缅甸全国，无论山上、地上或水中，到处都有金色的、白色的和黄色的佛塔，有圆形的、柱形的、方形的、尖形的，鳞次栉比，此起彼伏，蔚为壮观。

缅族是缅甸十一大民间手工艺术的发明者。这十一大民间手工艺术是：金银匠艺术、雕刻艺术、绘画艺术、漆器艺术、磨旋艺术、泥塑艺术、石刻艺术、瓦匠艺术、铸铜艺术、镶嵌贴金艺术和金银丝织艺术。缅族建立的贡榜王朝的首都曼德勒是当时十大民间手工艺术的发源地，大街小巷，到处可见十大民间手工艺术的作坊，手工艺术精品辈出。缅甸现在的民间手工艺术就是那时流传下来的。

缅族的传统节日和风俗习惯大多带有佛教色彩。缅族人生性谦和，一辈子乐善好施，吃斋念佛，修身积德。缅族人崇尚佛教，尊敬僧侣，认为僧侣至高无上，做一名僧侣，皈依佛门，是人的归宿。因此，缅族人的男孩一生中都要出家一次，少则一周、一个月、一年，多则几年，甚至终生为僧。缅族人历来尊敬僧侣，在古代，佛教的大主教就是国王的国师，国王见到国师要行跪拜礼，国王与国师商量事宜，国王要让出宝座。在农村，人们见到僧侣，要停步，双手合十，躬身施礼，直至僧侣通过。在现代，缅族人对僧侣仍然很尊敬，对僧侣讲话时，要用敬语，遇有僧侣乘车或乘船都主动让座。每逢节日庆典，最尊贵的座位都留给僧侣。如果僧侣们缺少袈裟等日用品，自有虔诚的善男信女送到寺内。吃饭时遇有僧侣来化缘，要把最好的饭菜施给僧侣吃，等僧侣吃饱离去后，全家人才能用餐。缅族人家家供佛龛，佛龛一般用金、银或硬木做的。供奉的释迦牟尼像有金身、银身，也有用玉石或硬木雕刻而成的。善男信女们每天都要给佛敬鲜花、水果和净水。缅族人每逢节假日都要到寺庙里听经拜佛，每月初八、十五、二十三、三十都要吃素。缅族人一辈子最大的愿望是建佛塔，人们舍不得吃，舍不得穿，临终前，把辛辛苦苦积攒下来的钱捐献出来建佛塔，才算了结了心愿。缅族人的传统节日很多，但大部分节日与佛教有关，如泼水节、浴榕节、僧侣考试节、安居节、抽签布施节、检点节、织不馊袈裟节、功德衣节、拜塔节等。

五 少数民族与缅甸

除了主体民族缅族以外，缅甸的主要少数民族有克伦族、掸族、克钦族、若开族、钦族、孟族和克耶族。

克伦族是缅甸除缅族以外的第二大民族，是缅甸少数民族中第一大少数民族，总人口为2100万，绝大多数克伦人居住在克伦邦。缅族称该民族为克伦族，已成为全国统一族称。另外，居住在山区的克伦族被称为"山区克伦"，居住在平原地区的克伦族被称为"平原克伦"。还有的以服色称谓，如"白克伦"、"红克伦"等。多数学者认为，克伦族属于汉藏语系藏缅语族克伦语支，与缅族同源，源自中国西北羌族，南迁进入缅甸，定居在萨尔温江一带。有学者说，克伦族人进入缅甸的时间甚至比缅族还要早，大约在公元1世纪进入缅甸境内，最后定居在萨尔温江流域一带。蒲甘王朝末期，克伦人在东吁被掸族征服。13世纪末到19世纪初，克伦族一直受缅族王朝赐地分封。1825年，英国对缅甸发动第一次侵略战争，诱迫克伦族带领军攻打缅军。1942年，日本法西斯占领缅甸以后，又利用缅族与克伦族之间的矛盾多次制造流血事件，使克伦族与缅族之间的隔阂进一步加深。1948年1月4日，缅甸独立以后，克伦族于7月在直通发动武装起义，控制了半个缅甸，但后来又被缅甸政府军收复。1915年，在多方努力下，克伦族建立了克伦自制邦。由于英帝国主义和日本法西斯的调唆以及历史上的一些原因，克伦族至今与缅族的关系并不十分融洽，截至1998年，缅甸境内的16股反政府武装已有15股与政府签订了和平协议，但仍有一股克伦民族军与政府军作战。克伦族是一个历史悠久的民族，有其自己的语言文学、文字艺术和风俗习惯。克伦族人的手工业发展很早，13世纪初期，克伦族的帷幔已经十分闻名。克伦族人能歌善舞，每当夜幕初临，人们便聚集在火堆旁唱歌跳舞。每年公历12月到次年1月间是克伦族的新年，人们带着丰收的喜悦，备好美酒佳肴，敬奉老人，开怀畅饮。克伦族人大多信奉基督教。按照克伦人的习俗，父母要在女儿13岁时，在家里养一头母猪，称为"守路猪"，准备女儿结婚时宴请宾客用。如果看见克伦人的村寨里谁家里有老母猪，那这家里一定有一个尚未出嫁的老处女。在克伦邦北部，当小伙子看中一位姑娘时，常请媒人到姑娘家去说亲。求亲时，要带去50元定金和50元哺乳钱。定金是给姑娘的，哺乳钱是给母亲的。订婚后，男方要准备粮食、一头水牛和一头猪。女方要准备一头猪。婚礼要在女方家房前举行。如果是基督教徒，则要到教堂去举行。举行婚礼的当天下午，男方准备一只公鸡，女方准备一只母鸡，宰杀后放在一起做菜，新郎与新娘和男女傧相在众人面前吃，这样才能白头偕老。

掸族，是一个国际性的跨境民族，不仅在缅甸，在泰国、老挝、中国、越南和印度都有其同族。在缅甸境内称为掸族，在中国境内为傣族。缅甸的掸族主要居住在缅甸东部的掸邦高原，掸邦是缅甸最大的一个省，全邦面积15万多平方公里，约占缅甸全国总面积的四分之一。掸族属于汉藏语系壮侗语族傣语支，源于中国的百越支系。据学者考证，掸族大约在2000年以前就已经在缅甸居住，是缅甸的第三大民族，人口约130万。掸族在历史上与缅族王朝曾多次发生战争，彼此有较深的隔阂。1885年，英国全面占领缅甸以后，蓄意保留了掸族土司制度，成立了受英印部督直接管辖的掸族联邦。此后，又唆使掸族提出独立要求。1947年，掸族派代表参加了彬龙会议，同意加入缅甸联邦。1957年，缅甸政府又与掸族反联邦派土司发生矛盾。1962年，缅甸革命委员会废除了掸邦土司制度，成立了掸邦革命委员会。1974年，恢复建立掸邦。掸族有其自己的语言文字、文学艺术和风俗习惯。掸族人乐善好施，喜歌善舞，孔雀舞是他们世代相传的民族艺术的代表。掸族人大多崇信佛教，即上座部佛教，境内塔寺林立，听经拜佛者甚多。风俗习惯与缅族相似，其最大的传统节日是每年公历4月份的泼水节。

孟族，是缅甸一个历史悠久、文化灿烂的民族，属于南亚语系的孟高棉语族孟语支。孟高棉语族各支系的先民原居住于中国青藏高原，后南迁至中南半岛。缅甸境内的孟族大多定居在缅甸南部的孟邦，是缅甸的第四大民族，人口约100万。孟族在宗教信仰、风俗习惯方面基本上与缅族相同。但由于该民族先于缅族进入缅甸，故其绘画、建筑、雕塑、音乐、舞蹈等甚至对缅族都有影响。孟族有本民族的语言和文字。孟族的风俗习惯除了与缅族大部分相同以外，每年缅甸5月在孟族居住区农村举行的"布瓮节"以及缅甸6月举行的"放火船节"则具有孟族民族特色。过布瓮节时，寨子里每户人家都要布施一个小瓮，瓮里放入一团线、一个铜片和一包针。线象征团结，铜片象征财源丰足，针象征人们的学识如针尖那样出类拔萃。此外，还要放入稻种、大米、糯米、辣椒、洋葱、粽子及各种糕点，象征五谷丰登，丰衣足食。然后，妇女们把瓮顶在头上，在鼓乐声中将瓮送至寺庙敬献给僧侣。

克钦族属于汉藏语系藏缅语族景颇语支，是跨居中、缅、印三国的民族。在中国称为"景颇族"，在缅甸称为"克钦族"，景颇族是该族自称。克钦族是缅族对其的称谓。在印度称为"新颇"。克钦族大约在

1500年前由中国青藏高原东部迁入缅甸境内，定居在梅开江和三角洲一带，即今克钦邦。克钦传统节日有很多，其中，最大也是最热闹的是"摩瑙会"。摩瑙会主要是祭祀天神的仪式，但也祭祀其他神，如家神、日神、月神、风神等，至少有100多种神。摩瑙会一般为4—8天。举行时间由头人与族人商定。摩瑙会多种多样，但主要有5种：（1）勃丹摩瑙，是因战争胜利而举行庆祝的敬神会；（2）凑摩瑙，是在发财时了解有没有忌妒的人，有没有还没清算的债务，并结交新朋友的敬神会；（3）啾摩瑙，是生病时或者上年纪的人故去时举行的敬神会；（4）恭洋摩瑙，是家庭成员乔迁到一个新的地方时举行的请神会；（5）夏地袍摩瑙，是家庭成员乔迁后，向从原来家里兄弟那里请来的神展示新家并驱除恶魔的敬神会。举行摩瑙的场地要60英尺宽。场地中央竖起四根高大的柱子，其中两根是用来支撑跳舞时打的两面大鼓和锣的。柱子漆成红色、黑色和白色，上面装饰有克钦族的花纹。准备好以后，开始宰杀牲畜，供在神龛上，一齐向神明祈祷，保佑克钦族人消灾去难，财源广进。然后，男女老幼排成一排长队，围着柱子欢快地跳起各种舞蹈，气氛十分热烈。

若开族亦称阿拉干族，主要居住在缅甸西部沿海地区的若开邦。大多数学者认为，若开族也属于汉藏语系藏缅语族。若开族由于居住在西部沿海地区，与印度很近，因此，受印度文化影响较深。该族绝大部分人信奉佛教，极少数人信奉伊斯兰教或印度教。若开族语言和风俗习惯与缅族基本上相同，在语言上，若开族使用的语言更古老一些，在风俗习惯上则与缅族没有大的区别。

钦族主要居住在缅甸西北部钦山一带的钦邦。钦族属于汉藏语系藏缅语族钦语支，是较早进入缅甸境内的民族，几经迁移，最后定居在西北部山区。钦族信仰较多，有一部分人信仰原始拜物教，一部分人信仰基督教，还有一部分人信仰佛教。钦族人热情好客，性格豪爽，男女老幼酷爱烟酒。钦族人由于信仰不同而风俗各异，其共同的节日庆贺是丰收的节日，也是钦族人的新年。

克耶族主要居住在缅甸东部的克耶邦，是缅甸最小的邦。克耶族是缅甸最小的民族，原来曾与克伦族为同族，语言相通，风俗相近，皆属于汉藏语系藏缅语族克伦语支。克耶族人喜欢穿红色上衣，故又被称为"红克伦"。克耶族信仰多元化，有的信仰原始拜物教，有的信仰小乘佛教，还有的信仰基督教。克耶族有自己的语言和文字。克耶族人能歌善舞，对歌是该民族传统的艺术形式。"幡柱节"是克耶族的新年，一般在每年公历4月举行。幡柱节前夕，全寨人聚集在头人家里，用鸡骨占卜，选择良辰吉日，然后，在山林里选一棵上好的柚木树，准备做幡柱用。选好树的第三天午夜，人们进山砍树。砍树时，不能让树碰到其他树木，不能用车拉马驮，只能靠男人肩扛手抬，并严禁妇女跨越树干。神树进寨时，要举行迎神仪式。全寨人要穿上节日盛装，敲锣打鼓迎接神树进寨。姑娘们往往在此时选择抬树的小伙子为自己的意中人。神树运到场地后，人们搭起祭坛，全寨男女老幼载歌载舞，边吃边唱，直至达旦方休。次日，是节日的正日子。人们要在幡柱上面安上平台和挂上旗条，然后，把幡柱竖起。竖幡柱要一次成功，否则就是凶兆，全寨人要大难临头，寨子要被迫迁移。如果竖幡柱一次成功，全寨人则敲锣打鼓，围绕幡柱，唱歌跳舞，热闹非凡。

（姜永仁）

泰　　国

一　亚洲佛国

泰国全称"泰王国",是亚洲著名的四小龙之一,位于东南亚中南半岛的中部。东、北、西分别与柬埔寨、老挝和缅甸接壤,南部与马来西亚相连,东南临泰国湾,西南濒安达曼海。海岸线长2600公里。

泰国的主体民族是泰人。佛教为国教。在泰国,从出生到受教育,以及结婚仪式,出家为僧,生老病死,甚至是店铺开张,新建房屋等,都要举行一定的佛教仪式,请高僧诵经念佛,滴水点粉。

泰国面积513115平方公里。地势北高南低,大致的分布有三部分:西部、西北部以他念他翁山脉为主的山地;东部呵叻高原;中部是媚南河平原。从曼谷向北,地势逐渐升高,稻田广布,是泰国的主要农业区。全境大部分属热带季风气候。年均气温24℃—30℃。全年分为热、雨、旱三季。

泰国全国行政区域划分为76个府。

泰国是君主立宪制国家。国王是国家元首。国王是神圣不可冒犯的,任何人不得指责或控告国王。国家政权采取内阁制,内阁对国会负责。公民享有在宪法规定下的自由权利,享有言论、写作、出版与发行、和平静坐及不携带武器集会的自由。公民有捍卫国家、服兵役、守法、纳税和协助官方公务等义务。政府总理由下议院议长提名,国王任命。其国会实行上下两院制。立法、审议政府施政方针、国家预算和对政府工作进行监督为其主要职能。上议院的权力只限于审议法律。最高司法机构为司法委员会。

泰国是一个新兴工业国家。泰国经济发展迅速但又曲折。其经济发展迅速的主要原因是,国家实行自由经济政策,鼓励私人投资和竞争,引导私营部门在国民经济发展中起主导作用；加快经济体制改革步伐，解除经常项目下交易的外汇管制，允许外国银行在曼谷经办"离岸业务"，以使曼谷向地区性国际金融中心发展；增加政府在基础设施上的投资，改善投资环境，大力引进外资和技术，努力扩大出口；在国际上，积极参与区域性经济合作，加入了"亚太经济合作组织"和"东盟自由贸易区"，参加中、泰、老、缅四国关于湄公河上游次区域水、陆、路交通的合作，推动泰、马、印尼毗邻地区的"经济成长三角区"进程。自1961年起开始实施国家经济和社会发展五年计划。至1996年已完成七个五年计划，并开始实施第八个五年计划。20世纪80年代平均增长率高达11.7%，在亚洲各国中居前列。随着泰国制造业、服务业尤其是旅游业的发展和崛起，其经济结构已发生重大变化，已由过去主要以农产品出口为主的农业国逐步向新兴工业国转化。由于存在现有基础设施超负荷，工程技术人员缺乏，教育和科学技术滞后等问题，已严重影响到泰国经济的增长，导致了泰国的经济危机，也是导致东南亚经济危机的原因之一。

泰国的中小学教育实行12年制，小学6年、初中3年、高中3年。泰国的大学教育，根据学历的高低及其专业的复杂程度，一级比一级高，一级比一级长，中等专科职业学校为3年制，大学一般为4年制，医科大学则是5年制。泰国的教育经费在全国总财政中所占的比重较大，例如，1995—1996年教育经费预算为53.19亿美元，占财政总预算的15.77%。泰国著名高等院校有法政大学、玛希敦大学、朱拉隆功大学、亚洲理工学院、诗纳卡琳威洛大学，以及开放性的素可泰大学和兰甘亨大学，等等。

泰国是个多民族国家，全国人口有6740万（2011年），30多个民族。其中泰族占40%，佬族占35%，华人占12%，马来族占3.5%，高棉族占2%，此外还有苗族、瑶族、桂族、汶族、克伦族、掸族等山地民族，以及汉族等少数民族。泰语为国语。佛教为国教，95%以上的居民信仰佛教。在世界上绝大多数以佛教为国教的国家逐渐放弃佛教的国教地位后的今天，泰国却是目前唯一保留佛教为国教地位的国家。1932年以来的各部宪法虽然承认各种宗教的信仰自由，但规定了上座部佛教为国教，国王是佛教的最高赞助人且必须是虔诚的佛教徒，全国通行佛历。马来族信奉伊斯兰教（约占总人口的3.9%），还有少数人信奉基督教新教、天主教、印度教和锡克教。

泰国于1238年开始形成较为统一的国家，其先后经历了素可泰王朝、大城王朝、吞武里王朝和曼谷王朝。原名暹罗。16世纪，葡萄牙、荷兰、英国、法国等殖民主义者先后入侵。19世纪末，曼谷王朝五世王大量吸收西方经验进行社会改革。1896年，英法签订条约，规定暹罗为英属缅甸和法属印度支那之间的缓冲地。暹罗成为东南亚唯一没有沦为殖民地的国家。1932年6月，人民党发动政变，改君主专制为君主立宪制。1938年，銮披汶执政，次年6月改称泰国。近60年来，泰政变达20多次，更迭了20届总理。

二 泰国民族文化特色

佛教在泰国的社会生活中具有非常重要的地位。泰国是一个享有盛名的佛教之邦，到处可见身着黄色袈裟的僧侣和富丽堂皇的寺庙，为此泰国素有"黄袍佛国"的美誉。

佛教几乎是泰国全民性的信仰，甚至在宪法中规定"国王必须是佛教徒，只有这样才能成为佛教的保护者"。国王在登位之前，必须先入寺过一段僧侣生活。国王不仅自己信奉佛教，也托钵到太后、皇后、贵族、大臣处化缘。

在泰国，男子通常在学龄童时就开始学习浅显的踩脚经文，并歌颂佛祖的神灵和尊严。年满18岁的男子，要出家一段时间当和尚，多则几年，少则几周。若男子不曾出家为僧，他将很难获得社会的尊重，并将是亲朋好友的一大耻辱，甚至连他的婚姻也成为大问题。

在泰国，佛教是凌驾一切之上的。无论是国家大典和军队出征，还是新法令的颁布和国王的加冕，都要有僧侣的光临。佛教思想的影响，可以说是无处不在，无时不在，根深蒂固。为此，泰国的僧侣组织是"国中之国"。僧侣的活动在社会生活中占有重要的意义。

三 主体民族：泰人

泰人是泰国的主体民族，但其比例并不太高，约占全国总人口的40%，分布在全国各地。

泰人的传统服装比较简单，女子多穿筒裙，男子穿长裤和短袖上衣。在城市的居民大都穿西服，只是在农村的人们还穿传统服装。城市的泰人居住在泰式风格的现代建筑中,而农村地区的泰人大都居住在高脚屋子里。大米是泰人的主食,其菜肴具有酸、辣、鲜冷等特点。

泰人实行一夫一妻制。在泰人家庭中,男女的地位是平等的,没有男儿家庭,财产则由女儿继承。在农村的田间劳动,也是男女共同承担的。泰人结婚仪式具有浓厚的宗教色彩。其结婚前,举行的结婚仪式是,先由僧侣主持宗教仪式,表示祝福,然后才能宴请宾客。泰人死后,一般要请僧侣念经来超度死者的灵魂,实行火葬。

在泰国,泰人和佬人的界限比较难于划分,主要表现在地理界限上,其北部在秦可泰市附近,东部沿着当佩亚法山脉,在此界限以南以西为泰人。

山区泰人分布在泰国北部和湄公河谷地。

四 泰国少数民族

泰国的少数民族有佬人、马来人、华人、克伦人、苗人和高棉人等。泰国的佬人(Laos)是泰国的第二大民族,约占全国人口的35%。

在泰国,由于佬人和泰人非常接近,有的学者把他们划分为东北分支,其主要分布在泰国的东北部的呵叻高原,有佬朗、佬阮、佬邦丹和佬松丹等若干个支系。

佬人和掸人都通用泰语,只在本民族的一定范围内才使用本民族的语言。掸人分布在泰国西北部的泰国和缅甸的边境地区。他们中的绝大多数信奉佛教。农村的人们喜欢居住高脚屋,楼上住人,楼下关家禽和牲畜。

泰国华人约有600万,占泰国总人口的12%。大多数分布在各大城市,在曼谷市居民中,华人的人数较多,约占40%。在各府的中心城市,华人也占有相当大的比重。在昭披耶河三角洲,华人约占三分之一。华人在泰国中部和南部的农业区也有分布,比较集中的地区是昭披耶河、永河和难河谷地。华人大批移民到泰国是在19世纪下半叶至20世纪30年代期间。泰国的华人,多数已经融合到泰族社会中,所以华泰混合的家庭极多。起初,1912年以前迁入泰国的华人只是男劳力,他们在这里只能娶泰族女子为妻。后来,华人妇女移民日渐增多,比重也越来越大,华泰通婚的家庭才日益减少。在泰国官方,只把在中国出生的侨民算作华人。城市的华人大都从事商业、金融、贸易、旅游和服务行业。泰国的华人为泰国的经济发展作出了巨大贡献。泰国的华人至今仍然保留着祖先的文化传统，虔诚祭祖，尊老爱幼，欢度华人自己的传统节日。

泰国的马来人（Malays）约有 200 万，约占泰国总人口的 3.5%，主要分布在泰国南部半岛的四个府里，并且在这些府的内部地区，他们不与别的民族混居而是保持聚居，只有在沿海地区才和泰人、华人杂居。泰国马来人大都以农业为生，种植水稻、可可、橡胶等；少数分布在沿海地区，从事渔业。他们以大米为主食，喜欢吃水果和鱼。泰国的马来人坚持自己的文化传统。其宗教信仰、生活习惯、经济社会活动等方面都与泰人、华人的文化差别很大，至今都没有融合到泰人社会中。在信仰上，绝大多数信奉伊斯兰教，并在日常生活中遵循伊斯兰教教规和穆斯林的传统习惯。马来人的村庄多数都有清真寺。在服装上，他们仍然着传统服装，男女下身都着纱笼，男子上身穿衬衣，女子的上衣则无领。马来人实行一夫一妻制，死后实行土葬。

泰国苗族人约有 10 万，主要分布在泰国北部和东北部的泰国与老挝、泰国与缅甸边境地区。苗族人分为白苗、黑苗和花苗三种。他们在泰国和其他民族的语言相同，其主要的区别在服饰上。苗人村寨大都在海拔 1200 米以上的高山上，分散在清里莱、清迈、南邦、达府等地。苗人主要以农耕为主，并具有原始的刀耕火种的习惯，几年就要搬迁一次。他们的手工业有竹编、纺织、打铁。此外，他们还饲养猪、羊、牛等家畜及家禽等。苗族人以前有种植罂粟和吸鸦片的习惯。泰国政府为了帮助泰国苗族人改掉这些不好的习惯，从 20 世纪 70 年代，在苗族人居住地推行农作物改植计划，还捣毁了大片的罂粟地，收到了相当好的成效。

泰国的高棉人约有 50 万，约占泰国人口的 2%，分布在泰国东南部的蒙河以南、占他武里市以东的地区。泰国高棉人多数是 13 世纪至 16 世纪从柬埔寨移民到泰国的。泰国高棉人也保留着高棉人的文化习惯和传统，不仅操柬埔寨语，而且在宗教、生活习惯上坚持了柬埔寨的文化传统。

泰国的克伦人是缅甸克伦人的移民，其主体生活在缅甸。同缅甸一样，泰国的克伦人也分为斯高、普沃和唐都等几个支系。克伦人主要分布在北部和西部的夜丰颂、北碧、达府、清莱、清迈、南邦、南奔和帕府。

（曹　兴）

文　莱

一　概　况

文莱是世界上少有的产业单一发展的富裕国家，其石油和天然气是国家的主要经济支柱，也是亚洲中把伊斯兰教奉为国教的国家之一。

文莱全称为文莱达鲁萨兰国，位于东南亚加里曼岛州的西北沿海地带，北部与中国的南沙群岛隔海相望，其他三面与马来西亚的沙捞越州接壤，并被分隔为两个不相连的部分。海岸线长约161公里。

文莱面积为5765平方公里。沿海是平原地带，内地是山脉横亘的山地。首都斯里巴加湾市坐落在文莱河畔，为文莱的重要海港。属热带雨林气候，终年高温炎热多雨，一年分为雨季和旱季两个季节，界限分明，土地肥沃，一年可收获两三次。因其森林占全国总面积的3/4以上，故植物资源极其丰富，并且种类繁多，还拥有丰富的石油资源。

由于文莱国小和历史上城市发达等原因，使文莱的行政区划只分为4个区，即文莱—穆阿拉、白拉奕、都东、淡布父。

在政体上，文莱实行君主立宪制。苏丹是国家的最高统治者。行政权高于立法权。宪法明文规定苏丹为国家元首，拥有全部行政权，起初下设宗教、枢密、内阁、立法和世袭5个委员会，后来于1970年停止了立法委员会（1962年和1965年曾进行立法议会选举）。此后，全部立法议员由苏丹任命。1984年宣布取消议会。司法机构虽然有由上诉法院和高级法院组成的最高法院，但之外还有伊斯兰教法院，具有一定的宗教法系的特征。

文莱的经济是世界上少有的产业单一发展的富裕国家，其石油和天然气是国家的经济支柱，其产值高达国内生产总值的58%和出口收入的96.7%。其历史原因是，文莱在英国殖民时代，英国把文莱当作石油生产基地，为此在独立前就已经打下了雄厚的石油、天然气的工业基础，而且现在英国依然在文莱的外国资本中占据首位。独立后，文莱政府积极推行经济多样化政策，力图改变过分依赖石油和天然气的单一经济结构。政府的经济发展方针是，在保持石油、天然气工业发展的同时，加强人力资源的开发和其他工业的发展，鼓励发展私人企业。近年来，建筑业和服装业发展迅速，建筑业是仅次于油气工业的重要产业，服装业已成为继油气业之后的第二大出口收入来源。当然，文莱的经济发展中，还存在国内市场狭小、基础设施薄弱以及技术和劳动力严重匮乏等问题。

由于其国小、城市人口多、工业经济简单而发达的特点，国家不收个人所得税，并实行各级教育免费和医疗免费制度，使文莱的教育水平发展程度比较高。全国识字率达90%。政府不仅实行免费教育，而且资助留学费用。但华人学校的费用则由私人负担。

文莱2004年人口达35万人，城市人口多达70%。其中主要是马来人和其他土著，约有21万人，华人约有4.38万（1994年）。马来语为国语，通用英语和华语。伊斯兰教为国教，其他宗教还有佛教、基督教、拜物教等。

二 文莱的民族演变

文莱是东南亚的古国之一。约在5世纪，文莱地区就已出现了国家。在中国史籍《梁书》《宋书》《随书》和《旧唐书》中，所记载的"婆利国"，被许多学者认定是文莱。

10世纪以后，中国史书称文莱为"渤泥"。在渤泥时期，由于其特殊的地理位置和当时东西方海上贸易的发展，促使文莱的海外贸易走向兴旺。海外贸易成为文莱的经济基础。在其海外贸易关系中，与中国的关系最为密切。今天文莱出土了大量的中国宋朝、明朝时期的瓷器。除了和中国建立了非常密切的海上贸易之外，文莱还和印度尼西亚、印度、阿拉伯和其他东南亚国家建立了活跃的贸易关系。为此，城市成为文莱的统治中心和交换集市。最高统治者称为"王"，辅佐官员称为"大人"。国王和大人在城里发号施令。城市市场繁荣，商人络绎不绝，商品琳琅满目。

相比之下，文莱的农业耕作技术比较落后，在其经济生活中处于辅助的地位。农作物以稻谷和麻为主。

14世纪，文莱成为爪哇岛满者伯夷王国的藩属，定期向其进贡。15世纪随着满者伯夷的衰落，文莱便摆脱了自己藩属的地位。正值马六甲出现强大的传播伊斯兰教苏丹王国，在位文莱国王为了增强政治势力，发展同马六甲的贸易关系，便亲自访问马六甲，皈依伊斯兰教，改号为穆罕默德一世，成为文莱的第一个苏丹，很快在文莱完成了伊斯兰教化。从此后，伊斯兰教对文莱产生了决定性的作用，成为文莱国教延续至今。16世纪初，文莱达到历史上最为繁荣昌盛的阶段，疆土包括沙巴和沙捞越，远征爪哇，向外扩张。由于西方殖民者的入侵，打断了文莱文明独立发展的势头，并迅速衰落下去。

16世纪中期起，葡萄牙、西班牙、荷兰、英国等相继入侵文莱。1888年沦为英国的保护国。1941年被日本占领。1946年英国恢复对文莱的控制。1959年文莱与英国签订协定，规定除国防和外交事务外，苏丹恢复行使全部内部主权。1971年文莱才开始获得内部自治的权力。1978年，苏丹率领代表团前赴伦敦就文莱主权独立问题与英国政府进行谈判，并缔结了《文英友好合作条约》，据此英国于1984年1月1日放弃了对文莱的国防权力，文莱才得以正式独立。1984年2月23日，全国举行独立仪式，把这一天确定为文莱的国庆日。受西方的影响，文莱独立后实行君主立宪制。

由于文莱特别丰富的石油和天然气资源的开发，使文莱摆脱了昔日贫穷落后的状态，一跃成为亚洲最富有的国家之一。独立后的文莱，在经济上则更加富有。

文莱的民族成分比较简单，不像马来西亚和印度尼西亚的民族成分那样复杂，主要由三部分人，即马来人、当地土著人和华人，其次有少数的印度人和欧洲人。

三 文莱与主体民族

文莱是文莱马来人（Malays）的主体民族，约占全国人口的57.3%。文莱的马来人最初是在13—15世纪由苏门答腊和马六甲迁入的。20世纪初，文莱石油和种植业的发展，大量马来人移入，马来人主要来自沙巴、沙捞越。

后来也有相当多的移民是印尼的爪哇人，以及菲律宾的比萨扬人、伊洛克人、他加禄人。这些人后来逐渐和马来人相融合。甚至当地的杜松人、克达扬人、伊班人，也在相当的程度上和马来人融合在一起。

马来人主要从事石油工业、农业、手工业，其次从事渔业。此外，马来人在国家机关中担任重要职位。其社会地位和社会影响不可轻估。

文莱的上述民族迁移、民族融合和社会影响等状况，使得马来人的语言、文化在文莱广为传播。

四　文莱与少数民族

文莱的少数民族有土著居民达雅克人、华人、印度人和欧洲人等。

文莱的土著民族居住在内地，习惯上被称为"达雅克人"（Dayaks），是"内地居民"的意思。这只是一个统称，其中包括许多在语言上各不相同的民族。

文莱的达雅克人有许多不同的称谓，如克达扬人、伊班人、梅拉瑙人、杜松人和穆鲁特人等。他们处于社会经济发展的早期阶段，至今仍保留着氏族部落组织。其经济生活方式主要是从事狩猎、捕鱼的。

达雅克人一般居住在文莱的内地，一旦移居到海边和城市，就很快失去了自己的民族特性，采纳马来人的住宅和服装等生活方式。沿海地区的达雅克人大多数愿意同马来人结婚，并皈依伊斯兰教，然后就自称是马来人。海边的"达雅克人"多数从事渔业，少数从事农耕。如此长期同化的结果，使文莱的土著民族越来越少，从1949年到1978年，达雅克人人口比例就从39%降到16%。到了1983年，达雅克人又降到13%。

文莱的华人居住在城市及其郊区，主要从事商业，部分从事农业。华人来到文莱，最早约在10世纪。华人大批移民到文莱，则是在19世纪末期。主要原因是，当时英国人在这里开发石油，并建立种植园，为了解决劳工问题，便从中国大批招募契约劳工。文莱的华人主要来自中国南方各省，多数是广东人。华人来到文莱，讲自己的方言，保留各自的生活习俗，并没有像达雅克人那样被马来人所同化。

除马来人、当地土著人和华人外，文莱还有一些印度人和欧洲人。

印度人也是在20世纪初随着石油开发和种植园经济的发展移民到文莱的。

文莱的欧洲人主要是英国和英联邦内各国的侨民。他们主要从事企业主、公司职员、专家顾问、教师、神职人员和传教士等。虽然他们的人数不多,但身居要职,在文莱的社会生活中扮演着重要角色。

(曹　兴)

新 加 坡

一 概 况

新加坡,全称新加坡共和国,是东南亚一个海岛型国家,位于欧亚大陆最南端的马来半岛的尽头,它东临辽阔的南中国海,与北加里曼丹岛遥遥相望;西隔马六甲海峡与印度尼西亚的苏门答腊岛相邻;南经新加坡海峡与印尼的廖内岛相望;北隔柔佛海峡与马来西亚的柔佛州紧紧相邻。新加坡岛是新加坡共和国的主岛。它周围还有60个小岛(据1976年材料),其中十多个分布在东北部,40多个分布在西南边。这些岛屿组成新加坡共和国的领土。总面积为641平方公里。

新加坡战略地位十分重要,是太平洋与印度洋之间交通要通的咽喉,扼苏伊士运河以东最重要国际航道马六甲海峡的出口,也是亚、欧、澳洲的交通桥梁。它控制着东南亚"海陵空的十字路口"。

新加坡岛是全国最大的岛,东西长约42公里,南北宽22.54公里,面积约572平方公里,约占全国总面积的91.3%,海岸线长193.7公里。新加坡岛地势低平,中部为高地区,其中最高的武吉智马山,海拔175米;西部为低丘浅谷区,平均海拔仅20米;东部为平原区,平均海拔15米,为全岛水系密度最大的地区。全岛最长的河流是实里达河,其次还有三巴旺河、实岗河以及加冷河、新加坡河、格兰芝河、蔡厝河、樟宜河、裕廊河等。新加坡岛河流均短小,且因下游沉降,海水倒灌,河水多不宜饮用,目前虽已建大小水库十余座和多个储水池,但因居民用水和工业用水量大,水库供应不足,消费量的一半以上要从马来西亚的柔佛州引入。

新加坡自然资源贫乏,除花岗岩外,无其他自然资源。但新加坡却有多功能的优良港口,可停泊各类舰船,从驳船到远洋货轮、巨油轮,甚至各种军事舰船。

新加坡的气候属热带雨林气候,其特点是高温多雨,湿度大,由于四面环海,终年吹来海风,温差变化不大,常年为夏季无季节之分,最冷月份1月(平均26.2℃)与最热月份7月(平均27.7℃)年温差仅1.5℃。但早晚日温差较大,中午约31.3℃,凌晨23.5℃,日温差为7.8℃。由于靠近赤道,终年昼夜等长。

新加坡行政地理划分为中央区、内市区、外市区、新镇、内郊区、外郊区,共六个地区,但都不设行政机构,由中央各部直接管理各项事务。平时设有公民咨询委员会、民众联络所、人民协会等社会组织,担负起地方政府的任务,作为沟通政府与居民之间的桥梁。

新加坡国家的政体是议会共和制,国家元首是选举产生的总统。新加坡实行国家元首、议会和内阁"三权分立"。国家元首是新加坡国家权力的象征。形式上,总统是新加坡最高权力执行者,对内对外,他是新加坡的最高代表。

议会是新加坡共和国最高立法机关。原称立法议会,1965年12月改称国会。其成员称为议员。国会使用马来语、英语、华语和泰米尔语。

内阁(政府)是行使新加坡对内对外职能的主要行政机构,在国家机构中居主导地位。内阁的组成由总理、副总理、各部部长、政务部长和政务次长组成。国家行政大权集中于内阁,特别是总理手中。内阁对国会负责。内阁总理由国会中占多数席位的政党领袖(经总统任命后)担任并组阁。内阁成员都是国会议员。他们一面在政府担任行政工作,一面在国会参加立法工作。

新加坡农业在国民经济中所占比例不到1%,粮食几乎全靠进口。农业主要是种植蔬菜、饲养家禽和经营水产。工业以制造业为主,有炼油、石油化工、电子电器、船舶修造、纺织、交通设备等。新加坡是居世界第三位的石油精炼国,其日均原油处理能力130万桶。新加坡是世界著名转口港,是联系欧、亚、大洋洲的航空中心。新加坡是国际金融中心和亚洲美元市场中心之一。经济对外依赖性强,外贸为国民经济重要支柱。自20世纪80年代下半期起,新加坡经济转向平稳增长:其增长率1987年为9.5%,1988年为11.1%,1989年为9.2%,1990年为8.3%,1991年为6.7%,1992年为6%,1993年为10.1%。

美国《财富》杂志1997年7月21日报道:"5月日内瓦世界经济论坛发表全球竞争力报告新加坡连续第二年被评为世界上竞争力最强的

国家。新加坡看来今年还将在人均财富方面超过美国，它的人均生产总值将达3万美元。"如今，90%的新加坡人拥有自己的住房。1997年的东南亚金融危机对新加坡影响较小，当国际货币基金组织决定对印度尼西亚提供援助时，新加坡设定了50亿美元的援助框架。

素有亚洲"四小龙"之称的新加坡，其经济迅速起飞的重要原因之一，是其发达的事业。在取得独立以后，新加坡政府一再强调，新加坡人多地少，资源贫乏，唯一可贵的是它的人力资源，而人力资源的开发归根结底取决于教育事业的发展。新加坡政府在建国施政纲领中提出了发展教育的方针和政策，确定平等对待各民族语言教学，建立具有新加坡特点的教育制度。

独立后的新加坡政府改造了殖民主义遗留的教育结构体系，加强和健全了新教育的行政领导机构新加坡中心，小学实行多元论的学校管理体制，有自主学校、自治学校、政府学校和私立学校。在基础教育阶段，实行了有别于强制性的分流教育制度，学生从小四、小六、中四和初级学院毕业，都需要根据学生的成绩进行分流。为了大力普及教育，新加坡政府在经济上采取多种方法资助学生，一是增拨教育经费；二是国家建立了教育储蓄金制度；三是扶助困难生。新加坡的教育公共支出的增长速度超过了国内生产总值的增长速度。1991年教育支出占政府财政支出的16.6%，仅次于国防支出而居第三位。

据新加坡截至1990年6月30日的人口普查，全国人口总数为300.28万人，其中新加坡公民及永久居民约220万，其余为逗留新加坡的外籍移民。至1993年中，新加坡公民及永久居民又增至287.4万人。新加坡素有"世界人种博物馆"之称，居民中有着各色人种成分。但人数最多的华人和马来人属蒙古人种。印度人属达罗毗荼人种类型、欧洲人、美洲人、大洋洲人属欧罗巴人种。非洲人属尼格罗人种，还有欧亚混血种人。

新加坡主要有三大民族（新加坡媒体称为"种族"）：华人、马来人、印度人。

新加坡是多元民族多种语言的社会。华语、马来语、泰米尔语[①]和英语为官方语言，马来语为国语，英语为行政用语。新加坡强调平等对待各种语言。实行英语和母语两种语文教育，并把这一点提到保留和弘

---

① 新加坡的所谓"印度人"由来自印度、巴基斯坦、孟加拉国和斯里兰卡的多个民族组成，但来自南印度的泰米尔人居民人数最多，故泰米尔语成为所谓"印度人的代表语言"。

扬亚洲价值观的高度。

新加坡人口的种族构成　　　　　　　　　单位:%

年　份	华人	马来人	印度人	其他民族	合　计
1947	77.7	12.1	7.4	2.8	100.0
1957	75.4	13.6	8.6	2.4	100.0
1970	76.2	15.0	7.0	1.8	100.0
1980	76.9	14.6	6.4	2.1	100.0
1990	77.7	14.1	7.1	1.1	100.0

资料来源：新加坡统计局：《每月统计摘要》1991年9月号。

引自汪慕恒主编《当代新加坡》，四川人民出版社1995年版，第334页。

新加坡人口状况

时　期	总计（千人）			平均年增长率（%）	性别比率（每千名女性人中的男性人数）
	合计	男性	女性		
1901年人口普查	227.6	170.0	57.6	2.3	2951
1911年人口普查	303.3	215.5	87.8	2.9	2453
1921年人口普查	418.3	280.9	137.4	3.3	2044
1931年人口普查	557.7	352.1	205.6	2.9	1713
1947年人口普查	938.4	515.2	423.2	3.3	1217
1957年人口普查	1445.9	762.8	683.1	4.4	1117
1970年人口普查	2074.5	1062.1	1012.4	2.8	1049
1980年人口普查	2282.1	1159.0	1123.1	1.3	1032
1990年人口普查	2705.1	1370.1	1335.0	2.2	1026
1992年年中估计	2818.2	1423.7	1394.5	2.2	1021

资料来源：新加坡统计局：《每月统计摘要》1992年3月号、1993年3月号。

本文摘自汪慕恒主编《当代新加坡》，四川人民出版社1995年版，第333页。

自1979年起，新加坡在华人中开展了推广华语的运动，并把每年10月定为华语运动月。目标是"多说华语，少说方言"。因此，使用多种语言的人数明显增多。据1990年新加坡人口普查材料，使用两种或两种以上语言的人口比重从 1980 年的 39% 上升到 47%，以华语作为家庭用语的家庭从 10% 上升到 24%，使用华语方言的家庭由 60% 下降到 38%。从 1969 年起使用简化汉字，起初采用 502 个简化字，只用于新编的教科书，后逐渐在报纸杂志上使用，并扩展到 2000 多个简化字。1971 年起新加坡接受汉语拼音方案，但仅用来为新编教科书的生字注音，1979 年开展推广华语运动以后，政府决定全面使用汉语拼音方案。

新加坡居民宗教信仰情况复杂，这里除三大世界性宗教：佛教、伊斯兰教、基督教，还有印度教、道教等地区性宗教，还有一部分没有宗教信仰的人。新加坡政府鼓励农民信仰宗教，宗教在一定程度上可以约束人的不良行为。信奉佛教和道教的主要为华人，占 10 岁以上人口的 53.9%；信仰伊斯兰教的主要为马来人及印度尼西亚的移民以及来自巴基斯坦和孟加拉国的移民，占 15.4%；信仰基督教的多为欧洲人、美洲人、大洋洲人及欧亚混血种人，占 12.6%；信奉印度教的主要为印度移民的后裔（多为泰米尔人），占 3.6%；其他宗教信徒占 0.5%。

新加坡历史上曾建立过独立国家，最早称"淡马锡"或"单马锡"，到了公元 13 世纪，改称"信诃补罗"或"新加坡"（Singhapora）。这是来自梵语的名称，由"信诃"（Singha）和"补罗"（pura）组成。"信诃"意为狮子，"补罗"意为城堡，合起来就是"狮城"的意思。现在，人头狮面像仍是新加坡城的标志，由于处在商业航道要处，狮城的鼎盛时期，港口桅樯林立，非常繁荣。公元 14 世纪，信诃补罗曾一度沦为暹罗国素可泰王朝的属地，后又被爪哇室利佛逝王国统治，18 世纪又成为马来亚柔佛王国的一部分。19 世纪，新加坡沦为英国殖民地，成为英国在远东的转口贸易商埠和在东南亚的主要军事基地。1942 年又遭日本军国主义入侵。1945 年日本投降后，英国又恢复其殖民统治，次年又将它划为直辖殖民地。1959 年 6 月，英国被迫同意新加坡成立自治邦。1963 年 9 月 16 日，新加坡并入马来西亚联邦。1965 年 8 月 9 日，脱离马来西亚，成立独立的新加坡共和国。

二　居民的由来与演变

最早居住在新加坡的人是原始马来人的后裔，称为"奥郎·罗越"。"奥郎"意为"人"，"罗越"意为"海"，称为"海人"。据人类学研究，原始马来人是在很早的古代从亚洲大陆经中南半岛迁移到马来列岛来的。当时住有海人的新加坡基本是渔村,海人基本以捕鱼为生。后来由于新加坡境内经济的发展及东西方之间海上交往日益频繁,贸易日益增多,新加坡由渔村变成过往船只的停歇站、避风港,后又发展为维修船只,补充淡水、燃料和食物的重要港口。后来逐渐有随船商人上岸定居,设货栈经商。在新加坡出土的一批古代文物当中,有公元10—11世纪时中国北宋真宗、仁宁、神宗年间的铜币和瓷器碎片。这证明了当时中国与新加坡已有密切的商业往来。

如今的新加坡是个多民族多元文化的国家,绝大多数民族都不是原住民,因而新加坡基本是移民型国家。从民族成分看,有20多个民族,但主要是三大民族集团,即华人、马来人和印度人。此外还有为数不多的苏格兰人、荷兰人、阿拉伯人、犹太人、菲律宾人等。

三 华人与新加坡

华人分布在全国各地。华人语言属汉藏语系。华人虽然都来自中国,但语言情况十分复杂,通常用的都是各自家乡的方言,有粤语、闽南话、客家话、海南话等。据中国史料记载,在唐、宋时期已有中国人来新加坡进行经商活动。到了元朝,两国经贸往来已相当频繁,定居新加坡的华侨也多了起来。

但是,华人大量移居新加坡,是公元19世纪的事。1826年,英国殖民主义者把新加坡与马六甲、槟榔屿合并为"海峡殖民地"。英国殖民主义者占领马来亚新加坡后,按照殖民主义方式大肆经营、掠夺,把新加坡辟为自由港,把掠夺范围扩大到整个东南亚及亚洲一些其他地区。然而,当时的新加坡马来亚人口稀少、劳动力缺乏,殖民主义者就采用了贩卖非洲黑奴开发美洲的故伎,从中国临近东南亚的南方各地大量掳掠劳工运往新殖民地。当时的中国农民由于遭受封建主义和殖民主义的剥削、压迫,纷纷破产。这些破产者被人贩子连骗带拐运到新加坡,其中有些人甚至被人贩子强行关进船舱像猪仔一般运走。在新加坡,这些被贩来的劳工只好以极低的价格卖身为奴,以条约形式规定在此长期服苦役,任人役使和剥削,称为"契约华工"。这些人契约期满后,也无力返回故乡,从而成为当地的定居人口。华人迁入最多的时间是19世纪末20世纪初。当时这里橡胶种植业及橡胶和锡的加工业正在发展,中国南方一些穷苦人便被这里的就业机会吸引而来。当时来的多为男性劳力，占70%—80%，到20世纪20—30年代女性逐渐多起来。目前，华人从事各行各业的经营活动，在经济部门占有重要位置，成为当地经济的重要组成部分。除了多数华人住城里从事商业、工业和服务业外，部分华人住在郊区农村，从事蔬菜种植和养殖业，向城市供应蔬菜、水果、禽、蛋、肉类等。华人为新加坡经济的开发和发展作出了杰出的贡献。

四 马来人与新加坡

马来人，语言属南岛语系印度尼西亚语族。由于殖民统治时期的分而治之政策，马来人主要居住在北部。马来人主要分两支：一支是在新加坡和马来亚出生的马来人；另一支是由印尼迁来的移民，他们自称爪哇马来人和廖内马来人。所有马来人都知道他们的来源并不相同，但仍然认为他们属于一个族系。另外，在布劳—博拉尼岛生活着巴召人，亦称"奥朗劳人"（意即"海人"，中国古籍译为"奥郎罗越"）。一般认为，他们是当地土著奥郎罗越人的后裔，人数很少，只有数千人。他们是海上渔民和珍珠采集者。

新加坡市郊保留着马来人传统住宅区。这里的住房是传统的高脚屋，上层住人，底层关养家畜或存放农具。高脚屋周围有小果园和菜园。

从新加坡马来人的来源看，绝大多数马来人是新加坡的现代马来人的后裔。他们移入时间早于华人和印度人，但他们也不是新加坡的原住民。只有其中称为奥朗劳人的居民才是原住民，人数很少，在英国殖民主义者登陆新加坡时，岛上只有30户"海人"（奥朗劳人）。这部分人已被现代马来人同化，皈依了伊斯兰教。

于公元12—14世纪在新加坡岛建立早期封建王国"单马锡"的是近、现代马来人。公元13世纪前，佛教、印度教文化对东南亚广大地区曾有广泛的影响。至今屹立于爪哇岛的世界最大佛塔——婆罗浮屠，及素有马来亚文化宝库之称的青兰丹州至今还保留一尊东南亚居第三位的大卧佛，就是最好的证明。公元13世纪前，马来人曾使用印度的梵文。13世纪伊斯兰教传入，马来人开始使用阿拉伯字母文字，后来阿拉伯字母被拉丁字母代替。如今，东南亚的马来人都用拉丁字母文字。17世纪以来，马来人用自己的语言文字写出了不少具有历史意义的作品。

在英国殖民统治时期,新加坡马来人主要从事农业,种植椰子、橡胶、胡椒、木薯、水果等作物,兼搞沿海捕捞业。新加坡独立后,他们大都参加当地社会经济、文化教育的现代化建设,为新加坡经济的繁荣作出积极的贡献。

五 印度人与新加坡

新加坡人口统计中的"印度人"是个集合名称,包括从南亚次大陆移入并已取得国籍的多个民族成分,其中有印度人、巴基斯坦人、孟加拉人、斯里兰卡人。因为印度人是其后裔的主体,故一般称为"印度人"。正因如此,这里所谓的印度人,在宗教、语言甚至人种特征方面都有差别。来自印度的泰米尔人属达罗毗荼人种类型,信奉印度教,语言属达罗毗荼语系;而巴基斯坦人和孟加拉人属欧罗巴人种,信仰伊斯兰教,语言属印欧语系。在这个族群中,泰米尔人人数最多,于是泰米尔语成了他们的代表语言。现今,在新加坡有泰米尔语小学,还有泰米尔文报纸、泰米尔语广播。

印度人移居新加坡的最早历史已无可考证,但从"信诃补罗"这个梵文词的出现,可以看出在伊斯兰教被居民广泛接受前,印度文化的影响已相当深入,伴随文化必定有印度商人、僧侣,甚至官员来此活动,个别人或许会在此定居。印度人与华人一样,大量移入新加坡也是19世纪的事。英国殖民主义者为了在新加坡掠夺资源和财富,需要更多被奴役的劳动力。印度和当时的中国一样,有着破产的农民和失业的工人。殖民主义者就把这样一些印度人招募到新加坡、马来亚,迫使他们开垦种植园,修港口、码头、公路、铁路等,称为"契约工人"。起初移入的印度人几乎是清一色的男劳力,因此,他们的人口增长只能靠增加更多的新入境者。只是在20世纪50年代以后,印度移民中女性才日渐增多,自然也促使新加坡的印度人口增长起来。

目前,国民经济各个领域都有印度人。他们中有工程技术人员、医生、教员、律师、工人、商人,甚至有的已进入政府和军警部门。

(陈 鹏)

印度尼西亚

一 概 况

印度尼西亚地跨赤道，位于亚洲的东南部，太平洋和印度洋之间，是世界上最大的群岛之国，由13667个大小岛屿组成，是世界著名的"千岛之国"，其中约有6000个岛屿有人居住。印尼的主要大岛有爪哇、苏门答腊、加里曼丹、苏拉威西、西伊里安等。全国岛屿的分布比较分散，东西延伸5000公里左右。各岛多山，仅沿海有平原。除加里曼丹岛外，各岛几乎都有活火山。海岸线长3.5万公里。印尼全国面积约有1904443平方公里（陆地面积）。全境多属于热带气候，具有温度高、降雨多、风力小、湿度大等特征。由于季风影响，有多雨季和少雨季之分。

全国分为27个省。主要有雅加达首都特区、亚齐特区、北苏门答腊、西苏门答腊、西爪哇、中爪哇、东爪哇等。东帝汶被"并入"其版图之后，成为其"第27个省"。

印尼政体实行总统内阁制。宪法规定，人民协商会议是最高权力机构，总统是最高行政首脑和武装部队最高统帅；宪法把信仰神道、人道主义、民族主义、民主和社会公平等五项规定为印尼的立国基础。

印尼经济以农业、商业、旅游业为主。印尼自1968年以来尤其是20世纪80年代调整产品结构和经济结构之后，经济发展取得了很大的成就。1994年4月印尼进入经济起飞阶段。1995年5月，印尼政府颁布了放宽经济限制的一揽子计划，进一步开放投资领域，大幅度降低关税，减少对产业部门经营和发展的限制。不过，由于外资投入过猛，经济出现过热，使得其负债过重，国际收支赤字。

印尼实行小学义务教育。小学和中学的学制各为6年。大学4—7

年。全国共有小学14.7万所,中学3.21万所,国立大学48所,私立大学914所。1993年,联合国教科文机构为了表彰苏哈托总统对印尼全民义务教育所作的贡献,特授予他"阿维斯那金奖"。

印度尼西亚人口2.45亿,是世界第四人口大国。印尼是个民族成分复杂且众多的国家,有100多个民族,300多个不同的民族集团。印尼各民族语言200多种,通用印尼语。主要民族有爪哇人(约占47%)、巽他人(约占14%)、马都拉人(约占7%)、马来人、米南加保人、亚齐人和望加锡人等。各民族都有特定的分布地区,许多小岛往往是一个岛一种民族,很多岛屿以该民族的名字命名。

印尼各民族的绝大多数有宗教信仰,有90%的人信奉伊斯兰教,少数信仰基督教、佛教和印度教。

印尼各民族在种族、文化和社会发展水平上都有很大差别。印尼独立后,各地区之间的交往日益增多,差异也逐渐减少。

二 印尼民族演变

虽然东南亚是地球最早出现原始人类的地区之一,但他们并不是现在的印度尼西亚人。

印尼历来是种族迁徙的桥梁,东南亚古代的移民运动,每次都在这里留下痕迹。自公元前4000年开始,这里就不断有大陆移民进入马来群岛。公元前1000年,又有中南半岛和印度的居民相继进入印尼的西部。约在10世纪,开始有中国人迁入,这些华人在都市里从事商业活动。

从19世纪末到20世纪上半期,在印尼爪哇发现了100万年前的"爪哇猿人",10万年前的"梭罗人",1.2万年前的"瓦贾克人"。古人类学家认为,上述三类人发展成为澳大利亚人种。因此,在爪哇发现的古人类,并不是现在东南亚绝大多数民族的直系祖先。

按人种分类,印尼绝大多数属于蒙古人种马来系,少数属于尼格罗—澳大利亚人种、尼格利陀系等族属。印尼的尼格利陀人一部分受外来种族的排挤而隐居深山僻壤,一部分与后来的其他文明程度较高的种族混血融合。现今这一族人在印尼幸存的只有爪哇的巴兑人和苏门答腊的奥腊阿基特人。

尼格利陀(Negrito)并不是一个民族的称谓,而是人种的名称。

"Negrito"是西班牙文，最初是西班牙人给当地属于这个种族的民族所起的名字，原意为"矮小的黑人"。尼格利陀人的特征是皮肤呈深褐色、体毛很少、身体矮小而壮实，头大、黑色卷发、脸圆、鼻子扁平和厚嘴唇，男子身高一般不超过150厘米，妇女一般在140厘米以下。

现在所说的印度尼西亚人是蒙古人种的马来人，是现在印尼的主体民族。起源于同一民族共同体，是从亚洲大陆先后进入印尼群岛的。由于蒙古人种来到印尼的先后不同，以及不同的民族集团所在的自然条件和社会条件的巨大差异，使其逐渐发生分化，并演变为许多大大小小的民族。民族学家按马来人抵达印尼群岛的先后及其发达程度，把其分为原始马来人和新马来人。

原始马来人约在新石器时代逐渐移民到印尼。其社会发展处于较低的阶段。他们最初以渔猎为生，有了金属工具、陶器和纺织品后，直至现代他们才开始有较大的发展。原始马来人在印尼的不同地区有不同的称谓：在苏门答腊称为加约人、巴塔克人、尼亚人、门塔韦人、恩加诺人和阿拉斯人；在廖内一林加群岛诸岛称为巴罗克人；在邦加、勿里洞两岛称为奥朗贝娶亚人、塞入卡人和朱鲁人；在加里曼舟、苏拉威西、马鲁古群岛和小巽他群岛称作巴召人；在加里曼丹内陆称为普南人；在苏拉威西称为托拉查人。

19世纪以前，人们并没有把这一地区称为印度尼西亚。"印度尼西亚"这一名称最早是英国人厄尔在1850年提出来的。当时他把东印度群岛、马来群岛上的居民称为"印度尼西亚人"或"马来亚尼西亚人"。到1884年，德国人类学家巴斯蒂安（Bastian）写下了《印度尼西亚人》一书后，"印度尼西亚"一词才为人们所通用。那时"印度尼西亚人"只是他称，还不是自称。20世纪20年代，在印尼民族运动中，他们不愿意让自己被称为带有贬义的"土著人"、"印度人"，所以便开始自称印度尼西亚人。

由于印尼幅员广大辽阔，岛屿众多，使各地民族的社会发展极不平衡。在公元前几个世纪内，大多数地区仍停留在新石器时代。只是到了公元的前几个世纪，在印尼的爪哇和苏门答腊等一些先进的地区，才开始出现国家。

由于印尼独特的地理环境和其特殊的历史背景，各批移民迁入的时间和地点不同，所带来的文化和生活方式不同，以及与先到居民发生混合的程度上的差异，逐渐形成了许多不同的民族，决定了印尼民族成分的特殊性。

在古代，印尼的不同岛屿创造了不同的文化：在爪哇建立了多罗摩、诃陵等古代国家；在苏门答腊岛建立了干陀利、末罗游、巴邻旁、三佛齐等国家；在海岛也曾兴起过室利佛逝、夏连特拉、满者伯夷等国家。

多罗摩是印尼有碑文证实的一个古国，其领土包括现在的茂物、雅加达、加拉横的广大地区。多罗摩已有灌溉农业和对外贸易。7世纪时，多罗摩成为室利佛逝的属国。

诃陵是7世纪初在中爪哇兴起的国家。其国富民强，社会经济发达，盛产稻米、药材，还出黄白金和犀象。7世纪后，国人推女子为王，号"悉莫"，征服了中爪哇和东爪哇的28个小国。因国内刑法严明，故道不拾遗。8世纪中叶后，新兴夏连特拉王国势力强大，占领爪哇大部，使诃陵成为其属国，直到9世纪中叶才获独立。

干陀利是现今印尼苏门答腊岛上建立较早位于今巨港的一个古国。其建国后和中国遣使通好，最后一次遣使到中国访问是563年。7世纪初，末罗游国兴起，干陀利国也就不复存在。

末罗游是苏门答腊岛上继干陀利之后位于马六甲海峡沿岸的又一古国。末罗游人信仰佛教。7世纪末，其被兴起于南部的室利佛逝所吞并。

室利佛逝是7世纪末在苏门答腊东南部兴起的一个海岛帝国。其农业发达，物产丰富，商业兴旺，盛行小乘佛教，并与中国有政治经济的友好往来关系。

满者伯夷（又被译为"麻诺巴歇"）是印尼古代一个强大的帝国。其农业发达，注重开垦土地；商业兴盛，国内市场有大量的农产品、香料和名贵木材。满者伯夷的文化很发达，民产音乐、舞蹈和宫廷歌剧有很大发展。其具有印尼特色的皮影戏流行甚广。满者伯夷和中国、越南等国往来频繁，多次遣使中国，且中国明朝航海家郑和于1405年和1408年两度到达该国。15世纪后，马六甲发展为国际贸易中心市场，脱离满者伯夷，加上13世纪以后伊斯兰教的传入，使其成为一个地方性的印度教小国。其灭亡后，印度尼西亚小国林立。

公元9世纪至13世纪，在印尼建立的大小王国，仍然流行婆罗门教（2世纪传入）和佛教（4世纪—5世纪传入）。13世纪末在爪哇岛建立强大的麻喏巴歇封建王朝（满者伯夷），其版图包括今印尼的大部分地区和马来半岛。其开始信奉印度教后来改信佛教。麻喏巴歇王朝时期，伊斯兰教由苏门答腊北部传入印尼，并逐渐扩展到宫廷王室。到这个王国灭亡时，伊斯兰教已经取得了统治地位。淡目王国强大后，成为16世纪爪哇岛东北部最大的伊斯兰教王国和伊斯兰教在爪哇的传播中心。可以说，伊斯兰教历史上在印尼的社会生活中起到很大作用。

这时伊斯兰教化运动发展的原因有三个：其一，穆斯林商人和当地居民通婚，所以有了信奉和传播伊斯兰教的新一代。其二，这时马六甲海峡已经成为东西贸易的通道，印度和波斯的穆斯林到印尼沿海地区经商的人越来越多。一方面，穆斯林商人带来丰厚的经济利益，对当地统治者产生了极大的吸引力；另一方面，这些商人较之当地印度教徒和原始宗教徒的文化水平更高。所以，伊斯兰教的教义更容易被当地居民所吸收。其三，信仰印度教和佛教的各王国之间连年战争，为伊斯兰教的传播创造了极为有利的条件。

15世纪后，葡萄牙、西班牙和英国先后侵入印尼。17世纪初，荷兰在印尼建立了东印度公司，从此后印尼便开始了长达300年之久的殖民统治。1942年3月，日本占领印尼。在1945年8月日本投降后，印尼人民爆发"八月革命"，于8月17日宣布独立，建立共和国。

三　印尼主要几个民族

印尼没有绝对主体民族，却有主要的几大民族——爪哇人、巽他人、马都拉人、印尼马来人、米南卡保人和中苏门答腊马来人。

爪哇岛和马都拉岛的民族约占全国人口的63.5%。主要有三大民族，他们是爪哇人、巽他人和马都拉人。

爪哇人（Javanese）是印尼人数最多的民族，在1990年人口普查时有9313万人，约占全国人口的47%，属蒙古人种马来类型，主要分布在爪哇岛的大部分地区，以及苏门答腊、加里曼丹等岛屿。爪哇人的历史悠久，文化发达。爪哇语属于南岛语系，使用拉丁字母的文字。爪哇人的祖先约于公元前5世纪就已经出现在爪哇岛上。爪哇岛曾是印尼古代文化的摇篮。10世纪以古代印度字母创制爪哇文，应用至今。爪哇人还创造了丰富的文学遗产。爪哇人大都通晓印尼语。自公元初期起印度的政治、文学、艺术、宗教逐步传入爪哇，对其产生了深远的影响。该民族原来信奉印度教和佛教，15世纪下半叶后大多数改为信奉伊斯兰教，20世纪中叶起部分人信奉基督教，同时仍然保持万物有灵信仰。男女都实行割礼。爪哇人多数是农民，从事种植水稻、旱稻、玉米、杂粮、甘蔗、橡胶和咖啡等。居住在城市的爪哇人主要从事工商活动、政府公务和经营企业。

爪哇文化是印尼文学的重要组成部分。爪哇人为人谦和、温良，做事稳妥，注重品德教育和修养，重视社会交往和礼仪，具有较强的等级、门第观念，为此贵族和官长备受尊重。

在当代，爪哇人在军界、政界、文化科学界、教育界，均占有相当大的比重，在现代产业工人中也约占一半以上。

巽他人（Sundanese）是印尼的第二大民族，人口约有 2000 万（1990 年人口普查），主要分布在爪哇岛西部的内地的山区和南部沿海地区，部分居住在爪哇岛其他地区。属蒙古人种马来型。操巽他语，也通用印度尼西亚语。有自己的民族文字，也有丰富的民间文学遗产。他们热爱艺术，性情开朗乐观，感情细腻。巽他人爱好音乐和皮影戏。主要从事农业，分农田经济和种植园经济。种植园经济是荷兰入侵后发展起来的。很多人生活在大中城市中，从事政治、经济、军事、文化教育等工作。历史上曾建立过"巴查查兰"等王朝。最初信仰原始宗教，后改信伊斯兰教。近年来，部分人移居苏门答腊南部。巽人语也属于南岛语系，使用拉丁字母的文字。15 世纪下半叶后，他们的生活习俗、经济特点和爪哇人相近。巽他人大都信伊斯兰教，但仍保留万物有灵的信仰。巽他人有一种独特的斗羊爱好。

马都拉人（Madurese）有近千万人，主要分布在马都拉岛和爪哇东北部沿海地区以及毗邻岛屿，部分散居在印尼各地。属蒙古人种马来型。他们操马都拉语，原用爪哇文字母，现改为拉丁字母拼写。有用本民族的语言文字记录的历史文献。现今多数通用印度尼西亚语文。中世纪受爪哇麻诺巴歇王国统治。17 世纪受荷兰殖民统治。风俗习惯与爪哇相近。马都拉人主要从事农业，土地归村社共有。农作物有水稻、玉米、豆类、花生和烟草。部分从事畜牧业，饲养牛、羊、马等。沿海一带的马都拉人从事渔业和盐业。他们原来信仰佛教和印度教，后改信伊斯兰教，属伊斯兰教的逊尼派。马都拉语系南岛语系，使用拉丁文字。

首都雅加达位于爪哇岛的西北部，主要居住着爪哇人和巽他人，此外就是国内外地如苏门答腊岛和廖内群岛的移民，以及国外阿拉伯人、华人和欧洲人。

印尼马来人（Melayu），主要分布在廖岛、苏门答腊的东部沿海、加里曼丹沿海和爪哇沿海。属蒙古人种马来型。中苏门答腊马来人是在原始马来人和新马来人与当地土著民族混合中生成的民族，后来与各种不同的民族进行融合逐渐演变成讲马来语的民族，有丰富的文学遗产，自古比较活跃，善于航海、经商，接受外来文化较快。主要从事农业，多以种植水稻为主，兼种玉米和橡胶。印尼马来人包括廖内人、占碑人、坤甸马来人、巴邻旁人、明古鲁人、各打瓦林困人、布隆甘人、班达人、库泰人、塔拉坎人、北苏门答腊人和雅加达人。中苏门答腊马来人包括帕塞马人、塞拉维人和安帕特拉旺人。其文化水平较高，一部分人在军队、行政部门任职，对印尼的政治、经济、语言、文化发展有很大贡献。印尼的马来人多数信仰伊斯兰教，少数仍然保留"万物有灵"信仰和图腾崇拜。

苏门答腊岛上的米南卡保人（Minanfkavaus）约有600万人，主要分布在该岛的中部和西海岸。他们属蒙古人种马来型。7世纪前受印度文化影响，曾建立末罗游王国，为室利佛逝所吞并。14世纪，米南卡保人又建米南卡保王国，与末罗游、巨港两个王国并列，统治苏门答腊中部地区。他们讲米南卜保语，属南岛语系印度尼西亚语族，与印度尼西亚语接近。原来信仰印度教，14世纪后改信伊斯兰教，并保留万物有灵信仰。他们还保留浓厚的母权制残余，社会的最小基层单位是家庭公房，由女性首领及其姊妹、女儿、孙女们组成。婚后妻子仍居住在母亲家里，丈夫只在夜间到妻方住宿，劳动和日常生活均在自己家里。现多改为入赘婚，按母系继承并续家谱。一般由四个母系氏族构成一个村社，不动产归村社公有。许多人喜欢到外地经商和求学，文化程度较高。自20世纪30年代后，曾在文化界、军政界出现不少名人，至今仍有不少人在政府中位居要职。他们在社会发展水平上低于马来人，宗教信仰、语言系属和文化经济却与马来人相近。

苏门答腊北部住有亚齐人（Atjehs），是马来人、巴塔克人、爪哇人长期混合而成，还有部分印度人和阿拉伯人的血统。其社会并行父系和母系，盛行招赘婚。

西马卢人（Simpungs）是亚齐人和米南保人的过渡支系。

四　印尼的少数民族

印尼的少数民族有亚齐人、腾格拉人、巴兑人、库布人、巴塔克人、尼亚斯人、门塔瓦伊人、恩甘人、巴厘人、巴召人、望加锡人、邦盖人、巴兰塔克人、莫里、拉基人、朋库人、布通人、米纳哈萨人、塔劳人、戈隆塔洛人、桑吉人、托米努人和博朗蒙贡杜人等,还有一些外国移民,以华人居多。

印尼在各个大岛之间或其周围分布着星罗棋布的小岛,这里居住着人口较少的土著民族。印尼的土著是达雅克人。

亚齐人约有 300 万,主要分布在苏门答腊岛北部的亚齐特区。其以富于反抗精神而闻名。19 世纪末,他们曾经与荷兰殖民者英勇抗战长达 30 多年而赢得印尼人的赞誉。他们是印尼中最虔诚的伊斯兰教徒,其一切社交活动和社会生活的方方面面都渗透着《古兰经》和穆罕默德的言行准则,充满了浓厚的宗教色彩。他们多数以农业为生,也有部分人从事渔业、放牧和商业活动。

巴达人(Bada)约有 400 万,主要分布在北苏门答腊省的多巴湖周围地区。信仰多种宗教,有伊斯兰教、基督教和"万物有灵"。他们主要从事农业,其次从事畜牧业,也有到城里打工和经商的。

巴厘人(Balinese)约有 300 万,主要分布在巴厘岛、龙目岛及松巴哇岛,是新马来人的后裔。属蒙古人种马来类型。他们大都是 15 世纪从爪哇迁到麻诺巴歇国居民的后裔,在这里创造了具有巴厘特色的巴厘文化,使得该岛成为保存印度教信仰和爪哇古老文化的圣地。有自己的文字,操巴厘语。古代采取古印度字母,现改为拉丁字母,通用印度尼西亚语。自古受印度文化影响很深,分为四个种姓。至今绝大多数还信奉印度教,称为"巴厘印度教"。少数人信奉伊斯兰教和基督教。处处有印度教寺庙,家家有神龛。宗教和风俗融为一体。巴厘人有自己的历法,每年为 210 天。巴厘人的文化艺术发达,绝大多数擅长艺术,并一人多能,多才多艺。巴厘人喜欢斗鸡,重视亲戚朋友邻居的友好合作关系,并赞赏集体主义精神。农村有多种合作互助形式。他们主要从事农业、种植水稻,栽培技术很高,灌溉设施完善。他们的旅游业发达,巴厘岛是印尼最负盛名的旅游胜地之一。

腾格拉人(Tenggers)和巴兑人(Baduis)是爪哇岛两个信奉印度教的小民族。他们现今已经和邻近的巽他人和爪哇人发生一定程度的混合。现在他们仍然居住在偏僻的山村,从事水稻种植业。

苏门答腊西部的近海岛屿丛林沼泽地带附近沿海岛屿住有几个小民族,最大的是库布人(Kubus),属尼格罗—澳大利亚人种,是占达人和尼格利陀人的混血后裔,还混有马来人血统。其社会保留氏族公社制。库布人在热带丛林中从事采集和狩猎,衣着很少,男女只有兜裆布和缠腰布。部分从事刀耕火种的农业和渔业,过着游移不定的生活。近年来，他们的生活方式在外界的影响下发生了变化。

苏门答腊西北部和南部两支的关系不像东南部那样接近。巴塔克人（Battaks）居住在多巴高原，分为南北两支。南支有多巴人、昂科拉人和曼代林人。北支有卡罗人、蒂穆尔人和帕克人。这两支人很少和其他民族来往。社会仍保留父系氏族的残余。

苏门答腊西面近海岛屿上住有一些人口较少的民族，有尼亚斯人（Niassns）、门截瓦伊人（Mentawaians）和恩甘人（Enganese）。

在苏门答腊、加里曼丹和苏拉威西诸岛的河流入口及附近小岛住有巴召人。他们是海上的移动居民。一些人常年生活在船上，过着漂泊不定的生活。

在加里曼丹岛的东部沿海地区和其海峡对岸的苏拉威西及小巽他群岛住有布吉人，他们主要从事农业，种植水稻，兼营渔业和畜牧业。他们的手工业也很发达。

在加里曼丹岛的印尼辖区居住的各民族约占全国的2.7%。主要是马来人和班查尔人。

努沙登加拉和马鲁古群岛各民族约占印尼人口的6.1%。努沙登加拉群岛的西部民族，在族源、语言、文化上，与大巽他群岛上的各民族相近。其中有巴厘人、松巴哇人和萨萨克人。巴厘人是其主体。

苏拉威西岛的各民族约占印尼人口的6.9%。其中较大的民族有望加锡人，他们分布在印尼的西南半岛，住高脚茅屋，从事灌溉农业，用水牛犁田，稻谷玉米产量较高，部分从事渔业，擅长航海经商和造船业。其中分布在望加西海峡两岸的布积人，有相当多的人住在此岛的西南关岛。

在苏拉威西的东部半岛及其附近海岛上住有邦盖人和巴兰塔克人。在其东南半岛上分布有莫里人、拉基人、朋库人和布通人。在其北部岛上有米纳哈萨人、塔劳人、戈隆塔洛人、桑吉人、托米努人和博朗蒙贡杜人。

这些苏拉威西岛人在族源和语言方面与菲律宾的一些民族相近，尤其是桑吉人和菲律宾相当接近。

在苏拉威西岛中部分布着拉查人，是马来人的后裔。他们的社会保留着相当多的部落残余，原以采集、渔业、狩猎、刀耕火种的农业为生，近年来开始耕种水稻。他们按大家族居住长屋，盛行祖先崇拜和精灵崇拜。

加里曼丹岛内地的绝大多数土著民族一般称为达雅克人（Dayaks）。

"达雅克"是马来语词,意思是"内地人"、"山地人"和"乡巴佬"。达雅克人分布在印尼、马来西亚和文莱三国,有许多分支,在印尼的支系有雅朱人、奥特达农人、马尼安人、奥特西昂人、达雅克奥特人、拉旺岸人、卡廷岸人。属蒙古人种马来型和南岛语系印度尼西亚语族。

达雅克人所包括的民族原分布在沿海地区,后来马来人来到此地后,达雅克人被分为两部分,一部分是内陆达雅克人;另一部分是沿海达雅克人。多数达雅克人被马来人排挤到内地山区后才有此称。少数人仍然留在海边,甚至常年生活在水上。其中主要包括雅朱人和奥特达农人、卡扬人、克尼亚人和巴豪人。他们分布在该岛东部和东北部的印尼境内。在该岛西部、西北部内地,则分布着克莱曼丹人、穆鲁特人和克拉比特人、巴里托达雅克人。

达雅克人大多数实行一夫一妻制,离婚率较高。父系制和母系制并存。近代以前,达雅克人处于与世隔绝的封闭状态。18世纪起伊斯兰教传入,19世纪后基督教传入。现在达雅克人大多数保持万物有灵的信仰,盛行祖先崇拜,禁食某些食物,第二次世界大战后当地人称这种信仰为"加哈林安"。达雅克人中的部分人信仰伊斯兰教或者基督教。内陆达雅克人从事农业,种植橡胶、旱稻、薯类、烟草、热带蔬菜,几乎家家种有槟榔树,人人都有嚼槟榔的习惯。沿海达雅克人擅长造船和航海。印尼独立后,达雅克人地区的发展受到重视,有的地区已具备现代化的交通设施如飞机和码头。

除了达雅克人以外,在加里曼丹内地的热带丛林里还住着其他一些小民族,他们是普人、贝克入坦人、奥特人和乌基特人。他们以采集和狩猎为生,过着游移不定的生活。

印尼人的日常服装十分俭朴,追求轻便而不是华丽。印尼女子的服装很特别,其传统上衣长而宽敞,没有衣领,长袖对襟,衣料多半采用白色有花纹的薄纱。爪哇人和巴厘人的女性,上身穿着简单缝制的服装,下身比较讲究穿"纱笼"的漂亮长裙,男性穿轻快衬衫和较长纱笼的裤子。印尼一些原始民族的服装非常奇特,布料用野生纤维制成,也用野生植物着色。

印尼在结婚仪式上,有独具风俗的牛牵姻缘、凤仙花会和两次婚礼。

在结婚方式上,印尼的乡间和其他地方不同,采用的是"牛牵姻缘"的习俗,即男子求婚首先要向女子赠送一头水牛,如果女方拒绝恋爱,就把水牛送牵回来;如果女方接受了水牛,则说明她接受了对方的求爱，之后举行正式的求婚仪式。求婚时，男方向女方赠送的最重要的求婚礼品是水牛，而在婚礼的筵席上水牛肉是不可缺少的菜肴。印尼这种乡间"牵牛姻缘"，不是男人娶女人，而是女人娶男人。在爪哇岛上有早婚的习惯，其婚姻多是由父母做主。

别有洞天的凤仙花会，是居住在苏门答腊西部的米南保人女娶男嫁的婚姻制度中，女方在举行婚礼的前几天，单独举行的一种特殊仪式。人们对此称为"凤仙花会"。"凤仙花会"期间，新娘要在指甲上染上一种凤仙茶的红叶，女方家里还要把新娘准备在婚礼上戴的头冠先送到夫婿家里，由男方家长祝福后用一块绣有金银丝的绸缎盖住，放在花里带回女方家里，准备结婚时戴用。在婚前几天内，新郎和新娘不出门，修身养神，以避开邪祸。

"两次婚礼"是居住在加里曼丹的达雅克人的一种结婚仪式，他们在结婚时要举行两次仪式，第一次是宗教仪式，第二次是传统仪式。在宗教仪式中，新娘、新郎要坐在铜锣上，然后开始宰猪，把猪血撒在木屑上，上面放着一把剑，部族的头人握住新郎、新娘的右手（不是左手，否则是很不礼貌的），用沾有猪血的木屑为新郎、新娘祈祷。第二次传统仪式的主要内容是，人们观赏少女们跳集体舞，会上达雅克的少女将邀请客人跳集体舞。婚礼结束后，客人纷纷乘船离岸，这时新郎、新娘及其家人要拼命往客人身上泼水，以示一种最亲近的祝福，祝福客人"一路平安"。

斗牛是印尼的一种独特的习俗。在印尼许多岛屿上的一些村庄里，尤其是爪哇岛，流行斗牛的习俗。而以东爪哇邦诺合苏北的珍柏村和巴娜鲁甘村的斗牛为最著名，这里的斗牛不是以人斗牛，而是以牛斗牛，所以对于人是没有危险的。村民往往以斗牛活动来庆祝节日。有关的筹备工作要由专门的委员会来掌管。印尼的斗牛不是为了纯粹的娱乐，主要是为了赌钱。由于赌徒很迷信，斗牛有许多忌讳，要选择吉利的日子，而且禁止自己的妻子和儿女在斗牛的那天淋浴和梳头等。为使自己斗牛有取胜的把握，他们把赛牛的牛角削得十分尖利，为牛精心打扮一番，给牛灌进药酒，在阳光下曝晒。斗牛开始时，村民先牵来一头母牛，然后把参赛的两头公牛分别牵入斗牛场，两头公牛一见到母牛，便立即扑过去。就在这时把母牛牵出场地，两头公牛相互怒视，于是一场凶猛的决斗就这样开始了。

在印尼人的心目中，蛇拥有神一样的崇高地位，故敬蛇如神成为印尼的一大地方民俗。在许多的印尼民间传说甚至传统戏剧中，都把蛇塑造成智慧、善良、能力和德行的象征。在巴厘岛上，当地人专门建造一个蛇的庙宇即蛇舍，里面专门奉养着一条大蛇。蛇舍前也有香案，上面供奉香花、祭品，人们可用来磕头、礼拜和祈祷。蛇舍后面有蛇洞。蛇舍中还养有大量的蝙蝠，作为这条蛇的食物。

火葬是印尼巴厘岛上的一种习俗。在这里，人们把火葬视为死后灵魂升天的第一步，也是亲人对死者必须履行的一种神圣的天职。为满足没有能力火葬的人们那种神圣愿望，每100年左右举行一次集体火葬。每逢这种百年大典时，就是巴厘岛最热闹的时候。

智慧节是印尼厘岛人专门赞颂知识降临于世的节日，是在每年2月的下旬。这时，各个学校都举行巴厘古书祭祀仪式，歌颂神通广大的大梵天的妻子智慧女神斯鳆索蒂，学校的教师要教育学生热爱知识，为获得知识而勤奋学习。

每年的6月7日，是印尼加里曼丹岛北部山区的节日——猴节。这一天当地农民全家到山里去，请来乐队为山里的猴子演奏乐曲，将准备好的糖果、饼干等食物送给猴子吃。

此外，巴厘岛上的"埃卡达萨·鲁德拉节"是100年才过一次的节日。这个节日在当地已有1000多年的历史了。每逢两个零结尾的年份，就举行一次。"埃卡达萨"是东南西北，"鲁德拉"是其信奉的婆罗门众神中的凶神。当地人认为，只有定期祭祀它，才能确保平安。在节日庆典时，庄严隆重，岛上居民列队向海边走去，有各色彩旗在前面开道，后面的人抬着众神雕像，在乐队的伴奏下缓缓前行。路旁摆满祭品，在20公里的行程中，人们肃立两旁，有一名祭士在众人前面，一边念经一边向神像洒圣水。祭后人们就把祭品投到海中。

（曹　兴）

越　南

一　概　况

越南位于印度支那半岛东侧，地形南北狭长，长1650公里；最宽600公里，最窄50公里，海岸线全长2600公里。山地及高原占全国土地面积的3/4。

越南上古历史具有传说性质，即"雄王"时代（公元前2879—前258年）。据说当时国名"文郎"，大概是雒越人部落联盟，地处红河中下游地区。公元前111年，汉灭"南越国"，以其地为"交趾部"，下分9郡，其中的交趾、九真、日南三郡在今越南境内。汉朝委派太守统治三郡，此即"第一次北属时期"。公元40—43年，爆发了"二征夫人"（姊征侧，妹征贰）起义。东汉派遣马援率军镇压了起义，开始了第二次"北属时期"（公元43—543年）。隋灭陈后，602年进攻交趾，灭掉了李贲起义所建立的维持近60年的"万春国"；于是开始了越南史上的"第三次北属时期"（"属隋唐纪"）。679年，唐改交州都督府为"安南督护府"，这是"安南"一称的由来。中国的"五代十国"时期（907—960年），南北分裂混战，对越南控制松缓。公元938年，吴权白藤江一战，大胜南汉军，结束了中国封建王朝对越南的直接统治，越南开始走向独立自主的封建政权时期，但后与中国封建王朝多有联系。在19世纪初，应阮王朝阮福的要求，清朝册封阮福为"越南国王"。"越南"之称由此而来，一直沿用至今。1858年，法、西联军炮击岘港，公开武装侵略越南。1862年，阮朝与法国签订丧权辱国的《西贡条约》，割让南圻东三省给法国；1867年，法国又侵占南圻西三省。1884年，越南与法国签订第二次《顺化条约》，规定越南承认法国的保护权，法国代替越南与各国的外交关系，越南完全沦为法国殖民地。

1904年在潘佩珠领导下，成立了"维新会"，以"恢复越南，成立独立政府"为宗旨。1905—1908年，潘佩珠选送200多名青年赴日本留学，掀起有名的"东游运动"。后来在法国压力下，被日本驱逐出境，潘佩珠把活动重心进一步转向中国。1907年，在河内有梁文干等发起的"东京义塾"运动。1908年，有潘周桢领导的中圻的维新抗税运动。1912年2月，百多名越南革命者齐集刘永福祠堂商讨国事，决定取消维新会，成立"越南光复会"（1911—1918年），宗旨是驱逐法寇，争取独立，成立共和国。在中国建立了"光复军"，成立"越南军政府"。本拟打回越南；但因辛亥革命流产，形势逆转，未获成功。后来光复会领袖潘佩珠也在上海遭到逮捕。越南的资产阶级革命基本结束。1930年2月，在阮爱国（胡志明）主持下举行了党的统一会议，一致同意把"印度支那共产党""安南共产党""印度支那共产联盟"三个组织合并，定名为"越南共产党"。其后，越南人民在越共领导下，历经反法、反日、反美斗争，取得了国家独立和统一。

二　居民来源与民族演变

本土的远古越人。京族人的最初主体基础应是远古就生息在红河流域的古越人。亚洲大陆面向太平洋呈开放形势，自北而南的几大河流——辽河、黄河、长江、珠江、红河，都发源于内陆高地，自西东流入海。大体上在黄河流域及其北，是蒙古人种北支各族；在长江及以南，是蒙古人种南支各族，即所谓"百越"或"群蛮百汉"。红河流域的中下游，必有古越人的某支为最早土著。这些古代越人，从红河与珠江、长江的地理自然环境看，从文化遗存、体质形态看，他们同华南的百越各族人有着近亲关系。

印度尼西亚、美拉尼西亚种族古代居民。考古发掘证明，上古时代曾有印度尼西亚种与美拉尼西亚种人居住在越南土地之上。在新石器时代最具代表性的"北山文化"遗址，出土有17件头骨，其中6件属于美拉尼西亚种；8件属于印度尼西亚种；1件是蒙古种和印度尼西亚种的混血；1件类似澳洲种；还有1件无法鉴定。这些上古居民，或是从云贵高原顺着横断山脉各河谷南下迁移时，中途留居于印支一部分人（另一部分人则远徙到南洋群岛）；或者是自南洋群岛逆航北上，留居于越南及印支的。远古时期，南洋群岛与大陆相连，印支半岛就成为陆海、北南间的过渡与桥梁。古代的印度尼西亚种、美拉尼西亚种人，有的经过漫长年代的变迁与融合混血，成为现代越南中南部一些少数民族的族源成分；有的则与京族融合，成为京族族体构成因素之一。在越南北部的雒越族人，曾是越族要素与印度尼西亚要素相同化融合的结果。长山西原地区的一些少数民族就是古代印度尼西亚种的孑遗。

自华南大陆迁来的"雒越人"。这是构成京族人的主体来源，是京族的直接祖先。大约在公元前六七世纪，在福建沿海的越人每年乘东北季风泛海来到西南沿海各地，停留在海南岛与红河平原、马江平原等处。到东南风季节，他们又返航到华南根据地去。在多年的航海中，他们看到江南的一种候鸟——雒鸟也乘东北季风沿海南翔，与他们伴行，他们就把自己比作雒鸟；而他们返回闽、浙、粤时，雒鸟也跟他们同时回翔。于是，他们逐渐产生出同雒鸟存有着某种联系的观念，这种观念转化成图腾意识。图腾又转化成氏族名称。"雒越"于是成为有实际基础的特定族体了。雒越航海者，常化装成雒鸟形状，或把雒鸟羽毛插在头上身上，以祈求"物祖"保佑航行平安。经过多年的航行之后，很多雒越人已经留住在红河流域平原而不再返闽粤。他们渐成一些移民集团而散居各处，或沿河海打鱼，或在冲积平原上农耕，又渐渐联合成若干部落。在华南地区，越国被楚国灭后（公元前333年），闽地的雒越首长，更举族南航到红河流域。那时的北部湾还很深地嵌入陆地，这些移居来的雒越人，一开始主要住在今红河中游地带。雒越人成了此一地区的主人，他们融合了先来的印度尼西亚种人，又融合后来的中国汉人及某些华南各族移居者，逐渐成多族源的越人，即京族人。

两千年间，大量中国人（主要是汉人）不断南迁入越，并部分地融入越族。从时间上看，汉人、越人各自在不停地形成、发展、壮大，而汉人又不断迁入越南；从空间上看，入越汉人又分为几大类型：有留军驻扎；有发配"罪人""赘婿"；有官员、家属僚佐；有避乱南投士人；有入垦谋生农民；有地主家丁奴仆；甚至有成为越土君王之人。汉人融入越人，是一个反复进行的、层积式的历史过程，即汉融入越，"越化"之后又以"越人"身份与广大越族居民共同迎纳新来汉人。这是深刻而又广泛的融合。故此，在越族（京族）的形成发展史上，持续有汉人的血液成分注入；这既体现了越族形成过程中兼容并蓄的博大场景，又说明了越汉两族人之间的悠久紧密联系。这种融合，经历过几个重大环节和高潮而绵延不绝。

在"三次北属时期"，更有大量汉人移居入越。除一般的中原汉人移居入越外,越南王室有的也有中国血统者,如建立"万春国"的起义领袖李贲、陈太宗,建立胡朝的胡季。在越南主体民族京族的形成、发展史上,北来汉人成分是一个重要因素。

占城国灭后,一部分占族人融入越族。在古代,在隘云以南至湄公河三角洲一带之沿海地区,有来自南太平洋海岛与南印度的部族、部落抵此居住。他们以其文化和传统,同化了一部分先来的印度尼西亚种人;这样,在公元前后,在中部及南部,已有新的居民群落,他们就是占人、高棉人。黎朝、胡朝时,他们就已南进并占有一些占域土地。1402年,胡朝占有了占城的占洞、古垒二地,建置为升、华、思、义四州,设官管治,迫使其他州县有钱无地之民举家入住新区,开垦农田。15世纪,黎朝多次进侵也未能全灭其国。17世纪阮主三次"伐占",终在1693年灭掉占城,将其国土并入版图。占城人,一部分逃入越东边界森林,倒退到落后的原始状态;一部分保持了其民族特性,成为日后越南的一个少数民族;还有一部分则逐渐与越族融合同化而成为构成近代京族的成分之一。战争所抓到的一些占城俘虏,有的被安置居处,劳动垦殖,也渐融入京族。

"水真腊"土地变成越南南部国土之后,一部分高棉族人融入越族。1428年,越南国王,实际上只达顺化一带,这就是那时的越、占国界。灭掉占城后,中南大片土地入越版图,越南就与更南方的真腊国(柬埔寨)接壤了。1670—1758年,阮主政权对真腊进行了长达百年的战争。最后吞并了真腊的半壁江山——"水真腊",即今以西贡、堤岸为中心的湄公河三角洲平原,成为越南的"南圻"。阮主政权进行开拓荒地政策和镇压并同化真腊人的政策。有的真腊人逃赴"陆真腊",另一部分人或融入越族中去,或仍保持其民族特性,成为日后越南的一个少数民族——南部高棉人。

"开拓"西北,纳入了傣、老等民族成分。当雒越人移徙并定居在红河下游平原之时,在中国西南以及印度支那西北山地,广泛分布着傣族人;同时还有老挝人等相近民族。他们使用弓箭射猎,使用石器及铜器。越西北各族,与京族的逐渐融合,由来已久,到黎仁宗时,1449年,"盆蛮"内附,黎朝建之为"归合州";1479年,黎圣宗发兵打击"盆蛮"叛乱,进攻支持"盆蛮"的老挝人,抵金沙河边缅甸交界处。现今的越西北地区就是在那时正式并入黎朝版图的。黎圣宗建其地为镇宁府。在黎朝、阮朝年代里,既封当地酋长任"辅道",又派朝廷京族官员直接统治。这样,越西北各民族中的一些人,也逐渐融入了京族。

明清以来的近代入居越南的中国人，也部分地融入越族中去。明清以来，汉人之入居越南，总的看来，结束了从前漫长的移居—融合，再移居—再融合模式，而是作为"华人""华侨"生存于越南社会。但是由于世代杂居、通婚等情况，继续有汉人融入越族中去，也是不争的事实。1679年，"反清复明"的残部约3000人，由杨彦迪、黄进、陈上川等率领，经越南中部航抵湄公河下游及同奈河流域定居。1680年，另一支汉人由郑玖率领，到达地近南荣（金边）的柴末府，在越柬边界处垦殖，其地名曰"河仙"。这两支队伍垦辟了越南最南方的河仙镇、嘉定府。经济发达、商贸兴旺，"华夷杂处"。与越族通婚的华人，逐渐构成一个特殊群体，当时曾称为"明乡人"（从"明香"二字演变而成），即华越混血人。此种居民，一部分以"华人"或"华侨"身份而存在；另一部分则渐融入越族中去。

三　京族与越南

京族人遍布越南全国，更多地居住在红河三角洲平原、湄公河三角洲平原和中部沿海一线的许多小平原。大中小城镇的居民，大多数也是京族人。有相当一部分京族人移居海外，如前法属新喀里多尼亚、阿尔及利亚、法国本土；也有移居到美、加、澳洲等地的。在中国的广东、广西、海南各地，也有不少越南侨民。

京族人的社会组织、社会关系，有独自系统。大部分京族人在村中生活，3—5个村合成一个社；很多社只包括一个大村和一些从大村分离出来的屯。从前每个村有一个行政组织，自我管理很严整。"牌甲"组织做出村民的地方规约，以便使村民能自行管理，如劝孝、祭祀城隍等。村中的手工业者还按行业组成坊会。

越族家庭几乎都是由两代人构成的父权制小家庭，但妇女仍具有重要作用，常是由妇女管理家庭经济。在越南封建集权政体的社会中，村社也隶属于国家统一管辖之下，村民不只承担村内义务，也承担对国家的义务。越族人有很多姓氏，最常见的有阮、陈、黎、范、武、陶、裴、黄等。每个族姓，一般都有本姓自己的祠堂或供所；一姓又分成许多支派，而每一支派又分成许多小支，族辈兄弟间都相互关心、相互扶持。这种东方固有的淳朴关系，在经过改造后，适应了社会主义制度，并得到保存和发扬。

越族的家居和住屋，有自己的传统方式。他们一般都住平房，正房一般是五间或三间，当中一间最为重要，安设供祭祖先的供台。两边间屋是各家庭成员的休息、活动场所。厢房布置为妇女们的住房，也是贮存粮食、财物之所。厨房通常与饲养家畜的厩舍相连。这是越族的传统住居。现在的都市、社区、楼群，早已打破了这种模式。

越族的传统衣着，既保有传统的民族本色，也带有浓厚的中国色彩。旧时，在北方，男子多穿宽裤管裤，棕色短袖衫（南部是黑衫）。节日穿白裤，黑薄凉衫，头戴褶巾，足穿木屐。女子穿黑裙，束抹胸，棕色短衫，戴紧贴头的鸦嘴黑巾（北部）。而今，妇女在礼庆节日着长衫。不同年龄层人的衣着差别，主要在颜色与尺寸上；贫富差别在衣着上只体现在质料上。除一些富人外，多不佩戴饰品。

越族在饮食文化上，有着简易、卫生、节俭、符合热带营养需求的特点。民间有"米饭、茶水，吾餐足矣"之谚。饭食以大米为主，平日餐饭，常有菜羹或蟹羹、鱼类。越南人尤其爱食各类鱼及各种腌菜、渍菜。因气候炎热，不太喜吃畜肉，更不爱食用油类。喜欢清水煮鸡、鸭或炸脍碎肉。

越族的婚丧葬祭、年节庆事，也很繁多隆重。传统节日是春节。另外还有正月十五、清明、端午、中秋等节日，与中国大体相同。

越南语言文字，词汇丰富，表现力强。有独自的语法结构，而且很稳定。从历史上看，越南语从古代起就被雒越族人所使用。现今越语除基本词汇外，有很多汉语借词。另外，越语基本词汇中，也有一些与马来—印度尼西亚语相通或相近者。历史上，越南曾长期使用汉字，而大众口语却不是汉语而是越南语。约在13世纪创造出"喃字"，这是一种用汉字字形分、合、拆、组而成的方块字，有形声、会意、假借等构字规则。但必须先懂汉字，才可认读，难于推广。到16世纪，由西方传教士制订出拉丁化越语拼音方案，几经修改完善，特别是经过抗法时期的解放区文教工作者的努力改进，成为当今全国通用的国语。越南语在发展过程中，既具有广泛吸收其他语言因素的适应力与涵容力，又具有对来自某种语言渗透的自卫力与抗拒力；前者表现为对待汉语文上面。越语经过很多世纪的发展，吸取了汉语中大量的要素。越语中有很多汉语借词。人们甚至可以在基本词汇和虚词中看到汉语借词。越南人以独特的富有创造性的方法接受了汉语的影响，在用法和读法方面使这些外来词语越化了，造成了一种汉越词语。而在对于法国殖民侵略者的语言法语上，表现出顽强的抗御力，在越语中绝少见到法语借词。

越族（京族）有丰富的文学艺术宝藏，出现了很多文学家、史学家和文史著作。例如：陈圣宗时黎文休撰成《大越史记》（1272年），此书虽已失传，但其重要史文多转存于吴士连《大越史记全书》中；李济川著《越甸幽灵集》，汇集了古代神话传说和民间英雄事迹。黎朝的乔富、武琼编写出《岭南摭怪》一书，在神话传说形式下反映出不少古代社会的风土人情。著名学者阮诠（又称韩诠）已使用"字喃"作诗赋，黎朝大学问家阮廌所撰《平吴大诰》（汉文）等。阮廌的《国音诗集》有250多首喃文诗。黎朝时期，字喃文学继续发展。阮丙谦等诗人用字喃创作的作品表现出愤世嫉俗、节操清高的思想。唐诗诗体之外，出现了"六八"体诗，更能表现越南民族生活情感。《天南语录》是第一部用字喃写的历史"演歌"。阮屿的《传奇漫录》表达了人民的劳动、痛苦，揭发了统治者的贪残暴虐。

宗教信仰方面，越南民族自黎朝时起，就把佛教、道教、儒教等外来宗教与民间信仰渐渐糅合起来，使得各宗教在同时发展、相互渗透中，逐渐越南化。"孝顺活着的父母，敬奉死去的祖先"，是越族与汉族同样的道德准则。忠、孝、仁、义等道德规范，是在越族自身优良传统基础之上，又在中国儒家思想的影响下形成的。另外，天主教、基督教也有传入；本地的高台教、和好教等教派也有信徒。

越族又是有名的手工艺"巧手"，冶炼、木器、竹器、编织、造纸、陶器、瓷器、雕刻、刺绣、建筑等，都甚发达。著名的"独柱寺"和还剑湖中的龟塔，都体现出越族高超的艺术构思和精巧的建筑技术。

四　少数民族与越南

越南有50多个少数民族，其总人口数占全国人口总数的12%—15%；居住地区约占全国总面积的2/3以上。下面介绍一些主要少数民族：

岱依族　人口为1190342人。语言是泰—卡代语族岱依—泰语支。岱依语与中国壮族语言相似，历史上受中国文化影响很深。从前，岱依族没有自己的文字，大约在15世纪，在象形字母基础上，曾创造过"岱喃字"。不少人仍习用汉字，至今仍有岱依老人用汉字作诗为文。

岱依族人居住在越南东北各省的谷地或山坡，岱依人的传统房屋是"高脚屋"，屋内间隔成寝处、供台处、会客处、炊饭及舂米处。人住高脚屋的上层，有阁楼存放谷物、用具；楼下栖养畜禽，放置农具车辆。第二种住屋为平房式，土墙瓦顶或竹墙草顶。第三种是堡型，房子建得很高，墙厚，无窗，墙上有枪眼，四角有岗楼式构造部分，各房间有暗道相通。住房四周有壕沟、鹿寨、尖桩。

岱依族男女皆着蓝色布衣裤，妇女穿黑色宽脚裤。妇女又多戴项圈、手脚镯皆银质，也有戴金耳环的。

主要祭礼是供奉祖先。此外还供奉许多神录、鬼怪。在祭祖供桌上又祭孔子、观音。道、佛、儒三教内容在岱依人观念中混为一体。岱依人忌讳"鸡鬼"，认为它会带来疫症及死亡。岱依族人也曾有文身习俗，在身上刺入龙蛇鸟类纹样，是图腾崇拜或多神信仰的残迹。

傣族 人口为104549人。语言属泰—卡代语族岱依—泰语支。

傣族人大部分是跟苗、佬（寮）等族交错杂居于莱州、山萝、黄连山等省。

傣族分许多支系，每个支系又分许多分支。一般根据妇女服装颜色，分红傣、白傣、黑傣三大支系。

傣族的高脚屋有，上下两层：上层住人，距地七八尺高；下层为排柱式，无墙，为家畜夜栖之地，也堆放什物。屋顶是双斜面，多盖棕叶编成的"草席"。

公元5世纪起，傣族即有本民族文学。神话、故事、诗歌之外，还有书写在细草纸上的几部傣人史书、古典文学作品。傣族能歌善舞。孔雀舞等极富表现力。像脚鼓、钫锣等乐器独具民族风格。

芒族 人口为914596人。语言属于南亚语系越芒语族。

芒族与越族同源，居住在和平、清化、富寿等地。都是雒越人后裔。因历史原因，芒族居于深山，受外界影响较少，至今语言仍保有大量原雒越基本词根。因基本词汇相近，两族人各说自己语言，互可听懂。风俗习惯信仰也多有相同。

"芒"在芒语中是"邦"，即村寨的意思。芒族村寨，多在山谷平堤。住房也是高脚屋。

芒族无本民族文字，但有民间口头文学。

华族（汉族） 越南称居住在越南的中国汉族人为"华族"，但汉族人仍自称为"汉族"。1983年，越南公布汉族居民（华裔越南居民）人数为92万多人。

"北属时期"有多批大量汉人入居越南境土之内，除前述的逐渐融入越族而成为越族形成发展的一个因素外，也有很大部分继续保持汉族特色而单独存在。到近现代历史阶段，仍有汉族人以各种原因和方式入居越南，使越南的汉族人数目不断增大。

汉族人在越南主要分布中越边界广宁省、南部以西贡堤岸为中心的地区、首都河内、海防等大中城市。无论在城市还是乡村，汉族人都是与亲族、岱依族、侬族、高棉族等大杂居小聚居，形成自己的街坊或是村落。如河内的行帆街又称"广东街"；行桃街又称"福建街"。汉族农业居民的村庄一般有20—30户人家，或多达百余户。住房为砖、石、土、木平房。或3间正房，一明两暗；或3—5间正房，中间为堂屋。院落或呈门字形，或呈口字形。

高棉族 人口为895299人。语言属南亚语系孟—高棉语族。

他们原为"水真腊"（今越南南部）的主人，被阮主吞并后，成为越南的少数民族。在湄公河三角洲，他们原来住在辽阔的肥沃平原上，后来自东部渐向西移，当今主要居住在三个区域：内地平原、沿海、越柬交界处的丘陵地。

从前住高脚屋，今住平房。土平房很小，土夯房基，茅草屋顶。

越南高棉族人姓氏复杂，反映出多变的民族历史。有从前由阮朝建立的姓氏，如然、坚金；有从越人、华人接受来的姓氏，如陈、阮；又有纯粹是高棉人的姓氏，如乌、堪。

高棉族以农业为主，兼营编席、织布、编织、陶器等。

善于种植"浮稻"（深水稻），有红、白两种。高棉人男女皆着"纱笼"上衣，着无领短衫。纱笼是一条宽长适度的圆身围布，适合热带人们随时洗浴生活习惯。现在的年轻人喜穿西式裤和衬衫。

高棉族信奉佛教，男子成年前出家为僧，在寺院学习文字和各种知识。高棉族能歌善舞，民间文艺形式丰富多彩。高棉族具有悠久的历史文化，公元前7世纪就有了自己的文字。如今大多数人已会说越语。

侬族 人口为705709人。语言近似于中国壮族语言。

侬族大部分是距今200—300年前自中国广西迁移而来。有的学者甚至认为越南侬族是中国壮族的一个分支。

因侬族迁入越北晚于岱依族，故其居地一般较岱依族居地高一些。侬族的语言、习俗、生产技术、社会制度等基本上与岱依族相同。以务农为业，以种植水稻、玉米、木薯等为主；经济作物有茶、棉、甘蔗、药材等。家庭手工纺织业发达。

侬族信奉多种鬼神，最崇敬"观音娘娘"，跟祖先牌位同放一个供桌之上，又祭奉"土地爷"。

侬族曾用汉字，读汉音。亦曾以汉字为基础创造出"侬喃字"，用以记录本民族诗歌、神话、传说；后亦渐袭用京族的拉丁化越字。

妇女上衣稍短，多靛蓝色，袖口宽大。侬族男女皆喜戴银制饰品。

侬族主要分布在高平、谅山、广宁、河宣、黄连山等地。

赫蒙族（苗族）　　有白、花、红、黑等赫蒙之分。人口为558053人。语言属苗瑶语。住在高平、河宣、黄连山、山苏、莱州等省山区。

赫蒙族祖先早年生活在洞庭湖地区，与中国苗族同源。以"大杂居，小聚居"形式建立村落，住屋一般是"吊脚楼"，依山势而建。

赫蒙族从前没有本民族文字。老人识汉字，会讲汉语，贴汉字对联。如今，有了拉丁化赫蒙文字。学校中用越语教学。

瑶族　　人口为473945人。语言属苗瑶语族。

瑶族住在中越边界、越老边界、红河中游山区，北部沿海省份。越南瑶族起源于中国。13世纪开始，瑶人在不同时期，沿不同路线，分不同支系进入越北山区。

瑶族与侬、岱侬、苗、傣等交错杂居，房屋大多是高脚屋，各宗姓皆有各自禁规。宗姓内禁止通婚。各宗姓名字各有垫字系统，以示男性成员之辈次，有固定循环周期。

瑶人信奉多神教。有太阳神、月亮神、山神等。瑶族认为万物有灵，但也信奉儒教、佛教，尤其是道教。崇拜族祖"盘王"（盘瓠），每家在祖先牌位旁都有"盘王"牌位。

民间口头文学丰富。集体开荒时会有两人敲锣、打鼓、唱歌以助兴。

嘉莱族　　人口为242291人。语言属南岛语系马来—玻利尼西亚语族。

嘉莱族是西原地区人口最多的一个民族，也是最古老的民族之一。现住在以喜嘉莱—昆嵩省为中心的一些地区。

世代谱系按母系计算，每姓又分成许多支系。每姓、每支供奉自己单独的图腾。有的地区，则是父母双系并重。母系氏族特征又表现在女子成人可自选配偶；婚后，男方住在女家。严禁母系同宗姓间通婚。

嘉莱族衣着简单，大部分居民已改穿衣裤。妇女下身穿裙，上身着短衫，有时也赤裸。节日、庙会、赶集时，穿套头式短袖或长袖上衣，妇女颈戴银或铜质项圈。

嘉莱人的主食是米饭，副食有咸辣椒、野菜汤、木薯叶汤。大酒坛放在地中央，坛口插吸管数支，男女老少围坐用管吸饮。人人有吸烟习惯，以防潮湿、蚊虫。

埃德族 人口为194710人。绝大多数聚居在多乐高原的中部地区。埃德族是西原地区古老的土著民族，其文化、经济、社会发展较高。语言属南岛语系马来—玻利尼西亚语族，是西原地区几种通用语言之一。已有拉丁化拼音文字。

埃德村寨由几十家乃至上百家组成。住房是几十米乃至上百米的长屋。每个长屋分为两个部分：一是外屋，用于待客、公共活动和未婚男青年居处；二是内屋，分成小间，用于炉灶、火灶和夫妻居住。在家庭中，妇女占统治地位；成婚是女娶男嫁，婚后男落女家；儿女随母姓，女儿有继承财产权。村寨有一头人，由男性长者担任。

饲养业发达，主要饲养牛和大象。每户皆有牛几头，几十头或上百头，采用自由放牧式，牛身上做标记，由村寨统一赶入封闭式山谷中，牛群不会走失。待牛群饲养得膘满体壮时，驱回村寨，各家认领回去。大象驯养十分普遍，用于干笨重活、狩猎坐骑、运输原木等。家有铜锣大瓷瓶，是富裕的象征。

埃德族人的传统服装是：男子下身围"遮体布"，上着开胸紧身短衣。妇女下身穿裙，上着套头式上衣。男女均戴手镯、戒指。

日常主食粳米，日用两餐。用吸管围坛饮酒，男女皆吸旱烟。民间文学丰富。

巴那族 人口为136859人。语言属南亚语系孟—高棉语族。

巴那族是久已生聚在长山—西原的民族之一，曾发展起自己的独特文化。

巴那以村寨为居住单位，山高林密，长期与世隔绝，社会发展缓慢。大多仍处于父系氏族阶段。确定血缘时，以父系血统为主；在入赘家中，则以妻家血统为主。可谓是"双重血缘"形式。

巴那人有名无姓。不同地区同名人的区别法是在人名前加上村寨名。房屋是50米乃至百米长的高脚屋，十几户、上百户组成为村寨，村寨设有"公房"。未婚男青年集中住在"公房"，负责保卫村寨，形同常备武装。

巴那族信奉多种鬼神，年中有多次祭祀，在"公房"进行。巴那人崇拜榕村、木棉树。二者都是永生的"圣树"。

家庭一夫一妻制。婚后普遍流行"在男女双方家中轮居"方式。周期结束后，夫妻二人另立新家。

山泽族 有两个地方支派高兰和山子。人口为114012人。

山泽族昔日聚居在中国湖南、广西、广东三省交界处。后向两广西南地区迁移；距今 400 年前，迁抵越南。山泽族同岱依、侬、中国壮族有共同渊源。

以农业为生。居于越北河宣、北太两省。种水稻者，耕作娴熟。而在山坡开荒者，耕种方式却较落后。

分寨定居，村寨较小，有几十户。

山泽人多宗姓，以黄、陈、罗、李、宁为最大。父权家庭，成员包括父母、子女、祖父母。普遍供祀玉皇、南华佛、灶君。

民间文艺以男女对歌为主，以"笙歌"最为著名。舞蹈有鼓舞、筑路舞、送别舞、燃灯舞等。

除上述 12 个人口在 10 万以上的少数民族外，越南还有色当族（96766 人）、占族（98971 人）、山由族（91530 人）、赫耶族（94259 人）、耶特阳族（96924 人）、莫侬族（67340 人）、拉格莱族（71696 人）、斯汀族（50194 人）、土族（51274 人）、克姆族（49853 人）、布鲁—云乔族（40132 人）、热依族（37964 人）、戈都族（36976 人）等 13 个人口较多的少数民族；其余 30 多个少数民族人口较少，最少的只有几百人。

（武尚清）

南 亚

巴 基 斯 坦

一 概 况

巴基斯坦位于南亚次大陆西北部，东北与中国接壤，西北与阿富汗相连，东邻印度，西接伊朗，南濒阿拉伯海，海岸线长980公里。

全国面积为80万平方公里。北部和西部多山地和高原，主要有兴都库什山和苏来曼山，俾路支高原和波特瓦尔高原。中部和东部为印度河平原。南部为沙漠地带。主要河流为印度河，它由东北向西南流入阿拉伯海，全长3180公里，流域面积96.6万平方公里。除南部沿海地区属热带气候外，全国大部分地区属亚热带气候。气候干旱少雨。平原地区的植被以灌木为主，高原地区依海拔不同生长不同种类的树木和植物。盛产水果和水产品，主要农作物是棉花和小麦。

全国分4个省。省以下设专区，专区下设县。此外还有中央直辖部落地区。

政体为联邦制国家，联邦政府为最高行政机构，各省政府受联邦政府领导。总统为国家元首，总理为政府首脑。议会由参众两院组成。政府为内阁制，现由穆斯林联盟执政。

巴基斯坦属发展中国家。国民经济以农业为主，农业产值占总产值的25.6%，服务业占48.7%，工业占20%。人均生产总值约420美元（1993—1994年）。货币单位卢比。

自20世纪70年代起，巴基斯坦实行1—8年级免费教育，加强理工和职业教育。小学和中学共10年，大学4年。全国已在3000多所初中和2000多所高中引进了农业技术课程，并开办了多所工程技术学校和职业学校。现有大学29所（公立22所，私立7所），各类学院200多所，包括1所工程科技大学、6所多科技学院、21所商学院、24所综合性学院。一些非官方组织还开办了 200 多所识字中心，提高成人识字率。现识字率为 36.8%。

巴基斯坦是一个多民族国家。主要民族有旁遮普族、信德族、帕坦（人）和俾路支（人），属印度雅利安族系和伊朗族系。各民族有自己的语言和文字，乌尔都语为国语，英语为官方语言。除以上四个主要民族外，还有一些人数较少的民族和部落。全国人口的 97% 为穆斯林，伊斯兰教为国教。巴基斯坦政府按宗教信仰把穆斯林称为"一个民族"，而把基督教徒、印度教徒等非穆斯林称为"少数民族"。

二　印度穆斯林与巴基斯坦

巴基斯坦原为印度的一部分。1947 年印巴分治时，按照居民的宗教信仰（印度教徒和穆斯林）划分为两个国家，原居印度西北部及东孟加拉的穆斯林占多数的省份，组成巴基斯坦。

伊斯兰教于 8 世纪初传入次大陆。从 13 世纪初德里第一个穆斯林王朝的建立，到 1857 年莫卧儿王朝彻底覆没的 600 多年里穆斯林在次大陆一直居统治地位。1757 年普拉西战役后，印度大部分领土沦为英国的殖民地，莫卧儿王朝统治陷入全面危机。为挽救莫卧儿王朝免于灭亡，印度穆斯林进行了反对异教徒统治、复兴伊斯兰教的圣战运动。因此，英国人将穆斯林视为天然的敌人。1857 年印度民族大起义失败后，印度穆斯林彻底丧失政治统治地位。在英国殖民当局"分而治之"政策下，印度教徒和穆斯林之间的教派冲突日益加剧。印度穆斯林启蒙主义思想家赛义德·阿赫默德·汗最早提出印度穆斯林是一个单独的社会和文化实体的思想。当 1876 年贝拿勒斯的印度教徒发动了反乌尔都的运动时，他便预见到"印度教徒和穆斯林再也不能作为一个单一的民族前进了"。他于 1882 年提出"穆斯林是一个民族"。他反对国大党在印度引进代议制民主制度，于 1886 年成立穆斯林教育会议，在穆斯林中发展现代教育，以改变印度穆斯林的社会地位。

1906 年，代表穆斯林利益的全国性政治组织全印穆斯林联盟成立。1913 年，穆斯林联盟和国大党在争取印度民族独立的斗争中曾一度合作，1928 年合作破裂。1930 年，著名穆斯林诗人和哲学家伊克巴尔提出了在印度西北部建立单独的伊斯兰国家的主张。1933 年，青年法学家拉赫玛特·阿里为这个伊斯兰国家起名为"巴基斯坦"，其英文拼写由旁遮普（Punjab）、阿富汗（Afghanistan）、克什米尔（Kashmir）、伊朗（Iran）、信德（Sind）的词头和俾路支（Baluchstan）的词尾组成，意为"清真之国"。

1940年年初，穆罕默德·阿里·真纳明确提出印度教徒和穆斯林是"两个民族"，印度应分治为民族国家，给两个主要民族以单独的祖国。1940年3月23日，真纳领导下的穆斯林联盟在拉合尔召开全国会议，通过了建立巴基斯坦的决议。1947年6月英国公布"蒙巴顿方案"，同意印巴分治。同年7月，英国议会通过了印度独立方案。同年8月14日，巴基斯坦宣布独立，成为英联邦的一个自治领，真纳任第一任总督。1956年3月23日，巴基斯坦颁布第一部宪法，改自治领为共和国，定国名为"巴基斯坦伊斯兰共和国"。

三　居民来源及民族演变

考古挖掘证明，早在50万年以前，在今巴基斯坦拉瓦尔品第以南的索安河谷就有人类活动。

俾路支的村落遗址表明，公元前4000—2800年，在俾路支的河谷地带出现了村落文化。它与同时期的伊朗文化有关。从人种的角度研究，这一文化的经历者也与伊朗的种族有关。

信德省科特迪基遗址的发掘证明，公元前2800年左右在印度河流域出现了城市文化。科特迪基城堡的城墙用大块岩石奠基，城堡内有宽敞的房屋。这是城市文化的早期阶段。而信德省的莫亨殊达罗和旁遮普省的哈拉帕的高水平的城市文化，标志着这一城市发展到了成熟阶段。早在公元前2500年，莫亨殊达罗就是一座美丽的城市，市内有十字相交的街道、排列整齐的房屋和排水系统。这就是著名的印度河文明，这一文化辉煌地存在了大约1000年（公元前2500—前1500年）。

考古学家通过对莫亨殊达罗和哈拉帕遗址人体骨架的解剖认为，印度河流域的古代居民个子矮小，头大，肤色黑，头发浓密，鼻子扁平，嘴唇凸出，属达罗毗荼人（Dravidians）。据《古兰经》记载，最早踏上巴基斯坦土地的黑人来自非洲，经阿拉伯半岛和伊朗来到俾路支和印度河流域。达罗毗荼人是印度河文明的创造者，他们处在母系社会，崇拜大地之母。

公元前2000年左右，雅利安人（Aryans）来到印度河流域，这一过程大约持续了 500 年。雅利安人具有北欧日耳曼人和黄种人的特征：身材高大，白皮肤，黑头发。他们征服了当地的达罗毗荼人，把他们沦为奴隶。一部分达罗毗荼人被赶到印度南方。

雅利安人进入印度河流域后继续奉行其父系制度。他们向当地居民学习管理国家的方法，建立了各自的国家，并接受他们的信仰，开始崇拜偶像。但雅利安人不习惯印度河流域的城市生活，也不从事贸易活动，所以莫亨殊达罗的贸易港口对他们毫无意义。因此，印度河流域的宗教和政治中心由南向北迁移。雅利安人后来开辟的城市塔克西拉、布什格拉瓦（加尔萨塔）和布尔沙布拉（白沙瓦）就在北部，其中最大的中心是塔克西拉。

公元前 6 世纪，波斯王大流士入侵印度，首先占领了犍陀罗，后将整个印度河流域并入自己的王国。公元前 327 年，马其顿国王亚历山大入侵旁遮普，占领塔克西拉。阿育王死后，北阿富汗希腊国王占领了印度河流域，先后定都塔克西拉和锡亚尔科特，其政权大约维持了 100 年。

公元前 100 年后，塞种人（Sakas）、安息人（Parthians）、贵霜人（Kashans）相继进入印度西北部。塞种人打败了希腊人（Greeks），占领了犍陀罗和印度河流域。100 年后，安息人战胜了塞种人。贵霜人于公元前 170 年占领犍陀罗，定都白沙瓦。贵霜人在犍陀罗和印度河流域大约统治了 200 年。迦腻色伽国王（129—152 年在位）当政时期，王朝疆域扩至克什米尔、信德、阿格拉和喜马拉雅山以北的莎车与和田。

8 世纪初，阿拉伯人（Arabis）征服了信德沿海至木尔坦的地区，伊斯兰教在次大陆取得第一个立足点。阿拉伯人根据当地的社会状况推行了一系列行政管理制度，其政权大约维持了 150 年。从 9 世纪末起，伊斯玛仪派传教士不断来到信德和木尔坦等地，在下层人民中传教，一些当地居民改教成为穆斯林。

10 世纪末，伽色尼王朝突厥人（Turks）开始入侵北印度，旁遮普成为伽色尼王朝的一个行省，巴基斯坦西北部第一次置于穆斯林统治之下。12 世纪初，古尔王朝取代了伽色尼王朝在旁遮普的统治，并向恒河、朱木拿河流域推进，伊斯兰教势力深入印度腹地。1206 年，奴隶出身的将领库特布·艾伯克在德里建立了次大陆第一个穆斯林王朝——奴隶王朝，开始了穆斯林的有效统治。此后 300 多年王朝不断更迭，史称德里苏丹国。德里苏丹国时期，伴随穆斯林的军事进攻，大批乌拉玛（伊斯兰教宗教学者）和苏非长老来到次大陆传教。13—15 世纪，伊斯兰教在印度各地广为传播，大批印度教徒成为新穆斯林。到莫卧儿王朝建立时，当地居民的改信伊斯兰教已初步完成。

1526年蒙古人（Mongolians）在帕尼帕特战役中打败洛提王朝军队，占领德里，建立了莫卧儿王朝。莫卧儿王朝的统治也经历了300多年。阿克巴统治时期（1556—1605年），推行宗教宽容和民族和解政策，缓解了印度徒和穆斯林的矛盾，社会相对安定，是莫卧儿帝国最强盛的时期。莫卧儿王朝后期，以阿克巴为代表的融合主义思想遭到正统派穆斯林的反对。奥朗则布（1659—1707年）统治时期，狂热推行伊斯兰教，宗教和民族矛盾激化，各地纷纷起义，加之西方殖民主义势力的入侵，莫卧儿王朝内外交困，危机四伏。奥朗则布死后，莫卧儿王朝名存实亡。

早在15世纪末，西方殖民主义者就已打开次大陆的大门。葡萄牙人、荷兰人、法国人、英国人相继进入次大陆。次大陆自1757年普拉西战役后沦为英国的殖民地，英国人的统治给印度人民特别是穆斯林带来空前的灾难。英国人认为1857年的印度民族大起义是穆斯林发动的，对穆斯林进行了残酷镇压，对莫卧儿王室进行了灭绝种族的屠杀。

在次大陆的历史上，外来民族一个接一个地踏上这块土地。次大陆成为外来民族的聚居地，素有"外国人的土地"之称。因此，次大陆的民族具有鲜明的多样性和混合性。巴基斯坦地处次大陆的西北部，每一次外族入侵都使它打上外来民族的印记。

虽然巴基斯坦政府根据伊斯兰教的民族理论把穆斯林定为"一个民族"，把非穆斯林定为"少数民族"，但是，居住在巴基斯坦的旁遮普人、信德人、帕坦人和俾路支人还保持着各自的历史、语言和文化传统。长期以来，由于各个民族在政治、经济发展上的不平衡，巴基斯坦国内的民族矛盾和民族纠纷此起彼伏，连绵不绝，严重影响了政局的稳定。

四　旁遮普人与巴基斯坦

旁遮普人（Punjabis）是巴基斯坦人口最多的民族，人口约有5000万，占全国人口的65.1%，其中72.4%居住在农村，27.6%居住在城镇。属雅利安人种的拉其普特人（Rajpusts），身材高大健壮，多为浅棕色皮肤，也有人具有雅利安人的白色皮肤，高鼻子、黑眼睛、黑头发。

主要居住在巴基斯坦最富饶的旁遮普省、西北边境省的扎哈拉和德腊—伊斯梅尔汗以及信德省。主要从事农业、纺织业和制陶业。多数人讲与乌尔都语近似的旁遮普语，一部分人讲乌尔都语。

"旁遮普"意为"五河"，因其境内的五条河流而得名。旁遮普省优越的地理位置和良好的自然环境使它在历史上屡遭外族入侵。

"拉其普特"意为"王之子"，即外族统治者与印度社会融合而形成的封建王族。公元前6世纪至公元2世纪来到印度西北部的希腊人、塞种人、安息人、贵霜人等诸小民族，其贵族和军事首领与当地印度教徒杂居通婚，改信印度教，逐步被印度社会同化，并取得"刹帝利"（"武士"）的种姓地位。在穆斯林统治时期，许多拉斯普特家族改信伊斯兰教，成为穆斯林。在印度河流域民族形成和文化建设中，外族人起了极其重要的作用。

希腊人早在公元前6世纪就随大流士的军队来到西北部地区定居下来。在希腊人统治的100多年里，许多希腊士兵和王朝官员与当地家庭联姻，融入当地居民之中。

塞种人的部落早在公元前9—前8世纪就来到印度河流域。他们虽然属于雅利安人的东部支系，但他们的文化不同于雅利安人的文化。他们奉行母系制度。他们来到这里定居后，既未接受种姓之分，也不承认婆罗门的精神领导。由于他们来自巴里黑（巴赫特尔），所以雅利安人称他们为"巴尔希卡"。据说，巴尔希卡人是普勒尔、帕尔瓦纳和帕拉族人的"根"。后来，"巴尔希卡"一词逐渐变成了"瓦希卡"，印度河流域被称为"瓦希卡国"。在旁遮普语中，至今把农民叫作"瓦希"。第二批塞种征服者于公前1世纪来到印度河流域，他们分成达哈、萨卡拉欧卡和穆撒格地亚依三个部落。达哈部落的人至今还在旁遮普。这三个部落的共同首领叫穆加。在旁遮普，至今还有穆加族人。

塞种人给印度河流域带来新的干果、水果和蔬菜，如干果中的核桃和阿月浑子，水果中的杏、桃、葡萄、西瓜和梨，蔬菜中的大蒜、洋葱、胡萝卜、茴香、豆角以及桉脂和五倍子等；还教会当地人缝制圆领衫和钉马掌等技术。塞种人最明显的特点是在宗教上的宽容，他们自己信奉佛教，但也友好地对待其他宗教。

安息人属伊朗人种，他们的文化也染上了伊朗文化的色彩。安息人统治的时间很短，但是在塔克西拉挖掘出来的那一时代的各种制品，具有很高的水平。犍陀罗艺术实际上起源于他们那个时代。

贵霜人大约在公元前170年迁徙至阿姆河和锡比流域，后征服巴赫特尔，进而攻占喀布尔河流域，最后占领犍陀罗，定都白沙瓦。贵霜人在犍陀罗和印度河流域统治了200年左右。贵霜人最著名的统治者迦腻色伽重视学术和艺术，在他当政时期，佛教大振，犍陀罗艺术得到很大发展。

在旁遮普语文学中，诗歌占很大比重。苏非诗人沙·夏姆斯·萨布兹瓦里（1164—1248年）和法利德·甘吉·沙卡尔（1173—1227年）最早用旁遮普语写诗，他们的诗作或描绘自然风光和风土人情，或表达苏非派的神学和哲学思想。16世纪著名的旁遮普语诗人达斯·达穆德尔和沙·侯赛因分别把希尔兰恰的故事写成长诗和吟唱诗，使之广为流传。18世纪最有影响的旁遮普语诗人是苏非诗人赛义德·瓦利斯·沙，他再次创作的长诗《希尔兰恰的故事》，成为旁遮普语古典文学的杰作。近代旁遮普语诗歌多以反对殖民统治，宣扬教派团结为主题。

20世纪印度最杰出的穆斯林诗人和哲学家伊克巴尔（出生于旁遮普省的锡亚尔克特），一生用波斯语和乌尔都语创作多部诗集，《自我的秘密》中阐述"自我"哲学，极大地鼓舞了印度穆斯林在现实生活中去实现自身的价值，为民族的独立和自由而斗争。他在1930年提出的建立穆斯林独立国家的思想是巴基斯坦的立国之本。

旁遮普人至今保留着传统的生活方式。在服饰方面，妇女通常穿"卡密兹"（一种过膝长衫）和"希尔瓦尔"（一种没过脚踝的灯笼裤），头上或胸前围一条长方形纱巾，颜色艳丽而和谐。少数妇女穿黑色罩袍（布尔卡）。男人也穿"卡密兹"和"希尔瓦尔"，只是颜色比较素雅。有身份的男人则穿土耳式外套或西装。在炎热的夏天，农村的男人多穿汗衫和一种叫"太赫奔德"的筒裙。

旁遮普人的饮食简单。旁遮普人的主食有"加巴地"薄饼，"布拉欧"饭，土豆、洋葱、西红柿和牛羊鸡肉是他们的主要菜肴，烹调时加入大量香料。旁遮普人的传统饮料是一种用红茶、牛奶和白砂糖煮成的奶茶，香甜可口，富有营养。旁遮普人在住房方面开支较大。在伊斯兰堡、拉合尔甚至一些中小城市，有钱人的花园别墅式住宅比比皆是。有钱人的私人汽车在大街上川流不息。而大多数穷人则住在破旧而简陋的房屋里，外出只能乘公共汽车。

宗教活动在旁遮普人的日常生活中占重要地位。伊斯兰教规定穆斯林每天做五次祈祷，人们一般在家里做。政府机关和学校设有祈祷室，工作人员和学生在规定时间去那里祈祷。星期五的"聚礼"一般去清真寺做，清真寺遍布旁遮普城乡各地，拉合尔的皇家清真寺可同时容纳

10万人做祈祷。历史上，苏非派在旁遮普有广泛的影响，因此，旁遮普穆斯林至今还保留着崇拜苏非圣徒和圣墓的习俗。在木尔坦、拉合尔和锡亚尔克特等地，有许多苏非的陵墓，每逢节假日，人们都要在这些陵墓前举行纪念活动。拉合尔的达塔清真寺是次大陆最早修建的清真寺，苏非长老胡吉伟里（达塔·甘吉·巴赫什）的陵墓安放在那里。人们在他的墓前念"法蒂哈"，并许下心愿，求圣人保佑。一旦愿望实现，人们还在圣墓前念"法蒂哈"并献祭，以感谢圣人的保佑。

五　信德人与巴基斯坦

信德人人口约1900多万，占巴基斯坦总人口的22.6%，其中农村人口占56.7%，城镇人口占43.3%。大部分居住在信德省，一部分居住在俾路支省。属雅利安人种，杂有阿拉伯人血统，是次大陆接受阿拉伯文化最早的一个民族。大多数人操信德语和乌尔都语。信德人主要从事农业和畜牧业，一部分人从事纺织和钢铁工业。

在伊斯兰教诞生之前的若干世纪，阿拉伯商人就在印度西海岸和信德沿海地区从事贸易活动，并在此居留。他们是次大陆最早的阿拉伯移民。伊斯兰教创立之后，一些信奉伊斯兰教的阿拉伯商人仍在这些地区经商，与当地妇女结婚并定居下来，形成混血的穆斯林后裔。

公元8世纪初阿拉伯军队攻占信德时，印度教国王统治信德全境。土著的信德人分为若干部族，其中最大的是苏姆拉人（Sulmrah）、萨姆玛人（Sammah），他们均为低种姓的印度教徒。苏姆拉人属贾特次种姓，居住在从木尔坦到沿海的印度河岸，以放牧和种植为生。印度教国王对低种姓印度教徒非常歧视，所以，当阿拉伯军队到来时，苏姆拉人加入了阿拉伯的军队。9世纪末，在伊斯玛仪派传教士的传教活动中，苏姆拉人和萨姆玛人先后信伊斯兰教。

信德省是一个多民族杂居的省份，除当地的信德人外，还有穆哈吉尔（移民）、旁遮普人、帕坦人及俾路支人。信德人认为，长期以来外族人的大量拥入剥夺了他们的权利。1955年，巴基斯坦推出把西巴四省合并为一个统一省的"一单位制"，引起信德人的强烈不满。他们认为，把信德并入西巴统一省进一步损害了信德人利益。第二年，信德人提出了"信德民族主义"的口号，并在此基础上成立了"信德万岁"组织。该组织排斥操乌尔都语的穆哈吉尔以及旁遮普人和帕坦人等外来民族，为维护本民族利益而提出信德独立的要求。

在阿尤布汗和齐亚哈克执政时期，信德人感到他们的政治和经济权益受到损害。尤其在20世纪70年代后期军人政府对人民党的镇压，更激起了信德人对军人政府的不满。1983年8月，在8党联盟"恢复民主运动"的领导下，信德全省爆发了一场规模空前的反政府运动。在这场运动中，"信德万岁"等组织重新提出"信德独立"的口号。人民党领导人蒙塔兹·布托公开要求"信德自治"、"巴基斯坦应该组成一个联邦"。

在信德省，还居住着数量可观的穆哈吉尔（Muhajirs），即1947年印巴分治时从印度迁移到巴基斯坦的800万穆斯林移民（难民），约占当时西巴人口的25%。穆哈吉尔来自印度的旁遮普邦、北方邦、比哈尔邦、古吉拉特邦、马哈拉施特拉邦和海德拉巴邦等地，主要流向信德省和旁遮普省的城市。1951年在巴基斯坦19个大城市的人口中，穆哈吉尔平均占46%。卡拉奇是当时的首都，100万人口中有60万是穆哈吉尔。穆哈吉尔受教育率较高，讲纯正的乌尔都语。

在穆哈吉尔中，很多人参加了争取巴基斯坦独立的运动，后来又抛弃了他们在印度的家业和财产来到巴基斯坦。在独立初期，他们还享有较高的政治地位。在真纳任穆斯林联盟主席期间，穆斯林联盟工作委员会有28名成员，其中部分人是穆哈吉尔。但由于穆哈吉尔在经济上一无所有，又没有群众基础和自己的选区，所以，他们在经济和政治上都处于困境。在布托执政时期，政府的"配额"制和国有化政策，限制了穆哈吉尔的就业和进入高等教育机构的机会。齐亚哈克执政时期，穆哈吉尔感到他们在经济上和政治上受到极大的损害和歧视。

1978年6月，全巴穆哈吉尔学生组织成立，其宗旨是为实现穆哈吉尔的权利而斗争，阿尔塔夫·侯赛因任主席。20世纪80年代中期，穆哈吉尔放弃了"巴基斯坦民族主义"，而提出了"穆哈吉尔民族主义"的口号，并成立了穆哈吉尔民族运动（简称MQM）。MQM在1988年大选中一跃而成全国第三大党。1990年10月大选后，MQM在省和联邦一级加入了纳瓦兹·谢利夫的政府，在信德和伊斯兰堡都显示了强大的力量。而在1992年6月，当MQM撤销了它对政府的支持时，MQM与政府间出现了摩擦，政府对其采取了"清洗行动"。其成员辞去了信德省和国民议会席位，作为对"清洗行动"的抗议。1994年11月至1996年1月，MQM与军队和警察之间发生了数十次武装冲突，数千人被杀。严重的暴力行为使卡拉奇陷入内乱和危机之中。

1995年7月4日，MQM向新闻界发表了构成其与政府小组谈判基础的18点要求，MQM强硬路线领导人提出了独立省的要求。

信德语文学亦源于诗歌。最早的信德语诗歌为9世纪哈伦·拉希德的宫廷诗人所作。15—17世纪，信德语文学得到很大发展，许多乌拉玛和苏非用信德语传教、写诗。18世纪最著名的信德语诗人是阿卜杜勒·拉蒂夫·帕塔依，他的诗集《沙·焦尔萨鲁》和故事集《萨希班努》描写了印度河流域各阶层人民的生活。巴基斯坦独立后，许多作家以民间生活和民间文学为素材，他们的作品反映了信德的传统文化和社会风貌。

信德人的生活方式和习俗与旁遮普人大致相似。由于信德气候终年炎热，人们只需穿单衣。信德人的服装和头巾多用彩色丝绣美丽的图案，或缀上许多小圆镜片。信德男人还喜欢戴镶嵌着小圆镜片的花帽。信德妇女的首饰种类繁多，工艺精湛。在众多的首饰中，鼻环是最重要的饰物。对于已婚妇女来说，戴鼻环是丈夫健在的标志，只有丈夫死后才能将鼻环摘下。

历史上，苏非派的卡兰德尔支派在信德有较大影响。该派成员受印度教瑜伽派的影响，不吃肉，不结婚，不穿衣服，过着离群索居的生活。在莫克兰海边，至今还偶尔可以看到卡兰德尔成员的身影。

六 帕坦人与巴基斯坦

帕坦人人口约1200万，占总人口的15.7%，其中85%居住在农村地区。主要分布在西北边境省和俾路支省，一部分住在旁遮普省和卡拉奇。属伊朗族系，与阿富汗境内的普什图族同属一个民族。主要居住在西北边境省和俾路支省北部，讲普什图语，从事游牧业和农业。属伊斯兰教逊尼派。

巴基斯坦境内的帕坦人现有9个较大的部落，即阿弗里迪、瓦奇里、尤素夫扎伊、穆赫曼德、奥拉克扎伊、哈塔克、卡卡尔、杜拉尼、吉尔扎伊。

帕坦人要求的独立运动有着历史的根源。在英国人统治时期，帕坦人就曾多次进行争取民族独立的斗争，旨在建立一个独立的巴克同尼斯坦。他们的斗争曾遭到殖民当局血腥镇压，但一直持续到英国人撤出印度。

居住在巴基斯坦的帕坦人（即普什图人或巴克同人）同阿富汗境内的普什图人是一个民族。1947年印巴分治时，该地区归巴基斯坦。1949年以来，当地巴克同人在红衫党领导下搞独立运动，要求成立独立的巴克同尼斯坦，脱离巴基斯坦。1954年红衫党被取缔后，他们与其他政党先后组成民族党和民族人民党，提出自治的要求。布托执政时期，以"危害巴基斯坦的主权和领土完整"为由，解散了民族人民党政府。1975年后，民族人民党另组新党民族民主党，继续争取民族自治，要求建立巴克同尼斯坦。

普什图语文学源远流长。在雅利安人的《梨俱吠陀》和波斯人的《阿维斯塔》中，均可找到它的踪迹。穆斯林统治时期，普什图语文学受波斯古典诗歌影响较大。最著名的普什图语诗人是17世纪的哈塔克部落酋长胡什哈尔·汗，他的诗歌以弘扬爱国主义为主题，试图寻找解决和妥善处理社会问题的途径。他被誉为"普什图语文学之父"。18—20世纪，普什图语文学得到长足发展，涌现出许多优秀的诗人和作品。巴基斯坦独立后，成立了普什图语文学院，在发展普什图语文学方面得到巴基斯坦政府的大力支持。

帕坦男子喜穿长衫和灯笼裤，还喜欢穿坎肩，头上缠头巾。男子的头巾被视为勇敢、名誉和权力的象征。帕坦人尚武，男人还常佩带枪支。帕坦妇女的头巾象征着妇女的尊严和地位。冬天男人上身裹一条毯子，女子则一般裹着厚的披肩。

帕坦部落实行"吉尔加"制，"吉尔加"是帕坦部落为解决宗教和其他重要问题而设立的法庭或议事机构，由部落头人和经选举产生的长者组成。"吉尔加"具有绝对权威性，它所作出的决定和判决，任何人不得表示异议，拒绝接受者会受到惩罚。帕坦部落的公共活动场所叫"胡杰拉"，具有议事、审判、婚庆以及举行各种风俗礼仪等多种功能。帕坦部落的男孩成年后，一般不住在家里，而是和别的未婚青年一起住在这里。外乡人过往，也在此过夜。

七　俾路支人与巴基斯坦

俾路支人人口约400万，占总人口的5.1%，属伊朗族系。主要居住在信德省和俾路支省，其余居住在西北边境省南部及旁遮普省南部。大多俾路支人从事农业和畜牧业。1783年，俾路支人征服了信德人后，大批迁入信德。至今在信德拥有其传统的封建势力。居住在信德的俾路支人多已不讲俾路支语，改讲信德语。

居住在俾路支省的俾路支人操俾路支语，主要生活在部落制度下。主要部落有：马里、布格蒂、道姆吉、马卡、考萨、拉哈沙尼、桑加尔、达什提、乌姆拉尼、吉什基、布来迪、山吉拉尼、吉达伊、加马里、品德、拉沙尔。

巴基斯坦境内俾路支人与伊朗和阿富汗境内的俾路支人属于同一民族。1947年印巴分治时，卡拉特这个俾路支省最大的土邦拒绝加入巴基斯坦，宣布建立俾路支独立国。1948年年初，巴基斯坦政府派兵镇压，接管了邦政府。但他们并没有放弃要求独立的主张。1970年大选中，民族人民党在俾路支省选举中获胜，1972年组成该党领导的省政府，并在部落中散发武器。1973年布托政府逮捕了民族人民党领导人，解散了省政府。布托政府还派军队镇压了一些武装部落的暴乱，内战持续了3年多。哈克执政时期，对俾路支人采取安抚政策，但并没有从根本上解决问题。直到1979年，前民族人民党领导人比赞乔另组建新党巴基斯坦民族党，要求实行省的自治。

俾路支语文学也以民间故事和传说为基础。15世纪的抒情诗多为口头流传，带有鲜明的俾路支部落文化色彩。16世纪以后出现的诗歌多以战争和宗教为题材。18世纪的著名诗人加姆·瓦勒克不仅将民间故事写成诗歌，而且在俾路支语诗歌创作中，使苏非派的爱情诗达到了最高水平。他还把阿拉伯和伊朗的浪漫故事《莱拉和玛吉农》和《希林和法尔哈德》写成俾路支语诗歌。19世纪后俾路支语诗歌以反对殖民统治、争取民族独立为主题。巴基斯坦独立后，俾路支语文学有了较大发展，诗人和作家创作了许多现实主义题材的诗歌和小说。

相当一部分俾路支人至今还过着逐水草而居的游牧生活，住在简陋的帐篷里。俾路支人帐篷里，陈设非常简单，只有口粮、铺盖、盛水的羊皮口袋以及盛黄油、盐、糖、茶的瓶罐，帐篷外面架着烧饭的锅，牲畜在帐篷外不远的地方过夜。秋天，在高寒地区放牧的俾路支人用骆驼驮着他们的财物向山下转移，在平原地区过冬。

俾路支男子一般穿宽大的裤子和几乎拖到脚跟的长袍，肩上裹着长长的围布，头上缠着布头巾。俾路支妇女一般也穿长达脚踝的长衫和宽大的裤子，头上裹着白色围巾。俾路支部落的服饰各有特色，尤其是衣服上的花饰和头巾的缠法互不相同，以区别于其他部落。

俾路支人多食粗面粉、黄油、羊肉和羊奶。他们最喜欢吃的是一种名为"萨其"的烤肉。俾路支大部分地区为高寒地区,蔬菜很少。俾路支妇女常采集一种叫"贝希"的野生植物,其果实和叶子都可食用。

除以上民族外,巴基斯坦还有以下少数民族和部落:

克什米尔人 巴基斯坦的克什米尔人主要居住在巴基斯坦实际控制的自由克什米尔地区,人口有 280 万。属雅利安人种,亦具塞种人、匈奴人、土耳其人、蒙古人等北方民族的特点,高鼻子,白皮肤。讲克什米尔语。主要从事农业和手工业。

克什米尔的归属问题是影响巴印关系的重要原因。克什米尔(全称查谟和克什米尔),面积约 19 万平方公里,位于巴基斯坦、印度、阿富汗和中国之间,具有重要的战略地位。现人口约 600 万,其中 77% 是穆斯林,29% 信奉印度教,少数人信奉佛教和其他宗教。

自 13 世纪起,苏非圣徒开始在这里传教,许多印度教徒改信了伊斯兰教。16 世纪中叶,莫卧儿王朝在这里建立了统治。殖民统治时期为英属印度的一个土邦。19 世纪上半叶,英国人结束了锡克人在旁遮普的统治,又以 750 万卢比的价格将克什米尔的统治权卖给了道格拉族印度教王公古拉卜·辛格。20 世纪初,克什米尔穆斯林开始为争取自己的权利而斗争。1932 年,谢赫·穆罕默德·阿卜杜拉成立了名为"穆斯林会议"的政治组织。此后他脱离该组织,于 1938 年成立了"民族会议"。1944 年民族会议发动了"放弃克什米尔"运动。1946 年,代表克什米尔大多数穆斯林的穆斯林会议作出克什米尔加入巴基斯坦的决定。

1947 年印巴分治时,按照蒙巴顿方案,穆斯林占多数的地区应划归巴基斯坦,但又规定土邦可以自由选择加入印度或巴基斯坦或保持独立。巴基斯坦一直坚持主张克什米尔的归属应按公民投标原则,由克什米尔人民自决。但印度利用它在分治时控制的克什米尔议会通过决议,宣布克什米尔归属印度。1947 年 10 月,印巴双方发生武装冲突,在联合国干预下,1949 年 1 月印巴停火,7 月划定停火线,印度占克什米尔的三分之二地区,四分之三人口;巴基斯坦占三分之一地区,四分之一人口。1953 年,印巴两国政府达成协议,克什米尔争端通过公民投票解决。自 1953 年以来,巴基斯坦政府一直坚持在克什米尔举行公民投票,但印度政府却坚持克什米尔是"印度联邦不可分割的一部分"而予以拒绝。1953—1964 年,印巴领导人进行了多次会谈,均无结果。1965 年 9 月 6 日,印巴再次因克什米尔冲突爆发战争。同年 9 月 23 日,联合国安理会通过决议,促使印巴宣布停火。双方于 1966 年 1 月签订了《塔什干宣言》。1971年11月21日爆发了第三次印巴战争，与克什米尔也发生了战斗。1972年7月3日，印巴两国总理签署了《西姆拉协定》，双方同意"逐渐恢复两国关系和使两国关系正常化"，双方军队"应撤回到国际边界线的各自一边"。但克什米尔问题至今尚未解决，双方军队在控制线上不时发生冲突。

最早的克什米尔文学作品是13世纪宗教诗人希迪·坎德的诗集《伟大之光》，这部诗集描述了印度教湿婆派的宗教思想。14—18世纪，谢赫·努尔·阿拉丁的诗歌主张人类之爱，充满伊斯兰教神秘主义色彩。女诗人胡巴·哈杜的抒情诗在近代克什米尔文学史上具有重要地位。20世纪最重要的诗人是阿卜杜拉·哈德·阿扎德，他的诗歌描写了下层人民的悲惨生活，具有反对剥削和压迫、反封建的思想。

克什米尔人喜欢喝用红茶、牛奶、盐和小豆蔻子煮成的茶。克什米尔人擅长制作各种手工艺品，如编织的腰带、刺绣的围巾和披肩、陶制器皿、土法制作的毛毯等。克什米尔的披肩和毛毯非常有名。

布拉灰人 系达罗毗荼人在次大陆最早的一个支系。其中一部分住在俾路支省的卡拉特地区，人口约60万，少数住在信德省境内。俾路支省布拉灰族部落的居住地，仍是一个与古代达罗毗荼人有着深刻渊源的"文化孤岛"。布拉灰人使用与印度泰米尔语相近的布拉灰语。俾路支省的布拉灰族仍实行部落制，主要部落有：雷桑尼、曼加尔、比赞乔、则里、扎拉克拉伊、沙瓦尼、苏马拉尼、班古扎伊、M.沙希、M.哈斯尼、雷赫里、兰古。

奇特拉尔人 卡费尔人和科希斯坦人主要居住在巴基斯坦北部地区的奇特拉尔县和斯瓦特，操达尔德语。奇特拉尔人约有10万，大部分为伊斯玛仪派教徒。奇特拉尔人在16—17世纪形成了封建关系，卡费尔巴基斯坦人和科希斯坦人还保留着氏族部落组织的基础。

古吉拉特人 巴基斯坦的古吉拉特人大部分居住在卡拉奇及其他城市，操古吉拉特语，属伊朗族系，信拜火教，亦称"巴息"人。受教育率较高，擅长经商，在巴基斯坦颇有经济地位。

（张玉兰）

不　丹

一　概　况

不丹位于巍峨的喜马拉雅山的南坡，险峻的天然屏障使不丹与邻国相隔。东、北、西三面与中国接壤，南面与印度毗邻，西南部与锡金交界，属内陆国家。不丹的南部为丘陵地带，属亚热带气候，年平均降雨量为100英寸。北部山区气候寒冷，中部河谷气候温和。不丹的河流十分湍急，因此，航运不便。不丹的大部分人口居住在喜马拉雅中央区肥沃的河谷地带。

不丹全国分四个行政区，18个县。政体为君主立宪制。不丹的君主被授予"主加布"的头衔，即"不丹人民最高贵的君主"。

不丹的国民议会机构是1953年恢复的。它由人民代表、政界和僧侣阶层的代表组成。国民议会每年举行两次例会，由议员无记名投票推选的议长负责召集临时议会。国民议会制定法案，并对国内所有重大事务提出建议。

设有皇家咨询会。它于1965年正式成立，这个委员会在许多重大问题上有权对国王和政府大臣们提出建议，监督计划和国民议会所制定的政策的实施。该委员会委员由11人组成，主席由国王任命，5名人民代表，2名寺院代表，2名不丹南部的代表，1名妇女代表，每届任期5年。

不丹的大臣议会于1968年恢复建立。它是使行政体制现代化所采取的重大步骤之一，是具体执行政策的一个重要机构，由政府大臣组成。大臣由国王任命，任期5年，但大臣的任命须经国民议会批准。

不丹以农业为主，农业人口占总人口的90%，主要农作物有稻谷、玉米、小麦、荞麦、大麦、土豆和豆蔻等。

工业欠发达，多为小型工业，劳动力缺乏，经济管理家为数不多，国内市场规模也很有限，工业总产值仅占国内生产总值的16%。

不丹实行免费义务教育。不丹政府重视发展教育，由国家统一管理，从小学到更高的教育全部由国家承担。现有各种学校195所（包括2所学院），在校学生人数7万余人，教师2600余人。

不丹的官方语言为宗喀语（Dzongkha）和英语。宗喀语是一种与藏语相似的方言，在发音方面，有鲜明的民族特点。自从20世纪60年代以来，在非宗教的学校里用英语进行教学，而宗教语言、古典的宗喀语则在寺院学校中使用。南方地区使用尼泊尔语，受地形的影响，不丹至今存有各种不同方言。据估计，仅在不丹东部就有11种方言之多。因此，不同地区的居民互通信息有些困难。

藏传佛教（噶举派）为不丹的国教。它是大乘佛教的一支。自11世纪佛教传入不丹以来，该教信仰成为不丹人生活中不可少的组成部分。每个不丹家庭都设有一个圣坛，每天全家人在圣坛前祈祷。各村都有自己的保护神和独特的庆祝活动。

根据文献记载和文物考古证明，不丹有文字记载的历史可追溯到公元5—6世纪。在这一时期，本教（一种原始宗教）传入不丹，首先传入北部和南部地区，并在那些地区盛行起来。有迹象表明，不丹从7世纪起就成为一个独立的实体，直到17世纪才成为一个统一的中央集权国家。早在12世纪以后，藏传佛教噶举派逐渐成为执掌世俗权力的教派。佛教传入不丹，对不丹历史的形成起了很大作用。宗教和世俗的权力总是互相联系着，不丹派别的斗争主要是互相对立的各个佛教教派的斗争。后来，藏传佛教朱巴噶举派逐渐成为掌世俗权力的教派。1907年12月17日，不丹王国建立，世俗和寺院代表推选乌颜·旺楚克为不丹世袭的君主。1910年1月，英国同不丹签订了《普那卡条约》，规定不丹对外关系接受英国的"指导"，印度独立后于1949年8月同不丹签订了"永久和平与友好的条约"，规定不丹对外关系接受印度的"指导"。1961年后，不丹国王多次公开表示，不丹要保持自己的主权和独立。1971年联合国大会一致通过，接纳不丹为联合国的成员国，并在纽约设立了不丹王国的常设机构，1971年在新德里设立了不丹王国机构（1978年8月8日改为不丹王国大使馆），1973年不丹成为不结盟运动的成员之一。

二 主要民族与不丹

不丹的主要民族是不丹人，不丹人旧称"布鲁克巴人"，自称"朱巴人"。主要分布在不丹，145.1万人（1989年）占全国人口总数的65%—70%，属蒙古人种南亚型，操不丹语，属汉藏语系藏缅语族，其历史悠久，与中国的藏族关系密切，信喇嘛教，属朱巴噶举派。

不丹人从来没有"等级制度"，人们的出身和所处的社会阶层并不影响其社会活动，主张受教育的社会机会均等，男女平等，不分贵贱高低；家庭财产儿女也平均分配，婚姻自由平等，男女自由择偶或离婚。

不丹人的粮食供应基本是自给自足，既种庄稼，也饲养牲畜，食物以肉类、大米、蔬菜为主，往往可以看到在盛着猪肉、牛肉的盘子里，调拌着大量辣椒。人们喜欢喝带咸味的奶茶，槟榔常作为招待客人的食物。

不丹人的房屋是以石头、木料和泥土为建筑材料，一般房舍分为三层，但建造房屋时根本不用钉子，这表明不丹人具有高超的建筑技术。

不丹的艺术有其独特的风格。艺术表现形式是遵照古老的经典要求发展起来的，它主要受宗教信仰的影响。这种信仰无论是在绘画、雕刻和建筑，还是舞蹈和歌曲中都表现出对神的赞美，属于一种宗教艺术。艺术家所创作的艺术品，不仅具有艺术欣赏价值，而且还促使人们对佛教和其他宗教信仰有更进一步的理解。多少世纪以来，不丹人民综合了印度、尼泊尔、中国西藏及中亚各国的多种艺术传统，逐渐形成了一种具有独特风格的艺术形式。

不丹手工艺发达，在青铜器、银器和其他贵重金属工艺品的制作上表现出纯熟的技巧。早在16世纪，普那卡开办了青铜铸造厂，宗教人物像的雕刻艺术开始盛行起来，各个庙里都有巨大的彩绘或镀金的释迦牟尼像。此外，许多神话人物被描绘得栩栩如生，往往使人回想起佛教产生前的原始宗教。一些假面具的制作也工艺精细，常常在宗教舞蹈中使用，起到一种令人恐惧的效果。

不丹的舞蹈充满着活力，带有戏剧性，其独特的魅力和色彩给观众以深刻的印象，号角声嘹亮而富有节奏感，乐器伴奏声和锣鼓声交织在一起，音调悦耳迷人。舞蹈者一会儿凌空腾起，一会儿不停地旋转，他们的手不时变换着各种姿势，仿佛在向人们讲述有关佛教历史和各种诱人的神话故事。每到重大节日庆祝，人们可以看到不丹、西藏和尼泊尔三种类型的舞蹈。

　　不丹人喜好音乐，人们能歌善舞。优美的舞蹈保留着古老的传统，动听的乐器虽有所改革，但它们仍保留着几个世纪以前音色优美的特色。常用的乐器有笛子、长号、扁鼓和海螺号等。诗院的铜钏和铜锣常被作为乐器使用，也为音乐增添了色彩。

（王树英）

马尔代夫

一 概 况

马尔代夫是印度洋上的群岛国家，由19组环礁岛（1200多个礁岛）组成，它有"印度洋上的花环"之称，南北长约800公里，东西宽约128公里，全国陆地面积约298平方公里，地势低平，平均海拔1.2米。气候炎热潮湿，年平均气温为28℃，无季节之分。

马尔代夫按自然环礁划分有20个行政区，每一个行政区都是由一些有人居住和无人居住的岛屿组成。

马尔代夫实行总统内阁制。国民议会为最高立法机构，任期5年。

工业欠发达。工业基础较薄弱，这与岛上矿物资源贫乏有关。工业产值仅占国内生产总值的15.4%，全国最重要的工业是鱼类加工业，其次是造船业，旅游业居第三位。鱼类加工业、造船业和旅游业构成了马尔代夫经济的三大支柱。

实行免税教育，成人识字率已达98%，实现了小学普及教育。现在马尔代夫有两类学校，一种是宗教学校，这类学校除教学生识字外，主要课程是背《可兰经》，培养专职宗教人才，学生毕业后，可在国内宗教界服务，也可被派往国外深造；另一种是现代学校，现代学校基本上是按西方的教育体制、教学内容和教学方法创办的。这类学校是英语教学，学生6—8岁入学，16—18岁毕业，一律免收学费。另外还有私立学校，学校设备简陋，学生需交学费。

全国人口35.9万（2007年），统称马尔代夫人。官方语言为迪维希语，上层社会通用英语，伊斯兰教为国教。

二 马尔代夫与马尔代夫人

大约在公元前3世纪，斯里兰卡和印度移民就已经到了马尔代夫。据发掘证明当时的居民信奉佛教。古代马尔代夫居民具有相当高的文化水平，建造过不少佛教庙宇，塑造的佛像保存至今。从马累地区挖出的当时祭神时使用的偶像证明当时的居民信奉自然神。据历史记载，在远古时已有希腊、罗巴、伊斯坦布尔和波斯的商人、旅行者到过马尔代夫。古代阿拉伯商人和航海者也经常访问马尔代夫。公元7世纪以后，阿拉伯商人对马尔代夫的访问就更多了。公元974年，阿拉伯旅行家兰马·马斯·奥齐来到马尔代夫，在他的旅行日记中写道：马尔代夫人是偶像的崇拜者，统治者是女王，群岛没有受到外国控制。1030年，伊斯兰教的贤者比鲁尼来到这里宣传伊斯兰教。于是，伊斯兰教信仰在马尔代夫逐渐盛行。

宗教信仰的改变，导致了马尔代夫政治、经济、外交、文化和风俗等方面的重大变化。随着佛教被伊斯兰教取代，引起了古代马尔代夫原有政治体制的变化。国王利用伊斯兰教教义实行政教合一统治，把全部权力集中在个人手中，成为独揽大权的苏丹。清真寺取代了佛教的寺庙，伊斯兰教的文化和风俗习惯在马尔代夫开始传播。

宗教的改变也引起马尔代夫对外关系的变化，原来与印度、斯里兰卡关系密切，后来与上述国家的关系逐渐疏远，同阿拉伯世界的关系越来越密切，彼此间的往来也逐渐增多。自从伊斯兰教取代佛教以后，马尔代夫的历史进入了王朝统治时期，先后经历了几个王朝的统治。与此同时，马尔代夫也先后受到葡萄牙、荷兰、法国、英国等殖民者的入侵和占领。马尔代夫人民与各殖民帝国进行了不屈不挠的斗争，于1965年7月26日完全独立。1968年11月11日通过全民投票，马尔代夫宣布成立共和国。

三 居民来源与民族演变

马尔代夫的居民虽然自称"迪维希"（即岛人），但实际上并非一个单一的民族，而是多种族的混血种人，主要是僧伽罗人、达罗毗荼人、阿拉伯人和黑人。移民的过程经过了漫长的历史时期，早在公元前5世纪开始，一直延续到公元后一个相当长的时期，前后约有一千年。

最早的居民是僧伽罗人。僧伽罗人属于印欧语系的南亚古老民族之一，他们原来分布在北印度广大地区。大约在公元前5—6世纪，僧伽罗人迁入斯里兰卡，后来一部分僧伽罗人又渡海来到马尔代夫。马尔代夫南部各环礁上的居民主要是僧伽罗人的后裔。他们和斯里兰卡人比较相像，肤色较浅，身材较高。

另一支是达罗毗荼人。达罗毗荼人也是印度的一个古老民族，他们大约在公元前从印度迁移而来。达罗毗荼人的后裔主要分布在群岛北部的环礁上，他们具有皮肤黝黑，头发卷曲和身材矮小等特点。

再一支是阿拉伯人，这部分人迁入马尔代夫的时间较晚。公元5世纪以后阿拉伯人曾来群岛经商和旅行。1153年，由于阿拉伯传教士的宣传，马尔代夫居民皈依了伊斯兰教。从此以后，马尔代夫与阿拉伯世界接触逐渐频繁，大量的阿拉伯人便从阿拉伯海和红海沿岸迁移到了马尔代夫。阿拉伯人的后裔主要分布在马尔代夫中部各环礁上。

马尔代夫的语言称为迪维希语。迪维希语属于印欧语系。这种语言与僧伽罗语有密切的联系。它是一种在斯里兰卡某地区流行的稍变化了的雅利安语。迪维希语的古文字历史可追溯到1195年，人们在一些保存完好的古代铜板证书上发现了这种文字。由于同阿拉伯世界的广泛接触，随着社会的发展，生活内容的不断丰富，原来的文字难以表达日益丰富的生活，于是创造了新的文字。新文字中吸收了9个僧伽罗语或与僧伽罗同源文字的数字，9个阿伯数字，一些闪米特文字及一些其他语言的文字。新文字有两个特点：一是采用了阿拉伯语的发音符号；二是采用了由右向左的书写方式。马尔代夫的语言、文字受外来影响很大。数字从1到12用的是僧伽罗文，12以后用的是印地文，日期的名称用的是僧伽罗语和印地语，阿拉伯文是马尔代夫相当通行的书面文字，既用于宗教仪式，也用于人的姓名。马尔代夫的宪法中明文规定，每个马尔代夫人应该阅读和书写阿拉伯语，并讲迪维希语。因此，70%的马尔代夫人会讲迪维希语，60%的人懂英语，1%的人懂阿拉伯语。此外，僧伽罗语、乌尔都语和印地语也有一定的推广。

从公元12世纪以后，伊斯兰教始终是马尔代夫居民中流行的唯一宗教。时至今日，它仍是马尔代夫的国教。多数马尔代夫人是属于逊尼派的穆斯林，少数人是属于什叶派的。在马尔代夫，每个穆斯林有5项义务，它犹如伊斯兰教的5根支柱。这5项义务是：背诵"沙哈达"①、执行5种日常祈祷仪式、实行施舍、谨守在斋月期间斋戒以及去麦加朝圣。大部分马尔代夫人严格遵守伊斯兰教的教规和道德原则。总统、议员、部长和其他高级官吏以及法院中的法官和见证人，都要对《可兰经》起誓。

马尔代夫妇女的地位较高，妇女可以同男子一样接受教育，宪法规定，妇女可以担任除总统以外的一切政府职务。马尔代夫妇女不戴面纱，也不穿束缚身体的长袍，她们和男子一样可以随意进出公共场所，如清真寺、体育场等。马尔代夫妇女比一般伊斯兰教国家的妇女地位较高，有其历史原因。从12世纪以来，妇女们曾先后几次担任过这个国家的女王，近代以来该国与西方国家接触较多，以及教育事业的发展，对宗教的习惯势力都有一定程度的冲击。尤其是近年来，西方思想的不断传入，男女青年对宗教观念逐渐淡薄，妇女受宗教思想的束缚也越来越少。

马尔代夫人的饮食与他们所处的自然条件和宗教信仰有密切关系。他们喜欢吃大米、有调味品的肉、鱼和蔬菜。由于宗教原因而不吃猪肉，牛肉需从国外进口，价格较贵。他们常吃的肉类有家禽、山羊、鱼类，吃鱼最多。马尔代夫水果丰富，椰子、菠萝和芒果等终年不断，但香蕉较少。

马尔代夫人能歌善舞，他们的音乐和舞蹈吸取了印度、斯里兰卡、阿拉伯和非洲的音乐、舞蹈的特点，构成了自己的独特风格。如劳动舞、丰收舞、鸣鼓舞都是著名的舞蹈，具有浓厚的民族色彩，音乐动听，舞姿诱人。

（王树英）

---

① 取得伊斯兰教组织成员资格的主要程序是进行叫作"沙哈达"的入教宣誓。誓言是：真主是唯一的神，穆罕默德是使者。

孟加拉国

一 概 况

孟加拉国位于南亚次大陆的东北部，东、西、北三面与印度毗邻，东南与缅甸接壤，南临孟加拉湾。海岸线全长550公里。全国面积143998平方公里，平原占全境的85%，部分地区为丘陵地带。气候湿热多雨，大部分地区属亚热带季风气候，全年分三个季节：冬季（11月至次年2月）最低温度4℃，气候宜人；夏季（3—6月）气温高达45℃，气候炎热；雨季（7—10月）潮湿多雨，平均气温为30℃。

全国分为6个行政区，即达卡、吉大港、库尔纳、拉吉沙希、巴里萨尔和锡莱特。行政区下设县和管理区。政体为国民议会制，宪法规定，议会行使立法权。现由民族主义党执政。

孟加拉国属农业国，以产大米为主，其次产小麦和甘蔗等。主要经济作物有黄麻。工业不发达，以麻制品、皮革业、纺织业和化工业为主。交通以内河航运为主。

政府重视教育，规定八年级以下的女生享受免费义务教育。

全国人口为1.423亿（2011年），孟加拉人属欧罗巴人种、蒙古人种和赤道人种三大人种的混合类型。肤色从浅褐色至棕黑色都有，头发色黑，部分人有卷发或波状发，身材中等。主体民族为孟加拉族，另外有十几个少数民族，如查克马人、潘科人、马尔马人、穆朗人等。孟加拉语为国语，英语为官方语言。伊斯兰教为国教。全国约86.6%的人信伊斯兰教，12.1%信印度教，另外还有少量的人信佛教和基督教，分别约占全国人口的0.6%和0.3%。

二　孟加拉与孟加拉人

孟加拉人（Bengeli）是南亚古老的民族之一，共约1.8亿人（2010年），其中将近1.4亿居住在孟加拉国，是孟加拉国的主体民族，约占全国总人口的98%；另有约6800万人分布在印度的西孟加拉邦、阿萨姆邦、比哈尔邦和奥里萨邦等地。在缅甸、尼泊尔、巴基斯坦、马来西亚、新加坡、英国等地也有少数孟加拉人侨居。

孟加拉土著居民属原始澳大利亚人种，其中有"孟加人"（"孟加拉"一词即由此产生）和"奔陀罗人"（又译"奔那人"）。此后，操藏缅语的蒙古人种和操达罗毗荼语的一些民族先后到来。后又有属于欧罗巴人种的雅利安人迁入。这些属于不同人种、操着不同语言的人们经过长期融合，逐渐形成了今天的孟加拉族。据有关记载，公元7世纪初，萨桑卡在北孟加拉和西孟加拉地区建立王国，并与印度统治者戒日王争雄。

8世纪时，恩格国巴尔王朝兴起，并逐渐征服了整个北孟加拉。国王可能属于蒙古族，信仰佛教。巴尔王朝从公元750—1150年在恩格统治四百年，其间在孟加拉统治近二百年。这个王朝是孟加拉历史上统治时间最长的王朝，极盛时期其领土除今孟加拉国和印度西孟加拉邦外，还包括奥里萨邦和比哈尔邦等地区。在巴尔王朝统治时期，佛教、耆那教文化和艺术都得到了空前的发展。孟加拉的一些艺术家到了东南亚各国，一些佛僧到西藏传教。

11世纪中叶，森那王朝的国王维杰耶那打败了巴尔王朝，并把他们赶出孟加拉地区。11—13世纪是森那王朝统治时期。传说森那人是从南方的卡纳塔克来的，孟加拉人现在敬杜尔迦女神（难近母）的方式就是他们带来的。森那是孟加拉最后一个印度教王朝，他们是坚定的婆罗门教信徒。在他们统治时期，佛教遭到了极大的摧毁，因而引起了佛教徒的强烈反抗。

森那王朝最著名的国王叫巴拉尔森那。他执政期间把孟加拉分四个区域，即拉特地区（帕格尔蒂河西部的格尔纳斯沃尔纳地区）；瓦兰德拉地区（北孟加拉的崩德拉瓦尔坦地区）；瓦格底地区（南孟加拉的沿海森林区）；旺伽尔地区（东孟加拉地区）。这四个地区的名字一直沿用至今，其居民也分别叫拉蒂、瓦兰德拉、瓦格底、旺几伽尔。

巴拉尔森那的儿子罗其曼森那继位以后,该王朝在政治和军事上迅速衰败。1199年,征服德里的穆罕默德·高利的土耳其军事首领巴赫德亚尔·喀拉吉只带了12名骑兵就灭了森那王朝,国王罗其曼森那逃往奥里萨,穆斯林未费吹灰之力,轻而易举地占领了王国京城那沃堆布。

穆斯林占领孟加拉以后,不仅灭亡了印度王国,而且结束了一个宗教、文化、艺术和文明的时代。无数的庙宇、寺院、图书馆成为废墟。曾经遭受婆罗门欺凌的佛教徒则大为高兴,他们中大部分改信伊斯兰教。同时,信奉伊斯兰教的阿拉伯人、波斯人、阿富汗人、中亚土厥诸族以及非洲的阿比西尼亚人等也相继从陆路和海路来到孟加拉,给孟加拉民族注入新的成分。至13世纪末,孟加拉被德里苏丹吞并,从此大批居民改信伊斯兰教。此后不久,在孟加拉又几度建立独立的穆斯林王国。

从穆斯林征服孟加拉到突格卢王朝末期,孟加拉一直是德里帝国版图的一部分。后来孟加拉的穆斯林统治者脱离德里帝国,成为一个独立王国,京城是高拉。孟加拉历史上称这一段为胡申沙时期,从遗迹看,当时的高拉城相当美丽宏伟。

1575年,阿克巴的军事首领曼·辛哈击败了孟加拉的达乌德·汗,将孟加拉归入莫卧儿帝国的版图。1579年,曼·辛哈被任命为孟加拉的省督。直到奥朗则布死后,孟加拉一直是莫卧儿帝国的一个省。1600年英国建立东印度公司,其势力逐渐侵入孟加拉。1757年普拉西战役之后,孟加拉沦为英国的殖民地,成为当时英国在印度殖民统治的中心。此后,孟加拉人民进行了长期的反英斗争,多次发动暴力革命。1904年分裂孟加拉的决议宣布以后,孟加拉在阿尔宾德·高士思想的影响下,秘密制造炸弹,进行暴力革命。

1907年,阿尔宾德的弟弟维兰德拉·库马尔·高士创办了"研究学社",积极进行革命的组织工作。不久,全孟加拉出现了500多个武装小组,布林比哈利·鲍斯是著名的领导人之一。1907年10月,革命者炸毁了英国总督乘坐的火车。次年,库迪拉姆·鲍斯和波勒浦尔·贾格在比哈尔的穆扎法浦尔向作恶多端的法官耿斯弗尔德投掷了炸弹,开始了所谓的恐怖主义时代。孟加拉的革命运动不断向前发展。革命的思想从孟加拉传播到旁遮普、北方邦、中央邦,各地的革命者纷纷组织起来,还向国外购买武器弹药。

第一次世界大战以后,开始了甘地时代,在一段时间里,革命运动转入了低潮。但是1924年由于甘地政策的失败，革命运动再次掀起，而且波及邻近数邦。

1930年，在苏尔耶森那领导下，由150人组成的一支青年军袭击并占领了英国在吉大港的宪政机构，由于寡不敌众，被强大的英国的军队打败。此后直到1939年，革命组织基本上不复存在，许多革命者都加入了国大党。1942年"放弃印度"的运动兴起时，孟加拉革命者再次抬头，暴力行动不断发生。

总之，孟加拉人民在印度民族独立运动中一直进行着不屈不挠的斗争，并作出了贡献。

1947年印巴分治，孟加拉被分为东西两部分，西孟加拉划归印度，东孟加拉成为巴基斯坦的一部分（东巴基斯坦）。1971年印巴战争后，东巴基斯坦独立，成立孟加拉人民共和国。

三 少数民族与孟加拉

查克马人（Chakma） 孟加拉国少数民族之一。主要分布在吉大港山区的朗加玛蒂县以及卡格拉乔里县的拉姆戈尔地区，约有36万人（1985年），另有9万多人分布在印度。关于查克马人的起源有多种说法，一般认为是从缅甸的若开地区迁来的。有的学者认为，公元13世纪时查克马人居住在若开中部山区，其祖先来自缅甸北部，在文化和宗教方面受到缅甸的影响。迁到吉大港山区后，又明显地受到孟加拉穆斯林的影响。查克马人体质特征属蒙古人种南亚类型，身材中等，皮肤呈黄色或浅褐色，同缅人相似，头发色黑。操查克马语，但基本上已被孟加拉语同化，可看作孟加拉语的一种方言，属印欧语系印度语族东支。查克马方言中混杂有缅甸若开方言和吉大港山区诸部族语言的一些词汇。当今许多查克马人会说孟加拉语普通话，其上层还懂英语。历史上，查克马人曾有过自己的语言和文字，字体类似早期的缅文和禅文。从残缺不全的文献来看，其语言原属汉藏语系，但难以确定它属何语族和语支。这种查克马文字和语言现已不再使用。查克马人的原始宗教曾是泛灵论，同早期的印度教相似。在印度教全盛时期，查克马人曾把许多印度教神灵列为自己崇拜的对象。后来改信佛教，但仍保留对印度教的一些大神，如湿婆、吉祥天女、杜尔迦女神等的崇拜。查克马人曾分为150个部落，现在主要有40个，部落与血统划分，常用动物、花木和地名来命名。查克马人强调团结，没有像印度教那样的种姓歧视制度。实行父系家族制。寡妇可以改嫁，婚姻实行一夫一妻制，女方嫁到男方。大多实行部落内婚，也可外婚。人死后实行火葬，将尸体用干柴焚烧，骨灰被投入大河。查克马人能歌善舞，民歌数量颇多，其内容和风格可分为宗教、社会和爱情等几大类。查克马人以务农为业，主要种植水稻、菠萝、茶叶、棉花、烟草等，有些人也从事狩猎及纺织土布等手工业。

马尔马人（Marma） 亦称"马格人"。孟加拉国少数民族之一，人口有17万（1985年）。主要分布在吉大港山区以南的班道尔班县，部分分布在吉大港山区的卡格拉乔里县和朗加玛蒂县，以及科克斯巴扎县和瓦卡利县。关于马尔马人的起源一般认为系10世纪末以后陆续由缅甸若开地区迁来。孟加拉人通常把若开称作"阿拉干"，把马尔马人称作"马格人"。公元10世纪末至16世纪末若开人曾多次占领吉大港地区，并建立王国，他们的后代便是当今吉大港山区一带的马尔马人。巴杜瓦卡利县的马尔马人则是1789年由仰光经海路迁来的移民。科克斯巴扎县的马尔马人不喜欢被人称作"马格人"，他们称自己为"缅甸人"或"阿拉干人"，因为"马格"一词在孟加拉语中是"阿拉干海盗"的意思。马尔马人的体质特征基本上属蒙古人种南亚类型，中等身材，肤色呈黄色或黄褐色，头发色黑，与缅甸人相似。马尔马人的语言基本上是缅甸若开方言，属汉藏语系藏缅语支，采用缅文字母。有的也通晓孟加拉文。马尔马人信奉佛教，同时也保留有原始的泛灵信仰。马尔马人共分15个氏族。妇女大多从事生产劳动，农活主要由妇女承担，男子只做妇女的助手。但男子在家族里占统治地位，实行父系家族制。婚姻为一夫一妻制。马尔马人大多务农，但至今未完全摆脱刀耕火种原始的生产方式。主食以米饭为主。男女均上穿衬衫，下缠围裤。男人裹头巾，妇女戴首饰，男女青年可自由恋爱，婚后极少私通。人死后实行火葬。

穆朗人（Murang） 孟加拉国少数民族之一。人口约有7万（1983年），主要分布在吉大港山区以南的班道尔班县，尤其是桑古以西至马达姆里河沿岸一带。有些学者认为，穆朗人从缅甸的若开山区迁徙而来，与蒂普拉人是近亲。据说，14世纪若开的一位国王是穆朗人。穆朗人有自己的口头语言，但无文字。穆朗人分为5个以图腾命名的氏族，其图腾多为树木。各氏族崇拜各自的图腾。穆朗人的生活方式原始，文化落后，对本族的起源几乎一无所知。穆朗人的脸型具有蒙古人种的特征。穆朗人身材比较高大，肤色为黄褐或棕色。穆朗人一般信奉佛教，但实际上信奉的还是原始泛灵论。注重"今世"或"尘世"，没有"来世"或"后世"的概念。盛行氏族内婚，但不许家族内婚。婚事的决定权由男人掌握。允许离婚，但丈夫必须有正当理由。寡妇可以改嫁，但局限于平民阶层。一夫一妻制，禁止重婚。妇女能干，除家务外，还协助男人耕种、砍柴、做买卖等。父系家族制，财产由儿子继承。主要以务农为业，耕作方式简单，还停留在"刀耕火种"的阶段。主要种植玉米、水稻、棉花、烟草、蔬菜和水果。衣着简单，男人只围腰布；女人穿绣花围裙。住所多为竹屋。人死后火化，骨灰被掩埋。穆朗人能歌善舞。

班佐吉人（Banjogi） 孟加拉国少数民族之一。人口约3000人（1983年）。主要分布于吉大港山区的朗加玛蒂县和班道尔班县。班佐吉人是公元17世纪从缅甸的钦山南麓以及扎乌平原迁徙到吉大港山区的。班佐吉人的近亲是藩科人，两者的族源、语言和风俗颇为相似，都曾受卢沙伊人的统治，后又与卢沙伊人通婚，受卢沙伊人的影响较大。班佐吉人体质特征属蒙古人种。班佐吉人，实际上崇拜多神，信仰万物有灵。以前用活人祭祀，后经政府禁止而改为用动物祭祀。他们认为，这种祭祀可以消灾灭祸，获得丰收。班佐吉人的生活水平低下，以刀耕火种的农业为主，兼有采集和渔猎活动。主食以米饭为主，喜欢饮酒食肉，但忌食虎豹。妇女常帮助男人从事耕种、伐木、打柴，夫妻地位也较平等。班佐吉人分为"多伊"、"特伦"、"孙克拉"3个氏族。氏族之间可以通婚，也可以与潘科人通婚，但禁止同其他民族通婚，婚姻由父母做主。寡妇可自由改嫁。人死后实行土葬，国王或头领死后以坐姿安葬。班佐吉人的口头文学丰富，有许多神话传说和民间故事。

潘科人（Pankho） 是孟加拉国少数民族之一。人口约有3000人（1983年）。主要分布于吉大港山区的朗加玛蒂县和班道尔班县。据传，潘科人是17世纪从缅甸的钦山南麓以及扎乌平原迁移到吉大港山区东部边境的，与班佐吉人血缘相近。两者都曾受过卢沙伊人的统治，后来又与卢沙伊人通婚，各方面受其影响。潘科人的体质特征属蒙古人种。他们有自己的口头语言，但无文字。潘科人自称信仰佛教，但其宗教礼仪与佛教有明显差别。实际上信仰万物有灵，崇拜多神。潘科人有用活人祭祀的旧俗，后被政府禁止，改用动物祭祀。他们认为通过祭祀可以消灾祛病，或带来丰收。潘科人有丰富的口头文学，有许多神话传说和民间故事。潘科人的生产水平很低，以刀耕火种的农业为主，兼从事采集和渔猎。主食以米饭为主，喜欢饮酒食肉，但忌食虎肉。妇女可帮助男人种地、伐木等，夫妻在家庭中地位平等。发式是区别潘科人和班佐吉人的重要标志，潘科人喜欢留长发，并把长发系在脑后，而班佐吉男女则均将头发挽于头顶中部，使之向上隆起。潘科人男女衣着简单，潘科人的婚姻由父母做主。寡妇允许改嫁，人死后实行土葬。

（王树英）

尼 泊 尔

一 概 况

尼泊尔位于喜马拉雅山中段南麓,是个内陆国。北面与中国接壤,其余三面与印度和锡金相邻。境内多高山,山地约占总面积的3/4。世界第一高峰珠穆朗玛峰(尼称萨加玛塔峰)海拔8848米,即坐落在中尼两国的边界上。地势北高南低,大体可分为北部山地、中部河谷和南部平原三个地形区。境内河流纵横,大都发源于中国的西藏,从北向南流入印度。气候大致分为北部高山、中部温带和南部亚热带三个气候区域。动植物种类繁多,是个天然的动植物博物馆。

全国分为14个大区,大区下设75个县,县下设市镇村。各大区的名称如下:梅吉、柯西、萨加玛塔、贾纳克普尔、巴格马提、纳拉亚尼、甘达基、蓝毗尼、道拉吉里、拉普提、卡尔纳利、佩里、塞提和马哈卡利。

根据1990年11月公布的宪法,尼泊尔实行立宪君主制,行政权属于国王和大臣会议,但是国王的权力是在大臣会议的建议和赞同下行使。宪法规定实行多党制民主,议会由下院(众议院)和上院(全国政商会)组成。首相为大臣会议首脑,现由大会党为首的联合内阁执政。

尼泊尔属世界上最不发达的国家之一。1995年国内生产总值为2394.43亿卢比(约合42.8亿美元),人均产值约12100卢比(约为216美元)。货币单位为尼泊尔卢比(NPR),与美元的兑换率为80:1。

小学教育对绝大多数人免费。到1995年5月止,全国有小学22157所,在校学生335万人;初级中学4976所,在校学生70.3万人;高级中学2606所,在校学生28.7万人;各类专业的大学在校学生为

99305人。

据尼泊尔中央统计局数字，2009年尼泊尔拥有人口2933万人，其中33%集中在以加德满都为中心的中部地区，24%分布在东部地区，20%分布在西部地区，13%分布在中西部地区，只有9%分布在远西部地区。

二 历史梗概

尼泊尔的历史悠久，但是由于缺乏文字记载，人们对其古代历史知道得很少，到李查维王朝时期（约公元4—13世纪）才算有了一个连续的王朝世系史。

尼泊尔的中世纪史通常是指马拉王朝统治的时期（公元13世纪到1768年）。该王朝的统治者都是虔诚的印度教徒，他们大力推行印度教，使之逐渐在尼泊尔扎根。到公元16世纪初，马拉王朝分裂为三个国家，它们分别以加德满都、帕坦和巴德岗为首都。由于它们互相倾轧，国力大为削弱，为外来入侵提供了机会。这时，位于西部的一个土邦王国廓尔喀逐渐兴起，其第十代君主普里特维·纳拉场·沙阿（1723—1775年）励精图治，不断向外扩张，终于在1769年7月先后征服了加德满都、帕坦和巴德岗三个王国，并逐渐统一了尼泊尔。从此开始了沙阿王朝对尼泊尔的统治，直至今天。

尼泊尔的近代史即沙阿王朝统治尼泊尔的历史。但它的统治并不是一帆风顺的。1846年9月14日掌握军权的忠格·巴哈杜尔·拉纳在英国支持下发动政变，夺取了一切大权，使国王成为傀儡，开始了拉纳家族一百多年专政。1951年沙阿王朝的第八代君主特里布文借助大会和人民群众反对拉纳家族的统治，在印度的支持下恢复了王权统治。

三 居民来源与民族演变

尼泊尔是个多民族国家，据说全国有大大小小的族群40多个。这些族群从其来源上讲，大体可以分成三类：第一类是原来就定居在尼泊尔的土著族群；第二类是从中国西藏来的移民集团；第三类是从印度来的移民集团。

最早在尼泊尔境内定居的族群，即尼泊尔的土著族群，他们的语言属汉藏语系的藏缅语族，和藏语很接近；体型属蒙古人种；原本都信佛教，而且在不同程度上有本教残余。这一类民族中主要有尼瓦尔人、古隆人、马嘉人、克拉底人、逊瓦尔人、丹瓦尔人、拉杰班希人、切彭格人、库逊达人、马吉人、拉吉人和萨达尔人等。

从中国西藏进入的移民，保持着本民族原来的语言和文化。尼泊尔把这部分移民通称为"菩提亚"人。"菩提亚"这个词是从藏语"bod"演化而来的，它是藏族的自称。可能是由于他们来自西藏，尼泊尔的原住民便这样称呼他们。有些外国学者把"菩提亚"当作一个单一族群，这是个误解。被称作"菩提亚"的族群计有谢尔巴人、塔卡利人、洛米人、卡尔波特人、洛帕人、里吉姆人、巴拉高莱人和多尔帕人等。在这些族群中，以谢尔巴人和塔卡利人为数最多。他们大都信仰藏传佛教（尽管后来在不同程度上受到印度教的影响），风俗习惯也比较接近。

从印度进入的移民情况比较复杂。12世纪穆斯林势力进入印度后，有许多印度教徒特别是拉吉普特人，纷纷逃入尼泊尔西部山区，随之将印度教传入这个地区。在这些移民中有不少人是属于婆罗门和刹帝利高级神姓的王室贵族。他们失去原有的天堂，想寻找机会建立新的王国。他们最初为早在公元前1500—1000年从印度北部山区进入尼泊尔的卡斯人所建立的各土邦王国效力，但是由于他们的文化水平高，头脑复杂，善于斗争且掌握较为先进的生产技术，所以很快在整个尼泊尔西部山区占据了统治地位。他们知道，要巩固自己的地位并在新的环境中站得住脚，就得与当地的卡斯人结合。他们看到原住居民，特别是卡斯人，缺乏固定的信仰，于是积极传播和推广印度教，并在印度教至关重要的种姓制度方面实行了灵活的策略。比如，他们一反常规，对皈依印度教的卡斯人（又称卡人）大都授予了切特里（刹帝利）这样高级的种姓地位；又如，按照印度教种姓制度的规定，各种姓集团必须实行严格的内婚制，借以保持种姓的"洁净"和"纯洁"。但是，这些印度移民在新的环境中远不止如此，他们常常和当地的原住民族妇女结合，并对自己与她们结合所生的子女，也赋予了切特里种姓的地位。由于这个原因，卡斯人逐渐接受了印度教，而在他们之中，切特里种姓的人特别多。长期以来，尼泊尔的中央和地方各级机构的军政大权，多掌握在这一种姓人员的手中，他们在卡斯族发展成为尼泊尔全国政治生活中起主导作用，又在建设尼泊尔特有的印度教文化事业中起了突出的作用。

在供奉神灵方面，这些外来的印度教移民，除印度教的传统神祇外,也将佛教和一些地方宗教的尊神吸收到他们的"万神殿"中来。这种做法,使印度教变得更为当地原住居民所接受。

沙河王朝在18世纪对加德满都谷地的征服,以及以后对整个尼泊尔的统一,是尼泊尔各族群发展史上一件具有深远意义的事件。沙阿王朝在政治上统一了尼泊尔,使尼泊尔从过去由数十个土邦王国分割的局面变成一个整体;随着交通事业的发展,各族群之间的经济和文化交流日益增多,开创了一个各族群开始逐渐融合的崭新局面。在国家各方面政策的推动下,经过二百多年的发展,以卡斯语为基础的尼泊尔语今天已成为尼泊尔的国语,印度教的风习和影响已渗透到社会生活的各个方面。

尼泊尔还有另外一部分印度移民,即18世纪以来特别是20世纪中期以来大量拥入的印度移民集团。这部分移民虽也信仰印度教,但是无论在语言、风俗以至心理素质方面均与上述来自印度的移民集团不同,前者已经尼泊尔化了,后者则尚处在这个过程中。

四 主要民族

尼泊尔没有主体民族,在它80多个民族(族群)中,没有任何一个民族的人口超过或接近全国人口的半数。现将一些比较重要的民族(族群)介绍如下:

卡斯人 其历史可以追溯到遥远的古代。他们最初主要生活在西部喜马拉雅山山麓地带。约在公元前1500—1000年,卡斯人经过西藏,从加瓦尔一带进入印度,后来渐渐东移,又进入尼泊尔。那时,卡斯人主要从事游牧业,以养殖牛羊为主;间或刀耕火种,以农业作为补充。有学者推测,在上古时一度统治过加德满都谷地的戈帕尔人(牧牛者)很可能就是卡斯人。

卡斯人的体型属地中海人类型,与雅利安人比较接近;语言是卡斯库拉语,又称廓尔喀语,后来发展为现今的尼泊尔语;此语受梵语的影响较大,用天城体字母书写。在中世纪,由于他们没有固定的信仰,又不遵守种姓制度,平原地区正统的印度教徒并不承认与他们属于同一血统。正是这种卡斯人,中世纪时曾在尼泊尔西部山区建立过一个独立国家,称作"卡特里普尔"。其领土范围包括尼泊尔西部山区的广大地区,东到木斯塘,西到印度的库毛恩和加瓦尔,南到特莱平原,北至中国的西藏。后来这个王国解体了，代之而起的是许多大大小小的土邦王国。

在12世纪前后进入尼泊尔西部山区的印度教移民，特别是拉吉普特人的影响下，卡斯人接受了印度教信仰并在风俗习惯方面发生了巨大的变化。过去他们主要生活在尼泊尔的西部山区，现在则遍布全国。他们信奉印度教，但在实际种姓制度方面没有印度的印度教那样严格，其教徒能与异教徒融洽相处，在风俗习惯上互相影响，互相渗透，又互相崇拜对方尊奉的神灵。这个民族的内部分成许多种姓，但属于武士种姓的人特别多，而属于吠舍和首陀罗以及职业种姓的人却非常少。他们与从印度进入尼泊尔南部平原地区的移民，虽在人种、信仰和语言方面有许多共同或接近之处，但是由于心理素质不同，来往较少，也很少相互通婚。

由于没有统计数字，人们不知道卡斯人的确切人数。粗略估计有200万人。

尼瓦尔人 尼瓦尔是一个有着古老文化和悠久历史的民族，近两千世纪期间有一部分人不断向各地流动，逐渐遍布全国。其母语是尼瓦尔语，但一般人均会讲尼泊尔语。

尼瓦尔人是尼泊尔的文化、艺术和文明古迹的主要创造者之一，其历史可以追溯到公元前6世纪。今天矗立在加德满都谷地那数以千计的灿烂辉煌的古代建筑，大都出于这个民族之手。元朝初期，到中国工作40余年的尼泊尔著名艺匠阿尼哥，据说就是来自尼瓦尔族。尼瓦尔人的建筑技巧以及其中所包含的雕刻、铸造和绘塑等艺术，在公元13世纪即达到很高的水平。目前，尼泊尔有不少著名学者、作家、诗人和工艺能手是尼瓦尔人。此外，尼瓦尔人在国家的政治和经济生活领域，也占有较高的地位。尼瓦尔人在传统上还善于经商，所以在一个很长时期，他们一直控制着加德满都谷地及东部尼泊尔的零售商业，有些人还经营对中国西藏地区的贸易。近些年来，由于人口压力增大，其他族群纷纷向东南方向迁徙，寻找可开垦的土地或其他工作，尼瓦尔人则向西北方向移动，主要是为了寻求做买卖的机会。另外，尼瓦尔人在行政管理方面也精明强干，他们之中有不少人已登上政治结构的上层。

尼瓦尔人原本信仰佛教，后来在强大的政治压力下，有一部分人改信印度教。目前信仰印度教的人已超过了信仰佛教的人数。

拉伊人 拉伊人是克拉底族的支族之一，约有40万人。他们在传统上居住在尼泊尔东部阿龙河西岸，后来有一少部分移居东部平原靠近尼印边界的地区。由于长期生活在山区，非常能吃苦耐劳。以农业为生，主要作物有玉米、大米、小麦、小米和荞子。实行带有明显的原始公社色彩的"基帕特"土地制度，即土地归各村公社所有，每个农民都有不可剥夺的土地使用权利，但在实际上土地使用的多寡不一。"基帕特"土地不能买卖，但可租佃。抽税不是根据占有土地的多寡，而是根据户别。在贫苦农户的要求下，当局正在改革这种抽税制度。

拉伊人信仰万物有灵论的萨满教，其中既有佛教的影响，也有印度教的影响。实行氏族内婚制，一夫一妻。死后多土葬。

林布人 林布人克拉底族的第二支族，人口约 30 万，主要聚居在尼泊尔东部阿龙河的东岸。据说在 18 世纪前，林布人曾在这个地区建立过自己的王国。由于他们反抗"廓尔喀人"的征服达 12 年之久，后者抓到他们后，无论男女，均行杀戮。于是林布人纷纷逃入深山老林之中。后来普里特维国王采取怀柔政策，才使林布人逐渐返回家园。普里特维国王为团结林布人，在他们承认了自己的权威后，授予林布人头领以"苏巴"的称号。从此，"苏巴"渐渐成为对林布人的尊称。

林布语与拉伊语不尽相同，在书写方面也有区别。据说曾有过少量用林布文横写的书籍，但是很难看到。

马嘉人 在中世纪土邦王国林立的时代，马嘉人曾在尼泊尔西部建立过帕尔帕王国。体型属蒙古人种，皮肤呈黄色，原本多信佛教，后来受印度教的影响，不少人改信印度教。其母语是马嘉语，属藏缅语系。经过各民族长期的相互交流和影响，目前在马嘉人中实际上流行着三种语言：多数人会讲马嘉语，少数人会讲藏语，绝大多数人掌握了在全国通行的尼泊尔语。

廓尔喀国王普里特起兵东征时，先后有大批的马嘉人参加了他领导的军队，为现今统一的尼泊尔王国的创立建树了不可抹杀的功绩。

塔芒人 塔芒人中部山区一个较大的族群，人口约有百万，体型属蒙古人种，语言是塔芒语，主要分布在加德满都四周的山区里，但以东部为最集中。塔芒人习惯用头顶重物，在加德满都的街市的有一些人，头上勒一条带子，背上驮着一个装满货物的篮子往来于大街小巷之间，他们就是塔芒人。据传说，公元 643 年，松赞干布应尼泊尔国王纳伦德拉·德瓦的请求，派出骑兵帮助他恢复其被篡夺的王位时，有一部分骑兵未能回到西藏，在尼泊尔定居下来，形成了今天的塔芒族群。"塔芒"在藏文中是"贩马者"的意思，因为他们最初多以贩卖马匹为业。

塔芒人主要以务农为生，多信佛教，但保留着萨满族的明显痕迹。

古隆人 古隆人是生活在喜马拉雅山支脉安纳普尔纳山脉南坡地区的一个山地族群，体型属蒙古人种，语言属藏缅语族。其聚居区与马嘉人比较接近，在沙阿王朝统一尼泊尔的事业中也有古隆人不可磨灭的功绩。

古隆人主要以务农为生，兼从事牧业。在传统上信仰萨满教，现因受印度教的熏陶和影响，有些人开始请婆罗门主持有关生、老、病、死的各种仪式，但也有少数人接受了藏传佛教的信仰。

谢尔巴人 塔卡利人多聚居在尼泊尔东北部珠穆朗玛峰（尼称萨迦玛塔峰）脚下几条狭窄的河谷里。谢尔巴人来自西藏。它原本是木雅巴人，属党项羌族的一支。党项羌族曾建立过西夏王国。蒙古人灭亡西夏后，党项羌族中的一支向南迁徙到西康木雅地区，后来在忽必烈南征大理时，他们又逃离木雅迁往后藏，其中一部分人翻越喜马拉雅山的囊巴拉山口，到达今天尼泊尔境内的索卢昆布（又名夏尔昆布）。这部分人在此繁衍生息，形成了今天的谢尔巴族群。他们以善于登山著称，自20世纪50年代第一个谢尔巴人滕津格·谢尔巴陪同英国登山队首次登上珠穆朗玛峰以来，由于旅游事业和登山运动的发展，谢尔巴人日益为外界所知。

塔卡利人 塔卡利人是尼泊尔除尼瓦人以外另一个善于经商的族群。其传统聚居地位于尼泊尔西部重要城市博卡拉的西北。他们在这个地区的主要通道上开设了许多"巴帝"（Bhatli），即路旁小客栈，深受欢迎。此外，塔卡利还经营尼泊尔同西藏之间的盐粮贸易。在100多年前，尼泊尔政府曾将这方面的专利权给予了他们。现在塔卡利人已逐渐在任何有利可图的领域进行投资，并向其他非传统地区转移。

塔鲁人 塔鲁人是尼泊尔南部平原地区的一个最大的族群，其村庄大都坐落在莽莽的原始森林之中，常与野兽为邻，并不感到恐惧，且耐蚊虫叮咬。讲塔鲁语，肤色较黑，以农耕和游猎为生，与外界来往较少。

塔鲁族实行一夫一妻制。在习惯上，婚姻大事通常由男女双方的父母安排，结婚年龄较早。在举行婚礼时万一新郎生病，他可以躺在房间，将随身携带的短剑交出来作为自己的代表。

塔鲁族有自己特殊的宗教信仰。他们崇拜野兽和一系列神灵及鬼魂。由于受印度教的影响，现在他们也崇拜一些印度教神祇。每户人家都有自己专用的神龛。说是神龛，其实不过是一块隔开的方块空地，中间放着赤褐色陶制的骏马和大象，其前面放着一碗一碗的祭酒。

塔鲁人很喜欢唱歌和跳舞。每当夜幕来临，全村人便在一片空地上围坐成一个圆圈，跳舞者蹲在中间，由伴奏者敲起大鼓，开始舞蹈。鼓声加强着伴奏者的歌声，歌声又仿佛在催促蹲在地上的舞蹈者的节奏。她跳了起来，越跳越快，她的衣裳形成微微发亮的光圈，映着火把、灯光，呈现出灿烂的色彩，划破了夜晚的黑暗。舞蹈者的激情感染着观众，人们不禁一边拍手，一边唱了起来。这种情景十分壮观。

逊瓦尔人 尼泊尔东部的一个较小的山地族群，由于他们在英、印廓尔喀师团中表现突出，举止得体，行动利落，且又易与人相处，所以在外界颇为知名。

逊瓦尔人主要聚居在贾纳克普尔大区的拉梅查普和多拉卡县境内，语言与马嘉语比较接近，没有文字。在宗教信仰方面，逊瓦尔人也与马嘉人大体相同，他们原先多信佛教，现在越来越受到印度教的影响。主要以从事农业为生，农作物有大米、小麦、玉米、大麦、小米和其他谷类，另外还种植蔬菜和水果。

人死后火葬，火葬仪式大体与卡斯人相同。

洛米人 洛米人是尼泊尔北部山区的一个较小族群，多聚居在柯西大区的桑库瓦萨巴县。其聚居区地处高寒，人迹罕至，生活艰苦。从洛米人的外表及装饰看，非常类似我国的藏族，但是无论男女都不穿鞋，这又同藏族穿长筒靴子的习惯完全不同。

洛米人性格剽悍爽直，对人诚恳。以农为业，兼养家畜。主要农作物是玉米、荞麦、小麦、土豆和小米等。

洛米人妇女的地位较高，享受与男人平等的权利。如果男人在未离婚的情况下另行婚配，他不得把新娶的妻子领回家来；他必须另建新居，原来的家和财产全部归前妻所有。

洛米人多信仰萨满教，有事多找被称作"羌克里"（Jhan-kris）的巫师。由于交通不便，与外界的接触较少。

洛巴人 洛巴人多生活在尼泊尔西部道拉吉里大区木斯塘县最北部的地区。人们认为他们是西藏人的后裔，但是至今尚未发现足够的文字证据。从洛巴人的体形、外貌特征、民俗、信仰、服饰、语言等方面看，都保留着明显的西藏特色和浓厚的西藏文化传统。

洛巴语是洛巴人的民族语言，无论是词汇还是句型结构均与藏语没有多大差异，但没有文字。

洛巴人内部分为三个等级：第一个等级是"库塔克"（Kutak），属贵族，居住在中心城镇，控制着大部分土地；第二个等级是"谢尔瓦"

(Shelva)，洛巴人中多数属于这一等级，社会地位比前者低；第三等级是"里肯"（Righin），地位最低。三个等级之间不能通婚。人们普遍信仰藏传佛教。

雷布查人 雷布查人分布在尼泊尔最东部梅奇大区的伊拉木、潘奇塔尔和塔普勒琼三个县，是与锡金的跨界民族。讲雷布查语，没有文字。这个族群不喜欢紧密聚居，一般把住房建在田头。同一家族派生的家庭居住得较近。人们和睦相处，相互间很少发生纠纷。他们信藏传佛教，但有许多迷信风俗，这在生儿育女问题上表现得尤为突出。例如人们认为妇女怀孕5个月后必须同其丈夫亲自动手砌筑一座土墙，孕妇的丈夫不得捕鱼，不杀生，不能触摸马镫等，否则孩子便不能顺利降生。

雷布查人十分勤劳，除农耕外，还善于狩猎，主要猎取贡羊，有时也设陷阱捕捉大象。

人死后既实行土葬，也实行火葬和水葬。对死者究竟应采取何种葬礼，完全由喇嘛决定。

切彭人 切彭人是尼泊尔中部山区丛林中很少为外界所知的一个较小族群。传统聚居于纳拉亚尼大区马克万普尔和夸特万县北部的森林地带。其起源不详，根据传统，切彭人也自认为是印度大史诗《罗摩衍那》中女主人公悉达之子——拉瓦（洛哈里）的后裔，特别喜欢在林区间陡峭的山崖、人迹罕至的地方定居。切彭人的体形、外貌同蒙古人种比较接近。衣着简单，给人以明显的贫穷落后之感。讲切彭语，没有文字。这种语言据说既不具有尼泊尔语的特点，也与藏语差别很大，是一种地道的、范围狭小的方言。

切彭人的社会结构十分简单，人们都比较憨厚，没有打架斗殴的习惯。其宗教信仰也相当混杂，但目前由于受到印度教的影响，也开始崇拜印度教的一些神祇和庆祝德塞因和蒂哈尔（光明节）等印度教节日。

劳泰人（Rautes） 劳泰人是20世纪80年代初期在尼泊尔西部新发现的一个较小的游猎族群。他们的活动在东起拉普提大区的皮乌坦县，西至塞提土区的塞提河，北到玛哈帕拉特山，南至楚里亚山之间的森林地带，当时估计有900人。他们成年后无拘无束地在森林中流动，靠打猎，采集野菜野果生活，从不在一个地方久居，每迁徙到一个新的地址，一般住20天至一个月，就要抛弃旧居，另择新址。劳泰人不喜欢其他族群进入他们的居住地，也绝不同其他族群杂居。讲劳泰语，没有文字。信仰与他们的捕猎生活有关，主要崇拜"普亚尔"神，据说此神专司捕猎活动。每年三四月份的月圆之日，家家都要杀鸡宰羊举行献祭。

  由于不愿定居和从事农耕,劳泰人的经济十分落后,生活完全靠大自然的恩赐,随着人口压力的增大,森林的逐渐减少,他们的活动领域也日趋缩小。

(王宏纬)

斯 里 兰 卡

一 概 况

斯里兰卡（旧称锡兰，Ceylon），是位于南亚次大陆印度半岛南端印度洋上的一个岛国，北与印度一水之隔，东濒孟加拉湾，西与马尔代夫隔海相望，处于东西方海上交通要冲，是马六甲海峡至红海的必经之路。

全国土地面积65610平方公里，其中山地占25%，森林占44%，河流纵横，水库和池塘星罗棋布。斯里兰卡的气候终年如夏，四季常青，属于受季风影响的赤道类型，北部属热带草原气候，南部属热带雨林气候。

全国有9个省，下分24个行政区，共有12个市，38个大镇，83个小镇，549个乡。

政体为总统制。国家权力分为立法、司法和行政三部分。立法权由民选议员组成的议会行使，司法权由议会通过法院和其他司法机关行使，行政权由总统行使。

斯里兰卡是以种植园经济为主的农业国，绝大多数居民从事农业，农村人口约占77.6%，主要种植茶叶、橡胶和椰子。工业基础薄弱，原料主要靠进口，发展缓慢。斯里兰卡茶叶产量居世界前列，所产茶叶几乎全部销往国际市场。斯里兰卡是世界橡胶生产大国之一。几乎全国各地都栽种椰子树。茶叶、橡胶、椰子是斯里兰卡三大传统出口产品。

斯里兰卡自1945年起就在全国实行从幼儿园至大学的免费教育，1979年后又向9年级以下学生免费提供教科书，教育事业比较发达。居民识字率为88%。著名的大学有12所，中小学10706所。

2012年，斯里兰卡有居民2087万，城市人口约占22.4%。人口最密集的地区在南部，那里在占全国约 40% 的土地上聚集着全国约 75% 的人口。主要民族有三个：一是僧伽罗人，据 1990 年统计，僧伽罗人有 1180 多万，约占全国 1600 万人口的 74%，为国内的主体民族；二是泰米尔人，有 290 多万，约占全国人口的 18%；三是摩尔人，有 110 多万，占全国人口的 7%。此外还有伯格人、马来人、维达人等。

斯里兰卡以英语、僧伽罗语和泰米尔语为官方语言，英语的用途相当广泛，僧伽罗人和泰米尔人基本上都使用本族语言，但有相当多的人会讲英语。

斯里兰卡的宗教信仰主要有佛教、印度教、基督教和伊斯兰教，佛教徒约占 70%，印度教徒约占 15%，基督教徒约 7%，伊斯兰教徒约 7.5%。

斯里兰卡已有 2500 多年的悠久历史。自 1505 年起，先后遭到葡萄牙、荷兰和英国的殖民统治，达 400 多年。1948 年 2 月 4 日获得独立，定国名为锡兰，成为英联邦的一个自治领。1972 年 5 月 22 日改称斯里兰卡共和国，宣布斯里兰卡为自由、独立和主权的共和国。1978 年 8 月 16 日，议会通过新宪法，改国名为斯里兰卡民主社会主义共和国。

二 斯里兰卡与僧伽罗人

僧伽罗人约有 1180 万（1990 年），约占全国人口 74%。僧伽罗人，分为低地僧伽罗人（或称沿海僧伽罗人）和高地僧伽罗人（或称康提僧伽罗人）。这两部分僧伽罗人早在殖民统治时期就已联合成一个民族，但相互间的差别仍然存在。不仅如此，这种差别由于僧伽罗人中普遍盛行种姓制度而更加森严。低地僧伽罗人自从 16 世纪初起先后遭受葡萄牙人、荷兰人和英国人的殖民统治，受到西方文化的巨大影响。高地僧伽罗人则直到 1815 年才丧失独立，所以保留更多的文化传统。

学术界普遍认为，僧伽罗人的祖先来自印度北部。该民族在形成过程中，融合吸收了一部分维达人以及来自其他地方的移民。

三 斯里兰卡与泰米尔人

泰米尔人约有 290 万，约占全国人口的 18%。斯里兰卡的泰米尔人又分为斯里兰卡泰米尔人和印度泰米尔人，前者有165万，后者有107万。斯里兰卡泰米尔人大都是在11世纪到13世纪由印度南部迁来的，在北部和东部居民中占大多数。印度泰米尔人是19世纪30年代英国人从印度招募到在斯里兰卡中部茶园和橡胶园的种植工人，印度泰米尔人比较封闭，很少与其他民族联系，但同南印度的泰米尔人则保持着相当紧密的联系。种姓制度在这两部分泰米尔人中都比较森严。斯里兰卡独立后，政府不承认印度泰米尔人是斯里兰卡公民，而认为他们是印度人，应当返回印度，印度则认为他们应当是斯里兰卡公民。长期以来，两国围绕印度泰米尔人的国籍问题争论不休。印度和斯里兰卡两政府自1964年以来签订了一系列关于解决印度泰米尔人国籍问题的协议，议定把大约一半以上的印度泰米尔人遣送回南印度。但由于种种原因，这一工作进展缓慢。

泰米尔人是讲达罗毗荼语的民族之一，属于欧罗巴人种和尼格罗—澳大利亚人种的混合类型。斯里兰卡泰米尔人主要从事农业，种植水稻、烟草以及从事园艺栽培和各种手工艺等。印度泰米尔人主要居住在种植园经济发达的康提地区，均在种植园中劳动。

泰米尔人的主要政党之一是泰米尔联合解放阵线，成立于1976年5月，由联邦党、泰米尔大党等联合组成，其宗旨是在泰米尔人聚居的地区建立泰米尔国。

四　僧—泰民族冲突

在南亚地缘政治问题中，不能不考虑旷日已久的作为当今世界一大政治热点的僧泰民族冲突问题或者说泰米尔人问题。泰米尔人的问题之所以是当今世界一大政治热点问题，是因为泰米尔人是一个跨国界民族，印度南部的泰米尔纳德邦有6000万泰米尔人。斯里兰卡泰米尔人的命运无不牵动着印度泰米尔人的心，使僧泰民族问题不仅成为斯里兰卡国内的政治问题，还是一个影响斯里兰卡与印度的关系进而影响整个南亚的国际性政治问题。

斯里兰卡和印度之间仅隔着一条狭窄的保克海峡，这为泰米尔分裂主义的活动和印度的插手提供了天然的便利条件。斯里兰卡泰米尔分裂主义者在印度泰米尔纳德邦设立培训基地，并把总部设在那里。斯里兰卡境内一有什么风云变化，斯里兰卡的泰米尔分裂主义分子就逃往印度泰米尔纳德邦。

僧泰关系呈现两个阶段：1948—1976年是和平辩论时期；泰米尔联合解放阵线于1976年正式提出建立泰米尔人独立国家的主张后，使其升级为用暴力解决问题的程度。

印度政府对斯里兰卡泰米尔人采取时而支持时而限制的政策，因不同时期的政治需要而定。1983年7月，13名僧伽罗军人被泰米尔人炸死，这一事件成为把民族矛盾升级为武装冲突的导火索，在印度引起轩然大波。印度泰米尔纳德邦的反对党德拉维达进步联盟向印度政府发难，要求派兵进行干预。英迪拉·甘地虽然不敢公开出兵干预，但为了在大选中争取泰米尔纳德邦的选票，一方面默许泰米尔分裂分子在印度建立基地并收集武器装备；另一方面又不断对斯里兰卡政府的民族政策进行威胁。1985年，拉吉夫·甘地上台后对斯里兰卡泰米尔人的政策发生了由支持到制止的戏剧性转折，他一方面限制斯里兰卡泰米尔人分裂分子在印度的活动；另一方面劝说斯里兰卡政府、泰米尔联合解放阵线和泰米尔武装分裂分子进行谈判，但谈判以失败告终。在这种背景下，1987年5月，斯里兰卡总统贾亚瓦德纳决定用武力解决泰米尔人分裂主义的问题，向贾夫纳发动进攻。可是在斯里兰卡政府军队胜利在望和泰米尔分裂主义者节节败退之时，印度政府对泰米尔人的政策又产生了由制止到支持的戏剧性的变化，先是派船，进而出动飞机向被围困的贾夫纳空投物资，并用数万大军压境迫使斯里兰卡政府军队停止进攻。1987年7月，斯里兰卡总统贾亚瓦德纳与印度总理拉吉夫·甘地签订关于在斯里兰卡停止种族冲突建立和平的协议或曰印斯和平协议。印度根据协议派出5万维和部队到斯里兰卡北部。于是泰米尔伊拉姆与印度军队展开游击战，使印军损失1200人。斯里兰卡政府内部因和平协议产生矛盾，导致了贾亚瓦德纳总统下台。斯里兰卡新任总统普雷马达萨上台后，一再要求印度撤军，但印度迟迟不撤军，从而使两国关系更加紧张。为此斯里兰卡总统向泰米尔人提供武器同印度军队作战。最终虽迫使印度撤军，但僧泰民族冲突问题没有解决。

直到1995年以前，并未发生大规模的武装冲突，可两族关系并未根本好转，而小的武装冲突时有发生。主要是泰米尔人的猛虎解放组织和政府军间的冲突。其他大多数泰米尔人组织帮助政府军围剿猛虎解放组织。

1995年，斯里兰卡国内局势仍有起伏，以斯里兰卡自由党为首的"人民联盟"政府致力于民族和解。1995年1月，政府和猛虎解放组织达成《停止敌对行动协定》，使僧泰民族矛盾有所缓解。但同年4月18日，"猛虎"单方面撕毁协定，退出和谈，向政府军发动一系列袭击。8月3日，总统向全国宣布了一揽子"分权建议"，又遭到"猛虎"的拒绝。在此情况下，政府军开始进行大规模军事反攻，于12月5日攻占"猛虎"大本营贾夫纳城。

五 僧—泰冲突的主要原因

僧泰冲突的原因，主要有以下几个方面。

第一，历史渊源。僧伽罗人一直认为自己是斯里兰卡最早的主人。13世纪以前，僧伽罗人一直集中居住在斯里兰卡地理位置较好的地段——北部中区和东南部的干燥地带。僧伽罗人先后建都于阿努纳达普拉、波隆纳鲁瓦，并创造了光辉灿烂的文化。后来僧伽罗人的文明中心逐渐向南迁移，把干燥地带让给了泰米尔人。对僧伽罗人南迁的原因，说法不一。有说是气候的缘故；有说是疾病的流行；而多数僧伽罗人认为是泰米尔人的入侵。所以后来的僧伽罗人把泰米尔人看成是他们的侵略者。

泰米尔人并不认为自己是侵略者。泰米尔人极力证明，当僧伽罗人到达斯里兰卡时，他们的祖先达罗毗荼人已经在那里定居。所以，泰米尔人非但不是侵略者，而且是斯里兰卡的最早居民。他们还认为13世纪，泰米尔人在斯里兰卡北部建立了独立的贾夫纳王国，这足以证明北部地区是泰米尔人的传统家园。

第二，英国殖民统治。殖民者入侵前，斯里兰卡处于三国鼎立的格局：北部是泰米尔人的贾夫纳王国，南部高地是僧伽罗人的康提王国，南部低地是僧伽罗人的科特王国。18世纪英国占领了全岛并建立了中央集权之后，斯里兰卡才最终纳入同一政治体系之中。中央集权制建立的消极作用是两族由于土地纷争加深了两族的矛盾。

第三，语言问题导致了泰米尔人和僧伽罗人的敌对。1950年，统一国民党政府的一位资深部长班达拉奈克退出该党，于1951年成立斯里兰卡自由党。由于斯里兰卡实行民主选举制度，因而选票成为决定一切的问题。为了能与统一国民党争夺选票，顺应民心，斯里兰卡自由党打出了民族主义旗号。在1952年的选举中，班达拉奈克以斯里兰卡民族主义者的面目出现，提出以僧伽罗语和泰米尔语代替英语为官方语言。这一立场因未能得到僧伽罗人的支持而失败。到 1956 年大选时，自由党领袖班达拉奈克为了争得占人口大多数的僧伽罗人的选票，又走向僧伽罗民族主义，提出"只要僧伽罗语"的口号，结果自由党与其他政党组成的统一阵线竞选获胜，斯里兰卡便开始推行"只要僧伽罗语"的政策。

泰米尔人的反抗危及斯里兰卡国家的统一，为此政府的民族政策才开始考虑消除泰米尔人的反抗情绪，与代表泰米尔人利益的联邦党于 1957 年和 1965 年达成两个协议——《班达拉奈克—契尔文那亚甘姆协定》和《森纳那亚克—契尔文那亚甘姆协定》，试图以承认泰米尔语为少数民族语言可在北方省和东方省使用，下放一些行政权力为条件，来挽回危及国家的民族冲突。这本来是斯里兰卡解决民族纠纷的一个千载难逢的好机会。可是遭到了双方极端民族主义分子的反对，两项协定均未能得以实施，错过了民族融合的大好时机。1972 年的宪法不仅重申了"只要僧伽罗法案"，还特别强调了佛教的优先地位。虽然同年以附属立法的方式确定了泰米尔语的地位，并于 1978 年的宪法对泰米尔语的地位做了规定，但并未能缓和僧泰民族冲突。

第四，僧伽罗人向泰米尔人聚居地移民问题。随着人口的增长，为了缓解人口压力和开发落后地区，政府有计划地向人烟稀少的地区移民，这本是正常的事情。但在斯里兰卡，这个问题却成了加剧僧泰矛盾的重要因素。斯里兰卡南部属热带雨林气候，降水量大，空气湿润，人口多，经济较发达；北部属热带草原气候，降水量小，空气干燥，土地贫瘠，人口稀少，经济落后。巧合的是，僧泰两族分布的格局恰恰与这种地理差异大体相吻合——北部主要是泰米尔人聚居地，南部主要是僧伽罗人聚居区。所以，由人口稠密地区向人口稀少地区移民，自然也就成了由僧伽罗聚居区向泰米尔人聚居区的移民。独立前，在两族关系比较缓和的时候，这种移民并未引起多大的骚乱，但到了 20 世纪 50 年代后期，当僧泰矛盾日趋紧张的时候，这种移民便成了引起两族矛盾冲突的问题。

这种移民活动早在 20 世纪 30 年代就已经开始。此后，历届政府都列有移民计划，并拨出专门资金，在北部地区安排一些土地开发工程。这种移民既可提供就业机会，又能增加粮食生产以减少粮食进口并节约外汇开支；既可缓解南方的土地矛盾，又可开发和利用北方的荒芜土地。从殖民时代到 1948 年独立后，僧伽罗人向北移民 16 万人。这从全国整体利益来讲，是非常合理的。但是，僧伽罗人和泰米尔人对此的看法却相当偏激：僧伽罗人认为这是光复祖业夺回被侵占的土地，泰米尔人则认为这是僧伽罗人对泰米尔人"传统家园"的侵略。泰米尔人担心，大批僧伽罗人拥入会改变当地人口的民族格局。反应最强烈的是泰米尔人上层人物。在政党按民族划界的情况下，他们自然担心自己在一向获得多数选票的地区将会丧失原有地位。这样，他们就极力反对政府向北方省和东方省大量移民。而僧伽罗人认为，泰米尔人虽以北方省和东方省为聚居区，也散居在其他各省。根据1971年的人口普查，在141万斯里兰卡泰米尔人中，有105万住在北方省和东方省，其余的36万全部聚居在僧伽罗人地区。既然泰米尔人可以迁居到僧伽罗人聚居区，为什么僧伽罗人不可以移居到泰米尔人聚居区呢？又何况，由密度过大的南方移居到人口稀少的北方，开发荒芜的土地，这本就是好事。

对于两族观点的分歧，政府明显偏袒僧伽罗人一方，某些僧伽罗族领导人毫不隐讳地提出，政府向北方大规模移民就是为了"加速融合"，为了"在具有战略意义的地区破坏泰米尔人的地位"。当然，在选票政治的影响下，要想让他们完全出于公心也是不可能的事情。后来，果不出泰米尔人所料，实施移民计划的后果确实改变了移民区的民族人口构成。仅在1946年至1958年，泰米尔人就从46.5%下降到40%，而僧伽罗人在东方省的比例就从7.8%上升到11.6%。

第五，宗教的冲突是斯里兰卡民族问题的又一个重要原因。斯里兰卡是个全民信教的国家，每个国民都信奉一种特定的宗教。斯里兰卡居民的宗教信仰在很大程度上与民族属性有关。在这里，宗教成为人们在政治、经济和文化生活中绝对不可缺少的因素。正因为如此，宗教信仰便成为一个十分敏感的社会问题，宗教问题和民族问题纠缠在一起，让人分不清民族问题和宗教问题的界限。当地人认为，对待一个民族的宗教信仰采取什么态度、执行什么政策，往往被视为对待这个民族本身的态度，直接牵动着这个民族的思想感情和行为准则。

起初，对于僧伽罗人来讲，确立佛教的优先地位，是为了清除殖民主义的影响，恢复历史的本来面目。在殖民主义者到来之前，佛教在斯里兰卡一直处于国教地位，国王必须信奉佛教，并以佛牙作为王权的标志，使佛教和王权紧密结合。各地寺庙占有大量土地和资源，佛教掌握国家的经济命脉，垄断教育与文化，完全是个佛教的王国。但在16世纪以后，由于殖民主义者强行传播基督教，一些佛教上层人士改信基督教，才使佛教的地位一落千丈，佛教教徒受到歧视和排挤。因此，19世纪末20世纪初，民族解放运动兴起时，在斯里兰卡首先掀起的就是佛教复兴运动。而一些民族运动领袖也必然要利用佛教来唤醒民族意识，开展反英斗争。斯里兰卡独立后，各党派执政期间，都为复兴佛教做了许多工作，不仅使国内的佛教得以迅速发展，而且对国外也发生了很大的影响。1950年，在康提召开了世界佛教联谊会第一届大会；1954年，在全国开展了盛大的佛逝2500周年纪念活动；1956年，在内阁中增设了文化事务部，负责佛教的发展；1958年，成立了康提佛教出版社，现已出版150多万册佛教书刊，发行到近90个国家；1960年后，佛教学校也得到迅速发展，现有佛学院280多所，在校学生2万多人。所有这些，当时在泰米尔人中并未引起太大不满。可是，在1972年新宪法明确给予佛教以"最优先的地位"以后，就引起泰米尔人公开反对。

第六，教育问题及其引起的就业问题成了僧泰冲突的又一个关键。泰米尔人聚居的北部地区干旱少雨，土地贫瘠，发展农业没有多大的潜力，泰米尔人从发展教育中另谋出路，提出"教育就是出路"的口号。独立前，泰米尔人的大学升学率就远远高于僧伽罗人，独立后的相当一段时间内仍然在高等教育方面占有优势。

20世纪70年代，政府接管了教会学校，把用英语考试改为用民族语言考试，泰米尔人大学生渐渐减少，可是在出路好的理工科中的入学率仍远远高出其人口比例，这大大激起了僧伽罗人的不满。因此政府对两族考生采取不同录取线分数的办法，降低泰米尔考生的理工科类的入学率。1974年以后，又在标准化考试的基础上实施地区配额。根据切尔瓦杜—马诺加兰在《斯里兰卡的民族冲突与和解》一书的统计，医学专业的泰米尔学生由1970年的35.5%降到1974年的26.2%，工程专业泰米尔新生所占的百分比由1970年的48.3%降到1974的16.3%，理工类由1970年的35.5%降到1973年的21%和1983年的19.3%，而僧伽罗学生在1983年占了理工类新生总数的75%。几经调整，使得泰米尔人的教育优势丧失殆尽。教育方面的不公正政策，使泰米尔人感觉备受歧视。"只要僧伽罗语法案"出笼后，高等教育机会的减少限制了青年泰米尔人的就业出路。有的学者提出，大学入学问题迫使许多受过教育的泰米尔失业青年提出了建立独立的泰米尔人国家的要求。为此切尔瓦杜—马诺加兰得出结论："一个民族过去用于报偿甚少的土地的辛勤，现在转用于教育和教育带来的政府公职。教育就是土地。"

教育问题必然导致就业问题。"只要僧伽罗语法案"使在高等教育中减少了泰米尔人受教育的机会，限制了泰米尔人的就业门路，使得泰米尔人在担任公职方面遇到了很多困难。不仅如此,"只要僧伽罗法案"的连带效应,使一些担任公职的泰米尔人不得不提前退休,即便保住公职也很难得到提升。1973年进入政府机关的100人中,只有4个人是泰米尔人。政府官员中泰米尔人的比例由1956年的30%降到1970年的6%,泰米尔军警由40%降到1970年的2%—3%。1977年到1980年,国家招募了1万名新兵入伍,其中只有220人是泰米尔人。1971年至1974年,政府录用的2.3万名教师中,只有1867人是泰米尔人,而同期退休的泰米尔人却高达3500人。1956—1970年,国有企业录用的18.9万名员工中,只有1%的人是泰米尔人。失业涉及生存的问题,泰米尔人的失业迫使他们中的许多人走上了反抗道路。不少高考落榜而又被就业困扰的泰米尔知识青年中,越来越同情极端分子,有的甚至参加了反对政府的恐怖活动和武装斗争。在某种程度上讲,恐怖组织泰米尔伊拉姆猛虎解放组织的形成和发展,都同泰米尔青年知识分子大批失学失业有关,也正是在这些青年中,民族情绪最强烈,反抗意识最坚决。

六 少数民族与斯里兰卡

斯里兰卡的少数民族主要有摩尔人、马来人、吉卜赛人、伯格人和维达人。

摩尔人 约有97.5万,约占全国人口的6.8%。他们也分为两部分。绝大多数是斯里兰卡摩尔人。他们是阿拉伯人及中、近东国家移民与当地僧伽罗人、泰米尔人混血的后裔。另一支是人数很少的印度摩尔人。他们是来自印度的移民,族源很复杂。斯里兰卡摩尔人现有94万,印度摩尔人现有3.5万。大部分摩尔人集中在东、西海岸地区。在普塔拉姆和巴提卡洛两个城市,均占居民的绝大多数。摩尔人都信伊斯兰教。大部分人从事商业和渔业,居住在内地的小部分人从事农业。

马来人 约有4万,是17—18世纪由荷兰殖民主义者从爪哇运来的。当时大部分是殖民者的士兵,其余是奴隶。马来人中还有一部分是晚近时期来自马来亚的侨民。目前,他们的后裔住在东部、科伦坡及中部的某些城市。由于同当地人通婚,马来人身上的蒙古人种特点有许多已经消失。他们信仰伊斯兰教。许多人从事农业、商业和茶园种植业。

伯格人 约有5.5万,是欧洲移民(葡萄牙人和荷兰人)与当地人混血的后裔。有时英裔混血人也算作伯格人。伯格人大多数住在科伦坡及南部沿海城市。在5.5万人中，约有4.5万是荷裔伯格人，葡裔、英裔各为5000。伯格人中大多数是机关职员和自由职业者，还有许多人经商。他们操英语，信基督教，日常生活中保持欧洲人的传统和习俗。斯里兰卡的部分伯格人已侨居加拿大和澳大利亚。

吉卜赛人 约有2000人，被僧伽罗人称为艾昆塔卡（意为玩蛇人）。他们讲泰卢固语，过着漂泊不定的生活，在一个地方住上两三天就搬走，而且往往不进大城市。他们以玩耍眼镜蛇和猴子赚钱为生。女人以卜卦、看手相为业。吉卜赛人有时还从事狩猎和捕鱼。

维达人 约有1000人。从前斯里兰卡各地都住有维达人，现在只在东部地区保留住地。由于同僧伽罗人或泰米尔人发生混合，维达人的人数在急剧减少。少数人从事农耕，多数人以狩猎、采集为生，以兽肉为主要食物，过着游移不定的生活。维达人相信万物有灵，其中以祖先崇拜为主，魔法、咒语在他们生活中起很大作用。维达人中保留着母系氏族制残余，实行氏族外婚和姑舅表亲婚姻，盛行转房制。在人类学上，维达人属于澳大利亚人种维达类型，身材矮小，成年男子平均身高1.5米左右，头长，皮肤黑褐，头发长而呈波状，鼻偏宽。

（曹　兴）

印 度

一 概 况

　　印度位于亚洲南部，东临孟加拉湾，南接印度洋，西濒阿拉伯海，北枕喜马拉雅山，地处东西方海路交通要冲。

　　就地形而言，印度全境分北、中、南三部分。从喜马拉雅山麓到温蒂亚山脉以北约一千英里的广大平原为北部，恒河横贯其间。纳巴达河以南，克里希纳河及通加巴德腊河以北的德干高原为中部。克里希纳河以南为南部。北部属于亚热带大陆性气候，川野沃泣，畴垅膏腴，人口稠密，经济发达。温蒂亚山脉以南属于热带，群山密布，森林蔽野，矿藏丰富。

　　印度是一个联邦国家，由20多个邦组成，另有7个中央直辖区。印度是个独立自主的民主共和国，采用议会形式的政府。联邦立法机关（即议会）由联邦院和人民院组成，所有立法都须经议会两院同意。议会有权讨论公众的问题并检查政府各部门工作，除宪法和本身的程序规则外，这种权力不受任何限制。

　　印度总统是国家之首和军队的总司令，由议会两院（联邦院和人民院）及各邦立法机关成员组成的选举团选举产生。总统任期5年，可连选连任。副总统由议会两院的议员联合选举产生。

　　印度是世界上主要农业国之一。全国有自然土地面积2.97亿公顷，农业生产在国民经济中占有特别重要的地位。目前，印度已经建立起门类比较齐全和完整的工业体系。随着一系列新的经济改革措施的出台，工业总产值不断地在增长。

　　1976年前，印度教育完全由各邦负责，联邦政府仅决定技术和高等教育的标准以及负责协调。1976年通过一项法案，技术和高等教育改由联邦政府和邦政府共同负责,印度宪法规定,对所有 14 岁以下儿童实行义务教育。中等教育共分初级中学、高级中学和两年制专科学校。学制各邦不完全相同,一般为两年或三年。在高等教育中,工程和技术教育所占比例较大。

全国人口 12.1 亿(2011 年),有十几个大民族和几百个小民族,主要民族有印度斯坦人,占全国人口的 46.3%、泰卢固人占 8.6%、孟加拉人占 7.7%、马拉提人占 7.6%、泰米尔人占 7.4%、古吉拉特人占 4.6%、坚那达人占 3.9%、马拉雅兰人占 3.9%、奥里雅人占 3.8%、旁遮普人占 2.3%。少数民族有:那加人、米佐人、桑塔尔人等。英语和印地语为官方语言,各邦语言也为本地的官方用语。约 82% 以上居民信印度教。

印度是世界文明古国之一,有悠久的历史和灿烂的文化。早在公元前 2000 多年前,印度的原始居民达罗毗荼人就已经有了高度发达的城市文明。位于今巴基斯坦境内的莫亨殊达罗和哈拉巴的古代遗址便是有力的证据。大约公元前 2000 年左右,游牧民族雅利安人从西北进入印度,打败了达罗毗荼人,并将达罗毗荼人赶到南方。此后,在近千年的时间里,雅利安人由印度河流域逐渐向东南发展,移居恒河流域。这一时期,在印度历史上称为"吠陀时代"和"史诗时代"。"吠陀"原意为"明"或"知识"。吠陀本集共四部,即《梨俱吠陀本集》《娑摩吠陀本集》《夜柔吠陀本集》和《阿闼婆吠陀本集》。《梨俱吠陀本集》又名《赞诵明论本集》,包括 1000 多首诗,内容是赞颂火神阿耆尼、战神因陀罗和苏摩酒、太阳神苏尔耶、晓天神邬霞、水神伐楼拿和死神阎摩。《娑摩吠陀本集》又名《歌咏明论本集》,包括 1800 多节歌词,这些歌词,在祭祀时可配曲演唱。《夜柔吠陀本集》又名《祭祀明论本集》;有两种本子,即《白祭祀明论》(《白论》)和《黑祭祀明论》(《黑论》)。《阿闼婆吠陀本集》又名《禳灾明论本集》,据说为古仙阿闼婆所传,故名。全书有诗 700 多首,多系咒语。四部吠陀中,《梨俱吠陀本集》产生最早,最有价值,是印度上古诗歌总集。继吠陀之后又有与各部吠陀本集有关的《梵书》以及与各《梵书》有关的《奥义书》之类续作出现。《梵书》是各派婆罗门传授吠陀和祭祀仪式的讲义。《奥义书》则是哲理著作。

史诗时代产生了两部不朽的史诗,即《摩诃婆罗多》和《罗摩衍那》。《摩诃婆罗多》又名《大战书》,共 18 篇,10 万颂。讲的是古代印度北方一个婆罗多王国内部俱卢人和般度人之间的俱卢之野(今哈里亚纳邦）发生的一场战争，这场战争对印度的影响极其重大。这部史诗被称为印度古代知识的百科全书。《罗摩衍那》（或《罗摩传》），共7篇，1.9万多颂，描写了罗摩和他的妻子悉达的生平故事。两部史诗对印度人民的思想行为、道德观念以及文学艺术、风俗习惯都具有深远的影响。

公元前600年左右，犀顺那伽王建立了犀顺那伽王朝，国名摩揭陀（或摩犍陀），国教在旧王舍城。传至频毗沙罗、阿阇世和优陀延王时，建华氏城为国都，国势极盛。后来，由于婆罗门的地位逐渐提高，下层人民的处境日益悲惨，阶级矛盾尖锐，在意识形态领域中出现了百家争鸣的局面，人民的思想异常活跃，于是，耆那教和佛教应运而生。耆那教主张皈依正智、正信、正行三宝，为自我解脱之途。尤重正行，即以瑜伽苦行求得解脱，著名的教祖名叫大雄。佛教是释迦牟尼创立的。他提倡平等，无种姓之别，无贵贱之分等。由于佛教的主张适应了当时社会情况，受一般人欢迎，因此发展迅速。

后来，犀顺那伽王朝为难陀王朝所灭，引起诸侯纷争，出现了社会动乱的局面。公元前4世纪初，希腊亚历山大入侵印度，占据了北印度。亚历山大死后（公元前322年6月），月护兴起打败了难陀王朝，扫除了希腊人在旁遮普的残余势力，建立了孔雀王朝。公元前273年，月护之孙阿育王继位。8年后，阿育王征服了位于今奥里萨邦的羯凌伽国，杀人10万，俘虏15万，整个战争中死亡的人不计其数。阿育王于是动恻隐之心，皈依佛教，集结佛法于华氏城，建石柱寺塔，大力提倡佛教，并派佛僧往叙利亚、埃及、锡兰、缅甸等国传播佛教。公元前200年左右，孔雀王朝被南方的安度罗国和北方的大月氏所灭。大月氏人本来是在中亚，入侵印度西北部后，建都犍陀罗城，称为贵霜王朝。贵霜王迦腻色迦推崇佛教，使佛教声势大震，更传播于印度之外，也传到了中国。这时佛教已分为南北两派，开始设佛像，供人们膜拜。

公元3世纪，旃陀罗·笈多一世驱逐大月氏，灭安度罗国，建立笈多王朝。笈多王朝版图甚广，南至纳巴达河，东北达尼泊尔边境。中国晋代高僧法显去天竺取经（399—414年）之时正值旃陀罗二世在位时期。

笈多王朝时，政治比较开明，经济繁荣，在文学艺术及科学等方面都有很大发展，被称为印度历史上的黄金时代和文艺复兴时期。这一时期出现了《云使》和《沙恭达罗》的作者迦梨陀娑，《罗刹娑与指环印》的作者毗沙迦达多和《小三尼车》的作者苏陀罗伽等许多杰出的作家，还出现了佛教作家世亲和陈那氏，天文学家圣使、彘日等著名人物。大小各18部《往世书》是在笈多王朝时期形成的，它是印度神话、传奇、传说、教义、仪式、道德、法典、宗教和哲学的总宝库。此外，鹿野苑石庙、那烂陀寺、阿旃陀的一些石窟壁画等反映了笈多王朝在建筑、雕刻和绘画艺术方面所达到的令人惊叹的水平。

笈多王朝终因北方的哦哒人入侵而灭亡。后又有羯若鞠阇国兴起，有人认为羯若鞠阇国即笈多王朝的复兴。戒日王即位后，国势益盛，东征西伐，所向披靡，除摩诃剌侘国外，无不臣服于其下。戒日王死后，大臣篡位，国家大乱。在此后的数百年间，形成了小国纷立、互相争霸的局面。改信伊斯兰教的突厥人自中亚连年入侵印度，例如阿富汗伽色尼王朝国王马茂德在26年的时间内（1000—1026年）入侵北印度达15次之多，古尔王国国王穆罕默德从公元1175—1206年先后6次出征印度。最后，穆罕默德的部将古杜布·邬丁征服德里，建立了奴隶王朝。从公元1206—1526年，德里的伊斯兰教王朝前后更迭多次，同时，中印度和南印度也有许多伊斯兰教王朝相继兴起。

到16世纪，蒙古察合台汗后裔帖木儿的六世孙即喀布尔（古高附）的酋长巴卑尔，于公元1526年在巴尼巴特打败了德里的洛提王朝，建立了莫卧儿王朝。传至阿克巴及奥朗则布时，国势极盛，几乎统一了全印度。1707年，奥朗则布死后，各地土邦王公纷纷自立。英国的东印度公司（建于1600年）乘机蚕食印度，扩大势力，终于在1857年残酷地镇压了印度民族大起义，灭了莫卧儿帝国。自此，印度完全沦为英国的殖民地。印度人民经过了长期的艰苦斗争，终于在1947年成为自治领，1950年1月26日宣布为独立自主的民主共和国。

二 居民来源与民族演变

印度有几千年的文明史，在漫长的历史发展中，印度民族对东方乃至世界文化发展起过重大作用，对人类文明有着伟大的贡献。

印度也像有些国家和地区一样，从国家来说，是历史上王国林立、相互争战和不断有外来移民进入的国家，从民族来说，则有许多种族、民族和不同种族成分与民族成分重新组合而成的民族，并且还有许多土著部落。历史证明，印度的统一和独立是各民族共同完成的，不仅人口众多的印度斯坦族等十几个大民族在统一大业中起了重大作用，广大少数民族如桑塔尔人等也作出了重大贡献。

印度人种复杂，由几支组成。澳亚人是印度古代民族之一，他们从西方进入印度，以后分布开来，蒙达人、奥朗人、霍人、贡德人、孔德人和卡西人等就是他们的后代。他们的祖先对印度古代文明贡献很大，主要表现在从旧石器文化发展为新石器文化，陶器、耒耜的发明，水稻和果树的培植，以及用棉花织布等方面。达罗毗荼人也是古老的民族，现在主要分布在印度南部，但在古代这一民族曾分布在印度中部、北部和西部广大地区。在北印度，达罗毗荼人与澳亚人一度并存，不过，可能最初是前者居于统治地位，后来才与后者发生种族和文化的混合。考古证明，达罗毗荼人的文化比较发达，从泰米尔人早期语言看，在雅利安人之前他们已经知道锡、铝、锌及各种普通金属，还能制造精美的陶器。在农业上，他们已会用犁耕田，有船和独立舟做运输工具，能纺织染色，也有了文字，在印度河流域发掘出来的古代文化，一般认为是达罗毗荼人创造的。当时已属于金、石并用时期，有了陶器、青铜器以及轮制彩陶等；农业上有稻、麦等农作物的种植。最突出的是城市建筑，那时候能设计复杂的街道、水沟和浴池等。印度伊朗人，即古代的雅利安人，他们进入印度时间晚于上述两民族，大约在公元前2400年至公元前1500年。从《吠陀》文献得知，雅利安人从西北进入印度。初入印度时，一般称"梨俱吠陀时期"（公元前1000年），其所占领的地区包括后来的阿富汗斯坦、旁遮普、信德和拉其普塔纳的一部分以及克什米尔等地。到"梨俱吠陀后期"（公元前1000年至公元前600年）雅利安人占领了北印度的大部分。当时雅利安人分为许多部落，属于游牧民族，他们的社会经济发展水平落后于当地的土著人，但他们的武力强大，因此才征服了土著，并与之混合。当时雅利安人的主要财富是牲畜，后来学会了农业种植，犁田耕种，种植大麦和小麦等，但种植水稻是后来与澳亚语系民族接触后才学会的。雅利安人会木匠活、铁匠活等技术。另外还有蒙古人，他们大约在公元1000年的中期进入印度，在《吠陀》中称为喀拉特人，由于他们文化落后，在印度古代历史上作用不大，因此，有关他们的记载很少。除上述以外，还有尼格利陀人，他们皮肤较黑，个子矮小，头发浓密，鼻子扁平，手脚长。他们早在旧石器时期已到达印度，为印度最早的居民之一，但目前人数很少。南印度的格达尔人、伊鲁拉人、巴尼亚人和安达曼群岛上的安达罗人等是他们的后代。

印度对民族问题并未形成一致意见，如"民族"的定义是什么，划分的标准是什么，应如何区分等一系列问题并未真正取得一致看法，关于"多数民族"与"少数民族"问题也有不同划分方法，有些人主张凡信印度教的为多数民族，其他宗教信仰者均为少数民族，甚至把锡克教徒也归为多数民族之中，因为锡克教是印度教的分支。当然有人对此持有不同看法，但是对"部落"的划分从上到下意见是一致的。但对他们有不同称呼，有的称他们为原始民族，有的称他们为山区部落，有的称他们为森林部落，有的称他们为万物有灵部落，有的称他们为落后的印度教徒，如此等等。所有这些叫法，都有一定道理，都是从不同角度而得出的结论。但是从他们的形成和发展历史来看，这些民族虽然在其所生活的地理环境、生活状况和宗教信仰方面有不少共同特点，但彼此也有许多不同点，大多称他们为原始部落。其实他们是少数民族，现在还比较落后，他们处在落后的社会发展阶段，其社会风俗千奇百怪，在不同程度上还保持着原始文明。这对了解和研究人类社会发展史提供了条件。因此，自18世纪中叶以来，印度的部落一直引起印度国内外人类学家的重视。

三 孟加拉人与印度

印度的孟加拉人主要分别在孟加拉邦。在远古的时候，孟加拉地区的居民属于澳亚人种。他们操澳亚语，这种语言现在还可以在土著人中找到痕迹。这些土著民族中的高尔人、布林德人、崩德拉人、尼夏德人等，在《往世书》里都有记载，这证明他们是很古老的民族。

后来蒙古人由东北进入这个地区，他们的语言带有缅藏语的特点。学者们认为北孟加拉的包隆人和东孟加拉的姜塔尔人就是这支操缅藏语的蒙古人后裔。

当蒙古人不断地进入孟加拉并在这里定居下来的时候，雅利安人开始由印度西部进入比哈尔地区，并且在整个北印度建立了许多强大的小王国，摩揭陀国就是其中最富强的一个。孟加拉的雅利安人正是从摩揭陀进来的，因此，历史上习惯地把他们称作温格摩揭陀人。他们是同比哈尔和北印度的达罗毗荼人混血的雅利安人。

孟加拉人中也流行种姓制度，但不像其他地方那样明显和严格，而且由于民族混杂，很难从宗教文化或风俗习惯上把他们区分开来，只能大体上把他们归入婆罗门、维迪耶、伽耶斯特和首陀罗四个种姓。

婆罗门主要有五个姓，按地区看，又可以把他们划为拉蒂婆罗门（住在拉特地区）和瓦兰德拉婆罗门（住在瓦兰德拉地区）。拉蒂婆罗门中主要是被称为坎尼亚古巴吉（曲女城婆罗门）的五个大家族。据说他们的祖先是巴拉尔森那国王从曲女城请来的，并赐给他们"邬巴蒂亚耶"和"阿贾尔耶"（大师）的称号。这支婆罗门的后裔现在都喜欢按英语习惯把自己的姓写成穆克吉、查特吉等。

关于维迪耶种姓，则众说纷纭。有的人说，雅利安人进入孟加拉的时候，维迪耶是一个专管祭祀的种姓，婆罗门后来和他们通婚。有人说，他们实际上是行医的。有人说，他们是婆罗门同首陀罗妇女结合所生的后代。也有人说，他们本来属于吠舍种姓。不管怎样，今天孟加拉维迪耶种姓的地位仅次于婆罗门，居第二位。

孟加拉的迦耶斯特历来是一个文明和进步的种姓。他们在社会地位上、行政职务和其他领域里总是身居高位，许多社会活动家、宗教领袖和文化机构的负责人都出身于迦耶斯特。按孟加拉的种姓制度，迦耶斯特属于首陀罗种姓，但是婆罗门无法歧视他们，因为他们有权势，有钱，婆罗门要靠他们生活。现在很多迦耶斯特人戴上了只有婆罗门才能佩戴的圣线。此外在孟加拉还有一些属于迦耶斯特的副种姓，他们的姓已经和正统的迦耶斯特人的姓不同了，很可能形成一支新的种姓。

首陀罗是社会地位最低的种姓。工人、农民、手艺人、仆役等都属于这个种姓。其中以盖沃尔德人最多，他们在古代是孟加拉的居民，占有土地。今天，他们在孟加拉人中占绝大多数。现在人们称农民为哈里盖沃尔德，把渔民叫马奇盖沃尔德。由于现代化教育、商业和工业的发展，他们中有些人已经成了学者或富翁。

孟加拉人也有吠舍和刹帝利种姓，但是他们为数不多，影响不大。吠舍种姓在孟加拉叫拜奈，他们在社会上没有什么地位和声望，有些地方甚至把他们算作首陀罗。他们当中那些从没有做过生意的人，喜欢把自己说成是维迪耶种姓。

孟加拉人本来不存在刹帝利种姓，现在那些自称是刹帝利种姓的人，实际上是莫卧儿帝国统治时期随曼·辛哈一起来到这里的拉吉普特封建王公的后代，他们一般都在自己名字后边加"辛哈"一词。在莫卧儿王朝和英帝国统治时期，他们是贵族，即使在今天，他们也还算"上流人"。

孟加拉人的主食是大米，喜欢吃鱼。鱼的种类很多，做法和吃法也五花八门。他们虽然很讲究饮食的味道和花样，但是除了鱼而外，其余的营养价值都不高。喝牛奶很少，吃酸牛奶也不多。所有蔬菜几乎都是用菜籽油炒，由于过分讲究花样，所以在饮食方面花销大，妇女烹饪任务也很重。孟加拉有名的甜食是拉斯古拉（一种带甜汁的元宵）和生代西（一种奶酪糖）。加尔各答的拉斯古拉不仅驰名全印度，而且畅销世界许多国家。

孟加拉人的穿着简单。在农村，男的只缠一条齐膝长的围裤；在城市里，人们一般都是下身缠围裤，上身穿一件衬衣，也有穿西服上衣的。孟加拉人不需要毛料衣服和棉被，但是不能离开雨伞，在印度几乎人人有伞。

孟加拉上流人士缠围裤的方法与众不同。他们喜欢把围裤的一头留出一段，吊在前面，称之为衮佳，即前缨或前穗。年轻的则喜欢把衮佳别在后腰，因为这样干事利落。从前爱玩棍棒的人和士兵都是这样缠围裤。

孟加拉人的特殊服装是宽袖无领长衫。他们把这种衣服叫班贾比，一般都是丝绸做的。穿这种衣服时，一定要披一件丝绸布单或绒线薄毯，这是一种体面排场的打扮。在正式场合，印度教徒和穆斯林都喜欢穿这种衣服。总之，孟加拉人的服装，不外乎是围裤、宽袖无领长衫和披肩，这是出门在外的情况。在家时，他们的衣服则另是一样，通常只缠一条叫龙喀的短围裤，这种习惯原先在东孟加拉的穆斯林和印度教徒中最为流行，后来西孟加拉的印度教徒觉得穿这种衣服既经济又方便，所以也流行开来。

孟加拉妇女从前不能穿鞋，甚至连拖鞋也不许穿，但必须戴面纱。现在思想守旧的妇女喜欢把纱丽围在身上，不缠紧，以免别人看出她苗条的体形。但是受过教育的妇女则很讲时髦，她们不仅把纱丽缠得紧紧的以显示自己优美的体形，而且还远渡重洋到其他国家去求职谋生。

孟加拉人住的房屋，从外形看，也和庙宇差不多，特别是农村，房屋和庙宇的区别仅仅一个是用竹竿、木头和稻草盖成，一个是砖瓦或石头修建。

孟加拉人和印度其他地区的人一样笃信宗教，但由于历史原因，他们又具有自己的特点。雅利安人未到孟加拉之前，孟加拉人是大自然的崇拜者；雅利安人进入孟加拉之后，尽管孟加拉人也敬奉雅利安人的神，但是他们对自己原先的地神、村神、家神等更为虔诚，而且往往把他们自己的神同雅利安人的神混合在一起。例如他们所敬的地神、龙神、蒙萨神、迦利女神、湿婆神以及非雅利安人的女财神等，尤其是迦利女神，是他们原先的神与雅利安人的神糅合在一起的典型。

孟加拉人在宗教上的另一大特点是不狭隘保守，善于融合。符咒派的观点、婆罗门的观点和佛教的观点，都兼而有之。特别是佛教观点对孟加拉的印度教影响更甚。印度教吸收其他教派观点补充自己的这种现象，在印度其他地方也是少有的。从杰旦尼耶到辩喜，所有孟加拉的宗教领袖都高举了一切宗教融合论的旗帜，所以在孟加拉地区始终没有宗教和教派纠纷。

孟加拉人喜欢过各种节日，一年12个月有14个节日。例如杜尔迦节、罗其密节、斯尔斯瓦蒂节、湿婆节、克里希纳节、贾拉格节、特拉摩·塔古尔节、耿乃西节、扎格纳特节、多亚德拉节、迦利节、秋楞亚德拉节、拉斯亚德拉节、新年等。

四　安得拉人与印度

安得拉人有8000多万（2010年），占全国人口的8.5%，主要分布在安得拉邦等地。关于安得拉人的来历有着种种不同的说法，有些学者认为，他们属于雅利安人，另一些学者不同意这种说法。在《摩诃婆罗多》和《罗摩衍那》两大史诗中，称他们为达罗毗荼人。在阿育王石柱铭文里，凡提到安得拉人的地方，也提到了"普林达人"，但没有肯定他们是那个王国的人。在《梨俱吠陀》的《爱达罗梵书》里说，安得拉人是众友仙人的后代。据说他受到父亲的诅咒后，迁居到温蒂亚山（文底耶）南部，在那里，同当地的达西安族妇女结了婚，他们的子孙后代便是安得拉人，这就是说，安得拉人是雅利安人和达罗毗荼人的混血种。看来，最早的安得拉人要么是一些脱离了雅利安族或者不得不放弃雅利安族而加入达罗毗荼族的原雅利安人；要么就是一些跟雅利安人混合后脱离了其他达罗毗荼族的达罗毗荼人。泰米尔语《往世书》称他们是达罗毗荼以外的人。

今天的安得拉人中，除一些土著人仍保留着原来的纯血统外，其余都是混血种，他们的另一个特点是，外貌既不像北方人，也不像南方人，似乎既有雅利安、达罗毗荼人的特点，也有蒙古人种的特点。一般身材高大魁梧，臂膀粗壮结实，肤色多种多样，深黑色、棕色或浅灰色等都有。

安得拉人还保持着种姓差别，分为婆罗门、刹帝利、吠舍和首陀罗四个种姓，同一个种姓又分为数以百计的副种姓。虽然种姓之间彼此不能通婚，从前就连饮食也不统一，然而安得拉邦的婆罗门和非婆罗门，在社会地位上差别甚微，知识界尤其如此。因此，这个邦企图在政治上建立宗教、教派和种姓的派别的可能性很小。

安得拉人大都信仰印度教，其次是伊斯兰教和基督教。从前，安得拉是佛教和耆那教的中心，现在信仰这两种教的人已大为减少。这个邦的印度教是湿婆和毗湿奴教的结合体，凡有婆罗门庙的地方也都有毗湿奴祭棚。

印度教徒特别注重婚事，认为结婚是生活中的一件大事。结婚一般限于同种姓内进行。同外种姓结婚的寥寥无几。有些种姓禁止家族内通婚，特别是婆罗门种姓更是如此。以前盛行童婚，现已改变了这种陋习，童婚被认为非法了。在安得拉邦的历史上，曾多次掀起过争取寡妇改嫁权利的运动，但运动过后，寡妇的处境却依然如故。

在安得拉人中，至今允许同舅舅和姑姑的儿女结婚。这种风俗从表面看，违背了印度教的古代法典，而且对北印度的印度教徒来说，简直是不可思议的。可是，它却为大多数安得拉婆罗门称之为老祖宗的阿波斯登布仙人所允许，结果就形成了流行于当地的一种风俗。

安得拉人喜欢吃辣椒。吃辣椒是人们的一种嗜好。在他们看来，如果没有辣椒，任何食物都是索然无味的。安得拉也盛产蔬菜，但很多人却喜欢吃咸菜，为了减少调料的刺激性，要吃很多酥油。在安得拉邦，奶酪是种姓和各地区必不可少的食品。一顿饭结束时，一定要吃奶酪和乳浆。主食和副食都按一定的顺序分道上席，将菜、调料同米饭等主食拌在一起，用手抓着吃。

安得拉人不大习惯吃糖，却很喜欢喝茶。旦巴古（即烟草）也是安得拉人生活中必不可少的。

五　旁遮普人与印度

大约在公元前两千多年以前，雅利安人从开伯尔等西北部山口进入印度，他们首先征服了旁遮普地区，并在那里定居下来，然后又从西北沿着恒河向东南移，到了北方的波罗奈城（现在的贝拿勒斯）等地。当时的雅利安人分许多部落，每一个部落都有酋长或罗阇（即国王）。各个部落之间经常发生战争，同时各部落也联合起来反对当地的非雅利安人。这些当地民族可能就是达罗毗荼人。雅利安人称当地的非雅利安人为奴、匪、鬼、蛮、恶魔等。后来雅利安人完全征服当地的非雅利安人，成了主人。

历史学家认为，公元前5世纪左右，旁遮普地区可能是属于伊朗帝国的一部分属地。不过旁遮普所发生的第一件可靠的历史事件是公元前326年亚历山大的入侵，印度的系统历史也是从这时开始的。当时旁遮普有许多小土邦，他们你争我夺，互相不和，亚历山大利用咀咴始罗（即现在巴基斯坦的塔克西拉）的土邦王阿米和切拉姆鸠那布地区的土邦王普鲁之间的仇恨，打败了普鲁。但是亚历山大遇到土邦王的抵抗，据说有一个叫波罗斯的土邦王就曾公开和亚历山大宣战。波罗斯的军队据守在萨特累季河的一岸，军队中有无数大象。亚历山大的军队聚集在河的另一岸，两军数日相持不下，亚历山大也不敢轻易下令渡河进攻。一天夜里，突然大雨倾盆，河水暴涨，亚历山大派士兵偷渡过河，向波罗斯的军队发起突然攻击。波罗斯军队里的大象被这突如其来的偷袭吓得四散奔逃，军队大乱，纷纷溃退。亚历山大乘机渡河追击，波罗斯战败被俘。

亚历山大乘胜前进，又渡过了旁遮普的另外三条河流，直抵比阿斯河岸。但由于沿途不断同雅利安人交战，他的军队已疲惫不堪，再加上士兵们常年在外，普遍思家，希望尽快返乡，所以士气低落，甚至拒绝继续前进。亚历山大无奈，只好从比哈斯河岸撤退，经谟尔坦、信度和俾路支斯坦（现属巴基斯坦）返回本国。回国途中，亚历山大在伊拉克的巴布尔地区暴死身亡。亚历山大死后，普鲁等土邦王再次崛起，并将希腊人从旁遮普中部驱逐出去。

当时被摩羯陀国王难陀驱逐出摩羯陀国的前军事首领旃陀罗·笈多趁亚历山大撤离旁遮普之机，控制了旁遮普，并以旁遮普为基地打败了摩羯陀帝国，于公元前322年称帝，阇那伽被封为宰相。

16年以后，北阿富汗的希腊统治者塞留古（他是亚历山大军事首领，亚历山大把在印度占领的土地交他治理，并封他为副王）为了收复失地，向旃陀罗·笈多兴兵讨伐，但被旃陀罗·笈多打败。双方达成协议，塞留古还把女儿海伦嫁给了旃陀罗·笈多。

从此以后，直到旃陀罗·笈多的儿子宾头沙罗和孙子阿育王统治时期，旁遮普地区一直比较平静，没有外族入侵。

阿育王死后，北阿富汗的希腊人又开始向旁遮普入侵，并占领了旁遮普，建立了自己的王国。在统治旁遮普的希腊国王中有一个叫米南德的国王，他一度把他的王国的疆域从信度河流域扩大到了那巴达河流域。他曾向摩羯陀帝国发动过侵略，被国王普士亚密多罗打败。希腊人在旁遮普统治了整整一百年。这些希腊人在著名的佛教学者龙树的影响下，先后皈依了佛教，被印度完全同化。

公元前100年左右，北伊朗的西蒂安人入侵印度。他们和希腊人一样，属于雅利安人。西蒂安人的塞种族的一个酋长莫加在旁遮普的西北部建立了王国。现在东旁遮普的莫加城的城名可能就和当时塞种王朝有关。

公元1世纪时，贵霜人从中亚来到旁遮普，他们灭了塞种王朝，把所有外来族都赶出了旁遮普。贵霜族也属于塞种人的一个王族。

贵霜王朝的国王中迦腻色迦最有名，影响最大，他的都城是布路沙布罗（即今日白沙瓦，现属巴基斯坦）。从中亚到印度的迦尸（即今贝拿勒斯）地区，都是他的疆土，整个旁遮普、信度河流域和克什米尔地区，都是他的王国的领域。现在挖掘出来的迦腻色迦时期的钱币上，都铸有印度、伊朗和希腊的神像。当时受希腊影响的犍陀罗建筑艺术和雕刻艺术有很大发展。呾叉始罗的古老书院再次成了梵文、自然科学和文学的中心。梵语大诗人马鸣和印度古医学的著名大师恰拉克就是迦腻色迦宫廷的宫宝。贵霜王朝统治了将近300年。后来逐渐和当地人融为一体，不复独立存在。

公元4世纪末，旃陀罗·笈多·维格拉马迪特耶征服旁遮普。笈多帝国的末代帝王塞犍陀·笈多统治时期（公元5世纪），匈奴人入侵旁遮普，并从旁遮普向印度其他地区进攻。匈奴人是游牧民族，善骑射，挥戈自如。他们入侵旁遮普之后，大肆掠夺，任意屠杀，使旁遮普受到浩劫。

匈奴人最后在夏迦尔（现在的锡亚尔科特）建立了京城，并在旁遮普统治了70多年。后来，匈奴人也被同化，成了印度人。

11、12世纪时，穆斯林开始大规模地入侵。先是葛兹尼的土耳其统治者苏布戈特甘，随后又是他的儿子马茂德多次入侵旁遮普和印度其他地方。尤其是马茂德，他像秋风扫落叶一样，把旁遮普几个印度教国王全部赶走。马茂德王朝的国王在旁遮普统治了将近一百年。

在此期间，阿富汗境内的高利王朝已经兴起。12世纪末，高利族国王穆罕默德·高利把信度河流域和旁遮普的穆斯林领地一个个征服了，1186年又从马茂德王族的国王库斯洛·马立克手中夺取了拉合尔（现属巴基斯坦），这样旁遮普又开始了高利王朝的统治。穆罕默德·

高利于 1206 年被一个科克尔人暗杀丧命。

1398 年，帖木儿楞格听说旁遮普非常富庶，便率领数万军队，从撒马尔罕长驱直入旁遮普。帖木儿楞格打败了突格卢克王朝的国王，一路烧杀抢掠，直抵德里。

1526 年，巴卑尔发动了侵略，并在印度建立了莫卧儿王朝，这个王朝后来出了胡马雍、阿克巴、贾杭格尔、沙·贾汉、奥朗则布等历史上有名的帝王。

穆斯林在旁遮普失败以后，锡克人统治了旁遮普。后来旁遮普又被英国占领。英国人在旁遮普统治了大约 100 年，英国人离开印度时，把旁遮普分为东西两个部分，东部归印度，西部归巴基斯坦。

现在的旁遮普人可以说是印度雅利安人种的典型代表。但旁遮普人并非全部是纯粹的雅利安人。由于旁遮普在历史上屡遭外族入侵，成千上万的外族人在旁遮普先后定居下来，例如希腊人、伊朗人、塞种人、匈奴人、蒙古人、阿拉伯人等，他们不仅在这里定居下来，而且随着时间的流逝，逐渐同原来的旁遮普人融为一体，成了旁遮普人。所以现在的旁遮普人，实际上是各个民族长期融合的结果。

从人种的角度看，旁遮普人可以分为四类。第一类是由古代的雅利安人（其中部分是后来进入旁遮普的希腊人）和塞种人等繁衍而来的，这些人组成了今天旁遮普的印度教社会。他们中根据印度教的经典也分为四个种姓，即婆罗门、刹帝利、吠舍和首陀罗。在这四个种姓中又有许多副种姓。不过，旁遮普的种姓制度没有某些邦那么严格。旁遮普古代的刹帝利现在叫柯帝利，这个叫法不仅是刹帝利一词的变音，而且还标志着他们职业性质的变化，因为柯帝利种姓中有相当数量的人是行商的，他们的人数在商界占绝大多数，他们在做生意和放高利贷方面比吠舍种姓的商人还高一筹，他们在职业上已经和吠舍种姓没有什么特殊的不同，所以他们基本上已经算作吠舍种姓了。

旁遮普的柯帝利种姓中，绝大多数人姓阿罗拉或阿罗莱。据说他们的祖先原来是从印度河流域的一个叫罗利的地区过来的，所以姓阿罗拉，意即"从罗利来的人"。在旁遮普农村，几乎所有的柯帝利种姓都姓阿罗莱。

旁遮普原先的吠舍种姓都姓阿格阿瓦尔，据说他们可能从操印地语的地区迁到旁遮普去的，后来慢慢变成了旁遮普人。

第二类是查特族人，印巴分治以前，他们在旁遮普的 3500 万人中占 600 万之多。从信仰的角度看，他们中绝大部分属于伊斯兰教，而且留发。目前在东旁遮普讲旁遮普语的查特人，几乎全是锡克教徒，称为印度教徒的旁遮普人很少。

　　第三类是拉吉普特人，他们是从前移居到旁遮普来的拉贾斯坦人的后裔。印巴分治前，他们有300万人，其中绝大部分人信仰伊斯兰教。现在的旁遮普邦的拉吉普特人中大约有2/3是印度教徒，有1/3是留满发的锡克教徒。但是旁遮普和其他地方一样，许多信仰印度教的首陀罗种姓都称自己是拉吉普特人。

　　第四类是古贾尔人，这个族分布在克什米尔地区和古吉拉特地区。古吉拉特邦的名字就是由这个族的名字来的。现属巴基斯坦的西旁遮普的古吉拉特、古贾尔汗、古贾朗瓦拉等城市的名字也是以这个族的名字命名的。古贾尔人一般以畜牧为业，但同时也像查特人和拉吉普特人一样，善于务农。印度教徒喜欢把古贾尔人中的上层算作刹帝利之列。

　　除了以上所说的四类人之外，还有各种不同的山地民族，他们是拉吉普特人、古贾人、西藏人等人种的混合民族，他们有自己的语言和文化。

　　旁遮普的哈里真人大部分信基督教。他们中有的是古代雅利安人的奴隶的后裔，有的是后来从东北地区被胁迫来的人的子孙。

　　典型的旁遮普人一般身材魁梧，胸部宽阔，肤色比印度其他地方的人稍白略带褐色。

　　旁遮普农民生活比较富裕。他们的性格比较活泼开朗。他们的住房比较宽敞，农民家里一般都比较干净，每家都有较好的家具、被褥、毯子、青铜器皿、马车、牛车、收音机、电视机等。有些人家里还有摩托车、汽车等。旁遮普人的生活水平在印度是最高的。

　　旁遮普市民大多数人都穿印度一般通行的服装或者西服。旁遮普的妇女一般穿上衣、宽腿裤、披披肩。但西部村的妇女也像男子一样缠一条腰布。旁遮普妇女的穿着比较大方利落。

　　旁遮普人主要吃面食、黄油。平原地区的人很少吃大米，但山区人主要吃大米，很少吃面食。旁遮普人不太习惯吃辣椒和其他调料，但大量吃黄油、牛奶和酸牛奶。从前旁遮普人不知道喝茶，只知道喝用酸牛奶做的饮料，现在普遍习惯于喝茶了。

　　在旁遮普人中，除师尊家族的雅利安人以及外来的一些吠舍人和耆那教徒而外，其他的绝大多数人，包括婆罗门在内都吃肉。不过除锡克人而外，其他人并不天天吃肉。

六 奥里萨人与印度

奥里萨人为印度主要民族之一,有3670万人,占全国人口的5.1%,主要分布在奥里萨邦,属原始达罗毗荼人与雅利安人的混合种。

雅利安人大约在公元前1000年到公元前800年进入奥里萨地区,建立了第一个雅利安王国。公元前5世纪左右,雅利安人才从北印度大批拥进奥里萨,结果雅利安和达罗毗荼两个民族和文化逐渐融为一体。雅利安人未进入奥里萨之前,奥里萨的本地居民是奥特拉人,古代梵文著作中对奥特拉人中的夏瓦尔、孔德、甘特、盖瓦尔德等族姓都有记载,不过往往把他们说成是令人憎恶的半人半兽类,对他们使用了魔、妖、怪、精、夜、叉、食人者等恶意敌对的字眼。《毗湿奴往世书》里说"夏瓦尔人是矮小、塌鼻、墨黑、红眼妖怪"。《爱达罗梵书》里说他们"大肚皮,两耳下垂,面如魔鬼"。有的梵文古籍中说他们是"住在国境边区的民族"。这说明奥里萨的原始居民曾坚决抗击过雅利安人的入侵,同雅利安人进行过长期的战争,所以雅利安人憎恨他们,使用了充满敌意的词汇。还说明当时奥里萨是处于雅利安人的势力范围之外,雅利安人不能随便进入他们的地区。

在远古时,有位名叫格岭伽的人在奥里萨地区建立了格岭伽(羯凌伽)王国,今天的格岭伽巴特纳姆就是当时的京城。据历史记载,公元前262年左右,摩羯陀帝国的阿育王向格岭伽国发动侵略,并灭了格岭伽。公元前150年左右,格岭伽王国又重获独立。公元初,它又成了其他王国的附属国,到公元4世纪时,它被笈多王朝吞并。公元640年又被甘诺吉王国占领。后来格岭伽分成几部分,乌特伽尔是当时的一个王国,比较强大,大约在公元795年乌特伽尔王还曾派宗教使臣到中国的朝廷。

10—11世纪时,奥里萨由盖斯利王朝统治。12世纪时,从西部过来的焦拉甘伽人在奥里萨建立了焦拉甘伽王国。在焦拉甘伽王朝的后期,北印度的穆斯林国王开始向奥里萨进攻,1434年奥里萨成为一个独立的王国后又发生内战,1580年被莫卧儿王朝征服,到1803年以后奥里萨又落入英国殖民者之手,一直到印度独立为止。在漫长的历史岁月里,奥里萨人受尽了各种苦难,这是奥里萨地区发展较慢和人民贫困的根本原因。

奥里萨人一般都是印度教徒，也有种姓制度，但种姓区别并不严格，这一点同其邻邦不同。从他们所从事的职业来看，也很难区分他们种姓的高低，低级种姓可以升为高级种姓，高级种姓也可以降为低级种姓，其决定因素为经济条件。

按印度教的习惯，最高的种姓是婆罗门。奥里萨的婆罗门有外来的，也有土生土长的，外来的婆罗门是距今1000多年前的一个王国为了复兴婆罗门教从曲女城请来的，这部分婆罗门中被称为夏斯尼（即国王恩宠者）的婆罗门地位最高。姓高善必和瓦林德尔的婆罗门也是孟加拉来的外来户。最先到奥里萨地区来拓荒安家的婆罗门姓阿拉腊耶格（拓荒者）。当地的婆罗门有姓罗库那蒂亚的，有姓拉摩金德利玛的，有姓乌特伽尔的，也有姓其他姓的。姓乌特伽尔的婆罗门地位最高。婆罗门中，既有受人尊敬的潘迪特、祭司、学者和宗教经典的权威，也有家庭佣人和厨师。

奥里萨人的第二个大种姓是坎代德，属印度教徒，是奥里萨邦的特殊产物。坎代德的意思是拿宝剑的人，据说这部分人原来属于不杀生的吠舍种姓，并不姓坎代德，后来因为国家和宗教有难，他们和刹帝利人一起拿起武器，参加了战斗，从此改姓为坎代德，而且做了国王的御林军。今天他们中大多数人从事农业生产，他们在奥里萨人民生活中占有重要的地位。

奥里萨的格拉腊种姓自古以来掌握笔杆子，他们相当于北方邦和孟加拉邦的迦耶斯特人。在奥里萨，机关工作人员叫盖拉尼，盖拉尼可能就是格拉腊的变音。格拉腊人说他们的祖先是奥里萨的国王请来的。据考察，他们可能同中印度的迦耶斯特的12个姓中的格拉腊姓有直接的关系。

还有一个种姓叫拉柬尼耶，可能属于奥里萨原先的皇族或贵族，拉柬尼耶、拉吉普特和刹帝利是同义词。实际上更多的拉柬尼耶人（皇族后裔）是封建贵族的后裔，而不是皇族的后裔，但是现在他们都姓拉柬尼耶，成了拉吉普特族。

再一个种姓是首陀罗，属于这个种姓的有17个姓，如贾夏、高拉、冈德拉、巴胡、高卡、巴武里、科拉、古利亚、盖瓦尔德、邦、萨哈尔、普利亚，其中冈德拉和邦两个姓的地位最低。贾夏、邦、高拉、萨哈尔等姓，既算土著，又算印度教低种姓。

奥里萨人一般直率诚实、勤劳本分、笃信宗教、热爱和平，不惹是生非，不无故害人，待人接物彬彬有礼，素有天真无邪之称。奥里萨人多为印度教徒,信奉属于毗湿奴教派的扎格纳特神,但土著人则多为基督教徒。奥里萨人在生活习惯和穿着打扮上,颇似孟加拉人,衣着比较简单,通常只穿一件圆领长衫,缠一条围裤,或者只缠一条围裤,然后在头上或肩上披一块布单。土著妇女不少都袒露上身。农村妇女喜欢戴首饰,城市妇女多戴耳环。

他们的主食是米饭,副食有鱼虾、豆制品和各种蔬菜,香蕉、椰子常做早餐。

奥里萨的节日和斋日很多,除了全国性的灯节、洒红节、敬难近母节、敬斯尔斯瓦蒂节、克里希纳降生节、罗摩降生节而外,还有一些特殊节日,例如雨季节、游神车节、八月十五节、巴厘岛旅行节、青年节、秋千节、敬罗其密节等。

七 泰米尔人与印度

关于泰米尔人,在印度梵文文献中早有记载。梵文文献中提到的泰米尔人,就是指达罗毗荼人。今天整个南印度包括泰米尔纳德邦的泰米尔人,都是雅利安人来到印度之后,从北印度和西印度被赶到南印度去的原始居民——达罗毗荼人的后裔。达罗毗荼人的文明在雅利安人未进入印度之前就已经很发达了。

据神话传说,最先到南印度去的雅利安人是阿格斯迭仙人。根据《罗摩衍那》一书的记载,雅利安人是武装入侵到南印度去的。一些学者认为,罗摩和十首王之战,实际上是雅利安人和达罗毗荼人之间的最后一次决战。雅利安人战胜达罗毗荼人,征服了南印度,后来经过漫长的岁月,雅利安人又和达罗毗荼人融为一体了。

有关达罗毗荼人和雅利安人之间的战争,在泰米尔语文献中曾有记载,这些文献资料,一般都保存在寺庙的祭司手里。根据大史诗《摩诃婆罗多》和《罗摩衍那》里的记载,古代泰米尔纳德及其周围地区有三个主要王国,即杰尔(旧译其罗国)、焦尔(旧译朱罗国)和邦迪耶(旧译潘地亚国)。传说杰尔、焦尔和邦迪耶是兄弟三人,系泰米尔人,他们团结和睦、关系融洽、共理朝政,达摩尔波尼河岸的高尔盖是王国的首都。后来三兄弟关系破裂,各建王国,各霸一方。杰尔王国在西部沿海地区,即今日的喀拉拉地区;焦尔王国在北部和东部,首都是提鲁契腊帕里;邦迪耶王国在南部,首都是马杜赖。三个王国为扩大各自的版图，经常发生战争。

根据古代史书记载，邦迪耶国的第一个国王叫马利杜古东毕，最后一个国王叫邬格尔·邦迪衍。中间还有其他一些国王，这些国王统治的时间从公元前500年直到公元300年。邦迪耶王国文化发达，经济繁荣，但到公元3世纪以后，由于内外原因，国力衰竭，濒于灭亡。公元6世纪末，邦迪耶国王又突然崛起，当时的国王叫葛杜贡。在马尔·瓦尔曼执政时期，该王国有很大发展。公元10世纪初，邦迪耶王国再度衰落。公元12世纪时，国王杰达·瓦尔曼·古尔谢克尔·邦迪衍宣布独立，并摧毁了岗吉布拉摩城和坦瞧尔城。这个王国后来又出了个叫杰达·瓦尔曼·宋德尔·邦迪衍的国王，他征服了焦尔和杰尔两个王国，把王国的疆域扩展到南至锡兰，西至迈索尔，北至北鲁尔等地。

公元10世纪后叶，由于内部斗争和德里穆斯林王国对马杜赖的入侵，邦迪耶王国受到极大削弱，接着杰尔王国又乘机进犯，结果邦迪耶王国一蹶不振，日益衰败，到公元16世纪时覆亡。

关于杰尔王国的详细历史，至今仍不得而知，据说杰尔王国的著名国王杰勒尔·阿丁曾被焦尔国王葛利迦尔打败。该王国的第二个国王叫邬代衍·查兰，是一位酷爱艺术的人，第三个有名的国王叫奈东·杰勒尔，是位英勇的国王，他曾入侵过南部和东部的几个王国，立过战功。

关于焦尔王国的古代历史，在《往世书》中有所记载，该王国的第一个国王名叫葛利迦尔，他的执政时期大约在公元1世纪末到2世纪初，首都是提鲁契腊帕里。葛利迦尔是位学者，英勇善战，他打败过杰尔王朝和邦迪耶王国，征服过巴勒沃王国，把疆域扩大到了安得拉的大门口，甚至远征到了喜马拉雅山麓。

1303年，北印度的穆斯林开始向南印度大举进攻，他们像秋风扫落叶一样席卷邦迪耶、杰尔、豪耶斯尔、格朗巴蒂等王国。但是不久穆斯林统治者和地方封建领主之间发生了战争。在混乱的局面中，维查耶纳伽尔王国应运而生，定都于东格帕德拉河南岸，维查耶纳伽王国的缔造者是哈利哈尔（诃里诃罗）和布迦兄弟两人。在他们统治时期，维查耶纳伽尔王国的版图东起孟加拉湾，西到阿拉伯海，北抵克里希纳河，南至坎尼亚库马里。当时在克里希纳河北还有一个巴哈曼尼王国和维查耶纳伽尔王国并存，两个王国之间的战争连年不断，1565年维查耶纳伽尔王国终于灭亡。它的灭亡为穆斯林征服南印度打开了通道。维查耶纳伽尔王国在泰米尔纳德统治达250多年。

从公元17世纪末到19世纪初，欧洲势力在西海岸站住脚跟。葡萄牙人很早就已入侵印度。荷兰、法国和英国也接踵而来。从那时起，南印度的历史便成为欧洲人势力相互争夺的历史。

1311年，英国人首先在安得拉的马苏巴顿和尼贾摩巴顿建立了贸易公司。1639年，他们从维查耶纳伽尔王国的一位继承人手里买了马德拉斯的马特那摩地区的一个村庄，并建立了一座叫圣乔治的大城堡。这是英国在印度修建的第一座城堡。以后，英国人从这里逐渐向整个印度扩张。1674年，法国人也在邦迪吉里建立了殖民区。到公元17世纪末，泰米尔纳德沿海的许多地区都变成了欧洲人的基地。

公元18世纪英法战争之后，签订了1763年巴黎协定，从此法国在印度的势力宣告结束。

泰米尔人分布的泰米尔纳德和印度的其他地方一样，被英国人统治了200多年。

古代的泰米尔人敬奉树木和蛇，祭牲。开始迷信鬼神，后来敬奉天神，再后来则信奉湿婆神。在泰米尔语最古老的诗歌中曾提到马约、夏约等神的名字。马约是平原地区保护牧人和牛羊的神，皮肤为黑色，善吹箫，爱喝牛奶。夏约是山区狩猎之神，皮肤为白色，手持长矛，乘孔雀，有二妻，妻名瓦里和代瓦娅妮。沿河地区的神是因陀罗，海滨之神是伐楼拿，沙漠之神是迦利女神。

现在的泰米尔人一般都信奉湿婆神。除了湿婆神外，还敬奉太阳神、水牛、大象、乌鸦、伐楼拿、土地神、光神和雨神等。

太阳神是泰米尔人自古以来敬奉的主神之一。根据古代传说，太阳神乘坐七匹马拉的独轮车，天天围绕着迈鲁山转圈。他们认为日食、月食或太阳、月亮落山是被蛇吃了。

人们敬奉大象，是因为它同印度的智慧神耿乃希（群主）有关，再者大象身肥体壮，生就一副富态模样。

乌鸦是夏尼神的坐骑，人们敬奉它是为安慰死者的亡灵。敬奉的方法是将食物放在一个高台上，大声呼唤乌鸦来啄食。

伐楼拿是毗湿奴神的坐骑，据说伐楼拿从哪里起飞，哪里就居为圣地。

泰米尔人的村民有不少忌讳。他们认为第一、三、五胎生女孩最好。如果第四胎是女孩，则认为会倾家荡产。第五胎生女孩会家财万贯。第五胎若生男孩，便会家败人亡。如果生双胞胎，那么最好都是男孩。如果都是女孩或一男一女，则被认为是不祥之兆，如此等等。

泰米尔人认为，出门时遇到以下事情，则被认为是不吉祥，应立即回家休息片刻，然后再出门。（1）遇到蛇、猫、寡妇、行乞僧、独身婆罗门、理发师、油贩；（2）听到喷嚏声或其他难听的声音；（3）出门时滑了一跤；（4）出门时头碰了门框或其他东西；（5）听到不认识的人说"别去"；（6）出门时突然遇到暴雨。

泰米尔人还忌讳数字。他们认为一、三、七是不吉利的，一般要避免说这些数字，或用其他办法代替。但施舍的时候，却要单数。例如：可以给101卢比、1001卢比或5005卢比，但不能给整数。

泰米尔人从生到死有不少规矩。例如，妇女怀孕以后不能单独睡觉。太阳落山以后不能单独出门。女孩子进入青春期，非婆罗门种姓的人都当成一件大事来对待。进入青春期的第一天，家里要请亲戚朋友来庆贺，还请亲近的妇女给姑娘洗澡。然后让姑娘单独住一个星期，不能同外人见面。

男孩进入青春期时，也要举行仪式。本家人和姥姥家的人都要来祝贺。这一天，男孩穿上时髦的新装，头上缠条头巾，骑着马到庙里去进香。

泰米尔人很相信生死轮回之说，人死后的安葬活动程序复杂，大多情况是，一个人死后，家里人要为他守丧。在上层社会，守丧期为16天。在比较守旧的阶层或农村，一般守丧期较长。但靠出卖劳力为生的下层，守丧期都短，通常只有1—3天。城里守丧期一般为一周或更短的时间。

泰米尔人实行族内通婚。印度独立后，虽然异族异教之间可以通婚，但这种婚姻在社会上仍受到歧视。

泰米尔人的音乐和舞蹈是从庙宇里发展起来的。为群众喜闻乐见的乐曲主要有维鲁巴杜、高尔德摩、哈里格塔、迦瓦迪、迦拉戈摩等。

八 马拉提人与印度

马拉提人（Marathi）亦称马拉塔人，有7193万人，占全国人口的8%，主要分布在马哈拉施特拉邦，在古吉拉特邦和中央邦也有分布。马拉提人是雅利安人、达罗毗荼人和古希腊人的混合种，他们来自中亚地区。到这里后，有的皈依了印度教，有的改信佛教。

现在的马拉提人中，还混杂着很多拉吉普特、古吉尔和阿黑尔等一些后来的种族。其中可分为三部分，即真正的马拉提族，贡毕族和岗格利族人。马拉提人不超过20%，他们自称属于刹帝利族系，要比其他两个民族"低级"。"高级"的马拉提人是马哈拉施特拉传统的地主，封建领主和统治者；"低级"的马拉提人主要是指一般的农民、牧民、仆役和士兵等。高级与低级的马拉提人之间一般不能通婚，但也和其他种族一样，只要有钱、名誉和地位，也可以不受等级限制。有了金钱、名誉和地位，下等的马拉提人也可以称自己是刹帝利人，并且跟真正的马拉提人一样在脖子上戴一根线，称作圣线，以表示属于高级种姓。当然，今天在知识界这种歧视（差别）已经没有什么特别意义了。马拉提人的分支，多数以居住地点命名。所以，在同一地区很难知道不同人的社会差异。当然从许多支族的姓氏上还可以看出他究竟是属于雅利安人、拉吉普特人，还是属于达罗毗荼人。

马哈拉塔族曾有几个王朝。在马哈拉施特拉除古代马拉哈塔、孔雀、塞德尔格和西德沃等几个王朝外，还有卡纳塔克地区的格登薄和豪耶斯尔王朝，高拉合布尔地区的西尔哈尔王朝，瓦楞格地区的迦格迪耶王朝，以及萨格尔地区的沃拉勒王朝等。在拉吉普特族中，姓拉陶尔和遮楼其的基本上也是马哈拉施特拉人。伊斯兰教统治后情况大变，许多拉吉普特族的分支产生了许多新马哈拉塔族。目前马哈拉施特拉人中有96个不同民族，其中有些同古代王朝有关，有些同中世纪的拉吉普特人有关，几乎所有马哈拉施特拉的拉吉普特人都取"马拉哈塔"为名，而且成了马拉哈塔人的首领，这些人至今还称自己是拉吉普特血统的马拉哈塔人。在宗教信仰和生活习惯上，他们属于马哈拉施特拉的刹帝利阶层，像朋斯拉、考尔巴德、冒黑德、摩哈迪格、萨温德、卡德盖、马奈、帕尔盖、达福莱和马瓦尔各地头人都把自己同中世纪的拉吉普特族联系在一起。无疑，在高阶层的马拉哈塔人中混有许多拉吉普特人。但是，实际上马拉哈塔人是一个单独的民族。一般马拉哈塔人的脸型、肤色和体型同拉吉普特人很少有相似之处。一般马拉哈塔人呈黄褐色、身材矮小、鼻子小、眼睛圆大、嘴唇肥厚、身体结实。而拉吉普特人则不是这样。

按照印度教和等级制度，马拉提人的社会地位为中等，他们一方面在社会上属于高级的婆罗门；另一方面又属于广大被压迫的下层阶级。在马哈拉施特拉邦，所谓被压迫阶级的人数达30%以上。其中包括许多属于表列种姓的印度教民族、皮尔族和土著族以及一些其他落后阶层。

马哈拉施特拉的婆罗门一度被称作"马拉哈塔婆罗门"。这个民族从远古起就一直生活在这里。马哈拉施特拉婆罗门自古就喜欢参与朝政，甚至在伊斯兰教统治时期，这种传统都未曾中断。在尼查姆·沙、阿迪尔·沙等伊斯兰教统治者的王国里，大多数王公和封建领主是马拉哈塔人，而朝臣则是婆罗门。据说，前巴哈曼尼帝国的创始人就是一个新的信仰伊斯兰教的婆罗门，因此叫作巴哈曼尼（即婆罗门）。在马拉塔时代，婆罗门的政治地位得到了进一步的加强。西瓦吉执政时期，八个主要大臣中，除总司令外，其他成员都是婆罗门。后来，马哈拉塔帝国的政权终于落到被称为帕什瓦的婆罗门大臣们的手里，他们各自为王，自成一统。在印度民族运动中，出现马哈拉施特拉的铁拉克、萨沃尔格尔这样一些杰出的人物不是偶然的，这是由于马哈拉施特拉婆罗门的统治传统在起作用。

马拉塔帝国灭亡后，马拉提人一般都从事农业。英国统治时期，当兵是马拉提人的一种谋生手段。现在的印度军队中，马拉提人成分大大减少。今天他们主要从事农业和其他一些体力劳动，也有从事脑力劳动的，但经商的人很少。他们中那些不断增加的无地阶层便成了工厂劳动力的来源。大多工厂是古吉拉特人或者马尔瓦利人开办的。这样，在当代马拉提人和古吉拉特人之间便形成了劳资关系。

根据古代文献记载，马哈拉施特拉古代居民的文化同属于住在北印度的雅利安人文化。他们的生活方式和经济制度同雅利安人是一样的。他们的艺术、风习和节日也同样受北印度的雅利安人的影响。

公元7世纪时，玄奘在《大诏西域记》一书中提到马拉提人时说，他们纯朴、精干而自信，"其性傲逸，有恩必报，有怨必复，人或凌辱，殉命以仇，窘色投分，忘身以济"。人知好学，高僧、圣人、学者甚众。马拉提人的这些特点，至今犹存。

马拉提人喜欢摔跤，现在印度的大力士以马拉提人为最多，他们还善于打板球、曲棍球和羽毛球。

马拉提男子的服装没有什么特殊的地方，一般穿围裤和圆领上衣。乡村农民喜欢包肥大的头巾；城市人一般戴圆帽。这种帽子在印度称为"印度教帽"，现在这种帽子在北印度几乎消失，但在马哈拉斯拉特拉邦还很流行。男人们还特别喜欢穿肩上钉扣、领口镶边的圆领上衣，下身缠围裤，上身穿衬衫的人很少。至于头巾的包法有几种，有圆形、三角形、四角形、尖形等。现在大多包成圆帽形。马拉塔人喜欢留一种叫"马拉塔式"的直立胡。这种胡式至今仍在军人中盛行。

马拉提妇女的服装别具一格：身上缠一块八尺长的纱丽，下身不再穿任何衣服。一般来说，马拉提妇女能吃苦耐劳，为了干活利落，她们会把纱丽缠得很紧。今天还可以看到马拉哈拉施特拉妇女这样缠着纱丽在沿海从事盐业和渔业劳动，或在田间、工厂同丈夫一起劳动的场面。

马拉提人的饮食与其他邦没有什么区别。米饭、面饼、奶、奶油、酥油和蔬菜这些在北印度常吃的食物，在这里也同样流行。农村人多以玉米和粗粮为主食。

一般人认为，马拉提人都喜欢素食，其实并非如此，只不过有些保守的婆罗门和信仰毗湿奴教的马拉塔人才不吃鱼和肉，哈里真人和土著人一般什么肉都吃。

马拉提人的节日同样名目繁多，内容丰富多彩。耿乃希节是最大的节日，其次是胜利节。此外还有包拉节、罗摩降生节等一些其他印度教节日。

九 古吉拉特人与印度

古吉拉特族人（Gujarati）（旧译瞿折罗人），印度主要民族之一，人口约5059万，主要分布于古吉拉特邦，在其邻邦也有少量分布。

关于"古吉拉特"一词的来历，说法不一。一种认为，"古吉拉特"是由梵语"古贾尔"（瞿折罗）的变音"古贾尔"发展而来。另一种认为"古贾尔"很可能是5世纪时随匈奴人一起入侵印度的一个名为"古贾尔"的民族，他们分布在克什米尔和现在的古吉拉特一带，而其主要定居区是拉贾斯坦，他们初入印度时是处于游动状态，所到之处都有一部分人留下来，并把他们的居住区命名为"古贾尔"。现在的古吉拉特、古贾朗瓦拉、古贾尔康以及西旁遮普一些城市名称的来历都同这个民族有关。据说现北方邦的萨哈兰普尔城18世纪时也叫"古吉拉特"。公元7世纪玄奘在印度时，西拉贾斯坦还叫"瞿折罗"（古贾尔）。9世纪时，拉贾斯坦的北部和中部叫"古尔贾尔特尔"。11世纪初，拉贾斯坦的部分地区仍叫"古贾尔"。由此推断，古代的古尔贾尔比今天的古吉拉特邦面积要大。

古吉拉特人操古吉拉提语，古吉拉提语属印度雅利安语系的晓尔塞尼·阿布婆朗希语的范畴，即纳格尔语的两个分支，阿盘底语和高尔杰尔语中的高尔杰语的演变形式。采用的书写体是梵文的书写体即天成体。不同的是字母较少，字上没有横线，因此对操印地语的人来说，理解古吉拉提语并不特别困难。

古吉拉特有悠久的历史和灿烂的文化。史学家认为，在古吉拉特发现的劳特尔遗址与哈拉巴和莫亨殊达罗属于同一时期。劳特尔遗址证明，4500年前这里就有了人类文明。从劳特尔发掘的船坞看，古代这里很可能是个港口，后来被水淹没。从劳特尔出土的金银首饰、货币和彩陶看，当时这座城市规模宏大，十分繁华。城南住宗教领袖，城北是祭祀火神的地方，城西是手工业作坊，城中央是市场。市内有宽阔的马路，整齐的街道，还有浴室建筑。这证明在雅利安人进入古吉拉特之前，这里的达罗毗荼文化已经相当发达。

大约在公元前1000年以前，雅利安人开始进入这个地区。在摩诃婆罗多时期，北部的俱卢邦加尔王国和马杜赖的晓尔塞尼王国以及索拉施特拉的亚德沃人（亚度）王国之间关系甚密。

公元前2世纪到公元4世纪的600年间，印度历史上为塞种人统治时期。塞种人原先统治西印度，称西霸王，大约在公元40年，他们征服了古吉拉特。大约在公元150年，塞种人国王鲁陀罗达曼统治了从信德到乌贾因的整个地区。古吉拉特在塞种人统治下，文学艺术、科学文化都得到了发展，同罗马进行了不少贸易。

笈多王朝时，超日王于公元35年左右入侵古吉拉特，同索拉施特拉的塞种国王作战20余年，终于获胜，将古吉拉特并入笈多帝国。笈多帝国在古吉拉特的行政官员所刻的铭文，至今仍保留在格尔那尔地区。

5世纪中叶，笈多王朝衰亡之后，笈多王朝的将军帕德拉克在索拉施特拉建立了一个名叫法拉彼的独立王国，定都于法拉彼普尔。公元500—700年，该王国十分强盛，不仅统治了整个古吉拉特，而且还统治了马尔华。公元641—642年的玄奘游经该地时，这里已经有了像那烂陀大学那样高水平的学府，还有很多佛教寺院和耆那教庙宇。

公元8世纪时，信德的阿拉伯人入侵古吉拉特，并于公元770年灭掉法拉彼王国。但是拉吉普特人和古贾尔人奋起抵抗，给入侵者以坚决回击，使他们未能在古吉拉特站住脚。以后的200年间，穆斯林势力再也未敢向印度进犯。

从8世纪中叶到13世纪中叶，有几个拉吉普特王朝先后统治过古吉拉特。最先是在皮勒马尔附近兴起的勃利哈尔王朝。其国王米赫尔波吉统治时期，古尔贾尔帝国的疆域辽阔，从东旁遮普到阿布，从巴尔马尔（巴拉马拉）到北孟加拉，都在他的统治之下。当时帝国的首都是曲女城。这个帝国从公元740—940年统治了整整200年，终因马哈拉施特拉王朝的两次入侵而分崩离析。接着是巴尔马尔王朝在古吉拉特崛起。这个王朝的一位国王希耶格一世，作为拉施特拉古特王朝的臣属统治了古吉拉特的大部分地区。公元940—1055年为巴尔马尔王朝的发展时期。当时从索拉施特拉到德里之间的广大地区出现过许多巴尔马尔王国。

这期间，遮楼其族的穆尔拉吉·索楞喀利用金代尔、查瓦尔、焦汉、格尔纠利等拉其普特小王国之间连年征战不休的混乱局面，于公元942年在恩哈尔瓦尔建立了自己的王国。

在索楞喀王朝即遮楼其人统治期间，古吉拉特曾数度遭到外族入侵，但入侵者都屡遭失败。1025年，穆尔拉吉的孙子毗摩一世在恩哈尔瓦尔执政时，马茂德·格兹那威入侵失败，并被追至印度河一带。此后百余年，穆斯林未敢轻举妄动。1176—1178年，穆罕默德·高利经穆尔坦向恩哈尔瓦尔进军，被王后那耶格·代维打得片甲不留。后来王后的儿子毗摩二世在阿布河岸再次打败高利。1194年，高利的部将古杜布丁·艾贝格也在古吉拉特被打得落荒而逃。此后又有近百年时间，穆斯林未敢来犯。这样，索楞喀王朝在古吉拉特统治了200多年。

索楞喀王朝时，古吉拉特地区修建了许多耆那教庙和湿婆庙。据说，古吉拉特的非暴力思想影响和毗湿奴教颂神曲就是在这个时期产生的。

1209年左右，马尔华巴凯尔国王休帕德瓦尔曼取代了索楞喀王朝，统治了古吉拉特。到国王拉沃纳·普拉萨德及其儿子维尔卡瓦尔执政时，他们依靠出身于吠舍种姓的大臣瓦斯杜巴尔和代兹巴尔的辅佐，极大地扩张了王国的势力，连当时德里奴隶王朝的苏丹阿尔德摩西也望而生畏。在大臣巴斯杜巴尔的倡导下，古吉拉特修建了无数的水井、池塘、人工湖、庙宇和园林。古吉拉特号称"园林之国"，正是始于此时。

格拉纳二世是最后一代巴凯尔王，在他执政时期，古吉拉特许多地区被称为陀格拉的封建领主们所控制。喀拉吉·苏尔坦·阿拉邬丁的将领阿立夫·汗利用封建领主们的分裂于1297年一举打败了古吉拉特所有的印度教国王，从那时起到14世纪末，古吉拉特一直是德里帝国的一个省。

1407年，由于帖木儿·楞格德入侵和突格卢克（图格勒克）王朝的衰败，古吉拉特德省长扎法尔·汗（伽法尔）宣布独立。这个特殊的穆斯林王朝在古吉拉特统治达165年之久，这个王朝最后一个国王叫穆扎法·沙，于1572年被阿克巴尔打败。自此，古吉拉特归入了莫卧儿帝国的版图。

奥朗则布死后。马拉塔人的势力大增，并在1758年控制了古吉拉特。在马拉塔人的统治时代，古吉拉特人的经济遭到极大破坏，所以他们对马拉塔人非常仇视。1761年马拉塔人被阿布达里打败，许多地区宣布独立。1618年以后，英国人在古吉拉特的苏拉特地区建立了商栈，并开始插手古吉拉特事务。他们于1775年同古吉拉特的迦耶格瓦尔结盟，取得了一些地区的控制权，然后分别同迦蒂亚瓦尔地区200多个小王国和封建采邑结盟，继而彻底结束了古吉拉特原来的一统天下的局面。

在英国人统治时代，阿默达巴德成了一个重要的工业城市。古吉拉特商人和知识分子遍布全印度和世界许多地区。这一时期，古吉拉特出了不少伟人，例如圣雄甘地、雅利安社奠基人德亚南德、印度制宪会议第一届印度主席维德尔·帕侬·巴特尔以及被誉为印度铁人的萨尔达尔·瓦拉帕·帕侬·巴特尔等。

古吉拉特人成分复杂，有拉吉普特人、古贾尔人、巴拉斯人、鲍哈拉斯人和科杰人等。下面只简单介绍一下巴拉人和鲍哈拉人。

巴拉斯人即波斯人，原籍伊朗，公元8世纪，阿拉伯穆斯林入侵波斯后，来到古吉拉特定居。巴拉斯人系纯雅利安人，直到今日，其宗教和民俗同吠陀时期的雅利安人仍有许多相似之处。长期以来，巴拉斯人都属于古吉拉特有文化有组织的阶层，多是商人和资本家。印度著名的工业资本家塔塔就是巴拉斯人。他们在印度金融界、实业界都有影响。古吉拉提语、马拉提语、乌尔都语和印地语的戏剧、电影公司多由他们经营。

鲍哈拉人系什叶派穆斯林，戴白色帽或包金黄巾，最易辨认。据说鲍哈拉人原是印度教的吠舍种姓，后改信伊斯兰教，又分成不同的政治派别，但一直还保持吠舍种姓的传统。科查人和鲍哈拉人除在印度和巴基斯坦经营贸易外，还在亚洲一些国家从事经商活动，他们拥有大量财富。

古吉拉特人主要从事农业，农作物有水稻、小麦、玉米、花生、烟草、棉花、甘蔗等。大多古吉拉特人食素，爱用辣椒等调料，对奶油、豆粉、甜食颇感兴趣。

一般的古吉拉特人，男子多缠围裤，穿阿吉根（一种长上衣），妇女多穿纱丽。纱丽样式不一，缠法各异。最流行的是彩色头巾。妇女也穿宽裙和短上衣，上衣和裙子各式各样，都有绣花，镶有无数闪光镜片，鲜艳夺目。

古吉拉特邦的节日很多，主要有九夜节、灯节和洒红节。但是，古吉拉特最大的节日还是灯节。灯节是他们欢迎财神的光明节，是为了招财进宝，请吉求安。过节时，万家灯火一片辉煌。洒红节也是一个重要节日，青年男女尤其喜欢这个节日，他们成群结队，走街串巷，洒红泼水，嬉戏玩耍，尽兴方罢。

十　印度斯坦人与印度

印度斯坦人（Hidustani）为印度人口最多的民族，约有28660万人，主要分布于印度的北方邦、中央邦、拉贾斯坦邦、哈里亚纳邦以及比哈尔邦的西部地区，属于混血人种。

公元前1500年以前，雅利安人从次大陆西北部进入印度。雅利安人进入恒河和朱穆纳河流域后，建立了王国，开始了后来的印度历史。

早在史诗时期，也就是《摩诃婆罗多》和《罗摩衍那》时期，在北方邦邻近的一些地区成了俱卢族和般度族的大战场，罗摩一生的事迹和《摩诃婆罗多》里的伦理观念成了后来印度人的生活和道德准则。

佛教时期，全印度有16个小国，其中有7个在这一地区，即俱卢、迦尸、拘萨罗、末罗、伐萨、般遮罗、修罗色邦。释迦牟尼开始在中印度传教时，中印度有4个较大的王国，即摩揭陀、拘萨罗、伐萨、弗栗恃，后来被摩揭陀吞并，摩揭陀则成了北印度的统治中心。

后来，孔雀王朝、伽王朝、甘华王朝、贵霜王朝都统治过这个地区。公元4世纪时，笈多王朝的超日王定都乌贾因（现在的中央邦），使乌贾因成为印度政治和文化中心。11世纪初，德里由托摩拉王朝统治。后来帕坦人穆罕默德·高利建立了强大的穆斯林帝国。后又被莫卧儿王朝取而代之，建立莫卧儿帝国，德里和亚格拉成了统治印度的政治中心。在帕坦人和莫卧儿人统治的漫长时期，一方面印度教及其文化遭到了破坏；另一方面又出现了印度教和伊斯兰教团结、全国趋于统一的形势。

奥朗则布时期，莫卧儿帝国采取保守政策，战争连连失利，统一的局面遭到破坏。奥朗则布死后，印度进入马拉塔人统治的时代，德里政权转入马拉塔人之手，后来又被英国人占领。1857年印度民族大起义时，印度斯坦人分布的广大地区，诸如德里、勒克瑙、坎普尔、巴雷利等城市所在地都是起义者的重要基地。

印度斯坦人混有达罗毗荼人血统。他们大体可分为雅利安人和达罗毗荼人两大类。雅利安人主要包括阿黑尔人、查特人、洛蒂人、马利人、卡迪贡比人、拉吉普特人、查尔达尔人等。达罗毗荼人的后裔也有许多分支，主要有邦多人、科尔巴人、白伽人、莫特拉人、恰布阿人、沙特利埃人和高尔人等。高尔人又有不少支派，主要有帕特拉人、摩利亚人、牟利亚人、高亚人、波尔伽人、波里坦人、波尔海亚人、拉吉衮得人、拉吉牟里亚人等。

从民族角度看，印度斯坦人是雅利安人和达罗毗荼人的混血种。学者们认为，印度教徒中前3个种姓是雅利安人，而首陀罗是原来当地的土著人或混血儿。但实际上，今天的印度教徒中不可能这样分，据人类学家研究，这一地区的人几乎3/4为雅利安人，1/4为混有达罗毗荼血统的人。南部和东部地区达罗毗荼人占主要成分，北部和西部以雅利安人成分为主。蒙古成分（有雅利安人血统）主要分布在东北山区，但是实际上各地区都有混血种，从这个角度看，在整个印度，血统最复杂的是印度斯坦人。他们中有最白的人，也有最黑的人，像旁遮普人那样身材魁梧、白皮肤雅利安人很多，皮肤从深褐色（深棕色）到深黑色的都有，像孟加拉人那样的棕色在城市阶层里到处可见，黄皮肤的蒙古型人在山区非常普遍。总之，整个印度有多少种体型、肤色和外貌的人，在印度斯坦人中都可以找到。因此，印度斯坦人为全印度的民族缩影。

大部分印度斯坦人操印地语，少数人说乌尔都语，均为印欧语系印度语族。绝大多数人信印度教，少数人信伊斯兰教、佛教、基督教和耆那教等。印度教的种姓制度严格，伊斯兰教徒也有等级区分（受印度教的影响）。印度教的神有罗摩、克里希纳、哈奴曼、毗湿奴、罗其密女神、迦利女神、斯尔斯瓦蒂女神、耿乃希等，此外还有土地神、村神、家神、地神、毕钵罗树等。伊斯兰教分逊尼派和什叶派，还有苏菲派，下层的穆斯林还敬祖坟、圣人等。

印度斯坦人主要从事农业，种植小麦、大麦、玉米、水稻、豆类、甘蔗、棉花、油料作物。一部分人在工厂、矿山做工；手工业纺织较为发达，以棉纺、刺绣、金属等精巧手工业著名，丝织业、食品业、制陶业也较发达。

印度斯坦人分布的地区，有悠久的历史和文化传统。公元前 15 世纪编订而成的最古文献《吠陀》和公元前 4 世纪至公元 4 世纪左右成书的大史诗《摩诃婆罗多》《罗摩衍那》的内容都涉及了印度斯坦人分布的地区，著名圣典《摩奴法论》是摩奴在哈里亚纳的俱卢之野写成的。印地语文学界有太阳和月亮之称的作家苏达斯和杜尔西达斯就诞生在北方邦。他们的代表著作分别是《苏尔海》（今天仍被誉为不朽的名著）和《罗摩功行湖》（今天仍被奉为圣典）。印度斯坦人能歌善舞，民歌、民间舞蹈享有盛名，诸如结婚歌、摇篮曲以及有关历史传说方面的歌舞等，五花八门，名目繁多。至于天文、历算、医学、绘画等方面也均有很高造诣，为印度国内外学者所公认。

十一　拉贾斯坦人与印度

拉贾斯坦人（Rajasthani）为印度主要民族之一，有 5649 万人，主要分布于拉贾斯坦邦，其相邻各邦也有少量分布。属欧罗巴人种印度地中海型。民族成分复杂，历史文化悠久。操拉贾斯坦语，该语言包括 7 大支，50 多种方言。7 个大支是：马尔瓦里语、中部和东部拉贾斯坦语、东北部拉贾斯坦语、马尔维语、西部拉贾斯坦语、皮利拉贾斯坦语和东旁遮普拉贾斯坦语。

从拉卡·普拉利山冈（拉贾斯坦苏尔德格特附近）的出土文物得知，这一地区同哈拉巴的莫亨殊达罗一样，在公元前几千年就具有了高度的文明。

斋普尔的百拉特（维拉特）发现了阿育王的两个石柱。由此证明，公元前 3 世纪孔雀王朝的疆域曾扩大到这里。公元前 2 世纪，希腊人曾入侵过拉贾斯坦地区，在乌代普尔发现的希腊钱币就是一个例证。从公元前 2 世纪到公元 4 世纪，拉贾斯坦的南部和西南部由塞种人统治。公元 4—6 世纪，摩羯陀的笈多王朝统治过拉贾斯坦。公元 734 年，西索迪亚王朝的皇帝巴巴·拉瓦尔统治了吉多尔（契吒尔），并把穆罕默德·宾·卡赛姆赶出了拉贾斯坦。公元 10—12 世纪末期即穆斯林入侵的初期，整个北印度几乎都归拉吉普特王朝统治。当时在拉贾斯坦及其附近有 5 个著名的国家，即阿季米尔、迈瓦尔、马尔华、德里和卡瑙季。拉吉普特人内部相互厮杀，纷争不已，各霸一方。这给穆斯林的入侵提供了机会。

后来，拉吉普特人虽然撤离了德里、卡瑙季和阿季米尔等地，但依然统治着拉贾斯坦西部和南部部分地区。14世纪，喀尔吉·苏尔坦·阿拉邬丁对西索迪亚的首都吉多尔进行大肆破坏。在整个15世纪，拉贾斯坦的拉吉普特王国同古吉拉特和马尔华的穆斯林王国之间的战争连绵不断。16世纪初期，迈瓦尔的国王拉那·僧格拉姆·辛哈（即桑伽）乘德里的帕坦帝国衰败、古吉拉特和马尔华混战之机，几乎占领整个拉贾斯坦。因此他被称为拉贾斯坦的第一个王公。但不久他就被莫卧儿人巴卑尔所灭。在1527年的喀那瓦哈（巴拉特普尔）战役中，拉那·僧格拉姆·辛哈战败。建立统一的拉贾斯坦和独立印度的理想终于化为泡影。

佐德普尔的拉陶尔人代替了拉吉普特人在拉贾斯坦的统治以后，国王马尔德沃大大扩张了版图。当1544年舍尔沙攻到阿季米附近时，拉陶尔人给他们以沉重打击，使之未敢继续进犯。

后来，阿克巴的政策在拉贾斯坦获得胜利，他通过对拉吉普特人的联姻，除西索迪亚王朝外，把所有的拉吉普特王国都联合起来。1568年，阿克巴攻陷吉多尔。佐德普尔和比卡内尔等拉吉普特王国不久就归顺了莫卧儿帝国。当时只有拉那·乌台·辛哈在阿拉瓦利山里建立的以乌代普尔为首都的新王国仍保持着独立。

乌台·辛哈死于1572年，其子拉那·普拉太普·辛哈继位。1576年6月，普拉太普·辛哈同阿克巴在哈尔提伽特进行了印度历史上著名的一次战争。普拉太普遭到毁灭性的打击，但他并未屈服，继续在丛林中转战，为王国的独立进行了不懈的努力。他是印度历史上著名的英雄人物之一。

18世纪初，奥朗则布死后，莫卧儿王朝开始衰落，德里由于王位之争而陷于一片混乱。此时，佐德普尔国王再一次统治了阿季米尔，成了当时拉贾斯坦最大的王国。1756年，佐德普尔发生了王位之争，查特人乘机崛起。苏尔杰摩尔的巴拉塔人对拉贾斯坦德统治如同他们对其他地方的统治一样，只是收税而已，并未建立任何行政制度。英国人利用这一情况，取代了马拉塔人的势力，把拉贾斯坦诸王国都置于自己的统治之下。

1857年大起义时，拉吉普特军队对英国人进行了英勇反抗，但很快就被镇压下去。由于所有的拉吉普特王公都同英国人有瓜葛，因此，这些小国受到了英国人的保护，在整个英国人统治期间，拉贾斯坦处于四分五裂状况，直到印度独立后，这种现象才告结束。

拉贾斯坦的民族成分复杂，宗教和教派众多，主要有印度教徒、穆斯林和土著人三种。印度教徒又分不同种姓，主要有刹帝利、婆罗门、查特、吠舍、马利和古杰尔等。穆斯林也分几种，有迈得人、摩尔伽德和伽耶姆卡尼人等。土著人也分若干民族，主要有皮尔人、迈沃人、米那人、迈尔人、格拉西亚人、桑锡人、耿耶尔人和巴沃利人等。有些土著民族还有许多分支。此外，还有相当数量的耆那教徒、基督教徒、波斯人和犹太人等。

人数最多的是拉吉普特人。拉吉普特人属于刹帝利种姓。他们在拉贾斯坦的重要性不仅在于数量上的优势，更主要的是他们在政治上的作用。在若干世纪当中，拉贾斯坦的统治者都是拉吉普特人。特别在穆斯林入侵的年代里，他们充当了印度教信仰、文化和传统的保卫者。

拉贾斯坦的吠舍大多崇信耆那教，也有一些信奉毗湿奴教的。吠舍的副种姓主要有奥斯瓦尔、阿格尔瓦尔、包尔瓦、斯拉沃根、马海歇利和歇利马尔等。

土著人中的皮尔人是印度最古老的民族之一，在古老的文献中早有记载。现在他们主要分布在印度的中部和西部地区，是一个较落后的民族。他们住在一些小山的草房里，以弓箭打猎为生，或在零星的土地上从事原始农耕。他们的宗教信仰与风俗习惯和中印度的一些土著人相似。

迈沃人和米那人曾是一个民族。在穆斯林统治时期，迈沃人越来越多地改信了伊斯兰教，便渐渐与米那人断绝了关系。有些人认为，迈瓦尔是迈沃人的故乡。现在除了拉贾斯坦的边远地区外，在北方邦和旁遮普的东南部都有迈沃人居住。他们虽是穆斯林，但在风俗习惯、节日活动和名字的叫法上却与印度教徒相同。在1857年的大起义中，这个民族与其他民族并肩战斗，曾给英殖民者以沉重打击。

拉贾斯坦人主要从事农业，西北沙漠地区有畜牧业。不少人从事手工业，如金属工艺品、毛毯、地毯、石刻等，纺织印染品独具特色，深受国内外欢迎。

饮食方面受宗教影响，婆罗门、吠舍和耆那教徒大都吃素，拉吉普特人和穆斯林则喜欢吃肉。富人多吃大米、酥油等富有营养的食物，平民大都以粗粮为主食。

拉贾斯坦人的服装很有特色，名门贵族一般穿高级质料的华丽衣服，平民百姓一般穿质料粗劣的简单衣衫。妇女的服装一般色彩艳丽，主要有裙子、纱丽和紧身上衣等。拉贾斯坦的妇女喜欢随着季节的变化而更换不同颜色的衣服。夏天的衣服颜色较淡，如浅黄色、淡蓝色、浅绿色等；冬装多为红色，如浅红色等；雨季服装则多为深绿色。

拉贾斯坦妇女很喜欢装饰品，如脖子上戴项圈或项链，耳上戴耳环，鼻上镶鼻饰，腕上戴手镯，足上系脚镯、脚铃等。每逢节日，妇女们一个个打扮得花枝招展，美丽动人。男子也戴耳环、项圈或项链等。男子注重留胡须，否则会被人歧视，他们认为胡须是光荣的象征。

拉贾斯坦的节日很多，除了印度全国性的节日，如胜利节、灯节和洒红节外，还有一些地方性节日，如迪吉节、格朗高尔节等。

十二　少数民族与印度

印度是个多民族的国家，素有"民族博物馆"之称，据统计，仅土著部落民就有500余支以上。印度国内外学者对他们有不同称呼。有的称他们为落后部落，有的称他们为原始居民，有的称他们为森林部落，有的称他们为万物有灵部落，有的称他们为落后的印度教徒，如此等等。

印度少数民族的数量很大，据1991年统计，共6776多万人，约占全国人口的7.2%。他们主要分布在泰米尔纳德邦（占邦总人口的7.5%）、喀拉拉邦（占邦总人口的1.25%）、卡纳塔克邦（占邦总人口的1.25%）、安得拉邦（占邦总人口的3.8%）、奥里萨邦（占邦总人口的24%）、中央邦（占邦总人口的20%）、古吉拉特邦（占邦总人口的14%）、马哈拉施特拉邦（占邦总人口的6%）、拉贾斯坦邦（占邦总人口的12%）、比哈尔邦（占邦总人口的9%）、孟加拉邦（占邦总人口的5.6%）、阿萨姆邦（占邦总人口的14%）。各少数民族数量多少不等，相差悬殊，人数最多的有贡德人、桑塔尔人、皮尔人、吴朗沃人、孔德人和蒙达人等，人数在200万以上；人数最少的是安达曼人。少数民族的分布并不均匀，虽几乎遍布全印各地，但其中在9个邦人数较多，人数超过100万，它们分别是：中央邦（824万人）、奥里萨邦（492万人）、比哈尔邦（473万人）、古吉拉特邦（331万人）、拉贾斯坦邦（306万人）、马哈拉施特拉邦（283万人）、西孟加拉邦（248万人）、阿萨姆邦（159万人）、安得拉邦（157万人）。这9个邦少数民族共计3273万人，占印度少数民族总人数的86.66%。此外那加兰邦和梅加拉亚邦也是以少数民族为主体的小邦，其人数分别占全邦人数的

88.61%（52万人）和80.48%（101万人）。印度少数民族主要分布区可分为：

东北地区 主要是阿萨姆、曼尼普尔、梅加拉亚、米佐拉姆、那加兰和特里普拉。这一地区主要少数民族有那加人、米佐人、迦罗人、卡西人、阿博尔人、科基人等，他们大都属于蒙古人种。

喜马拉雅地区 主要指喜马拉雅山南麓山区和丘陵地带，包括西孟加拉邦北部，北方邦和喜马偕尔邦。这一地区的主要少数民族有拉巴人、勒普查人，他们也大多属于蒙古人种。其人口总数占全印度少数民族人口的1/8。

印度中部地区 这一地区包括中印度山区和乔塔纳格普尔高原，分布在印度半岛和印度河—恒河平原交界线左右，伸延于比哈尔、西孟加拉、奥里萨和中央邦。主要少数民族有桑塔尔人、贡德人、豪人、蒙达人、布米吉人、奥拉人等，大多属于原始澳大利亚人种，有2000多万人，占全印少数民族人口的55%。

印度西北地区 这一地区主要指拉贾斯坦、古吉拉特、马哈拉施特拉、果阿等地，主要少数民族有皮尔人，属于原始澳大利亚人种。这一地区共有少数民族1000多万人。

印度南部地区 主要是指安得拉、卡纳塔克、泰米尔纳德和喀拉拉邦等地，本区主要少数民族有伊鲁拉人、成楚卡达尔人、科塔人、吉里江陀达人和科隆巴人等。这些少数民族有的属于高加索人种，有的属于尼格罗人种，有的属于原始澳大利亚人种，有的属于混血人种。

群岛地区 包括安达曼群岛、尼科巴群岛和拉克夫群岛。本区少数民族的人数不多，主要有翁杰人、大安达曼人、森蒂奈尔人和贾瓦尔人等。

印度的少数民族由于居住的地区和自然条件不同，以及一些其他原因，生产发展很不平衡，生活方式也不尽相同。从他们的谋生方式可分为6种类型。

采集、渔猎型 这类少数民族分布在印度各地，其中有柯钦的迦德尔人、泰米亚人、贡达雷迪人；安得拉邦的金纠人、耶那迪人，马哈拉施特拉邦的克达克利人；中央邦的克马尔人、白佃人、贡德人；阿布其的马利亚人；比哈尔邦的霍尔人、克里亚人、帕拉西亚人、比尔吉亚人和科尔瓦人；北方邦的拉吉人，喀拉拉邦的卡塔尔人、阿兰丹人、库龙巴人；安达曼群岛的昂吉人、杰拉瓦人、森蒂奈尔人、尼克里人、尚彭人等，这些民族至今还处在靠天然资源维持生活的阶段，他们中绝大多数人不懂农业生产，或对此不感兴趣。他们分成许多群，多数以家庭为单位，有时几家一起狩猎。住在小山林里的民族靠采集野果、野花、块茎、蜂蜜、野菜、鸟蛋谋生，同时也猎获野猪、猴类和野鸡、野鸽等飞禽以及其他一些小动物。住在海滨或江河湖畔的民族，主要靠捕捉鱼、虾、龟、贝、蟹等为主，同时也采食野果、捕捉鸟兽。

他们使用的工具都非常简陋。如采集或狩猎时用木棒、标枪或弓箭。捕鱼用弓箭、标枪或渔网、笼子等。

近年来，商人们与他们有了较多联系。商人们用酒类、大米、布料、衣物等换取他们的蜂蜜、腊、兽皮等山货。因此，他们的生活发生了变化。他们开始吃大米和穿衣服了。

游牧型 一些少数民族主要靠游牧为生。主要有南印度尼尔吉利地区的多达人、喜马偕尔邦的吉贾尔人、北方邦的婆迪亚人等。他们几乎完全以放牧为业，靠吃牛奶、奶制品、野菜、野果为生，有的也吃各种肉食。他们的放牧有固定的范围。夏季，他们全家带着牲畜和家中的财物用具，到高山地区或森林地带放牧；冬季，他们再返回山下的平原地区过冬。现在他们的放牧受到了一定的限制，他们只能在森林局允许的地区放牧。

有的少数民族虽然也称为牧民，但不以放牧为主，放牧只是一种生活和辅助手段。有的既务农又放牧，如克什米尔地区的少数民族以及北方邦的普提亚人就是如此。有的民族既务农，又经商，还从事畜牧业，如北方邦达茂里山区的婆迪亚人就是这样。他们饲养的牲畜主要是绵羊和山羊，用羊毛，食羊奶和肉，同时还出售奶及奶制品，有时也出售牲畜。

刀耕火种农业型 印度近5400万少数民族，其中80%以上从事农业生产。但不同地区、不同民族所采取的生产方式不同，有的采用刀耕火种的方式，耕地经常变动；有的采用较先进的耕作方法，使用固定耕地。阿萨姆地区所说的秋摩或叫纠摩，奥里萨地区所说的拉马、达哈、达里、包都、迦马纳、高孟、古里亚或各加尔杰斯，都是指这种经常更换的刀耕火种的耕地。这种刀耕火种的方法，在阿萨姆、蒂里普拉和曼尼普尔地区的洛哈达、安加米那加和古喀人、孟加拉的莫尔巴哈里亚人、比哈尔邦的阿苏尔人、奥里萨的沙奥拉和纠昂格人、北方邦的高拉瓦以及中央邦的白伽人和贡德人中特别普遍。

各地区种植的庄稼不同。有的地区只种粮食作物，有的地区还种经济作物，如在阿萨姆邦和那加兰邦可以看到，他们既种自己使用的粮食和蔬菜,又种供出售的蔬菜和棉花。奥里萨邦的纠昂格人每年先种一茬芝麻,然后再种一茬水稻和杂粮。

他们往往依赖种田还不能满足生活的需要,同时做其他工作来保证收入,如做零工、当佣人等出卖一些劳力。米佐人除在山坡上种植柑橘用以卖钱外,还做筑路工。奥里萨的盖温恰尔县的纠昂人主要靠吃芒果和其他果实为生,有时也到山林里采集蜂蜜、野果、打柴等,到市场上出售,换来生活必需品。

这种伐林造田的办法,已严重危及生态平衡和水土流失,所以印度各邦政府开始采取措施,限制这种乱砍滥伐活动。

固定农业种植型 印度大部分少数民族已跨过了刀耕火种阶段采用了固定的耕作方法,如比哈尔和孟加拉邦的桑塔尔人、奥朗沃人、霍人,北方邦的塔鲁人、高拉瓦人,中央邦的贡德人、皮乐人、皮拉拉人,拉贾斯坦邦的皮尔人,奥里萨和泰米尔纳德的沙奥拉人和尼尔吉利的巴达迦人等,这些民族在农业耕作和管理方面已取得了一定进步,他们开始使用牛、犁、耙、锄等犁田耙地,用水渠或水堰浇水灌溉。因此,他们生活比较安定,也有了一定程度的保障。但由于生产水平很低,大多土地贫瘠,交通不便,再加上高利贷商人对他们重利盘剥,所以他们一般很贫穷。近年来,各邦政府为保护这些少数民族的利益而采取了一些措施,如分给无地人土地,禁止高利贷商人要他们用土地或牲畜还贷,高利贷商人手里的借据由邦政府专门人员检查后方有效。此外,邦政府还帮助他们解决耕牛、种子、农具、住房及其他同生产和生活有关的问题。

从事这种固定农业的民族,一般还兼搞副业,以增加收入,补助生活需要,但不同地区的不同民族所搞的副业不同。如奥里萨的沙奥拉人等善于纺织;比哈尔邦的比尔霍尔人和北方邦的克西亚人善于搓草绳和用草绳纺织筐篮;比哈尔邦的阿苏尔人、北方邦和中央邦的阿迦利亚人善于打制铁器;中央邦的贡德人和白伽人善于编织筐篮和坐垫;北方邦的塔鲁人善做木工和捕鱼笼;孟加拉、比哈尔和奥里萨的桑塔尔人、奥朗沃人也会编捕鱼笼子;马德拉斯的伊鲁拉人会编竹垫、竹篮,也会做犁铧、牛车轮;泰米尔纳德的科达人既会打铁、制陶,又会木工,如此等等。

劳工型 有些民族之所以从事劳工,是因为他们丧失了土地,生活无着,或者他们的住区附近有了工业。一些原来从事农业的民族现在为人打短工,当农业工人或在工业部门当勤杂工。据统计,约 1/5 的工人为农业工人。有的做季节工,有的在林场、牧场、渔场、茶园或果园中工作,不少人在矿山、工厂、铁路、公路和建筑行业中工作。在阿萨姆茶园做工的有:孟加拉、比哈尔、中央邦和奥里萨等邦的桑塔尔人、奥朗沃人、蒙达人、克里亚人、贡德人等,其中以比哈尔邦的奥朗沃人最多。在孟加拉、比哈尔、中央邦、奥里萨、安得拉等邦工作的矿工基本上是少数民族。孟加拉和比哈尔的桑塔尔人特别会开采铁矿和煤矿。贾姆歇德普尔的塔塔钢铁厂的工人几乎全是桑塔尔人和霍族人;中央邦的大部分锰矿工人是少数民族,比哈尔的云母矿工中有上百万工人是来自少数民族。喀拉拉邦和中央邦的山林中的伐木工人主要也是当地的少数民族。据调查,桑塔尔人和霍族人在比哈尔的铁矿和工业企业中占主要地位,中央邦的锰矿业中的50%以上的工人是少数民族。

民间艺人型 有些少数民族专靠卖艺为生,他们以唱歌、跳舞、弹奏、魔术、杂耍、耍蛇等为生,生活并不安定。如安得拉邦的帕尔丹人、奥贾人卖唱;多马拉人、比努卢人演杂技;帕卢库姆古拉人、帕丁提高拉人和巴胡鲁帕人耍魔术;拉贾斯坦的卡尔拜里亚人耍蛇;北方邦的纳特人、萨培拉人等以弹唱、跳舞等谋生。总的来看,这类人数量不多。

印度土著的社会结构各不相同。从他们的内部结构来看,大体可分为两类。

第一类是以血缘关系形成的群体。他们往往有许多家庭,其家庭大小不一,组成情况不同,小者由父母及其子女组成,十几人或数十人;大者包括家庭、近亲家族、近亲几代人,氏族、分支以及男女双方族系的人在内,成员可达上万人或数十万之多。马拉巴尔地区的那耶尔人的塔拉瓦德家庭就属这类。其家庭成员包括主妇、主妇的子女以及子女的子女,但是主妇的丈夫及其族系的人不算家庭成员。不过,管家任务则由长子负责,这种人叫克纳万。如果他管得好,便可一直管下去。若管得不好,大家有权将其罢免。塔拉瓦德家如果发展得太大,便组织一个名叫特瓦奇的家庭内部组织,以管理家务。该组织由家庭主妇、她的子女和她的族系的人组成。无论是家庭,还是近亲家庭、氏族、分支或整个民族,因为他们同属一个血缘,所以都有一个公认的祖先。这位祖先可以是想象中的人物,也可能是某种动物、植物或矿物等。

这类血缘家庭,显然它们还处于母权制阶段,即母权制是它们的基本社会结构。主要表现为母系大家庭的主妇为一家之长,妇女享有母系大家庭传统的崇高威望,掌握整个大家庭对内对外的权力,是真正的统治者。当然印度土著中也有许多以父系为中心的父系社会,情况与上述恰恰相反,男子的权力至高无上。

第二类是以婚姻关系组成的群体。这种群体有个规矩:如果是母系社会,那么男女结婚以后,男子要加入女方族系,成为女方族系成员;如果是父系社会,结婚以后,女子放弃本族的成员资格,而加入男方的族系,成为男方族系的成员。这种以婚姻关系组成的群体,反映了他们的家庭形式与亲属制度的关系,以及他们同生产和社会制度的关系。

除此而外,印度土著中还流行多种婚姻制度,它同样在某种程度上反映了他们的生产情况和社会形态。至今在当地流行的婚制有一妻多夫制、一夫多妻制和多夫多妻制等。

一妻多夫制的家庭多见于北方邦的卡萨族和马拉巴的那耶尔族等。卡萨族的家庭盛行长兄娶妻,其妻子归全家兄弟们共有。即使最小的弟弟,长大后也把嫂子当妻子对待。有的小弟弟可以再娶妻,不过他所娶的妻子也归所有兄弟共有。有的则先要同长子同房。这种情况往往发生在同一家或本姓家,妻子虽归所有兄弟共有,但长子享有特权,妻子若拒绝同长子同居,则被视为罪过,可被遗弃。兄弟们当中多半长子说话算数。女子婚后生子,归于长子。家中财产,长子有权支配,这种家庭老大是一家之主。

一夫多妻制,大多流行于那伽人、贡德人、白伽人、道达人以及中印度的一些土著人中,一个丈夫同时娶几个妻子。

恩格斯指出:"一定历史时代和一定地区内的人们生活于其下的社会制度,受着两种生产的制约;一方面受劳动的发展阶段的制约;另一方面受家庭的发展阶段的制约。劳动越不发展,劳动产品的数量、社会的财富越受限制,社会制度就越在较大程度上受血缘关系的支配。"这就告诉我们,生产与家庭形式的关系和它们的相互作用。当生产力不发达,必然"制约"着血缘家庭或婚姻家庭。至于上面提到的那些"兄弟共妻"、"姐妹共夫"等现象,是一种不受年龄限制的群婚状态,是恩格斯指出的那种"更粗野的群婚形式"或多或少的表现而已。

前面谈到,在印度的土著中,有些土著大家庭虽然是以主妇、主妇的子女,以及子女们的子女为家庭成员,但是管理家务的职责一定由长子来担任,说明了男子的重要,母权制家庭开始向父权制转变。至于那些父系家庭,当然已经实现了从母权制到父权制的转变过程。恩格斯指出:"随着财富的增加,它便一方面使丈夫在家庭中占据比妻子更重要的地位;另一方面,又产生了利用这个增强了的地位来改变传统的继承制度使之有利于子女的意图。但是，当世系还是按母权制来确定的时候，这是不可能的。因此，必须废除母权制，而它也就被废除了。"（见《恩格斯选集》第4卷，第51页）母权制向父权制的过渡是个漫长而复杂的过程，是"人类所经历过的最激进的革命之一"，当然这个革命并非使用暴力，而是通过生产的发展，农业生产成为主要的经济部门和男子在生产上居于主要地位而实现的。这是世界上许多民族共同经历过的普遍发展规律。

此外，还有以区域组成的群体，这种族团比较复杂，它们有不同的社会形态。例如以采集或狩猎为生的土著往往以采集或狩猎的固定地区为界，组成族团；以务农或畜牧为生的土著以耕地或牧场的范围为界，组成族团。这种族团一般住在同一地区，或同一村庄。它们有大有小，大的族团如霍族、蒙达族、奥朗沃族、衮德族等；小的族团如陀达族、迦德尔族、安达曼群岛的民族等。有的族团联合成一个联盟，这种联盟往往由临近的村庄或地区组成。

这种族团，实际上是一种村或公社的形式，不少属于原始公有制向私有制过渡的一种社会组织形式。

印度土著的行政体制各地也不相同，这同他们的社会和经济发展不平衡密切相关，主要可分为三大地区：

东北印度（包括阿萨姆、梅加拉雅、那伽兰、米佐拉姆、曼尼普尔、蒂里普拉）土著的行政机构。

阿萨姆邦的绝大部分土著居住在森林地区，这个邦的土著主要有卡西、迦洛、卢夏依、贾因提、米佐等，他们的行政体制基本上属于民主政体。除少数外，一般土地公有，私人占地很少。虽然迦洛人的村落的首领劳格马、卡西人的首领多罗伊都有自己的分地，但都有名无实，因为村里或族里的人都有权耕种任何一块土地。他们当中有穷有富，但财富的多寡和职位的高低并不能决定一个人的社会地位。过去卡西人的首领多罗伊曾被周围其他族称为国王，但是他们在本族内部和普通人一样，职位也不能给他们提供任何特殊利益。卡西人的多罗伊（又叫斯耶姆）虽然行政上是首领或称国王，但他无权制定政策，无权自作决定。他做任何事情，必须通过参议会，全体一致同意才能生效。首领都带有世袭性质，尽管是通过选举产生，但只能选首领家的人继承。北部格恰尔山区各地土著的首领，有的是选举产生，有的则是世袭。北格恰尔山区有三个主要民族，即迪姆沙格恰利人、古喀人和那加人。

迪姆沙格恰利人人数较多，对该地区的其他民族影响很大。他们的首领握有军权，在其他官员的协助下管理全区政务。每个村庄设有村长，村长叫古朗格，有民主选举和世袭（经过委任）两种。大村的村长下设助理村长，名叫迪洛，是任命的。古朗格权力较大，一般大小事情由他处理，不过他在处理事情时，要征求相关人的意见，如有关妇女的事情，要请村里的老年妇女参加。

古喀人目前有十几万人，分布在西恩山区卢夏依山区，蒂里普拉、格恰尔、曼尼普尔和那加兰地区。这一土著有许多分支，居住在北格恰尔地区的古喀人，每村设有名叫迦布尔的村长和名叫哈比亚迦布尔的助理村长，由具有突出才干的人担任，带有荣誉性质，并非世袭，村长之外的职务则由固定的家族成员担任。

米佐人居住在格恰尔、曼尼尔以及沿缅甸和孟加拉国边界一带。1950年以前，米佐人以村为单位，设有村长，名叫拉尔，带有世袭性质。一般从卢赛伊族的赛洛家挑选，但需通过任命手续。各村设老人委员会，协助村长工作，老人委员会的成员由村长提名。此外，村长还有权任命发布命令的官员、管理日常事务的官员、管理文件的官员、祭司等。每户每年要向村长交纳60斤粮食。村长有权把犯罪的人驱逐出村。1950年以后，设了县政府，一切事务由县政府管理。

那加人大多居住在那加山区，大小有数十个分支，他们的语言也不相同。那加人各分支情况并不完全一样，有些分支目前已经有了政治管理机构。每村设一名村长，他的职务属世袭性质，但村长的权力并不大，事情也不多，有点名同虚设，既不直接处理事情，也很少发布命令，大量工作由村长的副手和下设的老人委员会及村委会来做。村长有两名副手，当村长不在时，两名副手代行其职权。村长下设老人委员会，也开展些工作，但无决定权，例如要进攻其他村庄，村长和老人一定要找年轻人商量，由年轻人最后决定。村长下边还设有村委会，协助村长工作，村委会决定与本村有关的所有问题，诸如土地、盗窃、财产继承、私通、离婚等问题，均由村委会根据自己族法予以处理。

中印度（包括比哈尔、中央邦、奥里萨邦）地区的土著人数最多，其行政机构基本上与上述相同。例如桑塔尔人，他们分布在比哈尔的桑里巴克、森普姆、奥里萨邦的马尤尔朋吉、马拉索尔、西孟加拉的比尔普德、邦古拉和米德纳普尔。整个地区不超过350平方英里。

桑塔尔人最基层的行政单位是村庄。设有村长，称作芒奇。村长从村里的老人中选举产生。村里还设有村议会，名叫茂兰霍尔，由五人组成。有的村庄，各户家长是村议会成员。村议会的职责是协助村长工作，村长的任务是管理全村的生活、解决民族纠纷、组织节日活动、安排宗教仪式和处理红白喜事等。村长解决纠纷时，原告和被告都要出钱。这种钱都花在全村的娱乐活动或其他福利方面。

村以上还设有村联会，一般由十几个村子组成，设村联会主任，名叫德西普拉坦，由各村共同选举产生。凡与两个村庄以上有关的事情，要提交村联会主任解决。有关各村的村长和村议会成员要协助村联主任工作。有些重大问题，村长不能解决时，也提交村联主任处理，例如未婚女子生的孩子属于什么族系的问题，则必须要由村联主任解决。

按照桑塔尔人的传统习惯，每年春节以后要举行全族性的狩猎活动，这种活动称作洛·比尔·山德拉。在举行这种活动时，各村联主任召开联席会议，会上解决各村联主任提出的所有问题，还可以解决全族的社会和宗教原则问题。这种解决全族问题的联会，等于桑塔尔人的最高法院，如果有人认为某个村联主任办事不公或对他本人有其他意见，可以向村联主任联席会提出上诉。

中央邦的巴斯特尔地区，也有不少土著，衮德人是其中一个。衮德族分布地区较广，它有许多分支，他们的行政组织形式大体相同，但也有区别。牛角马利亚人是其中一个分支，住在莫德拉沃迪河南部。牛角马利拉亚人的村子有村长和村议会。村长叫自达，是村议会的主席。此外，还有一个助手，叫甘德喀；一个报信的人，负责把村里人的生死情况及时间向警察所报告。附近几个村庄联合成一个普拉格纳，即村联会，村联会由四名村长及每村一名祭司组成，设一名村联主席，名叫普拉格纳芒奇，村联会的任务是审理各村议会的裁决。

南印度土著的社会和经济发展情况不完全一样，因此在行政结构上彼此也有差别。

居住在安达曼岛上的安达曼人，他们并没有行政机构，公事全由年长者处理，年轻者必须遵从。在社会生活中，具有优秀品质或某种特长的人受到尊重，如果一个人善猎善战、慷慨大方、仁慈忠厚、谦虚和蔼等，他的威望就会很高，他的意见也受到尊重。具有这种品德和才干的人大多会成为集团的头人，连他的妻子也能指挥集团内其他妇女。安达曼人既没有法律，更没有惩处罪行的法规，若有偷窃、通奸或无故损坏别人财产的行为则被视为个人的侵犯，受害者有权对罪犯进行报复。对长者不尊，或对人态度粗暴、吵闹打架，甚至好吃懒做等，都被视为反社会行为，是对公众的侵犯。他们虽不受惩处，但也会受到舆论的谴责。

大安达曼岛上的土著已经比以前开化多了,但是小安达曼岛的昂吉人、南安达曼岛的杰拉瓦人以及善提奈尔岛的居民至今还过着原始生活。他们分成许多小群体,每个小群体由8—10家组成,有一个头人,占有一个固定的游猎区。每个群体有一个永久性的营地,营地中央建一个圆形茅舍,作为公共活动场所。当他们外出狩猎时,就在狩猎区搭起临时的住房。每一小群体独立活动,有时也有几个小群体在一起活动,但这种情况不多。若两群人之间发生了矛盾,就由相关几个小群体的头人在一起商量解决,但这种情况不多。一般情况下,各群体之间很少发生纠纷。

居住在南印度尼尔吉利山区的土著巴达迦人、科过人和多达人也有类似情况。巴达迦人以村为单位,也没有什么行政组织。多达人以畜牧为主,以家庭为单位,家长主持一切。整个多达族分为两支,一个叫达塔尔,一个叫代瓦里。达塔尔分12个氏族,代瓦里分6个氏族。各氏族有族长。整个多达族设一个委员会,名叫那伊姆。委员会的任务是处理族内个人、家庭或族之间的问题,安排本族的仪式活动。

十三 锡金人与印度

锡金位于喜马拉雅山南麓,在中国的西藏和不丹、尼泊尔、印度之间,面积7100平方公里,原来是世界上最小的王国,为世界上最高的山脉所环抱,属内陆国家,后来变成了印度的一个邦。北部为山区,南部为谷地,全境海拔1800米以上,故锡金原先有"山顶王国"之称。属亚热带山地季风气候。在雨季,季风从暮春开始,通过夏季,浓雾弥漫,简直能把人们全身"裹住"。从9月中旬到翌年3月,阳光穿过云雾,扫清天空,几乎从锡金的每处都能看到高山。主要河流是提斯塔河,该河每年泛滥成灾。一旦发生洪水和山崩,则村庄被淹,道路封闭。

当地以农业为主,生产稻谷、青梨、马铃薯等。有肥皂、皮革、火柴、酿酒等工业。水利资源丰富。

锡金的历史较为悠久。据说早在8世纪以前,雷布查人就生活在喜马拉雅山坡上,但学者们对他们的来历,说法不一。有的学者认为,他们来自阿姆山地;另有些学者认为,他们来自西藏或蒙古,多数人认为后一种说法似乎更有道理,因他们属于蒙古人种。著名的纳姆加尔家族就是来自西藏，长期生活在春丕谷地和提斯塔谷地，据 13 世纪有关锡金的文字记载，当时的锡金比现在的锡金要大（包括大吉岭和印度的其他地区）。锡金人民生活在这肥沃的高原上，以农业、放牧和商贩为主。据记载，纳姆加家族曾长期保持了王位，与雷布查人友好相处，同西藏保持密切联系，但和尼泊尔、不丹在一定时期内爆发过战争。1642 年，当蓬楚格·纳姆加尔任锡金国王时，他建都甘托克，全国分县治理，并宣布佛教为国教。虽然他有卓越才干和较强的组织能力，但锡金还是一个动乱不定的国家，国内缺乏安定，并常受外来者骚扰。1887 年英国强占锡金。1890 年锡金沦为英国的保护国。当英国人来到这里后，锡金多次受到尼泊尔和不丹的侵犯，其中持续最久的是尼泊尔廓尔喀人对锡金的侵犯。

以前，在锡金国内外一切困难中，最大的是 19 世纪尼泊尔人向锡金的大规模移民。这些尼泊尔人是英国人带来的。大批尼泊尔人来到锡金南部地区后，砍伐森林，开辟梯田。这些早期的尼泊尔移民称为锡金尼泊尔人，他们约占锡金公民的 60%。锡金起初曾抵制他们入境，后来完全接受，1961 年赋予他们公民地位。但现在不再允许尼泊尔人移居锡金，只允许他们在锡金暂时居住，而且需要许可证和劳动证件。

1918 年英国人把政府权力全部交给锡金国王，在国王塔布 50 年的统治期间，实行了很多经济改革和社会改革。司法制度现代化，地主的行政和司法职能被废止；各种形式的无偿劳役被废除，实行了土地改革。1947 年印度独立后，英国在亚洲的势力和影响不复存在，但印度人继承了英国在锡金的地位。1947 年印度与锡金签订了《维持现状协定》，1949 年 6 月印军进驻锡金。1950 年 12 月签订了《印度和锡金和平条约》（简称《印锡条约》），锡金成为印度的保护国，从此，印度控制了锡金的国防、外交、经济等方面，甚至连邮政、银行、红十字会、国际援助等机构都在印度的控制之下。1968 年 8 月，甘托克爆发反印示威，要求废除《印锡条约》。印度政府于 1973 年 4 月对锡金进行军事占领，5 月 8 日印度和锡金双方签订了《印锡协定》，1974 年 6 月 20 日，锡金议会通过了印度拟订的锡金宪法，规定印度政府派驻的首席行政官为政府首脑和议会议长。同年 9 月《印度宪法修正案》规定锡金为印度的"联系邦"，在印度两院各为锡金设一个席位。1975 年印度军队软禁了锡金国王。不久，印度议会通过决议，正式把锡金变为印度的一个"邦"。直到 1982 年 2 月，锡金第 13 世国王旺楚克·滕辛·纳姆加尔仍向记者表示，印度并吞锡金非法。

锡金人主要由三部分组成,即雷布查人、菩提亚人和尼泊尔人。雷布查人是锡金最早的开拓者,早在8世纪以前,他们就在这里劳动和生活。他们是勤劳朴实的民族。多少世纪以来,他们生活在森林中的小块土地上,伐木造田,种植谷物或以野果充饥。人类学家称他们是以爱好和平著称的民族之一。目前特辟宗古地区为纯血统的雷布查族居住的地方。除此以外,在其他地区也有很多雷布查人世世代代和菩提亚人通婚或杂居。纯血统的人逐渐在减少,目前大约有2万人。雷布查人属于蒙古人种南亚类型,历史上与中国藏族有密切的经济、文化关系。操绒语,属藏语方言,无文字。信仰苯教和喇嘛教。盛行一妻多夫制,包办婚姻、买卖婚姻、早婚现象较为严重。讲究婚礼,社交活动讲究交换礼物。男女留发辫,拖在身后,男子梳一条,女子梳两条。

菩提亚人也是锡金的开拓者之一。他们的祖先也是来自西藏。他们来后占领了锡金的高山地区,迫使雷布查人移居谷地,但到19世纪时又被英国人带来的尼泊尔人所排挤。菩提亚人体格健壮,勤劳勇敢,有的在山坡上从事放牧,有的在山谷伐木开辟梯田。他们世世代代为锡金的发展和繁荣作出了贡献。13世纪的菩提亚族的纳姆加尔成了锡金的王族。纳姆加尔王朝经历了几百年之久。

菩提亚人除分布在锡金外,在不丹、尼泊尔等地也有分布。菩提亚人属蒙古人种南亚类型,为中国藏族移民的后裔,保持着藏族的语言和文化,操藏族各种不同的方言。大部分信喇嘛教,少数人信印度教。盛行姑表婚,一妻多夫,主要从事传统放牧,有的也从事农业与商业。

尼泊尔人是来自邻国尼泊尔的移民。19世纪英国殖民主义者鼓励尼泊尔人移居锡金,当时这些尼泊尔移民在锡金的南部伐林造田,锡金限制尼泊尔移民定居,后来放宽了限制。从1961年起,锡金政府承认来自尼泊尔的移民为正式公民。几十年来,来自尼泊尔和印度的移民逐年增多,目前尼泊尔人占锡金人口的60%—70%,是人口最多的民族。他们多数人信仰印度教,少数人信仰佛教、伊斯兰教或其他宗教。宗教信仰深深扎根于人们的风俗习惯、传统节日,以及日常生活之中。

(王树英)

中 亚

阿 塞 拜 疆

一 概 况

阿塞拜疆位于外高加索东部，东濒里海，隔海与中亚各国相望，南邻伊朗、土耳其，西南与亚美尼亚交界，西北与格鲁吉亚毗连，北与俄罗斯联邦的达吉斯坦自治共和国接壤。其总面积（包括里海的许多小岛在内）为86600平方公里，总人口为900万（2011年统计），首都是巴库。

阿塞拜疆共和国划分为1个自治共和国——纳希切万自治共和国、1个自治州——纳戈尔诺—卡拉巴赫自治州、61个区、63个市、122个镇、1123个村。

阿塞拜疆的自然地理条件复杂：从建科兰尔塔雷什低地的热带、亚热带到大高加索山地的冰雪带。全国约有一半为山地，东北部为大高加索山脉，森林茂密，山岭连绵，风光秀丽；中部为库拉—阿拉斯低地，水网密布，运河纵横，大部分土地得到灌溉；东南部为塔雷什山脉和建科兰低地，占全国总面积的40%；西南部为小高加索山脉，平均海拔为2500米，在海拔1560米的高地上有格奥伊格奥尔湖。中部和西部是亚热带气候区，夏天最高气温达43℃；东南部低地气候潮湿，雨量充沛，年平均降雨量为1400—1700毫米。

阿塞拜疆境内有许多具有丰富动力资源的河流，为建设水库和电站及人工灌溉系统提供了有利条件。与外高加索其他两个国家相比，阿塞拜疆的耕种条件和放牧条件比较优越。阿塞拜疆的矿物资源也比较丰富，地下有珍贵的石油和天然气、明矾石、多金属矿石、铜矿、金矿、铜矿等，以及用于建筑的各种原材料如大理石、陶土、凝灰岩、白云石、黏土等。优良的气候性疗养区和水疗养区在阿塞拜疆的自然资源中占有特殊的地位,它们在境外享有盛誉。

总的来说,阿塞拜疆是一个具有发达农业的工业国家。国内以农业为基础建立了强大的轻工业和食品工业。专业化产业有机器制造、热力和石油、天然气、化学工业。与黑海的自然资源密切相关的国民经济部门主要有石油开采、渔业、海运业和船舶修理业。

二 历史沿革

阿塞拜疆具有悠久的历史。从旧石器时代起在阿塞拜疆的土地上就有古人活动的痕迹。在新石器时代阿塞拜疆领土上的人们已经会用燧石制造箭头、刀和斧。公元前5000年,当地居民学会了用铜制造工具。公元前8—7世纪,在阿塞拜疆产生了奴隶制的米太国,它曾多次遭到外族的入侵。特别是阿拉伯人征服了阿塞拜疆的大部分地区,并强制推行了伊斯兰教。公元7—11世纪,大批突厥语民族侵入阿塞拜疆并在那里定居,阿塞拜疆民族基本形成。公元13—14世纪,阿塞拜疆遭到蒙古鞑靼人和帖木儿帝国的入侵。公元16—18世纪,阿塞拜疆是伊朗和土耳其争夺的对象,16世纪70年代阿塞拜疆曾沦为伊朗的一个边疆区。19世纪初,俄罗斯从伊朗手中夺取了阿塞拜疆的大部分土地,沙皇政府对阿塞拜疆实行了殖民统治。19世纪末20世纪初,阿塞拜疆人民进行了反对沙皇专制统治的斗争,于1917年建立了苏维埃政权——巴库公社,并与格鲁吉亚和亚美尼亚的资产阶级政党联合,于1918年4月宣布独立。在苏俄国内战争和外国武装干涉时期,土耳其、英国的军队曾进占巴库,巴库苏维埃政权被颠覆。1920年4月,巴库的工人阶级举行起义,成立了阿塞拜疆苏维埃社会主义共和国。1922年3月,阿塞拜疆和格鲁吉亚美尼亚一起组成外高加索联邦,同年12月加入苏联。1936年12月,外高加索联邦被取消,阿塞拜疆成为苏联的加盟共和国。1989年9月,阿塞拜疆最高苏维埃通过有关法律,宣布阿塞拜疆为主权共和国。1991年8月阿塞拜疆脱离苏联,宣布独立,同年12月和原苏联的俄罗斯等10个宣布独立的国家一起加入独立国家联合体(简称"独立联体")。

三 主体民族及其文化

阿塞拜疆是一个多民族国家。其主体民族阿塞拜疆人占全国人口总数的80%。其次是俄罗斯人和亚美尼亚人（均占7.9%）、达吉斯坦人（占3.4%）、犹太人（占0.6%）、塔特人、库尔德人、鞑靼人、格鲁吉亚人等。

亚美尼亚人是阿塞拜疆的第二大民族，主要居住在阿塞拜疆的纳戈尔诺—卡拉巴赫自治州，占该州人口总数的76%，信奉基督教。在历史上纳—卡州曾被划归亚美尼亚管辖，但未付诸实施。1923年7月该地区被划为阿塞拜疆的一部分。由于历史原因，加上民族特性和宗教信仰不同，该地区的亚美尼亚人与阿塞拜疆人格格不入，他们要求脱离阿塞拜疆，加入亚美尼亚。亚美尼亚人和阿塞拜疆人之间围绕纳—卡州的归属问题长期争执不休，甚至发展成大规模的武装冲突，造成了严重的人员伤亡和物质损失，政治、经济及其他方面的损失更是无法估计。虽经国际社会调解，但政治解决纳—卡州的民族冲突仍然无望，和平解决冲突的可能性十分渺茫。

阿塞拜疆人口的显著特点是出生率高、死亡率低、长寿老人的比例高。一些长寿者的年龄高达150岁。一些130岁的老人依然能够骑马走山道。上述这些特点主要是取决于阿塞拜疆优越的自然环境和良好的生活习惯。长寿者的秘诀一是在饮食方面很严格，一般很少吃糖和食盐，只吃新鲜食物，饮食从不过量；二是从小养成劳动的习惯。直至20世纪20年代末，阿塞拜疆人基本上都是个体农民和手工业者，他们依靠劳动养活自己，在优越的自然环境下怡然自得。随着社会的变革和经济的发展，阿塞拜疆人的社会结构发生了根本的变化，但长寿者的比例高在世界上仍然是很有名的，在那里甚至发现了有名的长寿村。

阿塞拜疆人主要信仰伊斯兰教，属伊斯兰教什叶派。从公元7世纪阿拉伯人征服阿塞拜疆开始，伊斯兰教就在阿塞拜疆扎下了根。许多穆斯林习俗被阿塞拜疆人保留下来。如行割礼、过古尔邦节、去麦加朝圣、妇女戴黑围巾等。伊斯兰教是阿塞拜疆人文化中极其重要的因素。

阿塞拜疆的主要语言是阿塞拜疆语，它是公元10—12世纪入侵和定居的大批突厥语民族与当地居民混合后创立和发展起来的一种新的突厥语，属阿尔泰语系突厥语族奥古兹语支。阿塞拜疆语和土耳其语、土库曼语同属阿尔泰语系，彼此十分亲近，因此阿塞拜疆人和土耳其人可以互相交流，甚至可以互相看懂对方的文章，尽管他们所采用的字母并不相同（分别采用拉丁字母和基里尔字母）。

阿塞拜疆文学产生于公元前7—前6世纪，12世纪以后诗歌创作不断发展。

大约在公元前2000年阿塞拜疆就有了雄伟的城堡建筑和实用艺术，民间传统手工艺，如金属和宝石的艺术加工、雕刻、镶嵌、丝绸印花、制毯等自古闻名。特别是地毯工匠的精湛技艺得到了全世界的认可，在首都巴库曾举行过国际地毯织造研讨会（根据联合国教科文组织的决定）；在巴黎曾举行过阿塞拜疆地毯展览。

阿塞拜疆人的服饰为男子穿肥大的灯笼裤和腰身略紧的布褶长衣，戴高皮帽；妇女穿色彩鲜艳的衬衣，外罩紧身短襟的带褶长衣，冬天加坎肩、戴小帽、披头巾和披肩，还要佩戴各种饰物和金丝耳环、手镯、小铃铛、宝石戒指等。他们每年过春节，家家户户染红蛋，象征喜盈门。农村过丰收节。老年人过穆斯林的节日。阿塞拜疆人尊老爱幼，婚姻稳固，亲戚、邻居互相帮助。

（蔡曼华）

格鲁吉亚

一 概 况

格鲁吉亚位于外高加索中、西部,北与俄罗斯接壤,南与亚美尼亚和土耳其相邻,东部是阿塞拜疆,西部濒临黑海。全国总面积为6.97万平方公里,人口为437.14万,其中城市人口占56.2%,乡村人口占43.2%,人口密度平均为78.4人/平方公里,87%的居民居住在只占全国面积20%左右的谷地和平原,人口分布很不均匀。首都第比利斯是格鲁吉亚的政治、经济和文化中心,其人口为115.25万(2010年)。

格鲁吉亚划分为两个自治共和国——阿布哈兹自治共和国和阿扎尔自治共和国、1个自治州——南奥塞梯自治州、65个区、62个市、52个镇、927个村。

格鲁吉亚的地形复杂多样,北部为大高加索山地,南部为格鲁吉亚高原,中部是山间盆地,地势起伏。全境约2/3为山地和山前地带,平原只占1/10,森林覆盖率达39%,土壤为红色。复杂多样的地形使气候具有很大的差异:西部属亚热带气候,温暖、潮湿;东部气候干燥;高原地区以亚高山气候为主。雨量差异也很大,年降雨量西部为3000毫米,东部只有300—1000毫米。什哈拉峰为格鲁吉亚境内的最高峰,海拔为5000米以上。格鲁吉亚的主要河流有库拉河和奥尼河;主要湖泊为帕腊瓦纳湖和里察湖。

格鲁吉亚的矿产资源比较贫乏,最重要的矿藏是锰矿石,此外还有氧化钡、钼、钨、铜、金等有色金属和稀有金属。格鲁吉亚的石油、天然气、煤、铁等基本工业资源较少,不能满足国内的需要。格鲁吉亚的基础工业和重工业比较薄弱,但工业消费品的生产比较发达,人均工业消费品产值高于所有中亚国家,主要的生产部门是纺织、食品加工和家用电器。食品工业如制茶、葡萄酒酿造和蔬菜、水果罐头工业的产值在全国经济中占第一位，这些优势农产品是格鲁吉亚居民特别是农民的重要收入来源。格鲁吉亚的农业和畜牧业均不发达，粮食、肉、奶等基本食品不能自给。格鲁吉亚境内有许多游览区和疗养区，里察湖是著名的旅游胜地，全国有近百家疗养院，每年有几百万人来到疗养区休憩、养病。

二　历史沿革

许多原始村落遗址证明，早在石器时代开始就有人在格鲁吉亚境域居住，他们从事狩猎、采集和捕鱼。新石器时代当地居民过渡到农业和畜牧业阶段。公元前6世纪在黑海沿岸的东南部建立了奴隶制的科尔希达王国。科尔希达的统治者和小亚细亚、伊朗、埃及等国进行了广泛的贸易。公元前8—前6世纪，在希腊人对黑海沿岸东部进行殖民统治的时期，在当地居民点的周围出现了一些希腊商人的移民区，他们在当地居民的经济和文化生活中扮演了重要角色。后来，科尔希达王国同外部的敌人进行了激烈的斗争，在公元前1世纪加入了古罗马帝国，然后又加入了罗马帝国。公元8—9世纪，在格鲁吉亚境域形成了几个封建国家。公元10—11世纪格鲁吉亚领土基本统一，并建立了强大的中央集权化国家，这是格鲁吉亚历史上最辉煌的时期。公元13世纪，格鲁吉亚遭到了蒙古鞑靼人和帖木儿的入侵。公元15世纪格鲁吉亚开始解体，境内建立了许多独立王国和公国。公元16—17世纪伊朗和奥斯曼土耳其加强了对格鲁吉亚的侵略，这给格鲁吉亚带来了无数的灾难。格鲁吉亚民族从未停止过斗争，直至18世纪末19世纪初才建立了与俄罗斯密切接近的良好关系。1801—1846年，格鲁吉亚各公国被先后并入俄罗斯帝国。19世纪格鲁吉亚的生产力普遍得到提高，居民的社会结构发生了变化，出现了地方资产阶级，工人阶级得到了巩固。1892年在格鲁吉亚出现了第一批马克思主义组织。20世纪初，格鲁吉亚人民参加了俄国1905—1907年的革命，后来又参加了1917年的二月革命和十月革命。1918—1920年格鲁吉亚被德国、土耳其和英国的军队占领。1921年在格鲁吉亚建立了苏维埃政权，同年成立了格鲁吉亚苏维埃社会主义共和国。1922年格鲁吉亚加入外高加索联邦。1936年成为苏联的一个加盟共和国。1990年改名为格鲁吉亚共和国，1991年4月宣布脱离苏联而独立。

三　主要民族及其文化

格鲁吉亚的主要民族是格鲁吉亚人，占人口总数的70%左右。由于外来移民不断增多，格鲁吉亚人的比重逐渐下降。其他人数较多的民族依次为亚美尼亚人、奥塞梯人、阿塞拜疆人、希腊人、阿布哈兹人、乌克兰人、库尔德人、犹太人。境内民族关系复杂，民族矛盾尖锐，奥塞梯人和阿布哈兹人的独立倾向日趋明显，已经成为国内民族冲突战乱的发源地。

格鲁吉亚的主要语言为格鲁吉亚语和俄语。格鲁吉亚语属高加索语系卡尔特韦尔语族，境内使用该语言的人约有350万。

格鲁吉亚人十分重视文化教育，人民的文化教育水平在全世界居于前列。这里有高加索地区最大的科学院，仅首都第比利斯就有一百多家科研单位、10所高等院校、16座博物馆和近10座剧院。

格鲁吉亚人早在公元4—6世纪就把基督教正教作为自己的宗教，基督教文化在格鲁吉亚文化中占有重要地位。这里在12世纪时就产生了文学经典作家肖·鲁斯达维里及其世界文学的传世之作《虎皮骑士》。格鲁吉亚人喜欢诗歌，全国每年出版的大量图书中有一半以上是诗集。格鲁吉亚的歌舞颇负盛名，特别是在举办筵席时，人们离开席位，互相邀请跳舞，或朗诵名诗片断，席间充满欢乐和诗意。

格鲁吉亚的民族服饰丰富多彩，各民族的服装不尽相同，比较有代表性的是男子穿深色短上衣，系银色压花皮带，穿齐膝的毛料短外套、软皮鞋，戴羊皮高帽、小毡帽或长耳风帽。女子穿紧腰连衣裙、短上衣、尖头平底皮鞋，戴三角形深色素花纹头巾。

格鲁吉亚人的饮食具有独特的民族风格，主要食物有面包、奶酪、烤羊肉等。东格鲁吉亚人喜欢喝蒜味小牛肉汤；西格鲁吉亚人爱吃禽肉和辣味菜。他们每餐必饮适量的葡萄酒，平时喝茶。

格鲁吉亚人的住房为两面或四面坡顶的木房或圆顶砖瓦房，现在一般都住砖瓦房。

（蔡曼华）

哈萨克斯坦共和国

一 概 况

哈萨克斯坦共和国位于中亚地区北部。北邻俄罗斯，南部与乌兹别克斯坦、土库曼斯坦、吉尔吉斯斯坦接壤，西至里海与乌拉尔山，东部与中国（与中国有1700多公里的共同边界）交界。

共和国面积为272.49万平方公里，占原苏联总面积的1/8，仅次于俄罗斯联邦，位居原苏联成员国第二位。

该国幅员辽阔，地形复杂。境内大部分地区为平原，草原面积达140万平方公里，占国土面积一半以上。共和国西北部属黑海低地和土兰草原，北部是森林草原和一般草原，中部为干旱草原和半沙漠，东部属于哈萨克丘陵，南部由丘陵逐渐过渡到别特帕克达拉草原。该国整个地势呈东南高，西北低。天山山脉中的汗腾格峰是共和国境内的最高峰，高6995米，著名的天山冰川即在这里形成。全国共有8.5万条大小河流和季节性河流，其中较大的河流有额尔齐斯河、乌拉尔河等。该国湖泊众多，除黑海、咸海和人工湖外，共有大小湖泊48262个。其中较大的有巴尔喀什湖、田吉兹湖等。世界上最大的内陆湖黑海北岸大部分，东岸的全部属哈萨克斯坦；世界上第四大内陆湖咸海东部和西北部海岸在该国境内。这两个内陆湖是哈萨克斯坦与邻近国家交往唯一的水上交通枢纽。

哈萨克斯坦的气候基本上属于干旱的大陆性气候，温差较大，一年四季全国昼夜温差一般在10℃以上。咸海周围是干旱的中心，年降水量不足100毫米；共和国北部、东部、西部和中部的坡地带，降水量一般可达300毫米以上。

共和国自然资源丰富。有色金属和燃料动力资源储量很大，其中钨的储量居世界第一位，铬和磷矿石储量居世界第二位，铜、铅、锌、钼、磷的储量居亚洲第一位，煤储量为39.4亿吨，石油储量为20.3亿吨，天然气储量为11700万亿立方米，锰储量4亿吨。森林和营造林2170万公顷。农业用地1.89亿公顷。地表水资源530亿立方米。此外，还有4750种高等植物、158种哺乳动物、480种鸟类和150种鱼类。

全国分为19个州：阿克莫拉州、阿克纠宾斯克州、阿拉木图州、阿迪劳州、东哈萨克斯坦州、江布尔州、杰兹卡兹甘州、西哈萨克斯坦州、卡拉干达州、克孜勒奥尔达州、科克切塔夫州、库斯塔奈州、曼基斯套州、巴甫洛达尔州、北哈萨克斯坦州、塞米巴拉金斯克州、塔尔迪库尔干州、图尔盖州、南哈萨克斯坦州。州、市下设区。

哈萨克斯坦共和国是民主、世俗、法制的总统制国家。实行立法、行政、司法三权分立。总统为国家的最高首脑和三权的最高仲裁者，由公民直接选举产生，任期5年，连任不得超过两届。凡在共和国居住不少于15年、熟练掌握国语、年龄不低于35岁且不超过65岁的共和国公民，均可当选共和国总统。同时，在行使权力期间，总统须停止其在政党中的活动。议会由参议院和马日利斯上下两院组成。经济以多种形式所有制为基础。

共和国工业和农业都比较发达，经济实力在独联体国家中仅次于俄罗斯和乌克兰，居第三位。货币单位为坚戈。

全国居民识字率达99.8%。现有国立普通教育学校8552所，学生310万人；私立普通学校38所。教育部下属全日制普通学校中有2768所用哈语教学，647所用多种语言（俄语、哈语等），74所用乌兹别克语，13所用维吾语，3所用塔吉克语。国立大学59所，私立大学37所。著名高校有哈萨克大学、哈萨克工学院、哈萨克农学院等。

二 历史沿革

公元前3—公元1世纪，在哈萨克斯坦境内出现了乌孙人和康居人的奴隶制社会。公元6—10世纪，又先后出现了突厥汗国、突骑施、葛逻禄等早期封建国家。其后，喀喇汗王朝取代葛逻禄汗国统治哈萨克人祖先居住的地方。12世纪，契丹人西迁侵占该地并建立西辽政权。13世纪前叶，成吉思汗的蒙古大军确立了自己在中亚及钦察草原的统治地位。古代哈萨克人主要处于成吉思汗之孙拔都建立的金帐汗国统治之下。14世纪末，金帐汗国衰落，古代哈萨克人多数归于拔都之史斡朵建立的白帐汗国统治。1428年，白帐汗国瓦解，原属白帐汗国的古代哈萨克人转属在白帐汗国领地上建立起来的阿布尔海汗国。

1456年，白帐汗国的原汗族成员克列汗和贾尼别克汗利用阿布尔海汗国内内乱之机，率领所属哈萨克人东迁至楚河、塔拉斯河流域，并建立了独立的哈萨克汗国政权。16世纪20年代，哈萨克汗国版图相当于现在哈萨克斯坦领土。

17世纪末18世纪初，哈萨克汗国按区域特点和宗教系统分成大、中、小三个玉兹。蒙古准噶尔部不断侵袭哈萨克汗国，大、中玉兹降服于准噶尔部，小玉兹西逃远走。1757年清朝平定准噶尔部叛乱后，大、中玉兹归服清朝。

19世纪初期，沙皇俄国通过一个多世纪的蚕食确立了自己在哈萨克草原和中亚地区的强势地位。19世纪后半叶，整个哈萨克斯坦领土成为俄国的版图。

十月革命胜利后，哈萨克斯坦境内建立了苏维埃政权。1920年8月26日成立了吉尔吉斯苏维埃社会主义自治共和国，隶属于俄罗斯联邦。1925年4月，恢复了哈萨克人历史上的正确名称，将原自治共和国更名为哈萨克苏维埃社会主义共和国。1936年12月5日，自治共和国升格为加盟共和国，成为苏联成员国之一。

1990年10月25日，该国通过了《哈萨克苏维埃社会主义共和国国家主权宣言》。1991年12月10日，改国名为哈萨克斯坦共和国。1991年12月16日，哈萨克斯坦共和国正式宣布独立，21日正式加入独联体。

三 民族演变

哈萨克斯坦是一个由140多个民族组成的多民族国家。哈萨克人人口为1716万（2014年），占全国总人口的64.7%；俄罗斯人562.2万，占23.7%；其他民族有乌克兰人、德意志人、乌兹别克人、鞑靼人、维吾尔人、白俄罗斯人、朝鲜人、阿塞拜疆人、波兰人、土耳其人、车臣人、巴什基尔人、希腊人、东干人、摩尔达维亚人、塔吉克人、库尔德人、亚美尼亚人、犹太人、乌德穆尔特人、印古什人、立陶宛人、吉尔吉斯人等。

哈萨克人是中亚地区一个源远流长的民族。它是在古代曾经活跃在欧亚草原上的游牧民族经过长期相互融合而形成的。塞种、月代、乌孙、康居（康里）、阿兰（奄蔡）、咄陆（杜拉特）、突骑施（撒里乌孙）、葛逻禄、铁勒、钦察（克普恰克）、乃蛮、克烈、阿尔根、瓦克、弘吉刺、札剌亦儿、阿里钦等古代部落是形成哈萨克人民族的重要组成部分。

公元6—12世纪，处于早期社会发展阶段的古代哈萨克人各部先后接受了突厥汗国、葛逻禄汗国、喀喇汗王朝和契丹人西辽政权等早期封建制国家的谈礼，开始了哈萨克人的民族形成过程。

13—15世纪，在蒙古贵族统治的两百年间，哈萨克人的民族形成过程得到了强化，尤其是在经济实力强劲的白帐汗国统治之下，古代哈萨克各部的民族共性愈来愈多：他们是汗国内的主要居民，操统一的克普恰克语（古代哈萨克语），经济生活和社会习俗基本相同。

1456年，哈萨克汗国的建立，掀开了哈萨克人民族历史上新的一页。随着汗国地位的巩固，原来散居于阿布尔海汗国、诺尕汗国、西伯利亚汗国和蒙兀儿斯坦汗国境内的哈萨克各部纷纷加入，一方面使哈萨克汗国的势力得到壮大，另一方面也使古代哈萨克各部在汗国政权统一领导下最终完成了哈萨克人的民族形成过程。

17世纪后期18世纪初期，哈萨克汗国领地按地区特点和宗教系统分成三个玉兹：乌勒玉兹、奥尔塔玉兹、克什玉兹，即通常所说的大玉兹、中玉兹、小玉兹，清代文献分别称其为右部、左部、西部。自此以后，哈萨克人各部开始以玉兹来划分。

18世纪60年代，清朝平定准噶尔后，大、中玉兹归顺清朝。同时，得到清政府许可，部分哈萨克人陆续迁回故地阿尔泰、塔城和伊犁等地安居。19世纪初，诺罕汗国频繁侵扰哈萨克领土，造成大玉兹哈萨克人纷纷外迁，其中一部分回迁故地，成为清朝属民；另一部分于1819年归属俄国。

19世纪后期，俄国以武力征服了哈萨克领地，三个玉兹所属哈萨克人受到俄国统治。与此同时，沙俄政府通过一系列不平等条约割占了中国西北大片土地，并要"人随地归"。自此以后，哈萨克人便分居于中国和俄国的领土上。

为了争取民族解放，哈萨克人举行多次民族起义反抗俄国的殖民统治。其中比较重要的有肯尼萨尔起义（1836—1846）、依萨泰起义

(1836—1837)、江霍加起义（1856—1857）、伊斯特起义（1853—1858）和1916年中亚大起义。

1917年，俄国十月革命发生后，内阿里·布凯汉诺夫领导的哈萨克人要求实行全面自治，并建立了"李拉什斡耳朵"政府。

十月革命胜利及苏联成立后，随着哈萨克斯坦境内苏维埃政权的建立和社会主义经济成分的确立，哈萨克人进入了现代民族发展阶段。

目前，哈萨克斯坦多民族性结构是大量外来民族移民长期迁入造成的。在沙皇俄国入侵中亚以前，在哈萨克斯坦的土地上只生活着哈萨克人等几个中亚世代居住的民族。随着沙皇俄国对哈萨克斯坦土地的武力征服，揭开了外来民族移民进入哈萨克斯坦（也是进入中亚）的序幕。

最早进入哈萨克斯坦的是沙皇的御用军队——哥萨克士兵，他们在哈萨克斯坦北部建立了若干军事要塞，并形成了最早的移民村落。这些人的后代至今仍生活在该国北部各州。

19世纪80年代后，以俄罗斯人为主的斯拉夫人农民自发或有组织地移民至哈萨克斯坦北部地区，并在那里定居下来。19世纪下半叶，来自中国西北地区的一小部分回族（东干）人在哈萨克斯坦土地上定居至今。

十月革命胜利及苏联成立后的社会主义革命和建设时期，哈萨克斯坦的民族成分迅速增加。特别是在1936—1952年期间，苏联政府以"不可靠""通敌"和"反革命罪"等罪名，强行迁移20多个民族的成员（其中11个民族被整个迁走）到包括哈萨克斯坦在内的国家东部地区。涉及的民族有：波兰人、库尔德人、朝鲜人、伊朗人、德意志人、卡拉垮耶夫人、卡尔梅克人、车臣人、印古什人、巴尔卡尔人、鞑靼人、麦斯赫特土耳其人、希腊人、保加利亚人、亚美尼亚人、罗马尼亚人、立陶宛人、爱沙尼亚人、拉脱维亚人、摩尔维亚人、芬兰人、乌克兰人和白俄罗斯人等。而战后各民族人口的自然流动、民族各部交流以及为发展当地经济、文化教育事业而来的人，也使该国的民族成分进一步增加。到苏联解体以前，哈萨克斯坦多民族格局已经形成。

四 主体民族及其文化

哈萨克人自称"卡扎赫人"或"卡扎克人"。其体质特征属南西伯利亚人种类型。操哈萨克语，属阿尔泰语系突厥语族，有西、东北、南

3种方言。多数人信奉伊斯兰教，属逊尼派。目前，哈萨克人主体主要居住在哈萨克斯坦和中国，其余分布在乌兹别克斯坦、吉尔吉斯斯坦、土库曼斯坦、塔吉克斯坦、俄罗斯和蒙古人民共和国。

哈萨克人是哈萨克斯坦的主体民族。其在全国各地有分布，但主要集中居住在该国南部、西部和中部各州。其中，在阿特劳州和克改勒奥洋达州哈萨克人所占比重最大，占80%以上。

哈萨克语是哈萨克斯坦的国语。由于苏联时期大力推广俄语，多数哈萨克人掌握了俄语，同时也使相当一部分人失去了母语。

哈萨克人历史上使用过多种文字。公元6—8世纪使用古突厥文，后来又使用回鹘文。10世纪后，随着阿拉伯文字在中亚被广泛采用，哈萨克语改用阿拉伯字母。十月革命后，哈萨克人用拉丁字母创立了哈萨克文，后来改用俄文字母为基础。哈萨克斯坦独立后，这种以俄文字拼写的哈萨克文沿用至今。

在阿拉伯人入侵中亚以前，哈萨克人的先民曾信奉过自然崇拜、祖先崇拜、萨满教、佛教和景教。自8世纪阿拉伯人侵占中亚后，哈萨克人开始皈依伊斯兰教。但是，由于草原地带的阻隔，致使伊斯兰教在哈萨克人中间的传播相对迟缓，同时，长期游牧生活方式又使哈萨克人无法严格履行伊斯兰教仪式，加之在哈萨克人的意识中自然崇拜和祖先崇拜仍占有重要地位。这样就使伊斯兰教无法深刻影响哈萨克人的生活。

苏联时期，随着无神论的大力宣传和欧洲文明的强劲影响，哈萨克人对伊斯兰教的态度更趋淡化。苏联解体后，伊斯兰教复兴潮开始填补人们在意识形态上的空白，哈萨克人对伊斯兰教的态度略有回升。此外，在哈萨克人的观念中至今仍保持某些原始宗教的残余。

哈萨克人在漫长的历史发展过程中创造了丰富多彩的传统文化。雕刻、刺绣、编织、金属加工等工艺既精湛又富民族特色。反映客观世界的神话、传说、诗歌、谚语充分体现了哈萨克人的古代哲学思想，并且产生了霍尔乎特、阿山、阿拜等著名的哈萨克人哲学家。哈萨克人的历法月历（阴历）、日历（阳历）和十二生肖（鼠、牛、虎、兔、龙、蛇、马、羊、猴、鸡、狗、猪）是他们了解宇宙的结晶。内容丰富、题材广泛的口述民间文学作品、民歌、乐曲、舞蹈表达了哈萨克人对美好生活的向往。

哈萨克人传统住房主要是一种易于拆卸、安装和携带的毡房。现在，农村地区的哈萨克人多住砖瓦房和土坯房，传统住房只在牧区偶尔可以见到。此外，具有民族传统特色的雕有精美花纹或绘有精美图案的大箱柜、茶炊、大锅、木碗、盛马奶的皮囊等物品仍不同程度地得以保留。

哈萨克人男子的传统服装有白色宽大的衬衫、宽裆裤、长袍羊皮大衣，头戴尖顶软毡帽，脚穿高筒皮靴，腰系左、右分挂皮囊和小刀的宽大牛皮腰带；女子的传统服装有衣胸处绣有花纹的白色宽大连衣裙、坎肩、短上衣、灯笼裤、棉皮大衣，头戴毛皮镶边皮帽，脚穿软底长筒皮靴，项链、耳环、手镯为其主要首饰。现在，哈萨克人多穿欧式服装，只有老年人及农村妇女还穿传统民族服装。

哈萨克人的传统饮食主要以肉、奶制品为主。羊肉抓饭、熏肉灌肠、酸奶制品极富民族特色。除食物外，哈萨克人喜欢喝砖茶、奶茶和马奶酒。传统以手抓食就餐习俗现在仍不同程度得以保留。

哈萨克人热情好客，遇有贵客一定会宰羊和用马肉、马肠（哈萨克人称其为肉中珍品）来招待。

哈萨克人有右贵左贱观念，向长辈和客人敬茶、敬饭时要用右手。

哈萨克人的传统节日主要有标志新年到来的那吾鲁孜节和带有伊斯兰教色彩的开斋节、宰牲节。现在，这些传统节日已被基本恢复。节庆时，哈萨克人多举行赛马、叼羊、摔跤和歌舞等文体娱乐活动。

五　少数民族

哈萨克斯坦宪法承认该国是由不同民族组成的国家。少数民族呈大杂居、小聚居分布，且没有民族自治单位。

俄罗斯人和乌克兰人主要分布在该国北部、东部和东南部各州；白俄罗人主要居住在北部各州；德意志人多集中在东北和中部各州；鞑靼人主要在北哈萨克斯坦州、南哈萨克斯坦州、塞米巴拉金斯克州和西哈萨克斯坦州的城市中生活；乌兹别克人在哈萨克斯坦民族中占有很大比重；苏联的维吾尔人有70%居住在哈萨克斯坦，主要集中居住在阿拉木图州和塔尔喧库尔干州的伊犁河流域。

哈萨克斯坦第一大少数民族是俄罗斯人。主要分布在该国北、中和东部地区，尤其在北哈萨克斯坦州、阿克英拉州、科克切塔夫州、库斯塔奈州、巴甫洛达尔州、车哈萨克斯坦州、卡拉干达州和阿拉木图市占据多数。从城乡人口结构来看，俄罗斯人约有70%集中在城市，30%在农村。

俄罗斯人来到哈萨克斯坦土地上定居生活已有100多年的历史。随着哈萨克斯坦成为中亚地区最早被沙皇俄国征服的地方，来自俄罗斯的商人和有组织移民首先进入该地。20世纪初，沙皇斯托雷平推行以扶植富农为主要内容的改革，许多被剥夺土地的俄罗斯农民被迫迁到中亚谋生。

十月革命胜利及苏联成立后，为巩固周边红色革命政权和加快少数民族地区经济、文化教育事业的发展，大量素质较高的俄罗斯人来到哈萨克斯坦定居生活。而为了战前工业建设和开垦处女地，又有大批俄罗斯人来到这里。再加上战时人口疏散和人口的自由流动，到1989年年初，哈萨克斯坦境内的俄罗斯人已达622.8万人，占该国总人口的37.8%，仅次于哈萨克人在全国总人口中所占的比重（39.7%）。

哈萨克斯坦独立后，其境内俄罗斯人大量外流，由1989年的622.8万人降至1996年的562.2万人，减少了60多万人。目前，俄罗斯人外流程度有所减弱，但其仍然是哈萨克斯坦外流人口的主力。

造成俄罗斯人外流的原因主要有国家经济状况恶化、主体民族民族主义抬头和强化主体民族地位等。

在长达一个多世纪时间里，俄罗斯人与其他民族一起为这里的经济、文化教育事业发展作出了重要贡献。同时，由于俄罗斯人过去长期享有"特殊"地位，致使其语言、文字、宗教和生活习俗等传统文化完好保存至今，而且俄语及其字母被其他民族广泛使用。

哈萨克斯坦境内俄罗斯人中有相当一部分人是20世纪40—50年代后移居此地的，在他们的思想观念中仍把俄罗斯作为自己的祖国。而哈萨克斯坦独立后奉行的主体民族"优先"发展战略，不同程度地弱化了境内俄罗斯人对国家的认同感。

六 地方群体

哥萨克人是哈萨克斯坦境内的一个特殊群体。其主要分布在该国北部地区。

"哥萨克"，意为"自由的人"。是哥萨克人的自称。公元14世纪，俄罗斯部分农奴、农民和城市贫民因不堪忍受地主残酷剥削，由内地逃到南部边境顿河流域。乌克兰和白俄罗斯也有一部分农奴为逃避波兰人的压迫，而逃到第聂伯河下游的无人地带。他们在那里以狩猎、捕鱼和饲养牲畜为生，过着自由自在、不受约束的生活。在长期生产实践和社会生活中，他们形成了具有独特历史和文化的地方性群体。

16世纪起，哥萨克人被沙皇政府按地区分成若干军事公社，负责守卫边疆。17世纪末，沙皇彼得大帝组建若干哥萨克军团。自此，哥萨克人成为沙皇俄国对外侵略扩张的急先锋。

19世纪60年代，哈萨克土地成为沙皇俄国侵占中亚地区的首选目标。沙皇的御用军队——哥萨克军团首先进入这一地区，他们在那里建立了乌拉尔斯克、戈里克、西伯利亚防线等军事要塞，并形成了该地区最早的移民村落。

十月革命胜利后，哥萨克军团被废除，哥萨克人重新过上田园式的生活。由于历史上所扮演的角色，他们也因此受到过人们不公正的对待。

哈萨克斯坦独立后，其境内哥萨克人的政治活动引人注目。他们成立了自己的政治联合组织——哥萨克运动。他们要求哈政府承认哥萨克人是一个单独的民族实体，并实行自治。而且，他们不承认哈萨克斯坦与俄罗斯之间现行疆界，认为他们现在所居住的地方在1917年以前属于俄罗斯。

与此同时，受1992年俄罗斯政府为哥萨克平反且允许重新持械活动的影响，哈萨克斯坦境内哥萨克人开始谋求把哥萨克联合组织变成有组织的军事机构，特别是在任何时候都能成为破坏稳定的力量。

（吴家多）

吉尔吉斯斯坦共和国

一 概 况

吉尔吉斯斯坦位于中亚东北部，北邻哈萨克斯坦，西南接塔吉克斯坦，西与乌兹别克斯坦交界，东和东南与中国接壤。

全国面积19.85万平方公里。境内多山，呈东西走向，占国土面积的3/4。全境海拔在500米以上，1/3地区高达3000—4000米。典型的大陆性气候，大部分地区属温带，南部属亚热带，年降水量200—800毫米，高山地带在1000毫米以上。

共和国适宜农牧的土地约在1000万公顷以上，其中85%是牧场和天然割草场。森林面积约占全国总面积的3.5%。动物、植物种类繁多。矿产资源丰富，主要有黄金、锑、钨、锡、贡、钠和稀有金属等。其中锑产量占世界第三位，独联体第一位；汞产量占独联体第三位。羊毛产量和水电资源在独联体国家中占第三位。

共和国设有6个州和1个直辖市：楚河州、塔拉斯州、奥什州、贾拉拉巴德州、纳伦州、伊塞克湖州和比什凯克市。州、市下设区，全国共有60个区。

吉尔吉斯斯坦共和国是以法制和世俗为原则的主权、单一制的民主共和国。实行立法、行政、司法三权分立。总统为国家元首和武装部队最高统帅。总统由公民直接选举产生，任期5年。总统拥有不可侵犯权和豁免权。凡在该国居住15年以上、通晓国语、年龄在35—65岁之间的共和国公民，均可当选总统。议会分立法会议和人民代表会议上下两院。经济以多种形式所有制为基础。

共和国经济以农牧业为主，工业基础薄弱，属欠发达国家。货币为索姆。全国有普通学校近1900所，中等专业学校40所，高等院校22

所。著名高校有吉尔吉斯国立大学，比什凯克理士大学、国际大学、人文大学、斯拉夫大学等。

二 历史沿革

公元前 7—前 6 世纪，现代吉尔吉斯的领土属突厥部落建立的早期封建国家——西突厥汗国。公元 8 世纪中叶，伴随着西突厥汗国的衰落，来自西阿尔泰的卡乐卢克人部落在吉尔吉斯北部土地上建立了新的政权—卡尔卢克汗国。

9—10 世纪，在维吾尔人汗国废墟上建立起来的地域辽阔的吉尔吉斯人游牧帝国，一度确立了自己在中亚的霸主地位。11—12 世纪，由于蒙古人部落及汗国势力的日益强大，吉尔吉斯人帝国只剩下叶尼塞河上的肯姆—肯姆德日乌特和占有北准噶尔及山地阿尔泰土地的吉尔吉斯两个公国。而此时，现代吉尔吉斯的土地则属于以卡拉汗尼王朝为首的更加强大的突厥部落政治联合体。

蒙古人汗国瓦解后，阿尔泰和准噶尔的吉尔吉斯人以及现代吉尔吉斯的土地皆受蒙兀儿汗国控制。

19 世纪上半叶，由乌兹别克人建立的浩罕政权在中亚称雄，并且征服了吉尔吉斯人的居住地。19 世纪 70 年代末，整个吉尔吉斯土地并入沙皇俄国。

在 1917 年俄国十月革命影响下，到 1918 年底，吉尔吉斯斯坦全部领土上都建立了苏维埃政权。1918 年 4 月，土尔克斯坦苏维埃社会主义自治共和国成立，吉尔吉斯人分属该自治共和国的不同行政区。

1924 年。苏联政府在中亚地区实行民族划界，原土尔克斯坦自治共和国中吉尔吉斯人居住的地区联合组成卡拉吉尔吉斯自治州，属俄罗斯联邦。1925 年，卡拉吉尔吉斯自治州更名为吉尔吉斯自治州。1926 年 2 月，该自治州改为吉尔吉斯苏维埃社会主义自治共和国。

1936 年 12 月 5 日，吉尔吉斯苏维埃社会主义自治共和国升格为加盟共和国，同时加入苏联。

1991 年 8 月 31 日，吉尔吉斯最高苏维埃通过国家独立宣言，正式宣告独立，改国名为吉尔吉斯斯坦共和国。同年 12 月 21 日，吉尔吉斯斯坦共和国加入独联体。

三　民族演变

吉尔吉斯斯坦是一个多民族国家，有大小民族80多个。其中人口较多的民族有吉尔吉斯人、俄罗斯人、乌兹别克人、乌克兰人、鞑靼人、日耳曼人、哈萨克人、塔吉克人、阿塞拜疆人、白俄罗斯人、亚美尼亚人、犹太人等。

吉尔吉斯人既是中亚地区的土著民族，也是一个历史悠久的古老民族。公元前3世纪末，吉尔吉斯人的祖先坚昆人（汉文称谓）就已在叶尼塞河上游地区和阿尔泰地区分别从事定居农业和游牧业。当时，坚昆人虽然已是拥有"胜兵三万"的一个群体，但对于先后崛起于漠北草原的匈奴、鲜卑、高车、柔然、突厥等族的强大势力来说，则显得十分弱小。

公元9—10世纪，是吉尔吉斯人历史上的一个重要发展阶段。当时吉尔吉斯的名称通常叫黠戛斯。他们凭借归属中国唐朝（公元7—8世纪中叶）休养生息之际的回纥汗国，建立了称雄漠北草原的游牧帝国——黠戛斯汗国。其疆域极为辽阔，东到贝加尔湖附近，南至天山北麓，东南与唐朝本土相接。当时，黠戛斯人人口已过百万，以经营游牧的畜牧业为主，社会存在形式主要表现为带有浓厚私有制成分的原始氏族部落制度。

在黠戛斯汗国时期。除社会经济、文化得到一定发展外，黠戛斯人还首次进入中亚，并在那里一度确立了强国地位，揭开了吉尔吉斯人在中亚历史的序幕。只是因为这个草原帝国存在时间短暂，进入中亚的黠戛斯人只好回迁，其中部分人留在了中亚天山地区。

10—17世纪，由于契丹人、蒙古人的崛起和俄国人侵西伯利亚，吉尔吉斯人遭受重大损失。18世纪初，准噶尔和俄国联手强行把吉尔吉斯人迁往中亚的安集延和喀什噶尔之间的山区。自此次大迁徙后，关于叶尼塞河流域吉尔吉斯人的历史就此结束。

在这一时期，持续不断的征战一方面削弱了吉尔吉斯人的实力；另一方面则严重阻碍了吉尔吉斯人的民族发展进程。只是到了16—17世纪，陆续进入中亚的吉尔吉斯人才以天山为中心结成了部落联合体，标志着吉尔吉斯人部族发展阶段的开始。

在中亚土地上，吉尔吉斯人的历史仍然与战乱紧密相连。16世纪初,天山地区的吉尔吉斯人主要受蒙兀儿汗国控制。当时,他们既参与蒙兀儿汗国与乌兹别克人之间的争战,也常卷入蒙兀儿汗国内部的争斗。17世纪末至18世纪前叶,扩张至中亚的准噶尔势力使与哈萨克汗国保持密切关系的吉尔吉斯人进一步蒙受灾难。

18世纪中叶,清朝平定准噶尔势力和大小和卓叛乱后,吉尔吉斯人成为清朝的属民。当时,清朝称吉尔吉斯为"布鲁特",天山以北为东布鲁特,天山以南为西布鲁特。19世纪初,乌兹别克人建立的浩罕汗国势力扩大,由清朝的附属国变为敌对国。这样,经过双方角逐,到19世纪20年代,吉尔吉斯人分属清朝和浩罕汗国。

19世纪60年代,俄国在进攻浩罕汗国的同时,于1864年逼迫清朝政府签订《中俄勘分西北界约记》,使生活在巴尔喀什湖以东以南原属清朝领土上的吉尔吉斯人首先成为俄国的属民。浩罕汗国于1876年灭亡后,俄国通过步步蚕食和强迫清朝政府签订不平等条约,到19世纪末,吉尔吉斯人除少部分生活在清朝境内外,绝大部分成了俄国的臣民。

第一次世界大战的爆发及十月革命的胜利唤醒了吉尔吉斯人的民族意识,加快了其民族解放的步伐。到1936年吉尔吉斯苏维埃社会主义加盟共和国的建立,经过社会主义经济改造和传统氏族部落关系被打破的吉尔吉斯人开始进入现代民族发展阶段。

在吉尔吉斯共和国,除吉尔吉斯人等几个中亚世居民族外,境内其他民族皆为外来移民。

最早进入该国土地上的移民是来自俄罗斯等地以俄罗斯民族为主的东斯拉夫人的农民和商人。这类移民从19世纪60年代开始一直持续到十月革命前。19世纪80年代,从斯塔夫罗波尔和伏尔加河流域迁来了第一批德意志人。19世纪末,南吉尔吉斯斯坦采煤业发展时期,从伏尔加河流域迁来大批鞑靼人。另外,在19世纪下半叶,来自中国西北地区的一小部分回族(东干)人迁到吉尔吉斯,并一直在该国居住至今。

十月革命胜利及苏联成立后,为巩固革命政权和发展少数民族地区经济、文化事业,大量素质较高的俄罗斯人、乌克兰人、白俄罗斯人等民族各部来到这里工作并定居下来。

第二次世界大战期间,苏联政府以"通敌"等名义把十几个民族强行迁至包括吉尔吉斯在内的中亚地区,致使吉尔吉斯的民族成分迅速增加。被强制迁移的民族有波兰人、库尔德人、卡尔梅克人、车臣人、印古什人、巴尔卡尔人、鞑靼人、麦斯赫特土耳其人、希腊人等。

战后社会主义建设时期，民族各部的交流和人口的迁徙使吉尔吉斯的民族成分进一步扩大。这样，到苏联解体前，吉尔吉斯已经成为一个多民族加盟共和国。

1989 年和 1995 年吉尔吉斯斯坦主要民族人口数量及占总人口的比重

民　　族	人口数量（万人）		占全国总人口的比重（%）	
	1989 年	1995 年	1989 年	1995 年
所有民族	424.51	445.07	100	100
吉尔吉斯人	222.07	265.61	52.4	59.7
俄罗斯人	91.65	72.00	21.5	16.2
乌兹别克人	55.01	62.54	12.9	14.1
乌克兰人	10.80	7.57	2.5	1.7
鞑靼人	7.01	5.56	1.6	1.2
德意志人	10.13	2.61	2.4	0.6
哈萨克人	3.73	4.16	0.9	0.9
塔吉克人	3.35	3.69	0.8	0.8
阿塞拜疆人	1.58	1.79	0.4	0.4
白俄罗斯人	0.92	0.70	0.2	0.16
亚美尼亚人	0.04	0.36	0.1	0.1
犹太人	0.56	0.19	0.1	0.04
其他民族	17.66*	18.29	4.2	4.1

*　根据 1989 年人口调查资料，在吉尔吉斯斯坦境内生活着 3.69 万东干人、3.68 万维吾尔人和 1.84 万朝鲜人。

资料来源：《吉尔吉斯斯坦统计数字》，比什凯克，1996 年俄文版，第 3—4 页。

四　吉尔吉斯与吉尔吉斯人

吉尔吉斯人是一个在历史长河中不断吸收、融合其他民族成分而逐渐形成的民族。其自称为"吉尔格兹人"。人种属南西伯利亚人种类型。操吉尔吉斯语，属阿尔泰语系突厥语族，分西部、北部、中央北部和东部等方言。多数人信奉伊斯兰教，属逊尼派。目前主要分布在吉尔吉斯斯坦、乌兹别克斯坦、塔吉克斯坦、哈萨克斯坦和中国（称柯尔克孜族);另在原苏联共和国、蒙古西部、阿富汗和巴基斯坦东北部也有少数分布。

吉尔吉斯人是吉尔吉斯共和国的主体民族,人口466.5万(1998年),占该国总人口的59.7%。其在全国各地皆有分布,但多数生活在山区和农村。

吉尔吉斯语既是吉尔吉斯人的母语,也是共和国的法定国语。按照发音、语法、词汇等方面的特点,吉尔吉斯语口语可分为南、北两种方言,但两者之间的差别不大。而在日常生活中,除吉尔吉斯语外,共和国中的多数吉尔吉斯人还经常使用俄语。

吉尔吉斯人在十月革命前一直没有形成本民族的文字。1924年才以阿拉伯字母为基础创立了吉尔吉斯文。1928年改以拉丁字母为基础,1941年又和其他突厥语一道改以俄文字母为基础。这种以俄文字母为基础的吉尔吉斯文除全部使用俄文字母外,还增添了3个字母。吉尔吉斯成为主权独立国家后,吉尔吉斯人仍然在沿用这种文字。

在吉尔吉斯人进入中亚之前,萨满教和原始信仰在他们的精神世界和日常生活中占据主导地位。进入中亚后,在当地穆斯林居民的影响下,吉尔吉斯人开始逐渐改信伊斯兰教。由于受到自然环境和游牧生活流动性的阻碍,一方面使伊斯兰教在吉尔吉斯人中间的传播相对缓慢;另一方面也使绝大多数吉尔吉斯人无法认真履行宗教仪式,进而对伊斯兰教的态度显得相对淡漠。

苏联时期,欧洲文明和无神论思想进一步冲击了吉尔吉斯人的宗教观念。他们对伊斯兰教态度日渐冷淡,尤其是新一代年轻人。

共和国独立后,吉尔吉斯人信教人数较前略有回升,宗教活动开始活跃。该国宪法和相关法律规定:公民有宗教信仰自由,但宗教和一切宗教活动同国家相分离,禁止建立宗教政党及其分部。

除信奉伊斯兰教外,在吉尔吉斯人的生活习俗中至今仍保留万物有灵、自然崇拜、祖先崇拜和萨满教的残余。

与传统游牧生活相关,吉尔吉斯人的畜牧业比较发达。目前,畜牧业仍然是该国农业的基础,其产值占农业生产总值的一半左右。在畜牧业中又以养羊为主,其存栏头数及羊毛产量仅次于俄罗斯联邦和哈萨克斯坦共和国,居原苏联成员国中第3位。

在长期社会生产实践和生活中,吉尔吉斯人形成了富有民族特色的工艺。古老的毡篷建筑、民间绣花、制毯、雕刻等无不体现了吉尔吉斯人的智慧与勤劳,至今仍深受他们的喜爱和传承。

在吉尔吉斯人的文学史中，史诗占有突出的地位。民间创作的长篇民族史诗《玛纳斯》是吉尔吉斯人的编年史和独具特色的百科全书，世代相传，保存至今。

享誉世界的吉尔吉斯作家钦·艾特玛托夫是世界上拥有读者最多的作家之一。他的作品《查密利雅》《白轮船》《一日长于百年》和《断头台》等作品被译成80多种文字。

吉尔吉斯人的传统住房主要是圆形毡房。现在农村地区的吉尔吉斯人多住土坯房、砖瓦房或楼房。地毯、各种模压花纹图案的挂毯和富有民族特色的镂花木制家具是家居必备品。

吉尔吉斯人男子传统服装主要有长袍、羊皮袄、布料长裤、皮裤，头戴镶有黑条的白毡帽，脚穿皮靴和毡靴；女子传统服装主要有色彩鲜艳的宽大连衣裙、针织坎肩、灯笼裤、长袍、开襟绣花围裙，脚穿软皮靴，头戴围巾（青年妇女戴红色或绿色的，老年妇女戴白色的）。另外，吉尔吉斯人喜爱戴装饰物：妇女戴银质耳环、项链、戒指、手镯等；男子手戴戒指，皮腰带上常镶嵌银饰物且挂有小刀。现在，吉尔吉斯青年人已普遍着现代服装，只有老年人及一部分中年人仍喜欢穿传统民族服装。

吉尔吉斯人的传统饮食主要以畜肉、奶制品、畜奶、酸乳和茶为主。烤全羊和面片抓肉极富民族特色。现在，除这些传统食品外，吉尔吉斯人还广泛食用面条、面片等面食，以及各种蔬菜、瓜果，牛奶、咖啡、红茶等已成为日常饮料，啤酒亦被广泛接受。

平时在家就餐，吉尔吉斯人一般多以右手抓食，忌用左手递送食物或其他东西（其他场合也是如此）。主人请吃时客人才能吃，但不能将食物吃光，要剩一点退回主人。

吉尔吉斯人的传统节日主要有伊斯兰教几大节日、迎接新春到来的那吾鲁孜节和欢庆丰收的冬希曼节。现在，吉尔吉斯人隆重欢庆的节日主要有那吾鲁孜节、开斋节、马乌路德节、宰牲节和冬希曼节。节庆时，吉尔吉斯人喜爱娱乐活动。

五　少数民族与吉尔吉斯

吉尔吉斯共和国宪法承认该国是一个由不同民族组成的国家。除吉尔吉斯人外，其他民族多为外来移民，且比较分散没有民族自治单位。

俄罗斯人（Pyeckue），是吉尔吉斯共和国人口最多的少数民族，人口为72万，占该国总人口的16.2%。其信奉东正教，操俄语，主要分布在城市和工业区，占城市人口一半以上。此外，有别于其他中亚国家中的俄罗斯人，该国俄罗斯人中有相当一部分人集中生活在农村。

自吉尔吉斯领土归并俄罗斯后，俄罗斯人便率先在这块土地上开始了迁移过程。1917年以前进入这里的俄罗斯人主要是没有土地的农民。尽管这一移民过程与沙皇对外扩张及其对被占领土实行殖民统治有着不可割断的联系，但这些俄罗斯人农民的到来，在客观上无疑给吉尔吉斯人带来了先进的农业生产技术和新的生活方式，对吉尔吉斯人由游牧生活逐渐进入定居生活起到一定促进作用。

十月革命胜利后的社会主义建设时期，大量素质较高的俄罗斯人专业技术人员来到吉尔吉斯，他们与吉尔吉斯人一起为巩固红色革命政权和发展当地经济、文化教育事业作出了重要贡献。

80年代中后期，俄罗斯人开始回迁。尤其是吉尔吉斯成为主权独立国家的最初几年，每年都有大量俄罗斯人离开该国。大量素质较高的俄罗斯人外流，一方面给共和国带来了无法估量的损失，另一方面也给族际关系蒙上了一层阴影。有鉴于此，该国总统和政府在强调民族和睦重要性的同时，积极采取措施，如制定少数民族法给予境内俄罗斯人双重国籍身份，以使与俄罗斯人有关的问题逐步得到解决。

乌兹别克人，是吉尔吉斯共和国中人口数量位居第三位的少数民族。其人口为55.01万，占该国总人口的14.1%。乌兹别克人信奉伊斯兰教，操乌兹别克语，主要分布在该国西南部奥什州境内。

乌兹别克人是奥什州的世居民族。在古代，奥什州辖地就是乌兹别克人和吉尔吉斯人游牧部落生活的地方。沙皇俄国征服中亚后，外来移民陆续迁入，致使该地民族成分增加。目前居住着吉尔吉斯人、乌兹别克人、俄罗斯人、乌克兰人、塔吉克人、鞑靼人等民族。

奥什州境内3个乌兹别克人比较集中的城市奥什、贾拉勒—阿巴德和乌兹根最早并不属于吉尔吉斯斯坦，它们是苏联政府于1924年从乌兹别克斯坦划给吉尔吉斯斯坦的。

在苏联存在的大部分时间里，奥什州境内的乌兹别克人与当地吉尔吉斯人基本能和睦相处，但自戈尔巴乔夫实行"民主化"和"公正性"后，乌兹别克人与吉尔吉斯人的关系趋于紧张。1990年6月，两族之间曾因争占建房用地而发生流血事件。吉尔吉斯独立后，两族关系仍然不和睦。

德意志人，主要集中居住在共和国楚河州境内。人口 2.61 万，占该国总人口的 0.6%。

吉尔吉斯斯坦境内的德意志人主要来自俄罗斯和乌克兰。其中一部分在该国已经生活了一百多年。第二次世界大战期间，又有大批德意志人被苏联政府强行迁往包括吉尔吉斯斯坦在内的中亚地区。截至 1989 年，在该国共有 10.13 万德意志人。

吉尔吉斯独立前后，由于受当地反俄罗斯人（很难从表面上在俄罗斯人和德意志人之间进行区分）影响，德意志人大量外迁，主要移居德国，部分来到其他独联体国家。

苏联时期，由于长期遭受不公正的待遇，德意志人的语言及民族文化发展受到严重阻碍。为了缓解德意志的外流和使德意志人的传统文化得到正常发展，吉尔吉斯共和国政府于 1992 年在楚河州德意志人集中居住的地方成立了两个德意志民族文化区。民族文化区居民大会（或代表大会）选举产生的委员会对该文化区行使自治权。在文化区内设立了教授德语的学校或班级、儿童学前机构、文化馆、俱乐部等民族文化设施。此外，还建立了宗教礼拜场所，以及银行、商店、联合企业等生产和商贸机构。

（吴家多）

塔吉克斯坦共和国

一 概 况

塔吉克斯坦共和国位于中亚东南部，南部与阿富汗为邻，西部和北部与乌兹别克斯坦和吉尔吉斯斯坦相连，东部与中国接壤。

塔吉克斯坦共和国的面积为14.31万平方公里。塔吉克斯坦是一个典型的山地国家，素有"山地之国"之称。境内有39%的领土为山地，约有1/2的地方海拔在3000米以上。锡尔河、阿姆河和泽拉夫尚河构成境内三大水系。湖泊众多，且多为山地湖泊，较大的湖泊有22个，面积为625平方公里，卡拉库湖为境内最大湖泊，面积为380平方公里。

全境属大陆性气候，地区气候差别和南北温差较大。降水量分布不均，中部山前地带和西南部山区，年降水量可达350—700毫米；北部费尔干纳盆地和西南部谷地，年降水量只有150—200毫米；海拔3000米以上的高山区，年降水量不足100毫米。

塔吉克斯坦矿产资源和水利资源丰富。钠储量居独联体之首，锑、汞矿储量亦名列前茅；人均水力资源蕴藏量居世界前列，总蕴藏量为6400多万千瓦。努列克水电站是中亚最大水电站，装机容量为300万千瓦。此外，该国动植物资源丰富，哺乳动物80多种，鸟类300多种，爬行动物近50种，无脊椎动物1万多种，高等植物5000多种。

塔吉克斯坦共和国分为三个州和一个区：列宁纳巴德州、哈特隆州、巴德赫尚自治州和中央直属区。

塔吉克斯坦是主权、民主、法制、世俗的统一国家，实行总统制。总统为国家元首和政府首脑，由公民直接选举产生，任期5年，连任不得超过两届。凡年满35—65岁、通晓国语、在塔吉克斯坦境内近期居住不少于 10 年的公民，均可当选国家总统。最高会议是共和国最高代表机关和立法机关，每年至少召开两次会议。最高会议主席团由最高会议主席、第一副主席、副主席和最高会议委员会主席组成。最高会议副主席之一应由戈尔诺—巴达赫尚自治州的人民代表担任。司法权独立。共和国经济以多种所有制形式为基础。

塔吉克斯坦共和国属欠发达国家。其经济结构单一、工业基础薄弱，农牧业为主要支柱产业，货币单位为塔吉克卢布。

全国现有普通教育学校 3426 所，在校生 132.587 万人；中等专业技术学校 49 所，在校生 4.38 万人；高等院校 21 所，在校生 7.5 万人。著名高等院校主要有塔吉克国立大学、塔吉克工学院、塔吉克医科大学、塔吉克农业大学、塔吉克师范大学和胡占德大学等。

二 历史沿革

塔吉克斯坦境内很早就有人类活动和居住。公元前第一个一千年上半叶，塔吉克斯坦的土地分属巴克特里亚和粟特两个早期奴隶制国家。公元前 6—前 4 世纪，这些土地先后受波斯阿凯米尼得王朝、马其顿亚历山大王国和叙利亚王国塞琉古王朝统治。自公元前 3 世纪起，该地区先后受希腊巴克特里亚王国和贵霜王朝管辖。公元 5 世纪后，呎哒、突厥等游牧部落成为塔吉克斯坦土地的统治者。公元 8 世纪，该地方被阿拉伯人征服。9—10 世纪，塔吉克人建立了自己的民族政权——萨曼王朝。10 世纪末，萨曼王朝被哥疾宁王朝和喀喇汗王朝瓜分。13 世纪，塔吉克斯坦的土地处在蒙古鞑靼人的统治之下；14—15 世纪属帖木儿帝国及其后王统治的国家。16 世纪起，该地分属布哈拉汗国和一些小封建主。19 世纪 70 年代后，塔吉克斯坦的大部分领土并入俄国。

十月革命胜利后，塔吉克斯坦境内建立了苏维埃政权。1974 年 10 月 14 日，根据苏联政府在中亚实行民族区域划界原则，土耳其斯坦苏维埃社会主义自治共和国和布哈拉苏维埃人民共和国中居住塔吉克人的地区，组成了塔吉克苏维埃社会主义自治共和国，隶属于乌兹别克苏维埃社会主义共和国。1929 年 10 月 16 日，塔吉克自治共和国升格为加盟共和国，同年 12 月 5 日成为苏联成员国之一。

1990 年 8 月 24 日，塔吉克最高苏维埃通过共和国主权宣言。1991 年 8 月 31 日，共和国更名为塔吉克斯坦共和国。同年 9 月 9 日宣布独立，12月21日加入独联体。

三　民族演变

塔吉克斯坦是一个拥有86个民族的多民族国家。其主体民族为塔吉克人，占该国总人口的72%；乌兹别克人占25.5%，俄罗斯人占1.7%。其他人口较多的民族主要有：塔塔尔人、吉尔吉斯人、德意志人、乌克兰人、土库曼人、朝鲜人、哈萨克人、格鲁吉亚人、亚美尼亚人。

塔吉克人是中亚地区一个有着悠久历史的世居民族。在公元前1000年，他们的远古祖先——来自欧亚草原的伊朗语部落就已生活在中亚辽阔的土地上。他们在由游牧状态向农业和定居生活方式过渡过程中与当地绿洲农业居民混合，成为中亚地区的主要居民。

公元6—7世纪，突厥汗国统治中亚，伊朗语居民与突厥游牧民开始不断融合，为塔吉克民族的形成奠定了基础。

公元7世纪，在中亚封建关系逐步发展的条件下，由伊朗语居民汇合成塔吉克民族的趋势已经出现：他们在地域、语言和文化方面的共同性大为增强，特别是在粟特、吐火罗和呼罗珊三地交界处的一种地区方言基础上，形成了当时名为"达里"语的塔吉克人的全民语言。

公元8世纪阿拉伯人征服中亚时，其残酷统治和同化政策虽曾一度阻碍了塔吉克民族的形成进程，但并没有消除塔吉克民族形成的历史趋势，同时，构成塔吉克人的伊朗语居民在反抗阿拉伯征服者的斗争中使自身的凝聚力得到进一步加强。

9—10世纪，萨曼王朝统治河中地区和呼罗珊时期，完成了塔吉克人的民族形成过程。

自13世纪起，由于经常受到游牧部落周期性侵扰，塔吉克人的民族巩固过程受到阻碍。18世纪下半叶，塔吉克人分成了两个人数大致相等的阿富汗部分和中亚部分：阿富汗的塔吉克人臣服于阿富汗普什图埃米尔；中亚的塔吉克人则被几个大的国家分割，主要分属布哈拉酋长国和浩罕汗国。从这时起，塔吉克人走上了不同的历史道路。

19世纪下半叶，沙俄军队征服中亚时，中亚地区的塔吉克人已出现了分化的迹象，大致分为较发达的北部平原和欠发达的南部山区两大亚民族集团。

十月革命胜利后，塔吉克人的民族意识进一步觉醒。伴随着塔吉克斯坦土地上苏维埃政权的建立和社会主义经济的确立，中亚地区的塔吉克人进入了现代民族发展阶段。

目前，塔吉克人的主体主要分布在塔吉克斯坦和阿富汗，部分居住在乌兹别克斯坦、伊朗和中国。这里需要说明的一点是，中国境内的塔吉克族自古以来就生息繁衍在中国新疆南部地区，经济以畜牧业为主，语言属伊朗语族东部语支，是"高山塔吉克"中特殊的一支。

与中亚其他国家一样，塔吉克斯坦多民族性结构也是伴随该地并入俄国后大量外来民族移民长期迁入而形成的。

四 主体民族及其文化

塔吉克人是中亚地区操伊朗语的世居民族。其属欧罗巴人种印度帕米尔类型。信奉伊斯兰教，多为逊尼派，少数属什叶派。

塔吉克人是塔吉克斯坦的主体民族。其主要分布在该国中部和东部地区。

塔吉克语是塔吉克斯坦的国语。其属印欧语系伊朗语族西部语支。现在，除母语外，塔吉克人还广泛使用俄语；部分人通晓乌兹别克语。塔吉克语用阿拉伯字母书写，1940年改用俄文字母。该国独立后，这种以俄文字母为基础的塔吉克文沿用至今。

塔吉克人是中亚5个主体民族当中最早接受伊斯兰教的。历史上宗教活动在塔吉克人的生活中占有重要地位。苏联时期，无神论的大力宣传和对宗教活动的种种限制曾一度弱化了塔吉克人的宗教观念。塔吉克斯坦独立后，在伊斯兰教复兴潮影响下，塔吉克人的宗教观念得以重新强化。随着泛伊斯兰主义向中亚地区渗透，塔吉克斯坦已成为中亚地区伊斯兰原教旨主义势力最为活跃的国家。在塔吉克斯坦内战（1992—1997年）中，塔吉克斯坦原教旨主义政党伊斯兰爱兴党曾扮演了重要角色。

塔吉克人的棉花种植业和以养牛为主的畜牧业较发达。

塔吉克人的文化久远且丰富多彩。至今仍保存着公元前10世纪时用金属、石头、陶土制成的美术珍品，以及公元前6—前5世纪的城堡建筑遗迹。彩陶、木雕、石膏雕刻、黏土塑像、刺绣、印花、壁画等古民间工艺品，极富民族特色。

诗歌体的口头文学作品在塔吉克人的文学史中占主导地位。古典诗始祖阿布尔哈桑贾洁·鲁达基等著名塔吉克诗人及其作品享有崇高声誉。

塔吉克人的传统住房主要是土木结构的正方形平顶房。现在，塔吉克人多住砖房或楼房。极具民族特色的绣有奇异花鸟和花纹的被罩、餐布、枕巾等物品，至今仍备受塔吉克人推崇。

塔吉克人的传统服装以棉衣和夹衣为主，且没有明显四季之分。男服有白色宽大衬衫、灯笼裤、深色无领对襟长袍、光板羊皮大衣。头戴绣花小帽或黑绒面圆形高筒帽，脚穿黑色长筒尖头皮靴，腰系布带或绣花丝绸带；女服有领口绣花的长衬衫、灯笼裤、彩色裙衣、坎肩长裤、大衣，头戴圆顶白色绣花小帽，出门时，帽外加披一块方形大头巾，脚穿红色长筒尖皮靴，腰系绣花腰带。女子服饰有年龄和已婚、未婚之分：已婚妇女头巾一般为白色；新婚妇女为红色；小姑娘用红、黄等色彩鲜艳的颜色；老年妇女则一般用蓝、绿等颜色。此外，女子喜爱戴珠子、珊瑚项链、手镯、戒指和耳环等饰物。

现在，居住在山区的塔吉克人多穿传统民族服装；在城市，妇女比男子更多保留传统民族服饰。

塔吉克人的传统饮食有牧区和农业区之分。牧区以肉、奶制品和面食为主，农业区则以面食为主。现在，地域饮食差别已不十分明显。平时主要食用肉肠、肉丝面片、拉面等。最佳民族食品有抓饭、包子、焖肉和土豆烧牛肉。奶茶为主要饮料。

除穆斯林饮食禁忌外，塔吉克人忌食马肉和忌饮马奶。

塔吉克人的传统节日种类繁多，内容丰富。除传统伊斯兰节日外，塔吉克人还有自己独特的节日：皮里克节、迄脱迄迪尔节、铁合木祖瓦提斯节和祖吾尔节（山区塔吉克人）等。现在，这些传统节日都得以保留。节庆时，塔吉克人多举行叼羊、赛马、摔跤、马球和民族舞蹈等集体娱乐活动。

五　少数民族

塔吉克斯坦宪法承认该国是一个由不同民族组成的国家。除主体民族塔吉克人居住相对集中外，境内少数民族分布比较分散，且没有民族自治单位。

乌兹别克人，是塔吉克斯坦境内人口最多的少数民族。主要分布在该国北部地区，特别是阿尔图兹区和苏维埃区占有很高比例。

塔吉克斯坦境内的乌兹别克人是其所在土地上的世居民。十月革命前，塔吉克人与乌兹别克人相互交错地生活在布哈拉等地。十月革命后，随着当地苏维埃政权的建立，尤其是20世纪20年代中亚地区民族划界，土耳其斯坦苏维埃社会主义自治共和国和布哈人民共和国中居住塔吉克人的地区组成塔吉克苏维埃社会主义自治共和国，与塔吉克生活在同地区的乌兹别克人成为该共和国的居民。1929年塔吉克苏维埃社会主义自治共和国升格为共和国，生活在该共和国中的乌兹别克人成为塔吉克斯坦民族大家庭中的重要一员。

由于乌兹别克人主要分布在塔吉克斯坦北部平原地区，其经济、文化发展拥有相对优势，同时，乌兹别克人又有人口优势，因此，无论是苏联时期还是塔吉克斯坦独立至今，乌兹别克人都是该国政治生活中不可忽视的重要力量。而且，他们对生活在北部地区的塔吉克人一直保持强大的影响力。在塔吉克斯坦内战期间，乌兹别克人成为对抗双方之外的第三种力量。

俄罗斯人，该国第二大少数民族，人口数量居全国第三位。其主要分布在北部平原地区，且绝大多数生活在城市中。

与中亚其他国家一样，塔吉克斯坦境内的俄罗斯人也是自沙皇俄国侵占该地方后俄罗斯人在中亚地区一个多世纪移民的结果。但是由于塔吉克斯坦领土面积较小，且自然环境较差，因此移民至此的俄罗斯人相对较少。据1979年全苏联人口统计，塔吉克斯坦境内俄罗斯人的数量为39.5万人，略高于土库曼斯坦境内俄罗斯人的数量。

苏联时期，俄罗斯人在塔吉克斯坦社会经济、文化发展过程中发挥了重要作用。同时，他们也享有较高政治地位。

塔吉克斯坦独立后，主权国家条件下的适应问题、经济不断恶化和持续五年之久的内战迫使俄罗斯人大量外流。到目前为止，已约有30万俄罗斯人离开塔吉克斯坦。

（吴家多）

土库曼斯坦共和国

一　概　况

土库曼斯坦位于中亚西南部。南部与伊朗接壤，东南与阿富汗交界，西濒里海，北部和东部与乌兹别克斯坦、哈萨克斯坦毗连。

土库曼斯坦是中亚地区地形最为平坦的国家。全境大部分是低平原，80%领土属于世界上有名的大沙漠——卡拉库姆沙漠。河流稀少，唯一重要的河流是流经该国东部及东北部的阿姆河。

土库曼斯坦属干燥强烈的大陆性气候。夏季炎热，冬季寒冷，且一年四季干燥少雨，年均降水量只有75—100毫米。

土库曼斯坦自然资源丰富，主要有石油、天然气、芒硝、碘、溴、有色及稀有金属等。目前已探明的石油储量为120亿吨，天然气储量为24.6万亿立方米。此外，天然海盐储量居世界第一位。

全国行政区划分为5个州：阿哈尔州、巴尔坎州、列巴普州、马雷州、达沙古兹，下设41个区、16个市、74个镇。

土库曼斯坦是民主、世俗和法制的国家，实行总统制。总统是国家元首和最高行政首脑，由全民直接选举产生，任期5年，连任不得超过两届。但总统必须是居住在该国境内的、年龄在40岁以上的土库曼族公民。人民委员会是土库曼斯坦人民权力的最高代表机关，其有权就重大问题举行全民公决。实行立法、行政、司法三权分立，国民议会为立法机关，司法机只属于法院。1995年宪法补充规定该国为中立国家。

土库曼斯坦属欠发达国家。其经济基础薄弱，结构单一，自给能力有限。轻工业和农牧业是该国支柱产业。货币单位为马纳特。

土库曼斯坦实行九年制义务教育。教育体系由学前教育、中等教育、中等专业技术教育和高等教育组成。国家拥有各类普通学校1895

所，中等专业学校41所，高等院校16所。著名的大学主要有阿什哈巴德大学和马赫图姆库里国立大学。此外，该国各初、中级普通教育学校用不同民族语言授课，但国语是所有学校的必修课。

二 历史沿革

公元前1000年，土库曼斯坦境内出现阶级社会。公元前7—前4世纪，土库曼斯坦为波斯阿凯米尼得王朝和马其顿王亚历山大所统治。从公元前3世纪起，土库曼斯坦的土地处于帕提亚王国和萨马尼王朝的统治之下。公元5—8世纪，土库曼斯坦的土地先后遭到嚈哒人、突厥人和阿拉伯人的入侵，其境内奴隶制开始逐渐被封建关系替代。9—10世纪，土库曼斯坦的土地并入塔希列王朝和萨曼王朝统治的国家。

11世纪中叶，土库曼人的祖先乌古思人曾建立了强大的塞尔柱王朝，土库曼斯坦的土地受其控制。公元13世纪，蒙古—鞑靼人统治该地；公元14世纪属帖木儿王朝统治的国家。16—17世纪，土库曼斯坦的土地属希瓦汗国和布哈拉汗国。19世纪60年代末至80年代，土库曼斯坦的大部分土地成为俄国的领土。

十月革命胜利后，土库曼斯坦境内建立了苏维埃政权，其领土分属土耳其斯坦苏维埃社会主义自治共和国、花拉子模人民自治共和国和布哈拉人民自治共和国。1924年10月24日，根据苏联政府在中亚实行民族区域划界的原则，成立了土库曼苏维埃社会主义共和国。1925年，土库曼斯坦以加盟共和国的身份加入苏联。

1990年8月22日，土库曼最高苏维埃通过主权国家宣言。1991年10月27日宣布独立，改国名为土库曼斯坦。同年12月12日，土库曼斯坦加入独联体。

三 民族演变

土库曼斯坦是一个多民族国家。土库曼人是该国主体民族，占全国总人口的77%，乌兹别克人占9.2%，俄罗斯人占6.2%，哈萨克人占2%。其他人口较多的民族有乌克兰人、鞑靼人、亚美尼亚人、阿塞拜疆人、维吾尔人、库尔德人、俾路支人等。

土库曼人是中亚地区的世居民族,是内古氏操突厥语的乌古思人不断吸收、融合其他非突厥人成分而形成的。

乌古思人是中亚古代突厥人的一支。公元6—11世纪,乌古思人主要分布在咸海周围地带。在这一时期,乌古思人处于部落联盟发展阶段,除突厥人外,还包括一部分蒙古部落和塞种—马萨格特部落,经混合后,均操突厥语。

突厥汗国(公元6—7世纪)灭亡后,乌古思人以贾肯特为都城建立了乌古思汗国。汗国鼎盛时,其疆域东南与江布尔和塔什干接壤,西北至乌拉尔山麓,西面与哈扎尔国为邻。乌古思人的经济生活由主要经营畜牧业、兼事捕鱼和农耕,开始向从事定居农业逐渐过渡。

10世纪后半期,锡尔河沿岸的乌古思人开始接触伊斯兰教,并开始有了土库曼人的称呼。之后,这部分乌古思人的名称便被"土库曼人"逐渐取代。

11世纪初期,乌古思人因与花拉子模人作战失败,并受钦察人入侵威胁,于是在塞尔柱氏族首领率领下大规模南迁。11世纪中叶,乌古思人以今土库曼斯坦南部城市马雷为都城建立了强大的塞尔柱王朝。12世纪初,因遭喀拉契丹人重创,塞尔柱王朝瓦解。公元13世纪末,乌古思人一部落首领奥斯曼接续塞尔柱王朝在安纳托里亚半岛建立了奥斯曼王朝。另有两支乌古思人于公元14—15世纪进入高加索和伊朗,对近代阿塞拜疆人的民族形成产生了一定影响。

而留在中亚的乌古思—土库曼人于11—12世纪期间占有花拉子模和呼罗珊地区,塞尔柱王朝都城是其政治、经济和文化中心。

13世纪后,处于蒙古贵族统治下的土库曼人的部落联盟得到进一步巩固。同时,在土库曼人的组成中又增加了蒙古人、操伊朗语居民等非突厥人成分。这样,在公元14—15世纪完成了土库曼人的民族形成。

公元16—19世纪,乌兹别克人在中亚称雄,大部分土库曼人处于乌兹别克人政权控制和影响下,小部分承认波斯的宗主权和向阿富汗称臣纳贡。公元19世纪80年代,沙皇俄国通过对土库曼人进行长达十多年的武力征服,才最终使大部分土库曼人成为自己的臣民。

土库曼人的民族意识在反抗沙皇、俄国武力征服和殖民统治的斗争中得到进一步强化。十月革命胜利后,随着当地苏维埃政权的建立、巩固、壮大以及社会主义经济主导地位的逐步确立,中亚地区的土库曼人进入了现代民族发展阶段。

而自土库曼斯坦土地并入俄国后,也开始了该国多民族构成的形成过程。与其他中亚国家一样，这一过程是由外来民族移民不断迁居该地来完成的。与中亚其他国家相比较，土库曼斯坦外来民族移民过程又具有其自身的特点。首先，由于土库曼斯坦土地是沙皇俄国在中亚地区最后征服的地方，因此这里是以俄罗斯人为主的斯拉夫人移民集团进入中亚最后到达的地方；其次，由于土库曼斯坦地处中亚西南边缘地带，且自然环境较差，因此在整个苏联时期，除有组织的移民外，以其他形式迁居该地的外来民族移民规模相对较小。

四　主体民族

土库曼人是土库曼斯坦的主体民族。其体质特征属欧罗巴人种和蒙古人种混合类型。操土库曼语，属阿尔泰语系突厥语族乌古思语支，分三大方言群。信奉伊斯兰教，属逊尼派。目前，除土库曼斯坦外，在伊朗、阿富汗、土耳其、叙利亚、约旦、乌兹别克斯坦、塔吉克斯坦等国也居住着部分土库曼人。

土库曼语是土库曼斯坦的国语。尽管苏联政府长期大力推广俄语，但土库曼人受其影响并不明显，尤其在农村地区。同时，在土库曼斯坦还存在着个别民族以土库曼语为母语的现象。

土库曼人最早使用的文字是阿拉伯文。1928年以后改用以拉丁字母创立的土库曼文，1940年又改用俄文字母为基础。土库曼斯坦独立后，土库曼人仍然使用这种以俄文字母为基础的土库曼文。

土库曼人普遍信奉伊斯兰教，多为逊尼派。苏联时期，无神论的大力宣传和对宗教活动的种种限制使土库曼人的宗教观念受到冲击。而伴随着20世纪80年代的社会变革及独立后外部伊斯兰势力纷纷向中亚渗透，土库曼人的宗教观念渐趋强化。但就信教总体程度而言，在中亚5个主体民族当中，土库曼人位于中间。

土库曼人擅长畜牧业、种植业和园艺业。其饲养的卡拉库尔羊和阿哈尔捷金马在国际上享有盛誉。而富有民族特色的传统民间工艺织毯、制毡、制作珠宝首饰、刺绣等，至今仍得到土库曼人的广泛传承。

在土库曼人的文学史中，民间创作的大量史诗作品占有重要的地位。其中著名的史诗有《乌古思纪事》和《考尔库特·阿塔》。

土库曼人的传统住房主要是拆卸和安装都很方便的活动式帐篷。目前，农村地区的土库曼人大多住土坯房或砖瓦房，传统住房只是在牧区得以保留。

土库曼人男子传统服装有黑色或黄色条纹上衣、束腰衬衫、宽裆裤、长袍、羊皮袄，头戴羊羔皮帽或绣花小帽，脚穿皮毡靴；女子传统服装为红色短袖丝绸长衫、瘦腿裤、连衣裙，头戴包头巾，脚穿软皮靴。现在，土库曼人老年男子和妇女多喜欢传统民族服装，红色仍是女装的主色调。另外，妇女喜戴很多垂饰的胸饰、耳环和手镯。

在饮食上，土库曼人现在仍然保持传统饮食习惯，以羊肉、奶制品、绿茶为主。日常最喜爱的食物有肉汤泡馍、烤肉、羊肉抓饭、各种酸奶制品等。用骆驼奶制成的清凉饮料和奶茶也是餐桌上不可缺少的。另外，土库曼人对羊头、羊足、羊脑髓最为偏爱且奉为佳肴，常把羊头、羊蹄献给尊贵的客人或长辈吃，羊脑髓给孩子吃。

平时在家就餐，土库曼人仍保持以手抓食的传统就餐方式。在餐桌上，忌用左手递送食物或其他东西（其他场合也是如此）。与客人一起进餐时，主人不会首先开起话头向客人提问，因为在土库曼人看来，在客人正在吃饭且不起话头时，首先提问是一种失礼行为。

土库曼人现在隆重庆祝的节日主要有标志新年到来的那吾鲁孜节、宰牲节和欢庆丰收的冬希曼节。节庆时，土库曼人喜爱举行斗羊、摔跤等民间集体欢庆娱乐活动。

五　少数民族

土库曼斯坦宪法承认该国是由不同民族组成的国家。境内各民族呈大杂居、小聚居分布，没有民族自治单位。

除土库曼人分布于全国各地外，其他少数民族大多聚族而居。乌兹别克人主要居住在塔什霍武兹州和阿姆河三角洲一带，俄罗斯人大多居住在阿什哈巴德等城市中，哈萨克人集中在该国西北部同哈萨克斯坦共和国接壤的地区，维吾尔人聚集在马雷州的拜拉姆阿里区，俾路支人、库尔德人散居于土库曼斯坦同伊朗、阿富汗毗邻的边境地带。

目前，境内各少数民族大都保留自己的民族传统、民族风俗和习惯。而且各少数民族拥有平等、自由发展本民族语言、文化的权利。

土库曼斯坦民族关系相对和睦。该国政局稳定、经济状况平稳和所倡导的民族平等、民族和睦原则，客观上强化了各少数民族对所在国家的认同感。

土库曼斯坦独立后，其民族人口构成发生了一个显著变化：一直在该国总人口中居第二位的俄罗斯人退居为第三位，乌兹别克人由原来的第三位升居为第二位。造成这种变化的原因主要与乌兹别克人保持较高人口自然增长率和俄罗斯人外流有关。

（吴家多）

乌兹别克斯坦共和国

一 概 况

乌兹别克斯坦共和国位于中亚中部和北部。南邻阿富汗，北部和西北与哈萨克斯坦接壤，东北部与吉尔吉斯斯坦相邻，东南部同塔吉克斯坦交界，西南部同土库曼斯坦毗连。

乌兹别克斯坦共和国位于阿姆河和锡尔河流域，面积为44.74万平方公里。境内中央部分为平原，约占总面积的4/5。山脉主要有分布在东部和南部的天山山脉与阿赖山脉，面积约为9.6万平方公里，占总面积的21.3%。

乌兹别克斯坦属典型的干旱大陆性气候，夏季漫长炎热、冬季短促寒冷。平原地区年降水量为200毫米，有些地方不足80毫米，只有山区可达500—600毫米。降雨主要在秋季和春季，冬季降水量多于夏季。

乌兹别克斯坦自然资源丰富，主要有石油、天然气、煤、有色金属和稀有金属等。煤的储量约为20亿吨。位居中亚之首。黄金储量占世界第五位，年开采量70—80吨，占世界第七位，占独联体第二位。铀开采量占前苏联的25%。天然气产量占独联体第三位。铜、铅、铝、锌、钨等金属矿藏也较为丰富。此外，该国拥有2600万公顷农业用地，约3700种野生植物，97种哺乳动物，379种鸟类，58种爬行类动物，70多种鱼类，100多种昆虫。森林覆盖率为12%。

全国设1个共和国、12个州和1个直辖市：卡拉卡尔帕克斯坦共和国、安集延州、布哈拉州、吉扎克州、卡什卡达里亚州、纳沃伊州、纳曼干州、撒马尔罕州、苏尔汉河州、锡尔河州、塔什干州、费尔干纳州、花拉子模州和塔什干市。

乌兹别克斯坦共和国为主权的民主共和国。总统为国家元首和政府首脑，同时兼任武装部队总司令。总统由共和国公民通过无记名投票的方式选举产生，每届任期5年，连任不得超过两届。凡年满35岁、熟练掌握国语，选举前在共和国境内至少常住10年的共和国公民，均可当选共和国总统。实行立法、司法、行政三权分立。最高会议为国家最高代表机构，行使立法权。其内分成地方政权机构代表议员联盟（120人）、人民民主党议员团、"公正"社会民主党议员团（47人）和祖国进步党议员团4个议员团。司法权独立于立法机关、行政机关、政党和其他社会团体。国家经济以多种形式所有制为基础。

共和国经济以农业为主，属发展中国家。农业人口占全国总人口的60%，农业产值占国内生产总值的30%—40%。棉花种植业和以养羊为主的畜牧业是其农业的两大支柱产业。货币单位为苏姆（1994年7月1日发行）。

乌兹别克斯坦实行九年制义务教育。现有9200所中小学，在校学生总数为500万人；中等专业学校251所，在校生21.2万人；高等学校58所，在校生13.2万人。著名的有国立塔什干大学、国立塔什干经济大学、塔什干医科大学等。

多民族性是该国普通教育的一大特点。普通学校的教学语言主要有乌兹别克语、俄语、卡拉卡尔帕克语、哈萨克语、塔吉克语、土库曼语、吉尔吉斯语等。独立后，乌兹别克语的教学面逐步扩大。

二　历史沿革

公元前1000年，乌兹别克斯坦境内出现阶级社会。公元前6—前4世纪，伊朗阿凯米尼得王朝和马其顿王亚历山大统治该地。公元前2世纪至公元8世纪，在乌兹别克斯坦的土地上先后建立了康居国、费尔干纳国、吐火罗国、哌哒国、贵霜王国和突厥汗国等早期封建国家。公元8世纪，乌兹别克斯坦的领土被阿拉伯哈里发国征服。公元9—10世纪，哈里发国衰败，萨马尼王朝统治该地。公元999年，萨马尼国家被喀喇汗王朝领导的更为强大的突厥部落联合体征服。公元12世纪，乌兹别克斯坦的土地受制于花拉子模国。12世纪末处于部族发展阶段的乌兹别克人被花拉子模国征服。公元13世纪，花拉子模国被蒙古—鞑靼人灭亡，乌兹别克斯坦的土地处于其统治之下；14—15世纪属帖木儿帝国。

15世纪末16世纪初，乌兹别克游牧人跟随昔班尼汗南下河中，摧毁了帖木儿后王政权。16—19世纪，乌兹别克人先后建立了希瓦汗国、布哈拉汗国和浩罕汗国。19世纪60—70年代，乌兹别克斯坦的部分领土（撒尔罕州、费尔干纳、谢米烈奇卡、锡尔州的一部分）并入俄国版图。

十月革命爆发前，乌兹别克人开展了脱离俄国而独立的民族主义运动。1917年9月，在费尔干纳建立了以卓卡也夫为首的浩罕独立政府。十月革命胜利后，乌兹别克斯坦境内建立了苏维埃政权。1918年4月，以费尔干纳为中心建立了土耳其斯坦苏维埃自治共和国。1920年4月，在原希瓦汗国建立了花拉子模苏维埃人民共和国。同年10月，在原布哈拉汗国土地上建立了布哈拉苏维埃人民共和国。1924年10月27日，根据苏联政府在中亚实行民族区域划界的原则，上述三个共和国中一些居住着乌兹别克人的地区组成乌兹别克苏维埃社会主义共和国，同时加入苏联。1990年6月20日，乌兹别克最高苏维埃通过主权宣言。1991年8月31日，该国宣布独立，改国名为乌兹别克斯坦共和国。同年12月13日，乌兹别克斯坦共和国以创始国身份加入独联体。

三　民族演变

乌兹别克斯坦是一个拥有129个民族的多民族国家。据1996年统计，在该国总人口中乌兹别克人占73%，俄罗斯人占8%，塔吉克人占5%，哈萨克人占4%，鞑靼人占3%，卡拉卡尔帕人占2%。其他人口多的民族还有吉尔吉斯人、土库曼人、朝鲜人、乌克兰人、土耳其人、维吾尔人、白俄罗斯人等。

乌兹别克人的民族形成经历了一个漫长的历史过程。公元13世纪之前，乌兹别克人的先民还只是生活在锡尔河和咸海以北的月即别克斯坦（分哈萨克斯坦）草原地带的处于氏族部落发展阶段的游牧人。蒙古人征服中亚后，乌兹别克人的民族形成过程才得到逐步强化。当时，乌兹别克游牧人处于金帐汗国月即别克汗统治之下。

15世纪末16世纪初，白帐汗国的大批乌兹别克游牧人在昔班尼率领下南下河中地区，摧毁了帖木儿后王政权。在河中地区，乌兹别克游牧人在由游牧经济向定居农业生活过渡过程中与当地从事农耕操突厥语的定居居民、粟特人和花拉子模人的后代、部分突厥化了的塔吉克人等不断融合而形成了一个以乌兹别克命名的民族。

自16世纪以后,乌兹别克人成为中亚的主体民族和统治民族。19世纪,乌兹别克人先后建立了希瓦、布哈拉和浩罕三个汗国。在中亚政治舞台上发挥重要作用。同时乌兹别克人的经济和文化得到了快速发展,而伊斯兰教已成为其社会生活和日常生活中不可缺少的组成部分。

在俄国殖民统治下,乌兹别克人一直在为反抗殖民统治和争取民族解放而进行抗争。在1916年中亚爆发民族大起义时,乌兹别克人是一支重要的有生力量。

十月革命胜利后,乌兹别克人的民族意识进一步觉醒。他们积极开展了脱离俄国的独立运动,并在费尔干纳建立了浩罕独立政府。

随着苏维埃力量在中亚的日益壮大、苏维埃政权的建立以及社会主义经济主导地位的确立,乌兹别克人进入了现代民族发展阶段。

苏联解体以前,乌兹别克斯坦已是一个拥有众多民族的共和国。其多民族性构成形成过程与其他中亚国家大同小异。这里需要说明的一点是,苏联政府于1936年12月5日将属于哈萨克斯坦的卡拉卡尔帕克自治共和国划给乌兹别克斯坦,使世居该地的卡拉米尔帕克人成为乌兹别克斯坦大家庭中的新成员。

四 主体民族及其文化

乌兹别克人是中亚地区的世居民族。其信奉伊斯兰教,属逊尼派。操乌兹别克语,属阿尔泰语系突厥语族。体质特征归属尚未确定,有一说是属蒙古人种和欧罗巴人种混合类型。目前,乌兹别克人主体居住在乌兹别克斯坦,在阿富汗、吉尔吉斯斯坦、土库曼斯坦、塔吉克斯坦、哈萨克斯坦、俄罗斯和中国等国家有少数分布。

乌兹别克人在乌兹别克斯坦各地皆有分布。除卡拉卡尔帕克斯坦共和国外,在其他地方居民人口中乌兹别克人占据绝对优势。

乌兹别克语是乌兹别克斯坦的国语。现在,绝大多数乌兹别克人使用自己的母语,尤其是农村地区。除乌兹别克语外,部分乌兹别克人掌握了俄语。

十月革命前,乌兹别克人没有本民族文字,19世纪20年代起,在拉丁字母基础上创立了乌兹别克文。30年代末,又改以俄文字母为基础。该国独立后,这种以俄文字母为基础的乌兹别克文沿用至今。

十月革命前，伊斯兰教在乌兹别克人的生活中占据重要地位。苏联时期，无神论的大力宣传及对宗教活动的种种限制曾一度冲击了乌兹别克人的宗教观念。80年代中后期，在"民主化"和"公正性"影响下，乌兹别克人的宗教活动重新开始活跃。该国独立后，在伊斯兰教复兴潮进一步影响下，乌兹别克人的宗教观念日渐强化。值得注意的是，该国伊斯兰教的原教旨主义势力活跃。除伊斯兰爱兴党外，还有非常极端的"瓦哈比派运动"。该组织以暴力手段与政府对抗，对乌兹别克斯坦的社会稳定构成极大威胁。

除畜牧业外，乌兹别克人在由游牧生活向定居生活过渡后还形成了较为发达的棉花种植业。苏联时期，乌兹别克斯坦就是棉花主产地；独立后，棉花种植业成为支柱产业。

乌兹别克人的艺术传统鲜明地体现在建筑艺术、实用艺术和日常生活中。至今保存完好的古代城堡和宫殿极富民族特色。刺绣、雕刻、壁画、金属模压、首饰等传统民间工艺广为传承。

乌兹别克人的口头创作丰富而独特，主要包括叙事诗、谚语、谜语、故事、笑话和歌曲等体裁。其中比较普及和受人喜爱的是史诗作品。

乌兹别克人的传统住房主要是以黄土制成晒干的砖块或直接以夯实的泥土来构建，屋顶以木格为架，上铺木板、稻草、麦秸或编好的草席，然后再用黄土抹顶。这种住房的特点是冬暖夏凉，非常适合当地的气候，至今在广大农村地区和部分区域仍得以保留。

乌兹别克人男子的传统服装主要为绣有彩色图案花边的衬衫（束在裤子里）、宽裆裤、花条丝绸长袍、羊皮大氅，头戴绣花小帽或皮帽，脚穿硬皮靴，系彩色腰带。女子传统服装主要有长至脚踝的紧身上衣、灯笼裤、带褶宽大连衣裙、绣花坎肩和短上衣，身披花披肩；头戴面纱、脚穿软皮靴。此外，女子喜欢戴耳环、戒指、手镯、项链等装饰品。

现在，乌兹别克人多穿现代流行服装，只有老人和妇女还时常穿传统民族服装。

乌兹别克人的传统饮食以面食、大米和奶茶为主。爱吃的食物有手抓饭、烤肉、蔬菜和水果。绿茶是主要饮料。夏秋两季，瓜是必备佐餐。

传统就餐以手抓食习俗至今仍不同程度得以保留。就餐时，严禁脱帽，且忌使用左手递送食物和其他东西。

乌兹别克人的传统节日主要有迎接新年的那吾鲁孜节和与伊斯兰教有关的几大节日。苏联时期，许多传统节日被禁止。该国独立后，这些传统节日基本被恢复。节庆时，乌兹别克人多举行文体娱乐活动以示庆祝。

五　少数民族及其文化

乌兹别克斯坦宪法承认该国是一个由不同民族组成的国家。除主体民族乌兹别克人外，境内少数民族多为外来移民，且分布比较分散，只有卡拉卡尔帕克人多集中居住在卡拉卡尔帕克斯坦共和国。

俄罗斯人。该国人口最多的少数民族，在全国各地皆有分布，但多为城市居民。乌兹别克斯坦境内的俄罗斯人是沙皇俄国侵占乌兹别克土地后及苏联时期大量俄罗斯人长期移民的结果。在长达一个多世纪的生活中，俄罗斯人成为该国民族大家庭中的重要一员。同时，由于来到这里的俄罗斯人多为各类专业技术人员，因此在该国社会经济、文化发展过程中起着极为重要的作用。

在民族关系方面，苏联政府民族工作的失误和长期奉行的大俄罗斯主义政策，直接影响了乌兹别克人与俄罗斯人之间的关系。乌兹别克斯坦独立后，在主体民族民族主义复兴潮影响下，俄罗斯人的利益受到冲击。面对主权国家条件下各种因素带来的生活压力，俄罗斯人开始外流，但规模较小。

卡拉卡尔帕克人。中亚民居民族之一。其主体集中分布在乌兹别克斯坦，部分居住在土库曼斯坦、哈萨克斯坦和阿富汗。其体质特征属欧罗巴人种和蒙古人种的混合类型。操卡拉卡尔帕克语，属阿尔泰语突厥语族夺普哈克语支。信奉伊斯兰教，属逊尼派。

卡拉卡尔帕克人的祖先最早可以追溯到公元前生活在中亚的塞咱—马萨格特人和公元6—8世纪迁来的突厥人：佩切涅格人、乌古思人、夺普哈克人等。14—15世纪，由这些古代居民融合而成的操城普恰克语的新部落与诺盖人结合，最终形成了卡拉卡尔帕克人。17—18世纪中期，卡拉卡尔帕克人居住在锡尔河中下游，受哈萨克汗国统治。18世纪中期，大部分卡拉卡尔帕克人不堪忍受哈萨克汗国的压迫而迁至锡尔河三角洲。1811年臣服希瓦汗国，并迁至阿姆河三角洲。1873年，卡拉卡尔帕克人在阿姆河右岸的土地被俄国兼并。十月革命胜利后，在卡拉卡尔帕克人的土地上建立了苏维埃政权，1925年成立卡拉卡尔帕克自治州，1932年3月20日改为自治共和国，属哈萨克斯坦。1936年12月5日，该共和国划归为乌兹别克斯坦。乌兹别克斯坦独立后，卡拉卡尔帕克自治共和国更名为卡拉卡尔帕克斯坦共和国，行政隶属关系未变。

卡拉卡尔帕克人的传统经济生活以半游牧畜牧业为主，兼事灌溉农业和捕鱼。手工业有木雕、皮革加工、首饰制作、织毯、刺绣等。

帐篷和泥草房是卡拉卡尔帕克人的传统住房。传统饮食以面食、奶制品为主，鱼只吃煎的。传统服饰特点是：男式衬衫不束裤内，戴黑色绵羊帽；女子不戴面纱。

卡拉卡尔帕克人的口头民间创作丰富，有抒情诗、勇士诗、故事、歌曲、相声等。《吉尔克·吉斯》《四十个姑娘》《阿尔帕梅施》和《科博兰》等作品享誉甚高。

卡拉卡尔帕克人普遍使用母语，也通用俄语和乌兹别克语。在文字上，最早使用阿拉伯字母，1928年开始使用拉丁字母，1940年又改为俄文字母。

塔吉克人。该国第二大少数民族，人口总数居全国第三位。主要分布在邻近塔吉克斯坦的撒马尔罕布哈拉等州境内，处于大杂居、小聚居状态。

乌兹别克斯坦境内的塔吉克人是其所在土地上的世居居民。苏联政府于20世纪20年代在中亚地区进行民族划界时，把塔吉克人居多数的撒马尔罕、布哈拉及其他地区划入乌兹别克斯坦。自此，塔吉克人成为该国民族大家庭中的一员。

该国塔吉克人多居住在农村，主要从事畜牧业和种植业。

由于长期受到乌兹别克人文化的强劲影响，该国塔吉克人的传统文化受到冲击，尤其是语言，乌兹别克化现象严重。

值得注意的是，塔吉克人与当地乌兹别克人的关系长期不和睦，致使塔吉克人对乌兹别克斯坦国家认同感受到严重冲击。

（吴家多）

亚美尼亚

一 概 况

亚美尼亚位于外高加索南部,西与土耳其相邻,南与伊朗接壤,北与格鲁吉亚相连,东面是阿塞拜疆。亚美尼亚的总面积为29800平方公里,人口为302.21万(2013年),首都是埃里温。

亚美尼亚全国划分为37个区、27个市、31个镇、479个村。

亚美尼亚是高原内陆国家,它的北部和东部是高加索山脉,境内大部分地区为高原,只有少量的平原和湖泊凹地。全境平均海拔为1800米,最高海拔为4090米,森林覆盖率达12%以上。全境多为亚热带北部内陆气候,高山区属寒带气候。平原地区年平均气温为25℃,最高气温达42℃;山地最低气温达-40℃。境内降水量很不均衡,洼地和平原地区的年降水量为2000—4000毫米,高原地区的降水量只有几百毫米。亚美尼亚的主要河流是阿拉克斯河,主要湖泊是谢万湖。

二 历史沿革

亚美尼亚是古代世界文明中心之一,其历史可以追溯到旧石器时代。亚美尼亚在新石器时代就出现了原始农业,公元前2000—前1000年,青铜业高度发展,原始社会逐渐解体。公元前9—前6世纪是亚美尼亚的奴隶制由盛到衰的时期。公元前6世纪,亚美尼亚民族基本形成,并于公元前6—前3世纪建立了大亚美尼亚国。公元前4—前3世纪亚美尼亚成为伊朗的附属国,后被伊朗和拜占庭瓜分。公元前1世纪是亚美尼亚的全盛时期,从公元4世纪起发展为封建国家。公元7—15

世纪亚美尼亚曾先后遭到阿拉伯人、拜占庭人、突厥—塞尔柱人、蒙古—鞑靼人的入侵。公元 16—18 世纪又被土耳其和伊朗瓜分。1805—1828 年，亚美尼亚东部被并入俄罗斯，成为俄罗斯的一个省——埃里温省。1922 年 11 月亚美尼亚苏维埃社会主义共和国成立。1922 年 3 月亚美尼亚曾加入外高加索联邦，同年 12 月作为外高加索联邦成员加入苏联，1936 年 12 月亚美尼亚作为加盟共和国加入苏联，1991 年 9 月脱离苏联宣布独立，改国名为亚美尼亚共和国，同年 12 月加入独联体，它是独联体内面积最小的一个国家。

三 亚美尼亚人及其文化

亚美尼亚的主体民族是亚美尼亚人，占总人口的 93% 以上。其次是阿塞拜疆人，占 3%；俄罗斯人，占 2%；库尔德人，占 2%。

亚美尼亚族是世界上众多遭受不幸与磨难的民族之一。历史上波斯人、阿拉伯人、拜占庭人和土耳其人的入侵及其残酷统治迫使大部分亚美尼亚人逃往国外、流离失所。早在公元 7 世纪以前就出现了第一批亚美尼亚人的流散地，当时亚美尼亚人以寺院建设者的身份出现在巴勒斯坦、埃及等地。公元 7—8 世纪，拜占庭皇帝曾强迫一部分亚美尼亚人迁徙到拜占庭。公元 10—11 世纪，这种强迫迁徙再次发生。公元 6—11 世纪，亚美尼亚人被当作异教徒受到迫害，他们中的一部分人逃往巴尔干半岛。公元 11 世纪，亚美尼亚国首都的陷落以及拜占庭的失败导致公元 12—13 世纪亚美尼亚人连续不断地大批流向亚美尼亚的西南和北部。公元 13—14 世纪，鞑靼人征服克里米亚，奥斯曼帝国占领巴尔干，引起亚美尼亚人大量流向波兰、匈牙利和罗马尼亚。从 17 世纪开始，一部分亚美尼亚人又被迫迁徙伊朗，伊朗国王采取驱逐和镇压的政策，致使几十万亚美尼亚人死亡，一些亚美尼亚人又从伊朗逃往印度和中国。19 世纪末 20 世纪初，奥斯曼帝国的统治者对亚美尼亚民族实行了毁灭性的大屠杀，仅 1915—1916 年的大屠杀就使 150 万亚美尼亚人丧生，并导致亚美尼亚人再次大迁徙，他们成群结队地逃往苏联、伊朗、保加利亚、希腊、法国和美国。随着居住国政治气候的变化，世界各个流散地之中的亚美尼亚人也不断地进行迁移。如 1975 年以来的黎巴嫩内战和 1979 年的伊朗伊斯兰革命使大量亚美尼亚人从这两个国家外迁，大部分人到美国定居，小部分人到法国和加拿大定居。十月革命后，大批亚美尼亚人返回苏联,但由于生活上或政治上的不满,遣返者又几乎全部离开了苏联。此外,亚美尼亚人在苏联境内也进行了迁移,特别是从阿塞拜疆和格鲁吉亚这两个加盟共和国迁往亚美尼亚加盟共和国。位于阿塞拜疆境内的纳戈尔诺—卡拉巴赫自治州(简称纳—卡州)共有40多个民族,其中亚美尼亚族占80%以上。该州的亚美尼亚人早就提出了将该州划归亚美尼亚的要求,但阿塞拜疆共和国一直坚决反对。两国围绕纳—卡州的归属问题争执不休,直至发生激烈的武装冲突。俄罗斯、伊朗、土耳其等国出于各自的利益而对该地区施加影响,使纳—卡州冲突复杂化。民族问题和宗教问题纠缠在一起,加上国际社会的卷入,使纳—卡州局势充满潜在的危险性。纵观亚美尼亚民族的历史,可以说,亚美尼亚是一个不断遭受痛苦和不幸的民族,他们饱受了战乱和颠沛流离之苦。据统计,亚美尼亚人现在分布在世界上80多个国家里,生活在世界各地的亚美尼亚人的数量大约占全部亚美尼亚人的58.4%。流散不仅使亚美尼亚人的分布极其分散,而且使他们的社会结构发生了根本的变化。亚美尼亚族原来以农民为主体,流散后,大多数亚美尼亚人在世界各地的城市中定居下来,成为市民,从事传统手工业和与手工业相联系的商业活动。据亚美尼亚移民机构提供的报告,世界各地的亚美尼亚人有56%的人从事手工业或当工人;23.5%的人当农民;8%—10%的人经商;2.3%的人在高知识领域从事专业工作。在有的国家,亚美尼亚人形成一个稳定的中间阶层,它由数量可观的医生、工程师、建筑师、商人和工业家组成。亚美尼亚人虽然长期流散,但民族同一性在他们的意识中根深蒂固。他们念念不忘祖先的出生地和自己的祖国,一方面,为了能够单独进入侨居国的社会,他们建立了适应侨居国社会的新的生活方式;另一方面,他们建立了亚美尼亚人的公共团体,以便能够在保持本民族宗教和传统文化的情况下集体生存下去。如1964年建立的"国外亚美尼亚人文化联络委员会",对亚美尼亚人的民族意识、语言和历史观念的加强起了很大的作用。为了实现自己的政治目标,亚美尼亚人也组织政党及其他政治团体,但它们之间及它们内部情况错综复杂,并不断分化、组合,很难形成一个强有力的统一组织,因此,恢复亚美尼亚人的民族权利只能是一个长远的目标。

亚美尼亚人大多信奉基督教,主教格列高利(约240—332年)是基督教在亚美尼亚的传播者和创立者,因而亚美尼亚教会也称作"格列高利教会"。教会一直是亚美尼亚文化的重要组成部分。

亚美尼亚人的共同语言——亚美尼亚语是印欧语系的一支,但它的辅音系统与格鲁吉亚语（卡特维尔语族）及其他几种语言很相似。亚美尼亚语用公元406年创造的一种独特的文字书写。在首都埃里温，几乎人人都把亚美尼亚语视为自己的母语。共同的宗教和语言把流散在世界各地并受到各种不同影响的亚美尼亚人联结在一起。用亚美尼亚语创造的口头文学和书面文学丰富多彩，其中历史题材的文学深受具有历史观念的亚美尼亚人的喜爱。亚美尼亚有不少世界文化名人，如19世纪世界著名画家马·萨里扬、著名演员兼导演鲁·西蒙诺夫等。亚美尼亚早在公元5世纪时就有自己独特的民族音乐，亚美尼亚流浪歌手和说唱艺人演唱的圣歌脍炙人口。

亚美尼亚是东、西方文化的交汇地区之一，在亚美尼亚人的传统文化中既有西方文明的烙印，也有东方文明的痕迹。亚美尼亚人的文化教育水平较高，他们十分重视科学、文化的发展，已普及中等教育，消灭了文盲，科研事业兴旺发达，在首都埃里温有规模巨大的古代文献收藏库。

亚美尼亚人不论男女都喜欢穿灯笼裤，男子穿短上衣，外罩毛料长袍；妇女穿绣花衬衣，外罩短上衣。亚美尼亚人热情好客，他们称自己的国家为"好客之乡"，他们常用烤肉串、甜点心、葡萄叶裹馅的菜团、肉丸等招待客人。酸牛奶、葡萄汁是亚美尼亚人常用的饮料。

亚美尼亚人很幽默、善辞令。亚美尼亚人的主要民间节日有迎春节、泼水节、耶稣升天节等。亚美尼亚人的婚礼很有特色，婚礼上人们必送新郎、新娘一个热腾腾的面饼，象征日后富裕、生活圆满。他们眷恋家庭、热爱孩子，尊敬老人和长辈。亚美尼亚人的家庭比较稳定，离婚率很低。

（蔡曼华）

西 亚

阿拉伯联合酋长国

一 概 况

阿拉伯联合酋长国位于阿拉伯半岛东部，北濒波斯湾，西部与卡塔尔为邻，西部和南部沙与特阿拉伯交界，东部和东北部与阿曼毗邻。海岸线长644公里。全国面积为83600平方公里。境内绝大部分地区是海拔200米以下的沙漠和洼地，东北部有少量山地。属热带沙漠气候，夏季炎热干燥，冬季偶有沙暴。内陆沙漠地区干旱少雨。年均降水量约100毫米，多集中于1—2月份。

国家实行联邦制，联邦最高委员会由7个酋长国的酋长组成，是最高权力机构。国内外重大政策的制定均由该委员会讨论决定。联邦国民议会为咨询机构。总统兼任武装部队总司令。除外交和国防相对统一外，各酋长国拥有相当的独立性和自主权。

石油和天然气资源十分丰富，已探明的石油储量居世界第三位。国内以石油生产和石油化工为主。全国实行免费教育制。现有大学1所，下设8个专科学院。全国每年向国外派遣一定数量的留学生。

全国人口840万（2014年），其中本国居民仅60万，为阿拉伯人，属欧罗巴人种地中海类型，其余均为来自印度、巴基斯坦和阿拉伯国家的外籍人。阿拉伯语为国语，英语为通用语。本国居民大多信奉伊斯兰教，多数为逊尼派；什叶派，在迪拜占多数。

二 阿拉伯联合酋长国与阿拉伯人

阿拉伯联合酋长国由阿布扎比、迪拜、沙迦、哈伊马角、阿治曼、富查伊拉、乌姆盖万7个酋长国组成。公元7世纪，该地区隶属阿拉伯帝国。自16世纪起，葡萄牙人、荷兰人、法国人相继入侵。1820年英国人入侵波斯湾地区后，迫使当地7个酋长国与其签订《永久休战条约》，该地区被称为"特鲁西尔阿曼"，意为"休战的阿曼"。在古代，阿拉伯联合酋长国地区和阿曼属于同一个地理范围。此后阿拉伯联合酋长国沦为英国的保护国。1971年3月，英国宣布同波斯湾各酋长国签订的条约将于是年年底终止。同年12月2日阿拉伯联合酋长国宣告成立。成立之初由6个酋长国组成，1972年2月11日，哈伊马角加入联邦。

阿曼和阿拉伯联合酋长国的阿拉伯人称他们的祖先是来自也门的纯种的"盖哈丹人"和来自阿拉伯半岛西北部的"阿德南人"。来自两个不同地区的阿拉伯人形成两个不同的派别——希那威人和加菲里人。希那威代表也门部落的盖哈丹人，加菲里代表来自阿德南人的部落。两派人长期以来矛盾重重，严重不和。这一地区经历了多次来自阿拉伯半岛南部也门部落的移民浪潮，但第一次有详细记载的是公元2世纪阿兹德家族的移入。阿兹德人成为阿拉伯联合酋长国地区和阿曼的主要居民。阿拉伯历史学家把从阿拉伯半岛南部不断向东部移民归因于公元2世纪也门马里卜大水坝的彻底毁坏。

从远古时代起，居住在今天阿拉伯联合酋长国地区的居民是一些以鱼类为主要食物的民族。他们的主要职业是捕鱼和采集珍珠，也参与过海湾水域的贸易，有时还进行抢劫活动。他们的船只来往于波斯、伊拉克和其他海湾国家之间，并远渡印度洋。在阿拉伯帝国时代，他们曾到达过中国沿海地区。在历史上，当地土著居民对外来的移民比较宽容，甚至采取欢迎的态度，因此形成如今外籍人超过本国居民的状况。

今天生活在阿拉伯联合酋长国的223万人口中，阿拉伯人仅60万，约占总人口的37%，其余则是来自亚洲的几个伊斯兰国家和一些阿拉伯国家的外籍移民。外籍移民主要有伊朗人、印度人、巴基斯坦人、巴勒斯坦人、埃及人、伊拉克人和黎巴嫩人。还有一部分黑人生活在阿拉伯联合酋长国，他们是18—19世纪奴隶贸易时代黑奴的后裔，其中一部分已与当地的土著居民同化后混血。外籍移民集中居住在沿海城市，尤其在阿布扎比和迪拜。绝大多数土著阿拉伯人和移民属于逊尼派；什叶派穆斯林主要集中在迪拜。

土著阿拉伯人的婚俗比较有趣。女孩通常十几岁就结婚。男青年求婚时不能直接见到她们，必须请女亲戚去完成。女孩的早婚使她们在刚进入初等教育阶段就辍学，无法继续接受更高的教育，从而失去了获得更多工作岗位的机会。妇女平时很少出门，出门时都戴面纱。阿联酋阿拉伯人也喜欢用咖啡敬客，但使用的杯子是不带杯把的。他们还喜欢唱歌、跳舞，这可能是他们在远程航海和采珍珠时为了摆脱单调的生活而形成的习惯。他们还喜欢放鹰和赛骆驼。

（唐裕生）

阿　　曼

一　概　况

阿曼位于阿拉伯半岛东南部,与阿拉伯联合酋长国、沙特阿拉伯、也门等国接壤,濒临阿曼湾和阿拉伯海,扼守波斯湾通往印度洋的门户。海岸线长达1700公里。全国面积31.2万平方公里。境内大部分是海拔200—500米的高原,中部比较平坦,沿海多平原,北部和西部为沙漠,南部为佐法尔高原。除东北部山地外,均属热带沙漠气候。全国划分为3个省,5个地区,59个州。

政体为君主制,国家无议会和宪法,根据伊斯兰教义执法,禁止政党活动。苏丹为国家元首,颁布法律、法令,批准缔结国际条约和协定。国家实行免费教育制度。全国仅有1所大学,卡布斯大学是唯一高等学校,1986年11月建成,下设7个学院。另外,还有一个私立大学成立——苏哈尔大学。工业以石油开采为主。水产品是除石油以外的主要出口商品之一。

全国人口395.7万(2014年),其中从事农、牧、渔业的人口在80%以上。居民绝大多数为阿拉伯人,属欧罗巴人种地中海类型,沿海地区居民混有尼格罗人种成分。少数民族有俾路支人、黑人和伊朗人,另外还有一些来自印度和巴基斯坦等国的外籍人。官方语言为阿拉伯语,通用英语。本国居民绝大多数信奉伊斯兰教,90%属易巴德教派。

二　阿曼与阿拉伯人

阿曼在历史上有过"麦坚"、"麦遵"和"欧曼"等名称。"麦坚"为苏美尔语,与其著名的造船业和炼铜业有关。"麦遵"则与水资源有关,因阿曼的水源一度比邻国丰沛。"欧曼"今译阿曼。"阿曼"意为"宁静之地"和"居住地",语意来源多种:(1)来自公元前2000年国王名阿曼;(2)来自古代也门境内欧曼地方迁徙而来的阿拉伯部落名;(3)来源于古代名称"马干",意为船,因当地居民善于造船和航海。

阿曼是阿拉伯半岛上最古老的国家之一,公元前2000年就曾广泛进行海上和陆路贸易活动,是半岛的造船中心。公元7世纪成为阿拉伯帝国的一部分。1507年遭葡萄牙人入侵。1624年,伊玛目本·穆尔什统一阿曼,建立亚里巴王朝,其势力曾扩展到东非部分海岸和桑给巴尔岛。1650年葡萄牙人被驱逐出阿曼。1742年波斯人入侵。1749年波斯人被赶走后,阿曼阿拉伯人建立赛义德王朝。19世纪初,英国人控制了阿曼的贸易。20世纪初,山区部落起义,成立了阿曼伊斯兰教长国。1920年,教长国与英国、马斯喀特签订条约,宣布独立,阿曼遂分为马斯喀特苏丹国和阿曼伊斯兰教长国两部分。1967年统一为马斯喀特和阿曼苏丹国。1970年8月宣布改国名为阿曼苏丹国。

三 民族演变历史与文化

公元前3000年,阿曼的船只就曾载着木材、铜和其他矿产到达美索不达米亚南部的苏美尔。阿曼的苏美尔城在古代就以造船业和商业发达而远近闻名。早在公元前几千年,阿曼人就已掌握了农田水利技术,利用地下水灌溉。在高原地带和草原地区,很早就发展了畜牧业。海洋在阿曼居民生活中起到举足轻重的作用,它不但出产丰富的鱼类和珍珠,而且还为开通海上贸易提供了有利条件。自古以来,阿曼造船工匠的手艺,声名远扬海外。公元前2000年和公元前1000年,阿曼人建立和保持了一支庞大的船队,进行广泛的海上和陆路的贸易活动。阿曼先后遭到苏美尔人、亚述人、巴比伦人、波斯人和希腊人的侵袭,经济破坏严重,灌溉系统被毁坏,商船队被摧毁。从公元前1000年到公元7世纪,阿曼一直处于分裂状态。公元7世纪伊斯兰教创立后,阿曼经过漫长的伊斯兰化过程。伊斯兰教传入以前,阿曼有大量信奉基督教的居民。

阿曼的阿拉伯人称他们是来自阿拉伯半岛南部的"盖哈丹人",是纯种的阿拉伯人和来自阿拉伯半岛西北部的"阿德南人"。阿曼历数来自阿拉伯半岛南部的一些部落的入侵,其中最重要的一次是公元2世纪阿兹德人的侵入。以后,阿兹德人成为阿曼的主要居民。8世纪阿曼历史学家西·西尔汉在叙述不断的民族迁移浪潮时说:"阿兹德部落不断向阿曼迁徙直到他们在那里成为人数众多的居民而声威大增时为止。他们终于遍及整个地区。"此后,阿曼又经过多次移民浪潮。

古代阿曼人建造的船只具有高超的适航性能:快速、灵便、轻巧。他们的帆船曾航行到印度尼西亚群岛和中国的南部海岸。8世纪中叶阿曼航海家从马斯喀特航行至中国的广州,航程两年。这是有历史记载的第一艘到达中国的阿拉伯船只。公元10世纪,阿拉伯历史学家麻素提在《黄金牧地》一书中写道:"中国的船只直航至阿曼。"15世纪,中国明代永乐年间,郑和七次下西洋时曾两次访问过阿曼。中国《明史》记述阿曼时称:"其国东南大海,西北重山。天时常若八九月。五谷、蔬果、诸畜咸备。人体欣硕。"

今天的阿曼阿拉伯人主要分为两大部分,第一部分是也门人,来自阿拉伯半岛南部;第二部分是尼萨尔人,来自阿拉伯半岛的北部,穆罕默德的宗族古莱氏人就属于尼萨尔人。第一部分人主要居住在阿曼的东南部地区,第二部分人主要居住在西北部地区,但两部分人不是截然分明的,在全国的每一个村庄里都可以看到混居情况。这两大部分阿拉伯人之间分歧较大,无论对内政治,还是对外国际交往中都具有重要的影响。阿曼的少数民族人数不多,主要有伊朗人、俾路支人、印度人、巴基斯坦人和黑人。他们中绝大部分居住在沿海的两个城市马斯喀特和马特腊,在军队、城市服务业、商业领域工作或从事体力劳动。俾路支人原是苏丹领地瓜达尔地区的居民。1958年瓜达尔划归巴基斯坦。黑人来自东非地区,他们是奴隶贸易时代黑奴的后裔,因为马斯喀特曾是东方奴隶贸易的中心之一。生活在阿曼的非穆斯林不允许改变自己原有的宗教信仰,但如果改信伊斯兰教则受到鼓励。90%以上的阿曼人信仰伊斯兰教,属于易巴德派。易巴德派产生于伊斯兰教的早期,信仰者必须遵循许多严格的教规。他们认为与异教徒或本派穆斯林的接触都是有罪的。还有一部分人信仰逊尼派,分属瓦哈比、罕百里、沙斐仪等教派,主要分布在第二部分阿拉伯人中间。

阿曼土著阿拉伯人的装束比较奇特，男子常常腰围子弹带并插着一把匕首，手提来复枪，骑着飞奔的骆驼，十分威武。他们喜欢养鹰和赛骆驼，也喜欢用驼奶或咖啡敬客。阿曼男青年多半娶堂妹为头房妻子。

（唐裕生）

巴 林

一 概 况

巴林是一个岛国，由大小36个岛屿组成，其中最大的是巴林岛。巴林群岛位于波斯湾西南部的海面上，处在沙特阿拉伯海岸和卡塔尔半岛之间，全国面积706.5平方公里。诸岛地势低平，巴林岛地势由沿海向陆地逐渐升高，最高点海拔135米。属热带沙漠气候，炎热潮湿，年最多降水量75毫米。

巴林为君主立宪制酋长国，宪法规定，巴林是独立的伊斯兰阿拉伯国家；埃米尔为国家元首，由哈利法家族长子世袭。埃米尔掌握政治、经济和军事大权，有权任命首相，批准内阁成员和决定议会开会日期及解散议会。立法权属于埃米尔和议会，行政权属于埃米尔和内阁；禁止组织政党和集会结社。

巴林是海湾地区最早开采石油的国家，石油收入占国内生产总值的1/6，占政府收入和公共开支的一半以上。巴林现有260余家银行，是海湾地区的银行和金融中心。农业微不足道。国家实行免费教育和普及九年一贯制的中等教育制度。现有两所大学，即巴林大学和阿拉伯湾大学，私立学院90所。

全国人口119.5万（2012年），其中巴林籍人33万，其他为来自印度、巴基斯坦、孟加拉国、伊朗、菲律宾和阿曼等国的侨民。本国居民主要为阿拉伯人。阿拉伯语为官方语言，通用英语。本国居民大多数信奉伊斯兰教，什叶派占75%。

二　巴林与阿拉伯人

巴林阿拉伯人属欧罗巴人种地中海类型，部分人混有尼格罗人种成分。"巴林"一词在阿拉伯语中意为"两股水源"，意即指既有海水，又有自流井水和海底泉水。巴林是举世闻名的天然珍珠采集场和贸易中心，因而又有"珍珠海岸"的美称。数百年前巴林岛曾是海湾居民埋葬亲友的坟地，故而得名为"万家之岛"。早在公元前3000年，巴林岛上就已经出现了以高大而宽阔的石墙围绕的城市。

城内建筑多为石屋组成。古代巴林人就已经掌握了制陶工艺，用红黏土制造出形状独特、图案有趣的器皿。公元前1000年巴林岛上就出现了腓尼基人，他们是一些大胆的航海者和贸易经纪人。据说，腓尼基人在两个地下水源丰足的岛上开辟了棉花种植园。公元前1000年末，阿拉伯人在巴林岛上找到了立脚点，考古学家在那里发掘出伊斯兰教传入前阿拉伯居民点的遗址。

公元3世纪，波斯萨珊王朝建立前后，波斯人向阿拉伯东海岸进军，大肆杀戮巴林地区的居民。不少波斯人移居巴林地区，同时，阿拉伯人也不断有居民迁移到那里。巴林的阿拉伯居民主要是泰米姆人。波斯人在巴林建立了一座新城，以萨珊王朝的缔造者阿达西尔的名字命名，称阿达西尔城。据有关造城的传说称，这座城的城墙是用巴林居民的尸体建造的。

直到伊斯兰时代，巴林群岛仍是波斯人的属地，但其直接统治者却是信奉聂斯脱利派基督教的阿拉伯人。在伊斯兰教兴起以前，群岛地区虽有多种宗教存在，如聂斯脱利派基督教、犹太教和袄教，但绝大多数阿拉伯人仍然信仰拜物教。公元7世纪中叶，巴林成为阿拉伯帝国巴士拉省的一部分。16世纪初开始，巴林被葡萄牙人占领将近一个世纪。1602—1782年，巴林处于波斯帝国的统治下。1783年巴林宣告独立。1820年英国入侵巴林，强迫与其签订《波斯湾总和平条约》。1880—1971年，巴林沦为英国的保护国。1971年8月巴林正式宣布独立。

近年来，虽然土著阿拉伯人在总人口中的比率有所下降，但仍占绝大多数。土著巴林人中一部分黑人，他们已经与当地的阿拉伯人以及早期来到巴林岛上的其他一些居民的后裔通婚。早期的巴林居民是指2000多年前因受新巴比伦王国国王尼布甲尼撒迫害而来到岛上避难的人的后裔。沙特阿拉伯人和阿曼人约占14％，伊朗人约占4％，其他亚洲人约占6％，他们主要是俾路支人、巴基斯坦人和印度人。此外还有相当一部分西方人，如英国人和其他欧洲人。

目前巴林的穆斯林主要属于什叶派，这是20世纪70年代初相当一部分伊朗穆斯林什叶派回归以后形成的。在1961年统计时，什叶派和逊尼派的人数大致相当。两派之间的冲突时有发生。但逊尼派穆斯林的地位比较优越，什叶派在找寻工作时常遭歧视。

每年的4月初（伊斯兰教历8月15日）巴林人守拜拉台夜。拜拉台夜又称赦免之夜。相传这一夜安拉决定人们一年的生死祸福。

巴林的传统婚俗是首先由男女双方的母亲出面交涉，双方同意后再由双方男主人最后定夺。结婚时，邻里男青年们把新郎送到新娘家，一路上打着灯笼，敲着鼓，跳着舞，十分热闹。新郎要在新娘家住满一周，其间女方要屠宰牲畜，大摆宴席，宴请宾客。

（唐裕生）

卡 塔 尔

一 概 况

卡塔尔位于波斯湾西南岸的卡塔尔半岛上，与阿拉伯联合酋长国和沙特阿拉伯接壤。全国面积11437平方公里。全境多平原和沙漠，地势西部略高。海岸线长550公里。卡塔尔以产良种骆驼和鸵鸟出名。属热带沙漠气候，夏季炎热潮湿且漫长，冬季凉爽干燥，温差很大，年均降水量仅72.5毫米，地下水资源匮乏。

卡塔尔为君主立宪制酋长国，埃米尔为国家元首，由萨尼家族世袭。埃米尔掌握国家最高权力。国内禁止政党活动。宪法规定，卡塔尔是一个独立的主权国家；伊斯兰教为国教。宪法承认法官的独立性，埃米尔在内阁和咨询委员会的协助下行使权力。议会称咨询委员会的职能是协助埃米尔行使统治权力。国民经济以石油为主，石油收入占国民收入的95%以上。所产石油95%供出口。全国实行免费教育，学生成绩优秀者可去国外留学深造，国家提供奖学金。国内现有大学1所，即卡塔尔大学，是综合性大学，下设8个学院。

全国人口185.4万（2010年），本国居民约占40%，为阿拉伯人，属欧罗巴人种地中海类型，部分人具有尼格罗人种特征，其余为主要来自印度、巴基斯坦和东南亚国家的劳工。阿拉伯语为官方语，通用英语。本国居民大多信奉伊斯兰教，多数属逊尼派中的瓦哈比派和马立克派，什叶派占16%。

二 卡塔尔与阿拉伯人

古代希腊地理学家称地处波斯湾西南岸的这一半岛为"卡塔尔",国名由此而来。地理学家托勒密说:"在朱尔阿城西部或西北部半岛的地方有座城市,那就是卡塔尔城(卡塔尔半岛)。"公元3世纪初,莱赫米人由也门迁到伊拉克南部,卡塔尔和整个巴林地区受莱赫米人的统治。约公元602年,波斯人结束了对莱赫米人的统治,任命当地的阿拉伯人统治卡塔尔。伊斯兰教兴起后,卡塔尔半岛上的居民皈依伊斯兰教。

16世纪初,葡萄牙人借口保护他们船队航行的安全,在波斯湾沿岸建立一些海上基地,1517年入侵卡塔尔。1555年,土耳其人将卡塔尔并入奥斯曼帝国的版图。1650年以后,荷兰人和英国人取代了葡萄牙人。1846年,萨尼·本·穆罕默德建立卡塔尔酋长国。1882年,卡塔尔成为英国的保护国。1916年,英国与卡塔尔签订一项英国独占卡塔尔的条约。1971年9月3日,卡塔尔宣布独立。

三 民族演变历史与文化

虽然在卡塔尔的沿海地区保存着一些遗迹和废墟,但没有任何资料记录过卡塔尔的史前历史。一部分学者根据遗迹猜测古代人在这个半岛上生活过,另一部分人则认为那时卡塔尔是人迹罕至的地方。卡塔尔半岛的历史是位于波斯湾各阿拉伯酋长国的共同历史。据推测,公元前28世纪,这里曾存在过腓尼基文明和巴比伦文明。后来,希腊人和罗马人也曾远征到此,并与之通商。在古代,岛上居民以捕鱼和采珍珠为业。伊斯兰教兴起之前,卡塔尔人的信仰大致与地中海沿岸人的信仰相似。希腊史学家斯特累波说:"你要是走在波斯湾海岸,会看见这里的庙宇与腓尼基人的庙宇相似。"考古学家发现,在波斯湾出土的古墓与地中海沿岸出土的古墓十分相似,因此,证明在古代两地有共同的宗教传统。卡塔尔由于位于波斯湾的中心地区,地理位置十分优越,因此,祖巴尔城曾是卡塔尔最重要的港口,是著名的珠宝销售市场。卡塔尔的市场是古代著名的市场之一。公元3世纪,基督教由埃塞俄比亚和从罗马帝国来的商人传入卡塔尔半岛。在古代以至伊斯兰教出现后,卡塔尔都以制作各种精美的服装和纺织品而著称。据说,伊斯兰教创始人穆罕默德穿的衣服就是卡塔尔人缝制的。在中世纪,卡塔尔人和邻近的阿拉伯人一起在东非建立起一些贸易据点,并从那里贩运黑人奴隶。奴隶制直到1952年才废除。

在伊斯兰教兴起以前,卡塔尔大致是由一些强大的部落首领统治的,其中有阿布金、赫塔伊、贾拉比等部落。阿布金人就是后来阿卜杜·格斯族人的祖先。阿卜杜·格斯部落在伊斯兰教出现之前是这一地区最有势力的部落。萨尼家族原属于居住在帖哈麦著名的阿拉伯部落穆·尼扎尔部落,公元18世纪初迁来卡塔尔。当萨尼家族来到卡塔尔时,卡塔尔半岛上有许多部落与他们为邻,这些部落中有些是游牧部落,有些部落在经商和采集珍珠。每个部落各自为政或为了对付别的部落而互相结盟。部落之间经常发生纠纷和冲突。萨尼家族后来成为半岛上势力最强大的部落,他们善于经商,十分富有,并有良好的信誉。

生活在今天卡塔尔的土著阿拉伯人是指1930年以前就定居在卡塔尔的阿拉伯人,他们原本主要是来自阿拉伯半岛北部的阿德南人。许多土著阿拉伯人至今仍保留着部落界限。但沿海的卡塔尔人已与亚洲及非洲国家移民发生混合。此外还有来自埃及、巴勒斯坦、伊拉克和阿曼的阿拉伯人,他们大约占总人口的20%。在卡塔尔尚有1.5万黑人,他们是奴隶贸易时代黑人的后裔。外籍侨民有伊朗人、印度人和巴基斯坦人等,他们仅占总人口的7%。在卡塔尔内地还有少数过游牧生活的吉卜赛人。卡塔尔阿拉伯人主要属于伊斯兰教的瓦哈比派,因此生活习俗比较保守。大部分地区的妇女出门必须戴面纱。在日常生活中,禁止信徒饮酒、吸烟、跳舞和赌博,甚至禁止穿着绸缎和佩戴装饰品。与邻近的其他阿拉伯国家比较起来卡塔尔的民族成分要纯得多。

(唐裕生)

科 威 特

一 概 况

科威特位于阿拉伯半岛的东北部，东濒波斯湾。北部和西部与伊拉克接壤，南邻沙特阿拉伯。沿海有10多个岛屿也属科威特领土。海岸线长213公里。全境为沙漠平原，有些地方有丘陵穿插。地势西部略高，向东倾斜。科威特平原多为不适于植物生长的沙漠地带。全国面积17818平方公里。境内无常年有水的河流和湖泊，虽极缺淡水，但地下水资源丰富。气候属热带沙漠型气候，炎热干燥。四季不明显，夏长冬短。年均降水量在25—177毫米之间。全国共分6个省。

科威特是君主世袭制酋长国，国家元首埃米尔兼任武装部队最高统帅。埃米尔必须由穆巴拉克·萨巴赫家族后裔世袭。国民议会为立法机构，实行一院制。宪法规定，科威特是一个完全独立的阿拉伯国家；伊斯兰教为国教，其教义是立法的基础。内阁重要职务由王室成员担任。国内禁止一切政党活动。石油和天然气储量丰富，是国民经济的主要支柱。农业产值在国内生产总值中的比例微不足道。国家重视教育，小学和初中实行免费义务教育。小学、初中、高中学制均为四年制。全国有高等学校11所。

全国人口约356.6万（2010年），其中科威特人占41.6%，为阿拉伯人，其余为外籍侨民。阿拉伯语为官方语言，通用英语。95%的科威特人信奉伊斯兰教，其中70%属逊尼派，25%为什叶派。

二 科威特阿拉伯人

科威特阿拉伯人属欧罗巴人种地中海类型。科威特在阿拉伯语中意为"小城堡"。由于地处美索不达米亚和阿拉伯沙漠之间,所以科威特在历史上一直与伊拉克和阿拉伯半岛中部保持着密切关系。科威特的第二大岛法拉卡岛因有水源,所以大约在公元前2000年就留下了苏美尔人和阿曼人的贸易活动遗迹。在该岛上发现了古神庙遗址、小手工艺品和住宅遗址。考古发掘还发现了大约建于公元前229年的希腊保护神神庙的石柱。由此证明,在塞琉西王国时代就有希腊人生活在该岛。公元7世纪科威特成为阿拉伯帝国的一部分。10世纪初或更早一些时候,阿拉伯阿特班人的阿奈扎部落来到这里定居,并很快取得统治权,后来成为统治集团的萨巴赫家族就是这些移民中的最早成员之一。

13世纪,科威特已经是一些珍珠采集者、渔民和从阿拉伯湾到内地去的商队护卫者的落脚点。1581年起,哈立德家族成为科威特的统治者。阿特班人萨巴赫·伊本·贾比尔大约从1752年起担任科威特酋长,建立科威特酋长国。科威特现在的执政家族仍以其名字命名。1871年,科威特成为奥斯曼帝国巴士拉省的一个县。1899年,英国强迫科威特签订秘密协定,确定其为科威特的宗主国。1923年,英国和奥斯曼帝国签订《洛桑条约》,分别建立科威特埃米尔国和伊拉克王国,但两国边界一直未正式勘定。1939年,科威特沦为英国的保护国。20世纪40年代开发石油以前,科威特人主要从事畜牧业和捕渔业,现在大部分人在石油部门工作。1961年6月,科威特宣布独立。1990年8月,科威特被伊拉克占领。1991年3月获得独立。

20世纪30年代,特别是第二次世界大战后大规模开采石油以来,大批来自其他阿拉伯国家,以及伊朗、印度和巴基斯坦的侨民拥入科威特。今天,绝大多数土著科威特阿拉伯人是阿奈扎部落居民的后裔,但他们只占科威特阿拉伯人的一半左右。境内的其他阿拉伯人主要来自约旦、巴勒斯坦、伊拉克、黎巴嫩、阿曼、叙利亚、埃及、沙特阿拉伯和也门等国。科威特有一小部分黑人和伊朗人,黑人是奴隶贸易时代留下来的后裔。他们在科威特城都有自己的特定居住区。20世纪五六十年代起拥入科威特的大批外籍劳工,人数超过了当地居民。以后又有一部分阿富汗难民被允许留在这个国家。20世纪50年代,曾有大约300名犹太人居住在科威特，但如今已基本离去。

科威特人定亲和结婚都有独特的仪式。定亲时一般由男方给女方送彩礼，彩礼包括传统民族服装、用金银线制成的斗篷和床罩等。结婚时，婚礼在新娘家举行，持续一周左右。如今婚俗已发生了很大变化，不少人尤其是青年人时尚"欧化"，与外国女子结婚的现象日益普遍。科威特人对鹰这种飞禽情有独钟。早在几百年前，这里的阿拉伯人就酷爱养鹰，对老鹰品种优劣的鉴别尤为擅长。还有不少科威特人用自己的名字给鹰命名。

（唐裕生）

沙特阿拉伯

一 概 况

沙特阿拉伯位于红海和波斯湾之间的阿拉伯半岛上，占半岛的大部分，是西亚面积最大的国家。邻国有约旦、伊拉克、科威特、阿拉伯联合酋长国、阿曼和也门等。海岸线长达2437公里。全国面积224万平方公里，地形以高原为主，地势西高东低，呈阶梯状。沙漠约占全国面积的一半。东部沿海为面积狭小的平原。西部沿红海海岸也有宽窄不一的平原，那里炎热潮湿，生长着许多牧草和荆棘。在西部赛拉山脉里有多条联系内地和沿海、北方和南方的天然通道。境内没有常年流动的河流和湖泊。沙漠绿洲是人口和农业生产集中的地区，分布在有地下水的地方。沙漠植物有耐旱的白菖蒲、白头翁等牧草和耐碱抗旱的树柳灌木丛林。枣椰树和阿拉伯马是这个国家著名的物产。此外，阿拉伯半岛上的骆驼也是举世闻名的。境内除西部部分地区为亚热带地中海气候外，其余大部分地区属热带沙漠气候。年均降水量仅200毫米。南部的鲁卜哈利沙漠是半岛上雨量最少的地方，有时长达10年不降雨。全国分为6个大省，12个小省。

沙特阿拉伯是政教合一的君主制王国，国王为国家元首，并兼任武装部队总司令和大臣会议主席（内阁首相）等职务。国王行使最高行政权和司法权，有权批准和否决内阁会议决议与外国签订的条约或协议。议会是最高权力机构，拥有确立和废黜国王、商议重大国事等权力。国家的宪法，《古兰经》和穆罕默德的《圣训》是国家执法的依据。国内禁止政治党派活动。国家实行免费教育。中、小学学制均为6年制。全国共有综合性大学8所，高等宗教大学5所，各类学院享受优厚的津贴。一部分前往美、英等西方国家留学的学生，费用由国家负担。

全国人口2999万（2013年），绝大部分为阿拉伯人，约占75%，属欧罗巴人种地中海类型。非阿拉伯人主要是一些前来务工或经商的外国侨民，他们是主要来自亚非一些国家的穆斯林。阿拉伯语为官方语，通用英语。伊斯兰教为国教，逊尼派约占85%，什叶派约占15%。沙特的石油储量居世界之首，被称为"石油王国"。石油工业在国民经济中起主导作用，石油收入是国家主要经济来源，天然气储量也十分丰富。近年来，国家重视发展农业，实现了粮食自给有余。农作物主要有小麦、大麦、椰枣、西红柿、西瓜及其他蔬菜。目前椰枣产量居世界首位。

二 阿拉伯半岛与沙特阿拉伯王国

阿拉伯半岛是世界上最大的半岛，东、西、南三面临海，北面是一片沙海，犹如一个孤岛。半岛上除也门和一些绿洲适宜种植外，其余地区均为沙漠或贫瘠的草地。"阿拉伯"意为"沙漠"。"沙特"意为"幸福"，是王国创始人伊本·沙特的名字。"沙特阿拉伯"意为"幸福的沙漠"。沙特阿拉伯王国的历史只是17世纪沙特家族在纳季德发家以后的阿拉伯历史。有史以来，半岛上的绝大部分居民几乎始终保持其原状。伊斯兰教出现之前阿拉伯半岛的古代历史除了古希腊和古罗马历史学家和地理学家的零星记载外，人们对那里的情况了解甚少。阿拉伯史学家和文学家只是在伊斯兰教时代才留下了一些既不详细，又欠确切的历史线索，主要反映在一些传说和文学作品之中，如诗歌和散文，或者阿拉伯文圣书典籍之中。

麦加是伊斯兰教产生前阿拉伯半岛上的宗教、经济和文化中心。那里的居民主要是古莱氏部落。据传，约在4000年前，先知伊布拉欣（亚伯拉罕）带着他的埃及妻子和儿子伊斯玛仪，到麦加地区居住。伊布拉欣将母子两人安置在麦加的一个草棚里便转回耶路撒冷去了。后来儿子长大成人，伊布拉欣还从耶路撒冷来麦加探望母子二人。麦加城内的神庙"卡尔白"，意为立方体，又译"天房"，相传是伊布拉欣父子建造的。公元3—4世纪也门开始衰落以后，也门的许多部落纷纷北迁，朱尔胡姆和胡查尔两个部落先后迁到麦加。5世纪初，胡查尔部落被北方的古莱氏部落赶走。

肯德部落也是在公元3世纪初从南方的也门迁到纳季德地区的。公元5世纪初，肯德部落建立了一个横贯阿拉伯半岛北方的强大五国。这个部落联合政权尽管前后只维持了六七十年，但却是阿拉伯人在半岛内部团结一致，建立统一国家的一次尝试，其意义十分重大。公元6世纪，埃塞俄比亚人占领也门以后企图打通商道，攻占麦加，进而摧毁麦加的克尔白神庙，以基督教代替拜物教。同时，他们企图通过商道进兵叙利亚。战争虽然没有发生，但这是麦加历史上第一次受到外来民族侵略的威胁。

阿拉伯半岛是伊斯兰教的发源地。公元7世纪，伊斯兰教创始人穆罕默德出生于麦加城的古莱氏部落。麦加的氏族部落和麦地那的氏族部落长期互相征战，矛盾很深。穆罕默德得到麦地那人的支持。伊斯兰教的兴起奠定了阿拉伯民族形成的基础。穆罕默德的继承者建立的阿拉伯帝国在8世纪处在鼎盛时期，版图横跨欧、亚、非三大洲。11世纪阿拉伯帝国开始衰落，16世纪为奥斯曼帝国所统治。19世纪英国人侵入，当时沙特阿拉伯分为希贾兹（汉志）和纳季德（内志）两部分。1924年的内志酋长阿卜杜拉·阿齐兹兼并汉志，次年称国王。1932年9月正式定名为"沙特阿拉伯王国"。在阿拉伯半岛上，南北部落之间的斗争实际上是围绕古莱氏人展开的，斗争持续了1300多年，直到沙特王朝兴起。这是伊斯兰教兴起以来，阿拉伯半岛的绝大部分地区第一次统一在一个政权之下。

三 闪米特人和北阿拉伯人

阿拉伯半岛是闪米特人的摇篮。"闪米特人"一词来源于"闪"，出自《圣经》传说。闪是诺亚的长子。他们最早可能在东非与另一个白种人含米特人混合后，渡海来到阿拉伯半岛，形成一个新的民族。这个民族在这里形成后，一部分人又迁移到肥沃新月地区，并创造了灿烂的文化。因此，阿拉伯半岛是闪米特人的摇篮，肥沃新月地区是闪米特人文明的舞台。肥沃新月地区指今天的伊拉克、叙利亚、黎巴嫩、巴勒斯坦、以色列和约旦等国所在的位置。历史上的巴比伦人、亚述人、腓尼基人和希伯来人和现在的阿拉伯人、犹太人都起源于闪米特人。阿拉伯人保持了纯粹的闪米特人的体质特征，这种特征比同种的任何一个民族更为明显。阿拉伯语与闪米特语有最密切的联系，最能体现闪米特语的特点。在历史上,阿拉伯人曾多次向外迁移,其中以公元 7 世纪伊斯兰教兴起后的最后一次阿拉伯人向肥沃新月地带、埃及、马格里布,甚至西班牙等地的民族大迁移所产生的影响最为深远。西方人最早称阿拉伯人为萨拉森人,词源可能来自"沙漠"和"居民",或来自"东方"。

阿拉伯半岛上浩瀚荒凉的沙漠把生活在那里的居民分为南阿拉伯人和北阿拉伯人。南阿拉伯人以定居为主,集中居住在半岛的南部沿海一带的也门、哈达拉毛及其附近地区;北阿拉伯人以游牧为主,主要分布在希贾兹和纳季德地区。希贾兹是伊斯兰教的发源地。但那里干旱少雨,有时旱季长达 3 年之久。每当下雨之后,沙漠里就会出现一些耐旱植物。在北部希贾兹有许多孤立的而且面积不大的绿洲,土著居民生活在那里。在希贾兹有 5/6 的居民过着游牧生活。阿拉伯人把地处阿拉伯半岛南部也门的早期土著居民称为"盖哈丹人",是"纯种阿拉伯人",而阿拉伯半岛北部(主要指麦地那、麦加等地)的阿拉伯人则是"准阿拉伯人"或"归化的阿拉伯人",又称"阿德南人"。自古以来,南北阿拉伯人之间矛盾很深,战事不断,伊斯兰教虽然把半岛上各氏族部落松散地统一了起来,但矛盾并未解决,争端也未完全平息。

四 贝都因人

游牧的土著阿拉伯人被称为贝都因人。在古代,他们是阿拉伯半岛北部沙漠里最主要的居民。他们随雨季而迁徙,逐水草而居,住在帐篷里或临时性的没有围栏的营地,主要饲养骆驼和山羊,过着几乎与世隔绝的生活。他们偶尔也对沙漠周围的定居居民进行袭击抢掠。封闭的沙漠环境有力地保护了贝都因人纯粹的语言和血统。因此有人认为"沙特人是最纯的阿拉伯人"。

骆驼和椰枣是贝都因人最重要的两大生活资源和财富。骆驼有"沙漠之舟"之称,作为运输、贸易和作战的工具。这种动物有极大的耐渴能力,最适宜沙漠生活,是贝都因人忠诚的朋友。骆驼浑身是宝,驼肉、驼奶可作食物和饮料,驼皮和驼毛可制作衣服和帐篷,驼粪还可以作燃料,驼尿可当作生发油和药。甚至骆驼胃里的水也可作为一个人在严重干渴时救急之用。酋长的财富、新娘的彩礼、犯人的赎金、赌博者的赌注都是以骆驼为计算单位的。在阿拉伯语中有关骆驼的词汇就有 1000 多个。今天,阿拉伯半岛仍是骆驼的饲养中心,现在的贝都因人喜欢称自己为"驼民"。哈里发欧麦尔曾这样说:"在骆驼繁殖的地方,阿拉伯人才能昌盛。"可见,骆驼在北阿拉伯人生活中扮演重要的角色。养驼、养羊、养马、狩猎和劫掠是贝都因人早年的主要职业。

椰枣树由美索不达米亚传入,有"树王"之称,是阿拉伯半岛上最重要的植物。在传统生活中,枣椰树象征沙漠中的绿洲和国家农业。椰枣是贝都因人的主要食物,也是他们制作饮料的主要原料。椰枣放在水里浸泡,待到发酵时便成为一种可口的饮料。椰枣树浑身是宝,除了果实作为食物以外,它的树皮可制绳索,树干可作建筑材料,枣核粉可作骆驼的饲料。椰枣树被贝都因人看作神圣不可侵犯的东西。

马是在公元1世纪初从叙利亚传入阿拉伯半岛的,其中以纳季德出产的马最为著名。公元8世纪马又经西班牙传入欧洲。马的行走速度比骆驼快得多,它适合于劫掠、比武和狩猎等野外活动。对贝都因人来说,马不但十分有用,而且也是一种奢侈的动物,是一个人有资产的标志。贝都因人将马视为生命,每当缺水的时候,家长可以对孩子要水喝的哭声充耳不闻,却把最后一点水拿去饮马。

贝都因人的生活方式是人类生命适应沙漠环境最好的一种生存方式。在满目荒凉的沙石这种极其恶劣的自然环境里,各氏族部落之间争夺水草便是一切争端的主要起因。本部族的利益至高无上,对其他部族的掠夺或杀害是合法的。因此他们互相残杀、劫掠,结怨结仇。依照沙漠里的原始法律,一旦造成血债,必须要用血来偿还,因此各部落之间发生复仇战争是经常的事情。贝都因人坚忍耐劳、勇敢善斗、特别爱好诗歌。他们认为,诗歌体现人的智慧,诗人的诗句和战士的勇气是克敌制胜的保障。因此,人、武力和智慧是衡量一个强大氏族部落的三大要素。贝都因人认为阿拉伯人是世界上最尊贵的民族,他们对于自己血统的纯洁、口齿的伶俐,诗歌的优美、宝剑的锋利、马种的优良,尤其是宗谱的高贵,都感到无比的骄傲。

氏族社会是贝都因人社会的基础。贝都因人住在帐篷里,一个帐篷代表一个家庭,同一区域里帐篷集结的地方组成一个氏族。若干有亲戚关系的氏族结成一个部族。氏族成员互相承认同一血统,服从同一个领袖的权威,使用同一个口号,受到部族组织的保护。一个失去部族关系和保护的贝都因人是最不幸的人。一个比较弱的氏族在自愿基础上可找到一个强大氏族或部族的保护,最终被同化到这个氏族或部族中去。在历史上,地位显著的部族有泰伊、盖特方、泰格里卜等,他们的后裔至今尚存。在贝都因人社会里,妇女地位低下,女婴被活埋的现象不足为奇。日常生活中，男主外、女主内。砍柴、打水、挤奶等家务工作均由妇女承担。妇女有选择丈夫的自由，一旦受到丈夫的虐待可以离婚。

贝都因人对于宗教信仰似乎是漠不关心的。《古兰经》第九章忏悔97节是这样记载的："游牧的阿拉伯人是更加不信的，是更加伪信的，是更不能明白真主降示其使者的法度的。"时至今日，居住在沙漠深处的贝都因人依然如故，他们只是在口头上表示对宗教尊敬而已。

五 阿拉伯民族的形成及向外迁移

阿拉伯民族的形成是一个漫长的历史过程。统一民族的最后形成虽在伊斯兰教兴起以后，但民族意识的萌芽早在这一宗教兴起之前就已经出现了，尤其在对待外来的入侵战争中凸显了出来。同时它的形成是一种宗教、社会政治变革和经济发展的必然结果。公元570年，埃塞俄比亚人的首领骑着一头大象，率领4万大军进攻麦加，发动了有名的"象战"。但由于军中突然流行天花，埃塞俄比亚人不战而退。阿拉伯人称这一年为"象战之年"。大战虽然没有发生，但这是麦加历史上第一次受到外来的侵略。这一事件影响了所有的阿拉伯人，唤醒了他们团结起来对付外来威胁的意识，为以后"阿拉伯民族"的形成奠定了思想基础。象战之年恰逢伊斯兰教创始人穆罕默德的出生之年，阿拉伯人把这一年定为新纪元之始。伊斯兰教创立后，他们又将穆罕默德迁往麦地那之年（622年）定为伊斯兰纪元元年。

伊斯兰教兴起之前的阿拉伯半岛是一个以各自独立的部落为单位的社会。每个部落各自为政，都有自己的宗教和道德准则，并要求其成员必须信仰和遵守。后来半岛上出现了许多部落联盟，如以南方的"盖哈丹"和北方的"阿德南"两大部落为主的部落联合体。公元6世纪，埃塞俄比亚入侵也门，围攻麦加，以及来自拜占庭和波斯两大帝国的威胁，都成为阿拉伯人要求停止部落之间的战争，加强民族统一，抵御外侮的主要原因。公元609年，即在穆罕默德开始传教的前一年，北方的希拉人在著名的"祖·哥尔战役"中战胜了波斯人。这是阿拉伯人在历史上与波斯人的冲突中第一次取胜。对此，穆罕默德说："这是阿拉伯人第一次战胜波斯人。"阿拉伯人把"祖·哥尔之日"看作他们的"希望之日"，并逐渐意识到只有民族团结和统一才是实现这种希望的保证。

从社会经济方面来看，自公元5世纪末，麦加同周边国家以及半岛上各部落缔结了商务贸易协定，密切了相互之间的联系。由于麦加独特的地理位置，成为半岛南、北阿拉伯人云集的大"集市"，从而使原来以部落为单位的阿拉伯人有了互相交流、学习的机会。同时也为以后的伊斯兰教的传播提供了十分有利的条件。公元6世纪末7世纪初，麦加的商业经济处于伊斯兰教的最高峰。伊斯兰教提出"民族统一团结"的号召不但得到商业贵族的支持，也得到广大贫苦老百姓的欢迎和响应。穆罕默德出生在麦加的以经商闻名的古莱氏部落。麦加的氏族部落和麦地那的氏族部落长期互相征战，矛盾很深。从古莱氏部落上层人物反对伊斯兰教到信仰该教的过程，说明统一已成为阿拉伯氏族部落的共同愿望。穆罕默德创立的一神教反对各部落信仰本部落神，打破了狭隘的氏族界限，促进了统一。

共同的语言是形成民族的一个重要条件。公元5世纪末，阿拉伯半岛基本上实现了语言文字的统一。6世纪时，麦加的集市不但成为交换商品的场所，同时也成为交流思想和比赛诗歌的地方。6世纪内产生的大量阿拉伯诗歌都是用统一语言，即北方的古莱氏语写成的。这对后来统一的标准阿拉伯语的最后形成和《古兰经》的传播起到极其重要的作用。

在宗教方面，伊斯兰教兴起之前，阿拉伯半岛上的居民主要信奉拜物教，一个或几个部落崇拜一个神。同时他们经常同遍布南北方的犹太人和也门、叙利亚和伊拉克的基督教徒交往与接触。因此，一神教思想对他们影响是比较大的，这为他们后来很容易接受一神思想奠定了基础。伊斯兰教一开始反对部落宗派，促使部落联合，实现阿拉伯半岛的统一。伊斯兰教从"认一论"精神，以"民族统一"思想取代分散和"部落思想"。穆罕默德用"安拉唯一"概念把民族统一思想灌输到人们的头脑中，用"安拉的法律"把阿拉伯社会统一起来，强调宗教的统一就是民族的统一。欧洲的一位作家曾把伊斯兰教的兴起称作一个奇迹，他说："这件奇迹发生之前，要想在世界上找一个比阿拉伯人更涣散的民族，是很困难的。"

穆罕默德在23年中凭着《古兰经》把一盘散沙似的阿拉伯人铸造成一个强大的民族。后来，阿拉伯人也是凭着这部《古兰经》，用100年时间征服了亚、非、欧三大洲在罗马人和波斯人统治下的几百万人民。这个民族"在教义上、语言上、血统上所同化了的异族人，比他们之前和之后的任何民族所同化的还要多些，希腊人、罗马人、盎格鲁—

撒克逊人或俄罗斯人都赶不上他们"。中世纪阿拉伯人的灿烂文化推动了欧洲国家的文艺复兴。穆罕默德创立伊斯兰教的功绩在于把仅仅是地理上的阿拉伯半岛变成一个有组织的国家,把这个半岛上散漫的居民团结起来,成为一个坚强的民族。伊斯兰教在广大地区取代了犹太教和基督教,成为世界三大宗教之一。在伊斯兰旗帜下,出现了一次阿拉伯民族势如潮涌的大迁移,"不仅波斯湾北端至地中海东南角之间的肥沃新月地区,甚至连埃及、马格里布、西班牙、波斯和中亚细亚的许多地方,都被那迁移的潮水所淹没了"。

阿拉伯帝国对外扩张后,阿拉伯人的向外大规模移民从7世纪到11世纪持续了大约500年之久。这是阿拉伯历史上时间最久,规模最大的军事性移民。早在穆罕默德传教之初,麦加的早期信仰者因受到麦加贵族的迫害曾两次渡过红海,迁往埃塞俄比亚。阿拉伯帝国建立起来后,第一任哈里发艾卜·伯克尔统一了阿拉伯半岛以后便开始向外进行军事扩张。第二任哈里发欧麦尔派遣各部落的贝都因人大举向外进行"圣战"。这实际上是早期阿拉伯人向外移民的继续。阿拉伯远征军开始时只不过数千人,10年之后,军队人数已达20万。他们每征服一地,便将家属从阿拉伯半岛接出。同时军事领袖还把被征服地区的妇女当作战利品分配给部下。阿拉伯人把这些女奴蓄养起来,收为偏房,繁衍子嗣。有的将领占有的女奴多达1000名。阿拉伯人首先征服阿拉伯半岛北部的伊拉克和叙利亚,尔后又征服了埃及。被征服地区人口增加的主要原因仍是从阿拉伯半岛上来的移民。倭马亚王朝时代(661—750年),是阿拉伯人移民活动的高峰时期。哈里发采取种种措施,如赐给年俸,分配土地,鼓励贝都因人从半岛向外迁移。阿拉伯人争相拥入埃及、叙利亚、伊拉克、波斯等地,东达土库曼和乌兹别克两国交界上的阿姆河以外,西抵大西洋海岸,一直进入欧洲西南部的伊比利亚半岛。8世纪初,阿拉伯人对外扩张达到高潮,阿拉伯半岛上的男子大多参加远征,半岛上的牧场荒芜,水草枯竭,留下来的贝都因人生活异常艰难,也纷纷外迁,主要前往伊拉克和埃及。他们曾规定,若干年有一个"迁移年",使外迁成为周期性活动。到9世纪中期,在埃及地区,来自阿拉伯半岛四面八方的阿拉伯部落遍及尼罗河上下游。如今居住在中东和北非各阿拉伯国家的阿拉伯人,他们的祖先主要都来自当年的阿拉伯半岛。

今天生活在沙特阿拉伯王国境内的居民虽然几乎全是阿拉伯人,但他们有地区之分。相对而言,生活在北部、中部和西部地区的阿拉伯人的血统尚未"混杂"。目前还有相当一部分外国侨民生活在这个国家，他们主要来自亚非一些国家和地区的穆斯林。大约有 5 万名来自非洲的黑人以及一些爪哇人、印度人、巴基斯坦人和埃及人。

沙特阿拉伯王国是一个严格遵守伊斯兰教规的国家，声称自己是伊斯兰教徒是获得该国公民权的先决条件。对于一个教徒来说，在日常生活中有许多严格的规定。沙特女子的穿着和行动受到种种限制，她们的传统服装是能裹住全身的长袍和面纱。她们被视为"不祥之物"，所以全身必须遮盖起来，只留眼睛部分。男子通常也穿一种长袖、高领的大袍。沙特穆斯林在每年回历 8 月 15 日和 9 月 27 日有分别守"拜拉特夜"和"盖德尔夜"的宗教习俗。"拜拉特"阿拉伯语原意为付清和豁免，意即了结穆斯林一年之中的一切功过是非。从 14 日夜开始为死者诵读《古兰经》经文、布施，并放烟火。一些人在 15 日白天斋戒一天，夜里还要诵读经文和做礼拜。"盖德尔"在阿拉伯语中意为天命和前定，也称"大赦之夜"。在沙特阿拉伯，穆斯林在这一夜做礼拜，念祷词，讲教义，彻夜不眠。

（唐裕生）

伊 拉 克

一 概 况

伊拉克位于阿拉伯半岛、小亚细亚半岛和伊朗高原之间，东北部和北部分别与伊朗和土耳其接壤，西北部和西部分别与叙利亚和约旦为邻，南与沙特阿拉伯和科威特交界。东南一角濒临波斯湾。海岸线长60公里。全国面积43.8217万平方公里。伊拉克的西南部是阿拉伯高原的一部分，东北部为库尔德山地。高原与山地之间为幼发拉底河和底格里斯河冲积而成的美索不达米亚平原，是古代巴比伦文化的发祥地。南部较低，有沙漠。幼发拉底河和底格里斯河为境内主要河流，由西北向东南流贯全境，两河汇合后称阿拉伯河，注入波斯湾。河流沿岸多沼泽和湖泊。气候除附近东北部山区外，属热带沙漠气候。夏季最高温度达50℃以上，冬季0℃左右。年平均降水量100—500毫米，由南至北逐渐增多，北部山区达700毫米。全国300余万株枣椰树，平均年产椰枣约40万吨，约占全世界总产量的40%。主要农作物有小麦、大麦和水稻等。全国划分为18个省，省以下设县。

政体为共和制。议会称国民议会，为立法机构。临时宪法规定伊斯兰教为国教。国家最高权力机构为革命指导委员会。总统为国家元首兼武装部队总司令。巴格达大学建于1957年，设施较完善。石油是国民收入主要来源。石油资源丰富，已探明的储量仅次于沙特阿拉伯，居世界第二位。

全国人口约3258万（2014年），农业人口约占总人口33%。居民多属欧罗巴人种地中海类型。主体民族为阿拉伯人，约占73.5%。少数民族有库尔德人，约占21.6%，其余还有土耳其人、土库曼人、亚美尼亚人、亚述人、犹太人和伊朗人等。官方语为阿拉伯语，通用英语。库尔德地区官方语为库尔德语，也通用英语。居民中95%信奉伊斯兰教，其中什叶派约占53.5%，其余为逊尼派。一小部分人信奉基督教或犹太教。

二 伊拉克与阿拉伯人

伊拉克的国土主要处在由幼发拉底河和底格里斯河冲积而成的美索不达米亚平原上。在这片肥沃的平原上，由两河及其汇合成的阿拉伯河形成水网。古代阿拉伯人称这一地区为"伊拉克"。在阿拉伯语中，"伊拉克"一词意为"血管"。两河流域是人类古代文明最早的发祥地之一，其南部地区称巴比伦尼亚，相当于今天伊拉克共和国从巴格达至波斯湾一带。巴比伦尼亚又分南北两部分，北为阿卡德，南为苏美尔。巴比伦尼亚的历史是各民族互相影响和互相交流的历史。

公元前3000年，出现了苏美尔人建立的城邦，如乌尔、乌鲁克等。一个城邦包括其周围的土地就是一个国家。公元前24世纪中叶，阿卡德人萨尔贡一世统一巴比伦尼亚，建立阿卡德王国，并不断向外扩张北侵亚述，西入叙利亚和巴勒斯坦。以后，阿卡德王国的势力再度扩张，北达亚美尼亚和库尔德斯坦山脉，西抵阿拉伯和马干国。对外贸易远抵印度河流域。阿卡德王国衰落后，乌尔的苏美尔人趁机复兴，再次统一了苏美尔和阿卡德地区，史称为乌尔第三王朝。公元前2000年左右，乌尔第三王朝被来自北方的阿摩利人和东部的埃兰人所灭。阿摩利人属于闪米特人的一支，公元前3000年后期分布于叙利亚和两河流域一带。约公元前3000年末期进入两河流域南部。两河流域南部的早期城邦已具备国家的主要特征，但还带有一些军事民主制的残余。

约在公元前1894年，阿摩利人占据幼发拉底河中游的巴比伦城，建立奴隶制国家，史称巴比伦第一王朝。第六代国王汉谟拉比（约前1792—前1750年在位）征服苏美尔和阿卡德各城邦，灭亚述，统一了整个两河流域，建成中央集权国家，实行君主专制政体，颁布著名的《汉谟拉比法典》。公元前1595年巴比伦王国被北方的赫梯王国所灭。亚述全盛时期伊拉克为亚述帝国的一部分。公元前729年，亚述王吞并巴比伦，自称"巴比伦之王"。公元前612年，亚述帝国亡。亚述人对外扩张征战，极度凶残，到后期将被征服的居民差不多全被劫走，迁移到离亚述较近的地区殖民，强迫他们服役。

公元前626年，属于闪米特人的一支的迦勒底人建立新巴比伦王国（又称迦勒底王国）。新巴比伦王国拥有美索不达米亚大部、叙利亚、巴勒斯坦以至阿拉伯北部地区。公元前538年，新巴比伦王国为波斯所灭，并在相当长的时间里是幅员辽阔的波斯帝国的一个省。公元240年，来自也门阿拉伯部落的莱赫米人曾在幼发拉底河下游一带建立希拉国。历经20代君主。从5世纪中叶到6世纪中叶，希拉国处于鼎盛时期。公元7世纪伊斯兰教兴起后，伊拉克被阿拉伯帝国吞并。阿拔斯王朝（754—1258年）时，巴格达是阿拉伯帝国的首都。9世纪中叶以后，哈里发的权力被削弱。10世纪中叶，波斯信仰什叶派的白益王朝统治者入主巴格达，哈里发仅保存宗教领袖地位。1055年塞尔柱突厥人占领巴格达。1258年蒙古人入侵，哈里发被废黜，阿拉伯帝国灭亡。巴格达失陷后。伊拉克全境归附。16世纪，伊拉克成为奥斯曼帝国的一部分。1920年沦为英国委任统治地。1921年8月独立，1932年获得完全独立。1958年7月成立伊拉克共和国。

三 民族演变历史文化

公元前4000年，苏美尔人已经是两河流域南部地区（今伊拉克境内）的主要居民。他们从东方山区或里海一带迁来。公元前3000年初，苏美尔人在两河流域南部建立了一些城邦国家，公元前24世纪被属于闪米特人的阿卡德王国所征服。至公元3000年末，苏美尔人和阿卡德逐渐融合。苏美尔人的体质特征矮小健壮，圆颅，直鼻，短颈，不留须发。前2000年左右，苏美尔人被北方来的阿摩利人和东边来的埃兰人所灭。苏美尔人被认为是两河流域文明的开创者，他们创造的楔形文字为迄今所知最古老的文字之一，很多古代西亚民族对它略加修改后，作为自己的文字长期使用。这种楔形文字对后来腓尼基文字的产生具有重大影响。

阿卡德人是闪米特人的一支。约于公元前3000年初从叙利亚草原进入两河流域中南部。公元前24世纪中叶，阿卡德人征服苏美尔人建立的各城邦国家，统一了两河流域的中下游，建立阿卡德王国。公元前2230年，王国为东北山区的库提人所灭。阿卡德人和苏美尔人逐渐融合后，在文化上受后者的影响较大。阿卡德人的外貌和苏美尔人不同，特征是身躯高大，长脸钩鼻，多须发，同现代阿拉伯人十分相似。阿卡德人继承和发展了苏美尔文化传统,产生了一种新的文化,历史上称它为"苏美尔—阿卡德文化"。阿卡德语属东北闪米特语,所用的楔形文字为世界上最古老的文字之一。

古巴比伦人承袭了苏美尔—阿卡德文化,在楔形文字、天文学和数学方面均有发展。古代两河流域的人通过观察月亮圆缺变化规律,编制了太阴历。7天一周的制度源于古代西亚,今天我们仍在使用。他们的记数法使用十进位法和六十进位法,把圆周分为360°。六十进位法应用于计算周天的度数和计时,全世界至今沿用。古巴比伦的文化成就对后来的希腊和罗马都有不小的影响。

公元240年,来自也门的一个阿拉伯部落莱赫米人建立希拉国。希拉国居民主要信仰基督教的聂斯脱利派。莱赫米人日常生活中使用阿拉伯语,但书写时用叙利亚语。也有很多人精通波斯语。莱赫米人对阿拉伯半岛的经济和文化都起过一定的作用。但阿拉伯人作为主体民族的地位是从伊斯兰教兴起以后才开始形成的。公元635年,阿拉伯人在布威伯战役中打败了波斯军队,在伊拉克战场上取得了重大胜利,加速了伊斯兰化进程。同时阿拉伯人在南部的巴士拉和库法建造兵营。后来,由于大量阿拉伯移民的进入,兵营逐渐发展成为城市。巴士拉成为伊拉克南部的军事和政治中心;库法成为第四位哈里发阿里的政治、经济和文化的新都。

第二任哈里发欧麦尔(634—644年在位)为了保持阿拉伯血统的纯洁,起初不允许巴士拉和库法两地新建兵营里的将士与当地居民混居。但这项政策并未认真贯彻执行。到了欧斯曼时代(644—656年在位),阿拉伯人不仅在伊拉克定居下来,夺取土地,设置庄园,而且还向那里大量移民。大批贝都因人离开了阿拉伯半岛上的帐篷,开始在"新领土"上安居下来。到了倭马亚王朝时代(661—670年)这批新移民人数大增,势力渐大,甚至企图实现伊拉克独立。巴士拉的阿拉伯人大多是从麦地那和阿拉伯半岛北部各个部落迁移而来的,其中著名的有木德尔部落、勒比尔部落和来得较晚的艾兹德部落。木知尔部落最早到达,人数最多,多半是参加远征的军人及他们的家属。库法地区的阿拉伯人主要来自阿拉伯半岛南方也门的各个部落。

四大哈里发时期(632—661年),伊拉克的阿拉伯移民仍只是当地的"少数民族",如在库法的阿拉伯人仅7.5万,另外尚有"新穆斯林"和奴隶8000人。定居巴士拉的阿拉伯人也只有23万人。为了达到战胜土著居民,长期统治"新领土"的目的,阿拉伯人提倡蓄女奴为妾，繁衍后代，一夫多妻制发挥了作用。阿拉伯人从闭塞落后的沙漠地区来到了文明世界，所受的影响是多方面的、多种渠道的。他们首先让他们的奴隶成为他们的老师。同时，他们在语言词汇、文化和建筑等方面受波斯人的影响较大，但最后都被他们实现了"阿拉伯化"。阿拉伯移民由于来自半岛各地，因此，南、北部落之间的宗派主义仍然相当严重，古莱氏部落的贵族权势逼人，十分不利于阿拉伯人的团结。为此，哈里发欧麦尔下令禁止古莱氏贵族离开阿伯半岛前往"新领土"，尤其迁往伊拉克新城定居。但欧麦尔死后，古莱氏人"如野马突破栅栏一样，成群地奔向伊拉克"。

阿拔斯王朝（754—1258 年）时代，种族排斥和种族歧视逐步消失，阿拉伯血统已不再至高无上，随之而来的是阿拉伯人和非阿拉伯人的互相融合。帝国的最高统治者已不再是纯粹的阿拉伯人，只是阿拉伯贵族和非阿拉伯贵族的联合统治，波斯人的影响尤为重大。这时标志着纯阿拉伯人统治时代的结束。在这个时期，在宗教和文化方面的突出成就是在帝国的广大地区实现了伊斯兰化和阿拉伯语化。巴格达成为世界商业和贸易中心之一。国内文化发达，在文学、艺术和科学研究各方面都取得了重大成就。《一千零一夜》初稿是 10 世纪上半叶在巴格达完成的，以后又陆续增添和补充了一些东方民间故事，直到 16 世纪才在埃及定型。这是一部世界文学名著，它无论在内容和形式上，还是在创作风格上都对欧洲文学产生过影响。意大利诗人但丁、薄伽丘和英国文学家乔叟的作品都吸收了一些阿拉伯故事。从 8 世纪起，大量西方古典著作得到翻译，从而促进了东西方文化的交流和世界文化的发展。经过阿拔斯王朝 200 多年的翻译工作，希腊重要的哲学和自然科学著作差不多都译成了阿拉伯文。阿拉伯—伊斯兰文化是以丰富的希腊学术思想和科学成就为基础，与东方各国家的文化遗产相结合而成的。阿拉伯—伊斯兰文化最初是以阿拔斯王朝首都巴格达为中心的。王国衰落后，中心转移到了开罗和科瓦多瓦等地继续发展。

在史学方面，公元 10 世纪泰伯里的《历代先知及帝王史》是一部记述阿拉伯—伊斯兰历史为主，其他民族历史为从的巨著。此外，还有麦斯欧迪的《黄金草原》，伊本·艾西尔的《历史大全》等。在自然科学方面，世界上第一部代数学著作是阿拉伯数学家写成的。此书直到 16 世纪仍被欧洲许多国家的大学当作主要教科书。阿拉伯人在天文学研究方面取得很大成就，他们还制造了比较精密的测天仪。9 世纪的花拉子密是中世纪伊斯兰教最伟大的科学家之一，他精通数学和天文学。

他是第一个积极主张将印度数字和零号代替阿拉伯原来的字母记数法的人。印度数字和零号以及十进位法通过他的著作传入欧洲；欧洲人称这套印度数字为"阿拉伯数字"。他制定的天文表替代了希腊和印度的各种天文表，成为东西方各种天文表的蓝本。在医学方面，拉齐的《医学集成》是一部医学百科全书。伊本·西那（阿维森纳）的5大卷《医典》除对医学原理和治疗方法加以论述外，还对药物学作了深入研究。12世纪，《医典》被译成拉丁文，成为西方医学的指南，直到17世纪仍被欧洲大学采用为课本。

16世纪伊拉克地区虽然成为奥斯曼帝国的三大行政区，但奥斯曼土耳其人对该地区的影响较小。奥斯曼人的统治结束以后，阿拉伯民族主义运动的发展遭到挫折，建立一个由阿拉伯人统治的阿拉伯帝国的愿望未能实现。今天在伊拉克，不同的民族是以不同的宗教、语言和种族来确定的。即使在主体民族阿拉伯人中还存在两个相对有别的不同群体，即生活在沙漠里的游牧民族贝都因人和生活在幼发拉底河和底格里斯河下游三角洲沼泽地区的"沼泽阿拉伯人"，又称马丹人。"沼泽阿拉伯人"住在连成一片的棚屋中，过着半农半牧的生活。冬季来临后，他们把水牛赶进沼泽。在信奉伊斯兰教的穆斯林中，什叶派约占60%，逊尼派约占40%。在阿拉伯国家中，伊拉克是唯一的一个由什叶派占多数的国家。

伊拉克的阿拉伯男子的传统服装是宽大的白色长袍，女子头戴面纱，身披斗篷。但这种装束在现代化的城市里已较少见到。伊拉克阿拉伯人的主要食品是面饼和烤肉串。他们喜欢甜食，出门做客时常以糖果相赠。伊拉克虽然不产茶，但他们的饮料却以茶为主。伊拉克人特别喜欢马，并以拥有这种动物而自豪。人们常常可以看到在巴格达街头骑马而过的人。

四 少数民族

库尔德人是伊拉克的主要少数民族，目前大约有400万人。伊拉克石油储藏量最丰富的油田就位于库尔德人居住区的基尔库克和哈纳金一带。由于地处封闭的内陆山区，库尔德人居住地区目前仍是一个农牧业区，牲畜是主要生产资料。库尔德人属欧罗巴人种印度地中海类型，是西亚最古老的民族之一。库尔德人身材高大强壮，脸庞棱角分明，眼睛和头发的颜色比阿拉伯人浅。从外表上来看，他们与阿拉伯人有较明显的区别，库尔德语是该民族的通用语言，属印欧语系，但方言较多。各方言中土语之多，就连不同地区的库尔德人之间也难于交流。库尔德语迄今没有统一文字，伊拉克和伊朗的库尔德人借用阿拉伯字母。库尔德人主要信奉伊斯兰教，多数人属正统的逊尼派，少数属什叶派。特殊的地理环境使库尔德人的部落形式保留至今。至今在一些落后地区如伊拉克北部，生产仍以自给自足为主，商品经济极不发达，文盲十分普遍。

伊拉克宪法承认伊拉克人由两大民族组成：阿拉伯族和库尔德族，允许"在库尔德地区成立自治政府"。政府承认库尔德人的民族文化和民族权利，库尔德语可以作为以库尔德人为主要居住地区的正式语言，允许库尔德地区的所有学校同时开设库尔德语和阿拉伯语。1991年3月，海湾战争刚结束，处于武装斗争低潮多年的伊拉克库尔德人东山再起。武装斗争失败后，有200多万库尔德人逃离家园，拥入伊朗和土耳其，或滞留在土伊边境上，酿成震惊世界的"库尔德难民问题"。其中进入伊朗的约有100万人，进入土耳其的约有45万人，此外还有数十万人滞留在土伊边界一带。

除库尔德人以外，尚有一小部分其他少数民族和外国侨民居住在伊拉克，但人数极少。他们主要有土库曼人、伊朗人、亚述人、亚美尼亚人等。20世纪30年代，曾有10万犹太人居住在伊拉克。50年代初，以色列犹太人有计划地组织了一次代号为"阿里巴巴行动"的集体移民，把大部分伊拉克犹太人运送到以色列。目前居住在伊拉克的犹太人仅几百人。

（唐裕生）

伊 朗

一 概 况

伊朗位于亚洲西南部，北邻亚美尼亚、阿塞拜疆、土库曼斯坦，西与伊拉克、土耳其接壤，东与巴基斯坦、阿富汗交界，南濒波斯湾和阿曼湾，海岸线长达1833公里。

伊朗全国面积为164.8万平方公里，境内多高原，海拔一般在900—1500米之间，北部有厄尔布尔士山脉，德马万德峰海拔5600余米，为伊朗最高峰。主要河流有卡伦河和塞菲德河，东部和内地属大陆性的亚热带草原和沙漠气候，干燥少雨，寒暑变化大，西部山区则多为地中海式气候。

全国分为24个省，195个县，500个区。

政体为总统内阁制，总统是国家元首，也是政府首脑，可授权第一副总统掌管内阁日常工作，有权任命数名副总统，协助主管专门事务。伊斯兰议会是伊朗最高立法机构，实行一院制，270个议席中，绝大多数议员属伊斯兰教什叶派，少数为伊斯兰教逊尼派以及基督教徒和犹太教徒。

伊朗石油和天然气储量丰富，石油是其经济命脉。截至1995年年底，已探明的石油储量为1400亿桶，是世界上第四个石油最丰富的国家之一。已探明的天然气储量为21亿立方米，居世界第二位。1995年，日产原油360万桶，全年出口原油收入154亿里亚尔，每年石油和天然气的出口收入约占全部出口收入的80%。1995年，国内生产总值为1841860亿里亚尔，人均国内生产总值301.4万里亚尔，国内生产总值增长率为2%［1美元＝3000里亚尔（1997年5月）］。

伊朗实行中小学免费教育，重视高等教育。全国共有大学46所，在校本科生38.7万人。1996年，文盲率为17.34%。

波斯语是伊朗的官方语言，其中有相当多的阿拉伯词汇，并含有突厥语、蒙古语等借词。古波斯人曾用楔形文字，7世纪改用阿拉伯字母。现代波斯语是形成于9世纪的新波斯语，也叫法尔斯语。

全国人口7000万，1996年，全国人口增长率为1.5%。城市人口约占57%，农村人口约占43%。伊斯兰教为国教，98.8%的居民信奉伊斯兰教，其中91%为什叶派，7.8%为逊尼派。

二　伊朗与波斯人

伊朗是具有四五千年历史的文明古国，史称波斯。在伊朗地域上最早出现的国家是埃兰。始建于公元前3千年纪。公元前550年，波斯人征服周边民族，建立阿赫梅尼德王朝，古波斯帝国盛极一时，该王朝第三代国王大流士一世统治时期（公元前521年—前485年），帝国版图扩张到东至阿姆河和印度河两岸，西到尼罗河下游，北至里海、黑海一带，东达波斯湾的广大疆域。公元前330年被马其顿亚历山大帝国灭亡。公元前3世纪中叶出现安息帝国，公元226年出现强大的萨珊王朝。公元7—18世纪，阿拉伯人、突厥人、蒙古人、阿富汗人先后入侵。18世纪后期，伊东北部的土库曼恺加部落统一了伊朗，建立了恺加王朝。19世纪以后，伊朗逐步沦为英、俄的半殖民地。1925年建立巴列维王朝。1941年，礼萨·汗被盟军逐出伊朗，其子穆罕默德·礼萨·巴列维即位。1935年3月21日，改国名为伊朗。1978年，爆发了反对国王的群众运动，迫使巴列维国王流亡。1979年2月11日，巴列维王朝被推翻，宗教领袖霍梅尼正式接管政权。4月1日，建立伊朗伊斯兰共和国。1989年6月3日，霍梅尼病逝，专家会议于第二天推举原总统哈梅内伊为新领袖。7月28日，议长拉夫桑贾尼当选总统。1997年5月24日，前伊斯兰指导部部长哈塔米当选为伊朗第七届总统。

三　居民来源与民族演变

伊朗自古就是欧亚陆路交通要冲，历史上多次受到外族入侵，因而是西亚民族成分较复杂的国家。按各民族的语言特点，伊朗可分为3个语系40多个民族，其中语言属于印欧语系伊朗语族的有波斯、库尔德、卢尔、巴赫蒂亚尔、俾路支、塔特等民族，属于阿尔泰语系突厥语族的有阿塞拜疆、土库曼、卡什凯等民族，属于闪含语系的有阿拉伯等民族。除了以上三种语系的民族外，伊朗还居住有亚美尼亚人等。在人种方面，各民族绝大多数属于欧罗巴人种印度帕米尔类型。

伊朗人属雅利安人的一支。在历史上，他们和印度雅利安人属于一个共同体，称为印欧语系东支印度伊朗语部落或雅利安部落。这是因为他们都自称雅利安人。雅利安本意为"高尚的人"或"贵族"，最初大概是部落首领的称号。公元前3000年，印度伊朗语部落由南俄草原迁入伊朗东部地区时仍是一个共同体或部落联盟。联盟内部称呼相同、语言相近，在社会经济文化方面都有许多共同点。公元前2500年以后，共同体解体。一些部落迁入印度，称印度雅利安人。留在伊朗的部落称为伊朗人。伊朗人即雅利安人的转译。现代伊朗国家的国名就得名于雅利安人，意为雅利安人的国家。

在印度伊朗人部落共同体瓦解时，伊朗部落大概还住在原先居住的第聂伯河到乌拉尔草原之间的地带。后来，他们逐渐分批迁移，这种迁移过程大约持续了数百年之久。到公元前1世纪初，伊朗部落已经遍布黑海北部沿岸地区、中亚和伊朗高原。

公元前9世纪到公元前8世纪，在伊朗西部某些地区土著居民仍占优势，但到公元前8世纪后期，伊朗人成了许多地区的主体民族。当时的伊朗人包括许多部落群，如米底人、波斯人、帕提亚人、巴克特里人、萨西亚人和西徐亚人。

四 波斯人与伊朗

波斯人是伊朗的主体民族，有4400万，占全国人口的66%。当公元前8世纪伊朗人在伊朗西部占据优势后，原先居住在乌尔米耶源西北部地区的居民开始进一步向南移动，并且占领了"帕尔萨"地区（即今法尔斯省），后来他们就以这个地名作为本部族的名称——波斯人。不久后，这个部落联盟在阿赫梅尼德氏族的领导下，发展成为严密的政治统一体，从公元7世纪起，波斯人中相继融入了阿拉伯人、突厥人、蒙古人等民族成分。在后来的发展过程中，他们逐渐同化了这些民族及当地的部落。这种民族融合、同化过程至今尚未停止。现在，波斯人主要分布在厄尔布尔士山脉以南的中伊朗和东伊朗的高原地内。居住的主要城市有克尔曼、设拉子、亚兹德、伊斯法罕、卡善、德黑兰等。

现代的波斯人都是定居民，城市中的波斯人包括许多不同职业类型的人，各自的社会地位主要由其对经济资源及政治势力的控制程度来决定。有许多的议员、部长、大使都来自城市的上层社会，他们中有的曾经是地主，如今变成了不动产市场，如工业企业及商业企业的投资者。伊朗社会中的巴札商人一直是一支不可忽视的力量，巴札曾一度是伊朗的经济重心，而波斯人又在巴札商人中扮演了重要的角色。波斯人还是什叶派乌里玛的重要组成部分，他们是伊朗什叶派穆斯林意识形态的掌舵者。以上这些人只是金字塔形社会阶层的塔尖部分，伊朗社会广大的中下层人民才是这座金字塔的主体，他们主要从事棉毛纺织、制毯等手工业，少数从事商业和石油工业，更多的农业人口则主要从事农业，兼营畜牧业。

伊朗是个文明古国，在它历经几千年的发展过程中，曾经创造出了灿烂辉煌的文化。波斯文学，特别是诗歌极为丰富，是伊朗文化的一块瑰宝。中世纪波斯诗歌堪称世界文学史上的奇葩，尤其在史诗、叙事诗、抒情诗、颂诗、哲理诗等方面的贡献更为突出。

德国大诗人歌德在《东西诗集》的题诗里热情赞美道："谁要真正理解诗歌，应当去诗国里徜徉；谁要真正理解诗人，应当前去诗人之邦。"歌德在这本诗集中不断提到哈菲兹及其故乡设拉子，在诗集的诗歌中发出对内扎米、费尔多西及鲁米的颂赞之辞，诗人这里所说的"诗国"就是指伊朗；所说的"诗人"，主要是指费尔多西等伊朗诗人。费尔多西的《王书》共6万联句，描写了四个王朝50多位国王的业绩。欧洲学者称费尔多西为"东方的荷马"，称《王书》为"天才的、富于教育意义的、最壮丽的纪念碑"。哈菲兹的抒情诗可以和莎士比亚的十四行诗相媲美。哈菲兹的抒情诗既有现实的内容，又有浪漫风格和神秘主义色彩，他的诗歌世代为人传诵。13世纪大诗人萨迪一生留下了大量著作。他的两部名著《果园》和《蔷薇园》，不仅在伊朗广为流传，而且也早已被介绍给世界各国的文学爱好者，他的名字也已被列入世界文化名人之列。他的最为人传诵的诗句集中体现了他的仁爱胸怀：亚当子孙皆兄弟，兄弟犹如手足亲。萨迪的诗句已成为一个团结全人类的口号悬挂在联合国总部。

波斯人在艺术上的成就也是世人有目共睹的。古往今来，世人把波斯地毯视为伊朗艺术最重要的标志,给它以极高的评价。才华出众的波斯地毯纺织者和设计者制作的地毯已超越商品的性质,成为杰出的艺术品。波斯地毯在伊朗文化史上具有漫长的历史。在西伯利亚南部地区发现了三千年前埋在冰层里的精美壁毯。据伊朗伊斯兰历史学家称,公元6世纪,阿塞拜疆已成为波斯地毯最大的纺织和出口中心。伊朗被誉为"地毯之国",当之无愧。

伊朗绘画艺术亦有着雄厚的基础。在阿赫梅尼德王朝、萨珊王朝,绘画艺术日益发展,在萨珊王朝的石刻中展现了狩猎场、宴会等激动人心的场面。体现伊朗画家艺术才能的明显标志——彩饰画盛行于公元9—12世纪。由于《古兰经》·《圣训》的封面和插图中广泛采用精美的彩饰画,在其他书籍的装潢中也采用这种艺术,使伊朗画的价值倍增。而稍后出现的细密画意境深邃,色彩绚丽,一直在东西方享有盛誉。

另外,波斯建筑的水准也是很高的,在阿赫美尼德时期,设拉子附近的波斯波利斯以及古都苏撒,都有古代王宫建筑群遗迹。从遗迹可以看出当年建筑规模宏大,楼宇巍峨,充分显示了这一古代世界强国的威力与气魄。

五 少数民族与伊朗

在伊朗,突厥语民族是多种多样,早在19世纪末,统称为突厥—鞑靼人。现在他们分为许多部落和部族。阿塞拜疆人是伊朗最大的突厥语民族,有1700万人,占全国总人口的25%。他们信奉伊斯兰教,属于什叶派,主要分布在西阿塞拜疆省、东阿塞拜疆省,以及赞詹行政区。在这些地区,他们占居民的大多数,约占当地居民的80%。此外,他们在哈马丹、加兹文、萨维、阿拉克、德黑兰等城市中也占相当大的比重。

伊朗阿塞拜疆人的远祖可追溯到青铜时代就已居住在南高加索东部地区的当地居民,以及公元前后入侵的基美里人、斯基泰人、保加尔人和匈奴人等。11—13世纪,使用突厥语的各民族(主要是塞尔柱人)大批进入,形成了统一的阿塞拜疆人。阿塞拜疆人从1世纪中期开始先后建立了10多个封建国家,历史上由于以上地区和社会经济发展不同,形成经济、文化、生活各不相同的集团。阿塞拜疆手工业发达,妇女多从事地毯编织，男子从事绣花、木雕等工作。在阿塞拜疆人的家庭中，保留着某些父权制残余。阿塞拜疆人传统的住房多用石块和土坯砌成的拱形建筑，典型服装是古罗马式的长衬衫和肥大灯笼裤，女子多穿敞襟短上衣和宽大百褶裙。

伊朗阿塞拜疆人分为若干支系：穆卡登人、东巴尔人、卡拉乔卢人、穆甘卢人、巴亚特人、杰万希尔人。与阿塞拜疆人接近的还有阿夫沙尔人。他们分布在伊朗西北部雷扎耶湖以东地带，在法尔斯、克尔曼和胡泽斯坦也有他们的支系。另外，伊朗的突厥语民族还有沙赫塞文人、卡拉帕帕赫人、卡拉达格人、土库曼人、卡什凯人。

伊朗境内的库尔德人约有 330 万，占全国居民的 5%。库尔德民族是中东地区仅次于阿拉伯人、突厥人、波斯人的第四大民族，属于印度雅利安人血统。库尔德文采用阿拉伯字母。库尔德人大部分信仰伊斯兰教逊尼派。妇女戴有面纱和披肩等装束，也没有男女隔绝的风俗，一般是一夫一妻制。库尔德人原先是游牧民族，现多数是定居和半定居的居民，但仍保留着部落界限残余。较大的部落有穆克里、比尔巴斯、舍卡基、克尔霍尔、森贾比、古兰。霍拉桑北部地区的库尔德人分属两个大的部落联合体：扎法兰卢和沙杜卢。

库尔德人聚居地被称为德斯坦，主要指土耳其、伊朗、伊拉克三国交界地区，面积约 40 万平方公里，主要是山区，地理条件复杂，交通不便。该地区盛产石油，战略地位重要。历史上，殖民主义者插手其间，而增加了库尔德问题的复杂性。这一地区原先大部分为奥斯曼帝国统治。第一次世界大战后，库尔德人趁英法等国瓜分奥斯曼帝国之际，曾展开了独立运动，由于上述几个国家不赞成库尔德人独立，加上库尔德人内部各部落矛盾，其建国计划未能实现。可以说，库尔德人是没有自己国家的民族，虽然长期受到异族的压抑和统治，但库尔德人保持着独特的民族风格和独立的民主意识。伊朗的库尔德居民主要分布于西部的库尔德斯坦、巴赫塔兰和伊拉姆三省及西阿塞拜疆省的部分地区。他们长期要求实现自治。1979 年以后，伊朗库尔德民主党公开要求实现自治，并与伊朗政府发生武装冲突，1980 年实现停火。

除了波斯、阿塞拜疆和库尔德三大民族之外，伊朗各地还散居着数十个小民族。如主要分布在伊朗北部里海沿岸的吉兰省和马赞德兰省的波斯人——吉兰人和马赞德兰人；与卢尔人有亲缘关系，主要分布在伊斯法罕以西、卢里斯坦东部巴赫蒂亚尔群山之中的巴赫蒂亚尔人；多数居住在胡泽斯坦靠近波斯湾低地的阿拉伯人以及住在雷扎耶湖以西沙普尔市和雷扎耶市之间地区的亚美尼亚人。另外，在霍拉桑北部和伊斯法罕西北部还有土库曼人和格鲁吉亚人。

（蒋晓峰）

阿富汗伊斯兰国

一　概　况

阿富汗的地理位置几乎近于亚洲大陆的中心。东北部通过瓦罕走廊同中国有92公里的共同边界线，东部和东南部与巴基斯坦为邻，西部同伊朗接壤，北部和土库曼斯坦、乌兹别克斯坦及塔吉克斯坦3个中亚伊斯兰国家相连，其总边界长达2300多公里。

全国面积652300平方公里，境内大部分属伊朗高原。境内80%的面积是高原和山地，地势自东北向西南倾斜。兴都库什山脉及其支脉自东北斜贯西南，绵延1200公里，有许多山口自古为通往印度的交通要道。虽位于亚热气候带，但由于远离海洋、海拔又高，大部分地区属大陆性气候，冬夏最大温差约达70℃，昼夜温度变化剧烈，气候干燥。阿富汗有句谚语，"不怕无黄金，唯恐无白雪"。每年6—9月多大风，尤以西部地区为甚，称为"阿富汗热风"。各地气候因地势高度而不是因纬度而异。

全国分为32个省，省下辖县、区、乡和村。

政体为议会制。议会由人民院和参议院组成，是国家最高立法机关。在国家遇到重大问题时由国家元首召集"大国民会议"，也叫"支尔格大会"，由总统、副总统、两院议长、内阁成员、首席法官、总监察长、省（市）长、省议会议长、部落首领、宗教领袖以及社会知名人士组成，会期不定。阿富汗游击队分属不同民族和部落，各派间矛盾尖锐复杂。目前主要的武装力量是政府军、学生军和乌兹别克民兵武装。

阿富汗属落后的农牧业国家。1971年曾被联合国列为"最不发达国家之一"。1989年国内生产总值增长率为 -2.2%，1993年年均国民生产总值为150美元，通货膨胀率达56.7%。财政连年赤字，外贸连年逆差，欠外债达50多亿美元。与美元汇率约为4442:1。

教育落后。文盲约占居民总数的80%，女性居民的文盲率约达95%以上。全国共有中小学13515所，在校生733万。各类高等学校7所，在校生约4万。另外还有约2.6万个扫盲班。

全国人口约2650万（2010年）。城市人口约占15%，农村人口约占85%。居民大多属于欧罗巴人种南支印度帕米尔类型。主体民族为普什图人，约占全国人口的50%。少数民族有塔吉克人、土库曼人、乌兹别克人、柯尔克孜人、波斯人、阿拉伯人、俾路支人、文马克人、哈扎拉人、努里斯坦人、帕沙伊人等。普什图语和达里波斯语同为官方语言。各少数民族在日常生活中均通用本民族语言。98%的居民信奉伊斯兰教，其中90%属逊尼派，其余是什叶派。

二 居民来源与民族演变

阿富汗素有"山巅美玉"之称。历史上曾有3个名称，古代时为"阿亚那"（Aryana），中世纪时为"古拉圣"（Khurasan），近代以来为"阿富汗斯坦"（Afghanistan）。关于"阿富汗"这一名称最早出现的时间尚无定论。有些学者把唐代慧立、彦棕所著《大慈恩寺三藏法师传》一书中提到的"阿薄犍国"，看成是最早提到"阿富汗"的根据。19世纪以前，阿富汗人很少用"阿富汗"来表示自己的民族属性。阿富汗人从过去到现在经常使用的民族称谓是"巴克同人"（Pakhtuns）。学者们推测，巴克同人的民族称谓或许来源于"边远地区"、"远郊区"（Parsu）一词。在17世纪时的阿富汗文学作品中，有人开始把自己的民族称作"阿富汗"或"巴克同"。有的专家认为，"巴克同"名称源自印度对阿富汗人使用的族名——"帕坦"（Pathan）（有山民之意）。印度人在过去的口语中常用"帕坦"来称呼阿富汗人。许多欧洲人后来因此称坎大哈山中的阿富汗人为"帕坦人"。19世纪时英国文献开始用"帕坦"称谓"印度的阿富汗人"，即当时在英国统治下的阿富汗部落。后来这一做法又逐渐被其他欧洲国家沿用。

阿富汗人的民族起源问题至今仍是一个谜。可供研究的语言学、考古学和人类学方面的资料极其有限。现在人们能够基本达成共识的是阿富汗部族身体类型具有多样性的特点，表现出俾路支人、北印度人和蒙古人等混合的痕迹。最早的阿富汗人生活在苏莱曼山区和加兹尼与坎大哈高原地区一带。

阿富汗民族最终形成的时间很难确定。许多学者认为，阿富汗民族形成的主要地区在南阿富汗和西北印度地区。这一地区讲东伊朗语的古代居民是现代阿富汗人的祖先，在公元前6—5世纪已经同塞种族部落有了接触。公元前2世纪，塞种族部落进入东伊朗居民中间，对阿富汗民族的起源产生了重要意义。另外，以巴克特里亚和喀布尔斯坦为政治中心的民族，也可能是阿富汗民族的重要组成部分。有人推测，巴克特里亚人在阿富汗民族起源的早期阶段起了重要作用。

在阿富汗民族形成过程中，融汇了许多部落和民族。10—11世纪开始由游牧转向农耕，并向西北部的塔吉克人居住区和东南部的印度各族居住区渗透。有人认为，11—12世纪是阿富汗部族的传统谱系起源，在这一时期，很有可能同化了突厥、哈萨克人，并与塔吉克人彼此同化、融合。有些学者指出，阿富汗人与以色列人有血缘关系。16—17世纪阿富汗的史书中曾提到有关阿富汗人来源于以色列人的传说，该传说至今仍在民间广为流传。早在16世纪初，喀布尔省就居住着阿拉伯人、突厥人、乌兹别克人、亚马吉人、帕沙伊人、帕拉奇人、巴拉克人、哈扎拉人、尼库德里人和普什图人。当时在喀布尔省也并用着多种语言，如阿拉伯语、希伯来语、巴拉克语、帕沙伊语、帕拉奇语、拉姆加尼语，等等。

18世纪中期以前，阿富汗人曾处于波斯人（伊朗人）的控制之下。尽管其诸部落和民族集团之间强劲的纽带为统一的政治联盟的建立设置了重重障碍，但阿富汗人的政治统一体在这一时期还是最终形成了。1747年，阿富汗王国建立。王国强大时，疆域延伸至印度，成为仅次于奥斯曼帝国的穆斯林帝国。19世纪以后，国力衰落。

在叙述阿富汗人早期历史事件时，很难将阿富汗民族同其他民族严格区分开来。阿富汗位于中亚和伊朗进入印度的交通要道，曾经是世界各民族和部族迁徙、移动的通道，许许多多征服者的足迹曾踏过这片土地。来到这里的民族集团或其中的部分成员早有在此定居者。这种民族成分的历史特点，从古代一直延续至今。今天的阿富汗仍为多语种的国家，便是其中的一个根据。

阿富汗人坚强、勇敢、热爱自己的光荣传统，并以此为自豪。阿富汗当代著名诗人克鲁亚丁·哈代姆在其创作的脍炙人口的《阿富汗之歌》中写道："我为自己的民族自豪自信，天际的云彩就是我们的利剑闪光。闯来的一切魔鬼都要被赶出家园,历史证明我就像那玉柱擎天。"

阿富汗人长期以来一直深受战争的涂炭。独特的地理位置使阿富汗具有重要的战略地位,历来是兵家必争之地。从19世纪起,英国和沙俄在此展开了激烈的争夺,致使这个山地王国长期动荡不安。阿王阿小杜尔·拉赫曼面对英、俄在自己土地上的角逐,曾发出了无奈的慨叹:"小国阿富汗像是处在两头狮子中的绵羊,处在两块巨大石磨中间的谷粒,它如何才能安然无恙地生存下去呢?"1880年之前,阿富汗人处于英国人的控制之下。进入20世纪后,逐步摆脱英国人的统治走向独立,此起彼伏的政治骚乱以及与巴基斯坦人的矛盾冲突构成了阿富汗人生活的"主旋律"。1919年,阿富汗人打败了英国军队的第三次入侵获得独立,但仍未获得稳定的政局。自1978年以来,阿富汗人饱受战争的煎熬,200多万人被战争夺去了生命,600万人沦为难民逃亡到邻国伊朗和巴基斯坦。1979—1989年,苏联军队占领了阿富汗,他们支持阿政府镇压反叛者,主要是中亚各民族和什叶派穆斯林。苏联军队撤出后,阿富汗内战仍未平息,政变迭起,风云变幻,战争不断。20世纪90年代中期,由穆斯林原教旨主义派普什图人领导的塔利班崛起,夺取了大半江山,只有北部的乌兹别克人和塔吉克人,还有什叶派穆斯林尚在继续与之对抗。

阿富汗是一个多民族国家,也是跨界民族人口比例较大、分布较广的国家。所谓"跨界民族",广义上讲是指因政治疆界与民族分布不相吻合而跨界居住的民族。从政治人类学意义上讲,指那些因传统聚居地被现代政治疆界分隔而居住于毗邻国家的民族,民族本身及其传统聚居地被政治疆界所分隔是这种特殊的人们共同体所不可缺少的特征。阿富汗的地理位置为其成为中亚跨界民族聚居区创造了重要条件,它境内的主体民族、几个人口较多的少数民族几乎都是跨界民族。

阿富汗各族居民的人口只是大概估计的数字。数十年的骚乱、战争,使无以计数的人在战火中丧命,成千上万的人背井离乡逃到他国谋生。目前,想要精确地统计各民族集团的人口数量,较客观全面地描述其结构,已成为相当困难的事情。

三 普什图人及其文化

普什图人(Pushtuns),又称为"帕坦人"(Pathan)、"巴克同人"

（Pakhtuns），是阿富汗的主体民族，属欧罗巴人种印度地中海类型。他们经常以"阿富汗人"自称，尽管这一称谓也泛指居住在阿富汗的所有居民。

阿富汗的普什图人目前估计有850万人，主要生活在中南部和东部地区。在与阿富汗相邻的巴基斯坦的西北边疆省，生活着大约1000万普什图人。阿富汗与巴基斯坦之间存在着"普什图斯坦问题"。

1893年，英国殖民军进犯阿富汗失败后，与阿富汗签订了《有关阿富汗和印度边界的协定》，用"杜兰线"（Durand Line）把普什图人居住区分成上、下两个部分，分别隶属阿富汗和英属印度两个国家。1947年，印度、巴基斯坦分治，在英国政府的支持下，通过公民投票将下普什图划入巴基斯坦。阿富汗一直支持下普什图人要求脱离巴基斯坦的独立运动，致使阿、巴两国关系长期不和。在巴基斯坦现在居住着大约120万阿富汗的普什图族难民。

普什图人共有400多个大大小小的部落。不同的部落操不同的普什图方言。普什图语属印欧语系伊朗语族，是阿富汗的国语。

普什图人具有强烈的民族意识，这种意识产生的基石是普什图语。他们信奉伊斯兰教，属逊尼派。坚信普族成员拥有一个共同的祖先；在普人社会中，男人具有至高无上的地位和尊严。20世纪90年代，其中的一些伊斯兰原教旨主义者领导了"塔利班运动"（Taliban）。塔利班崛起后，每占领一地便迅速推行极其严格的伊斯兰教义，如命令男人留胡须并佩戴穆斯林头巾，违者将受到严惩；禁止妇女从事除医生外的任何职业；规定妇女必须戴面纱，穿衣不得露体；禁止娱乐活动；规定婚丧嫁娶必须按伊斯兰教义行事等。塔利班领导人公开宣称，无论何人，只要"不以伊斯兰教义及教法为行为准则，就不属于人类"，声称"我们除安拉以外不相信任何人"。普什图人是塔利班运动的主要支持者，他们正与北部的塔吉克人和乌兹别克人组成的反塔利班集团进行着一场激烈的国内战争。

普什图人的行为规范、道德准则、风俗习惯和民族心理都受传统的习惯"帕赫通瓦里"的制约。他们的言行以伊斯兰教旨为准则，对"安拉"十分虔诚，频繁的礼拜活动可使其自愿自觉地放弃手中的工作。出门在外的普族成年男子总不会忘记怀揣一块白布单，以备礼拜时铺在地上，他们视此种白布单如同圣物，绝不允许异教徒染指。普族妇女走出家门时，必须用黑纱裹严全身，只露双眼，走路要迅速，不能左顾右盼，或是与人边走边聊。日落后，一般很难看到普什图人外出妇女的身影。

在普什图人的社会生活中,家族法、各种部落惯例等起着相当重要的作用。比如普族男子酷爱武器,至今差不多仍是人手皆有枪支,这一习惯便同其习惯法中的主要内容——血族复仇和"纳纳瓦提"有着密不可分的关系。普人的"血族仇恨"一般是因为妇女、金钱和土地引起的。通常以杀死仇人来了结仇恨。如果仇人已过世,则要找其兄弟报仇;如果其兄弟也过世了,则要找其近亲报仇。人们只有在收获季节或反抗外敌入侵时才会停止复仇。调节部落争端的通常方法是,以移动巨石来决定休战,还是开战。"纳纳瓦提"是指当事者要向对方屈服时,可带着一位揭开面纱、默诵"可兰经"的妇女去平息对手的愤怒,如果对手同意和解,就会接受屈服者敬献的一只羊;有时当事者也可以把自己的一个女亲属嫁给对方的一个男亲属,且将订婚彩礼折合成抵偿金一并献给对方,以求和解。再比如,根据普什图人部落惯例,小孩子出生前要取"替名",防止女天魔"惊"喊小孩子名字将其"偷走"。婴儿出生的第二天要举行正式的起名仪式,由叔、伯,或者"毛拉"来起,在该仪式中"毛拉"需背诵一段"可兰经",轻诵"安拉是伟大的",讲述有关婴儿祖先的一些故事,并祝婴儿将来成为出色的穆斯林。男孩7岁时要行"割礼",他的家长需宴请宾客;男孩长到13岁时,便不能与女孩来往。女孩"初潮"时,其母要请女性亲戚到家中祝贺女儿成人,并向来宾分发红糖。

普什图人的社会差距十分显著。农牧民多为文盲,山区居民尚处部落社会阶段,城市居民则受现代文明影响较深,许多人在政府部门和军队中充任要职。普什图男子的装束也有贵贱之分。平民百姓头缠布巾,身穿有彩条的、长及小腿的粗布大褂,厚底牛皮靴,蓄大胡子;上层人士、知识分子、商人,一般喜欢戴皮质船形帽,穿西装和锃亮的皮鞋,留显示身份地位的小胡子。

普什图人的文化深受中亚、伊朗和印度各民族文化的影响,又具有浓厚的民族特色。这在艺术方面表现得尤为突出:普人的造型艺术、建筑艺术历史悠久,设计完美,具有很高的艺术欣赏价值,与中国、中亚诸国、伊朗和印度等国的风格有许多相似之处。其民歌、舞蹈和音乐,颇受中亚、伊朗和印度舞蹈音乐的影响。普什图人的乐器也能说明这个问题。他们的"代拉"单面手鼓,与中亚、中东各地的手鼓基本相同;"理查克"是一种胡琴,"圆拉"是6孔的笛子;"苏尔奈"类似中国的唢呐。

普什图人所讲究的礼节也能反映出中亚、中东民族的某些特点。比如人们见面喜欢以拥抱、吻面颊和胡须的方式来打招呼，若见到长辈或长者，要将手放到胸前微鞠躬，且吻老人的手；碰到长辈、朋友，无须摘下头上经常戴的小圆帽，同其他伊斯兰国家一样这样被认为是礼貌之举。现在，有教养的人已普遍行西方式的握手礼。但男子见到女子不能先伸手，待女方伸出手后，才能与她握手。见到不相识的女性，男性不要主动与之交谈；女子见到陌生男子也不能主动打招呼。男人携带女人进出汽车是不礼之举。传统女性不会在公共汽车及其他交通工具上接受陌生男子的让座。男女不能彼此直呼其名。女人不能走在男人（尤其是丈夫和兄弟）的前面，不能大声交谈，否则会被认为是缺乏教养和失礼。

四　少数民族及其文化

阿富汗的北部生活着中亚各族人民，主要是与苏联解体后独立出来的几个共和国居民关系较密切的民族集团。这些民族分别是土库曼人、乌兹别克人、塔吉克人和柯尔克孜人，他们都是阿富汗的少数民族。

"塔吉克人"（Tajiks）是阿富汗的第二大民族，人口约550万，比塔吉克斯坦共和国境内的塔吉克人还要多。属欧罗巴人种印度帕米尔类型。"塔吉克"一词来源于古波斯语，意为"阿拉伯人"。

阿富汗的"塔吉克人"，又被称为"阿富汗操达里语者"，有一个显著的民族标志，即塔吉克语，包括19种方言。这种语言属印欧语系伊朗语族，包含许多与伊朗波斯口语"法斯语"（Farsi）相近的方言。传统的生活方式是农耕，有相当高的农业和园艺技术，在阿富汗是较早转入定居农业的民族，信奉伊斯兰教，属逊尼派，部分属什叶派。

塔吉克人与古代阿富汗北部的巴克特里亚人同族，主要聚居在阿富汗的东北部，散居在喀布尔、加兹尼和坎大哈地区。8世纪时，散居者被普什图人征服。19世纪时，聚居者们也向普什图人称臣。聚居在东北部巴达赫省、塔哈尔省的塔吉克人多半用住地名称来称呼自己。散居在北部、兴都库什山南坡、赫里河谷、喀布尔河谷和潘杰希尔河谷的人，称自己为"塔吉克"。

据估计，全世界目前的塔吉克人口为900万，有人认为，他们的祖先是伊朗各民族和土耳其各民族的混血儿，几千年前迁徙到中亚，并在此定居下来。现在许多塔吉克人在城市中做工匠、商人、高利贷者和政府官员。

与塔吉克人相关的是生活在帕米尔山区的"帕米尔人"（Pamir Peoples）。尽管苏维埃政府曾将其定为塔吉克人，但他们喜欢称自己为"帕米尔塔吉克人"（Pamirian Tajks），以此表明他们与塔吉克人的区别。帕米尔塔吉克人口为12万，他们希望建立区域性的自治机构，无论是对帕米尔民族意识还是对塔吉克民族意识都不甚感兴趣。他们操与塔吉克语相近的方言，大都从事农牧业。高山区的生活环境使其获得了相对独立的生存空间，即使在苏维埃政权占统治地位的年代里，他们亦保留了某种程度的自由。这些人都是穆斯林，但大多数信奉伊斯梅利（Ismaili）派，这使得他们同其他的塔吉克人和穆斯林教徒分离开来。塔吉克斯坦共和国内战的爆发，造成了50%的帕米尔塔吉克人逃到了阿富汗，但不久其中的大多数又返回了家园。

"土库曼人"（Turkmen），属蒙古人种和欧罗巴人种的混合类型，人口约占全国人口的2%，是南移的突厥人的后裔，有西方学者认为突厥人迁徙的时间大约在公元9—10世纪。有些外国专家指出，土库曼人同其他的中亚民族相比，似乎更忠实于自己的血统、门第，一种由父系血脉沿袭下来的家族联盟。

土库曼人主要聚居在阿富汗北部，与土库曼斯坦共和国接壤的沙漠地区。此外，还有相当多的土库曼人生活在沙漠地带以南，过着游牧和半游牧的生活。

土库曼语属阿尔泰语系突厥语族。土库曼人信奉伊斯兰教，属逊尼派。

居住在平原地区的土库曼人织毯技术很高。手工艺品，特别是织毯，在土库曼人的经济生活中占有重要地位。土库曼人饲养的卡拉库尔羊所产的羊羔皮是阿富汗长达一个世纪的最主要的传统出口产品。

土库曼人至今仍保持着"抢新娘"的风俗。虽然男女双方家长已经同意婚事，但到结婚之日，新郎的亲朋好友仍要把新娘从娘家"强行掳走"。

"乌兹别克人"（Uzbeks），属蒙古人种和欧罗巴人种的混合类型。约占全国人口的8%—10%，是进入中亚的突厥人和其他种族的结合，聚居在北部与乌兹别克斯坦接壤的地区，大都生活在阿姆河冲积平原上，地势较为平坦，水利条件相对优越。有些乌兹别克人与普什图人和塔吉克人杂居，有些与土库曼人和哈扎拉人杂居。

尽管乌兹别克斯坦是一个独立国家，但阿富汗境内的乌兹别克人长期以来一直同边界另一方自己的"同胞"保持着较密切的联系。有的西方学者认为，阿富汗乌兹别克民兵武装是由乌兹别克斯坦武装起来的。

乌兹别克人有一些独特的民族习惯。如男子可娶异族女子为妻，而通常来说，女子不能嫁给异族的男子。

总的来讲，乌兹别克人大多数过着游牧或半游牧的生活。他们信奉伊斯兰教，属逊尼派。乌兹别克语属阿尔泰语系突厥语族。

"柯尔克孜人"（Kyrgyz）是中亚最小的民族集团，居住在阿富汗的东北部与中国相邻的边疆地区。

此外，其他少数民族主要还有西部的波斯人（Persians），西北部的阿拉伯人（Arabs）、生活在都市中的什叶派穆斯林魁兹巴什人（Qizibash）、西部的布拉灰人（Baluch）、中部的艾马克人（Aimag）和哈扎拉人（Hazara）、东部的努里斯坦人（Nuristanis）和东北部的帕沙伊人（Pashai），他们的人口从10万到80多万不等。这些少数民族都是穆斯林教徒，波斯人和哈扎拉人主要属什叶派。波斯人与伊朗的波斯人关系较密切，阿拉伯人属半游牧民族，努里斯坦人既从事农业，又从事牧业，艾马克人主要以牧业为生。哈扎拉人、努里斯坦人和什叶派穆斯林曾积极投身于反抗苏联军队入侵的斗争，但现在均处于普什图人领导的"塔利班"控制之下。这些反对伊斯兰原教旨主义的各民族，深受塔利班的迫害，但从20世纪70年代初期以来，就没有人对其做过细致的研究，至今我们对其人口数量和民族状况均知之甚少。

迄今为止，人们仍然难以看出阿富汗内战具有休战迹象。当然，从长远看，这场战争如同历史上发生过的所有战争一样不会永远持续下去，任何力量都无法扭转当今世界和平与发展的主流。

（刘　泓）

巴 勒 斯 坦

一 概 况

巴勒斯坦地区位于亚洲西北部，西濒地中海，地处欧、亚、非三洲的交通要冲，具有重要的战略位置。四周的邻国有黎巴嫩、叙利亚、约旦、埃及和以色列。境内西部为地中海沿海平原，南部为较平坦的高原，属内格夫沙漠，东部为约旦河谷地、死海洼地和阿拉伯谷地。加利利山、萨马里山和朱迪山横贯中部。气候属亚热带地中海型，夏季炎热干燥，冬季温和湿润。

1964年5月，巴勒斯坦解放组织成立。1968年通过的《巴勒斯坦国民宪章》规定，"巴解组织"是巴勒斯坦各种力量的代表，对巴勒斯坦人民收复国土、返回家园的斗争负责。"巴勒斯坦全国委员会"是"巴解组织"的最高权力机构，相当于议会。1994年5月，巴勒斯坦民族权力机构成立，这是一个过渡性的政权机构，主要负责管理加沙、约旦河西岸除外交、安全以外的所有民事。

全国人口430万左右（2014年），其中包括流散在外的巴勒斯坦人。巴勒斯坦阿拉伯人属欧罗巴人种地中海类型。主体民族为阿拉伯人，也有少量犹太人。阿拉伯人信仰伊斯兰教，多属逊尼派；犹太人信仰犹太教。还有一部分巴勒斯坦阿拉伯人信仰基督教。

二 巴勒斯坦与阿拉伯人

"巴勒斯坦"一词意为古代的"非利士人之地"。巴勒斯坦古称迦南，最早的居民是迦南人和阿摩利人。迦南人和阿摩利人都属于闪米特人，于公元前 3000 年在这里定居，创造了青铜文化。约于公元前 2000 年中期，另一支属于闪米特人的部落希伯来人进入，与迦南人长期斗争，相当一部分人融合起来。公元前 2000 年后期，腓力斯人（即非利士人）攻占沿海地区，并在那里建立一些城市国家。希腊人称腓力斯人之地为巴勒斯坦。腓力斯人居住在地中海东岸，耶路撒冷西南部的一条狭长沿海地带。有关腓力斯人记录最早见于公元前 13 世纪的埃及文献，他们被称为"海上民族"。据《圣经》记载，他们来自迦斐托海岛，但无法考查岛所在的位置。这一支民族原先很可能居住在克里特岛或小亚细亚西南部，以后迁往埃及，因被法老逐出而流离转徙，渡海来到巴勒斯坦，并在吸收了被征服者的语言和宗教的基础上渐渐居住下来。他们建立了加沙、阿什多德等小城。迦南人和腓力斯人都是巴勒斯坦最早的土著居民。前 11 世纪以后，腓力斯人与犹太人长期交战，犹太人屡屡失利。公元前 11 世纪末，犹太人获胜后在此建立统一的君主国。公元前 10 世纪初，国王大卫终于打败腓力斯人。公元前 930 年所罗门国王死后，王国分裂为以色列国和犹太国。腓力斯人也重新获得独立。公元前 6 世纪，迦南语被阿拉米语所替代。

公元前 586 年，犹太王国为新巴比伦王国所灭。几万犹太臣民被掳至巴比伦。公元前 538 年，波斯人占领巴比伦，释放犹太人返回耶路撒冷后，建立神权政体，臣属于波斯帝国。公元前 4 世纪起，巴勒斯坦又相继沦于马其顿、托勒密、塞琉西诸王国统治之下。公元前 63 年并入罗马版图。公元 70 年，犹太人反罗马起义失败后，被迫流散到世界各地，直到 19 世纪末 20 世纪初犹太复国主义运动兴起，巴勒斯坦已不再属于犹太人的国家，居住在那里的犹太人最少时仅几千人。公元 7 世纪，巴勒斯坦成为阿拉伯帝国的一部分。公元 638 年，阿拉伯人进入基督教圣地耶路撒冷，不久就完全征服巴勒斯坦。耶路撒冷成为伊斯兰教的第三圣地，其地位仅次于麦加和麦地那。城里有著名的古寺阿克萨清真寺。此寺始建于 709 年，是伊斯兰教的第三大寺，后经多次翻修，保留至今。

在伊斯兰教征战过程中，阿拉伯人不断迁入，并被当地土著居民同化，逐渐形成现代巴勒斯坦阿拉伯人。以后他们一直生活在这里，成为巴勒斯坦的主要居民。巴勒斯坦居民原先使用阿拉米语，但阿拉伯征服者来到以后，把他们的语言也带到了那里。阿拉伯语在巴勒斯坦首先是宗教和统治者的语言，后来成为文学语言，最后成为平民百姓的语言。公元 11 世纪到 13 世纪，巴勒斯坦沿海地区和耶路撒冷先后被十字军占领。16世纪起巴勒斯坦成为奥斯曼帝国的一部分，第一次世界大战后沦为英国的委任统治地。18世纪初，一些流散在世界各地的犹太人开始宣传犹太复国主义思想，主张返回故土，向巴勒斯坦移民。1897年，第一届世界犹太复国主义大会召开，通过纲领，要在巴勒斯坦为犹太民族建立一个由公共法律所保障的犹太人家园，并建立了"世界犹太复国主义组织"。散居在世界各地的犹太人1917年在英国发表《贝尔福宣言》，支持犹太人在巴勒斯坦建立"民族之家"。大批犹太人拥入巴勒斯坦。第二次世界大战后，更多的犹太人迁往巴勒斯坦，使原来只占巴勒斯坦地区居民总数1/12的犹太人到1946年增加到1/3。

1947年11月，联合国大会通过决议，确定在巴勒斯坦分别建立阿拉伯国和犹太国，耶路撒冷国际化。1948年5月，犹太人成立以色列国，巴勒斯坦阿拉伯人反对决议而未成立国家。以色列建国后通过战争占领了大片阿拉伯人的领土，致使将近100万巴勒斯坦人离开家园，沦为难民，分别住在加沙地带和约旦、叙利亚、黎巴嫩的难民营中。1964年，巴勒斯坦人在耶路撒冷成立巴勒斯坦解放组织。1967年6月第三次中东战争后，以色列侵占了约旦河西岸、加沙地带、埃及的西奈半岛、叙利亚的戈兰高地和耶路撒冷城的阿拉伯人管辖区，又使近50万巴勒斯坦阿拉伯人成为无家可归的难民。到1997年5月，向联合国近东难民救济和工程局登记的巴勒斯坦难民人数近340万，主要分布在约旦河西岸和加沙地带以及一些阿拉伯国家。其中加沙地带的难民约73万人，占加沙总人口的74%。住在约旦河西岸难民营里的难民为37万人，其余难民住在叙利亚、黎巴嫩和约旦。住在约旦的难民约占难民总人数的41%。1988年，巴勒斯坦全国委员会通过《独立宣言》，宣布建立以耶路撒冷为首都的巴勒斯坦国。

（唐裕生）

黎 巴 嫩

一 概 况

黎巴嫩位于地中海东岸，北部和东部的绝大部分国土与叙利亚接壤，南部与以色列和巴勒斯坦毗邻。海岸线长220公里。全国面积10452平方公里。境内多山，地形复杂多变，黎巴嫩山纵贯全境，平原仅分布在沿海地区，沿海岸线多港湾和岬角。贝卡谷地形状像一条狭长的带子，面积约占全国总面积的30%。境内河流众多，向西注入地中海。利塔尼亚河长约170公里，是全国最长的河流，流域面积达2000多平方公里。黎巴嫩属亚热带地中海式气候，沿海地区冬季湿润多雨，夏季较干旱。谷地和山区因受海洋影响较小，冬季气温低，夏季气温高，年温差大。年均降水量为1000毫米左右，山区为1200毫米以上。黎巴嫩盛产杉、松等乔木。挺拔强劲的黎巴嫩杉作为国家的象征，被用在国旗、国徽和钱币上作为标记。农产品以水果和蔬菜为主。全国分为5个省，省以下设县。

政体为共和制。在阿拉伯国家中，黎巴嫩首先采取共和政体。议会是立法机构，一院制，议席分别由基督教派和伊斯兰教派占有。总统由议会选举产生，任期6年，不得连选连任。1943年，天主教马龙派与伊斯兰教协议，规定总统由马龙派教徒担任，总理由伊斯兰教逊尼派担任，议长由伊斯兰教什叶派担任。宪法规定黎巴嫩是一个独立、统一和主权完整的国家，具有阿拉伯属性。

国家以商业为主要产业，商业和服务业产值占国内生产总值的70%以上。黎巴嫩曾享有中近东贸易、金融、交通和旅游中心的盛名，有"中东瑞士"之称。在中东地区的阿以冲突和内战期间，国民经济受到极大影响。黎巴嫩教育比较发达，公立学校实行免费教育。法国和天主教会影响较深，教会学校占私立学校的 1/3。综合大学 4 所，专科学院 20 多所。黎巴嫩大学、贝鲁特阿拉伯大学和贝鲁特美国大学较为著名。

全国人口 458 万（2014 年），绝大多数为阿拉伯人，约占 80%，属欧罗巴人种地中海类型。少数民族有亚美尼亚人、亚述人、库尔德人、德鲁兹人，此外还有一些巴勒斯坦人和犹太人。阿拉伯语为官方语，通用法语、英语。居民中 54% 信奉伊斯兰教，分什叶派和逊尼派。其余信奉基督教，主要有马龙派、希腊东正教、罗马天主教和亚美尼亚东正教等。

二　黎巴嫩与阿拉伯人

黎巴嫩是一个多山的国家，国名取自山名。在古代闪米特语中"黎巴嫩"一词意为"白色山岭"，因此黎巴嫩即有"白山之国"之意。黎巴嫩的历史源远流长，位于首都贝鲁特和第二大城市特里波利之间的朱拜勒，古代希腊人称它为拜布罗斯（Byblos），意为纸或书，《圣经》（Bible），因此而得名。约在公元前 3500 年，拜布罗斯就有人居住，是黎巴嫩最古老的居民点。它仅次于巴勒斯坦的杰里科，是世界上最古老的居民点之一。由于地处世界古代两大文明发祥地的通道之间，古代世界的物质文明和精神文明被输入到黎巴嫩，并从这里传播出去。黎巴嫩属于古代腓尼基的一部分。公元前 3000 年迦南人在澡海一带建立起来的早期社会，是以商业和手工业为基础的城邦。这种城邦制一直保持到罗马时代。

公元前 8 世纪以后，黎巴嫩相继遭到亚述和新巴比伦的侵袭，前 6 世纪为波斯所灭。公元前 331 年，希腊国王亚历山大攻占腓尼基城邦。公元前 64 年，罗马人征服叙利亚后，将黎巴嫩领土划入叙利亚版图，并将其置于自己的统治之下。从亚历山大时代起至公元 7 世纪，西方人势力控制着黎巴嫩。在罗马和拜占庭时代，基督教在黎巴嫩已经传播开来，居民纷纷信仰。这就为今天基督教和伊斯兰教在黎巴嫩平分天下奠定了基础。

公元 7 世纪，阿拉伯人征服黎巴嫩，并带来了伊斯兰教，黎巴嫩从此成为阿拉伯帝国的一部分。11 世纪末至 13 世纪，欧洲十字军占领黎巴嫩，并建立了几个封建小公国。13—16 世纪初，黎巴嫩处于埃及人的马木鲁克王朝统治之下。1517年黎巴嫩被土耳其人占领,以后成为奥斯曼帝国的一部分。16—18世纪,基督教马龙派教徒向伊斯兰教德鲁兹人南部的势力地区渗透,19世纪中叶,两派信徒在舒夫和米顿地区发生冲突,从而导致1840—1860年的黎巴嫩内战。第一次世界大战后沦为法国委任统治地。1941年11月,法国结束对黎巴嫩的委任统治。1943年11月22日,黎巴嫩宣布独立,成立共和国。

三 民族演变历史与文化

公元前3000年,属于闪米特人的迦南人进入腓尼基。现代语言学研究表明,迦南人、阿摩利人、巴比伦人、希伯来人和阿拉伯人都来自阿拉伯半岛上的同一族源。阿拉米文化和希伯来文化都以迦南文化为基础。希腊人把与其进行贸易的迦南人称为腓尼基人。腓尼基意为"紫红色国",因黎巴嫩盛产紫红染料。古代叙利亚的阿拉米祭司、巴勒斯坦的犹太教祭司长、罗马的天主都红衣主教和东方教会的大主教,都穿紫袍以表示主教的威严。公元前2000年左右,腓尼基人在今天的叙利亚和黎巴嫩沿海地区建立了一系列城邦,其中最著名的有西顿和推罗,各城邦的手工业和商业特别发达。腓尼基人素以经商、航海和殖民著称,曾建立了举世瞩目的海上文明。但他们在从事海上贸易的同时,也进行海盗活动和贩卖奴隶,其活动范围包括今天的西西里岛、撒丁岛、法国、西班牙和北部非洲。推罗人曾越过直布罗陀海峡,在海峡以西建立卡迭尔城(今西班牙加的斯)。腓尼基人的葡萄酒、橄榄油、玻璃制品、青铜器、陶器、木材和紫红染料等产品行销地中海沿岸各地。他们建造的船只,性能良好,往来于地中海各港口。在腓尼基人所建的殖民地中以今突尼斯境内的迦太基为最大。迦太基人不仅在非洲西北部和地中海的一些岛屿上,而且还在西班牙和高卢的一些地方也开拓了殖民地。

腓尼基人在经商过程中于公元前13世纪发明了由22个字母组成的辅音文字系统,并把它传播到其他地方。腓尼基拼音字母系统直接影响了古希腊字母,由古希腊字母衍生出的拉丁字母和斯拉夫字母成为后来西方各国字母文字的起源。这是腓尼基人对世界文明的一大贡献。腓尼基人的航海技术无与伦比,他们用3年的时间做了一次环绕非洲的航行。这要比葡萄牙人所做的航行早1000多年。腓尼基人发现大西洋是人类进步的一个十分重要的里程碑。

  黎巴嫩的民族构成受古代人类大迁移的影响。在历史黎明时期，许多民族不断从大叙利亚地区的沙漠和阿拉伯半岛南部沙漠地区拥向位于大叙利亚沿海地带的黎巴嫩和伊拉克平原、大马士革一带以及巴勒斯坦内陆平原。其中最主要的迁徙浪潮是公元前2800年遍布大叙利亚地区各地的迦南人的迁徙。从古代至公元7世纪，迁移到黎巴嫩来的民族有公元前1500年前后的阿拉米人，公元前500年左右的奈伯特人，公元2世纪的迦萨尼人和公元7世纪的阿拉伯穆斯林。这几次民族迁徙对黎巴嫩阿拉伯文明和主体民族的形成有着十分重大的影响，尤其是阿拉伯穆斯林。中世纪末期，有大批土耳其人迁来。在近代又有一些库尔德人、亚美尼亚人和切尔克斯人迁来。

  黎巴嫩阿拉伯人虽属地中海类型，但他们的体质特征与其他阿拉伯国家的阿拉伯人有明显的区别，尤其不同于也门阿拉伯人。他们头颅较长，面脸白皙，皮肤棕色，头发黑而卷曲，鼻子较长，个子中等，与欧洲人相似。黎巴嫩人有着向外迁移的传统，在各个不同的历史阶段由于种种不同的原因，移民浪潮从未中断过。早在人类历史的黎明时期，腓尼基人就驾驶着船只航行到世界许多地方。他们在这些地方建立了殖民地，有些人生活在那里，成为移民。在希腊、罗马和拜占庭人占领时期，大批黎巴嫩人不堪忍受压迫和内乱，纷纷向外迁移。19世纪中叶，由于国内动乱不断和比中东其他国家的人民有更多与西方接触的机会，黎巴嫩人向外迁移的浪潮更加迅猛。苏伊士运河开通以后，黎巴嫩人不断流向尼罗河流域。他们主要在埃及的政府机关、商业和外贸部门任职。1907年，在埃及的黎巴嫩侨民达3万人，他们的财产估计占埃及当年国民总收入的10%。自1843年以后，有一部分黎巴嫩人定居美国纽约。早在1916年以前，在黎巴嫩差不多每个基督教家庭都有其成员迁居国外。黎巴嫩人称他们把自己分成两半，一半是定居在国内的黎巴嫩人，一半是侨居在国外的黎巴嫩侨民。

四　宗教与民族

  在黎巴嫩，阿拉伯人的概念是指那些以阿拉伯语为母语和具有阿拉伯文化的人。阿拉伯人和穆斯林常常是等同的。因此信仰基督教的黎巴嫩人不认为他们自己是阿拉伯人。每个黎巴嫩成年人都有一张标明宗教信仰的身份证，宗教信仰是表明一个人政治态度的首要根据。每个宗教教派都有各自的职业政治领袖、学校、医院、慈善机构和报纸。得到黎巴嫩官方承认的宗教教派共有 17 个，其中属于基督教徒的有 11 个，穆斯林的有 5 个，犹太人的有 1 个。基督教最主要的教派有：马龙派、希腊东正教派、罗马天主教派、亚美尼亚东正教派、基督教学派等；穆斯林的教派有：逊尼派、什叶派、德鲁兹派、阿拉维派。今天穆斯林教徒约占总人口的 54%，但在 20 世纪 30 年代基督教徒占 53%，穆斯林教徒占 39%。1975 年，因国会中各教派议席分配问题而导致内战，后来基督教徒与穆斯林之间的矛盾又因巴勒斯坦问题而加深。

什叶派在黎巴嫩虽然人数比较多，但因信仰者主要是贫穷的农民，所以在国家政治生活中的作用不大。目前黎巴嫩南部的国际形势使什叶派穆斯林的政治地位和城市化程度不断提高。逊尼派穆斯林主要生活在城市里。

德鲁兹派信徒约占总人口的 6%。德鲁兹人是对信仰伊斯兰教德鲁兹支派的信徒的称呼。他们有自己的圣地，不朝拜麦加，不去清真寺，不交付法定的赈济，不守斋期，也不举行每日 5 次的正式祈祷。德鲁兹人散居在舒夫、米顿和黎巴嫩南部高原。

在黎巴嫩，宗教信仰与民族划分有着密不可分的联系。马龙人是指信仰东仪天主教一分支教会的信徒，约占总人口的 30%，主要散居在黎巴嫩西部山脉的中部山区。他们对黎巴嫩的政治影响很大。从 16 世纪起，马龙派教徒就与罗马教会保持联系。马龙派教堂里的宗教仪式中仍使用古叙利亚语。德鲁兹人和马龙人的共同特点是只在内部通婚，与其他民族保持一定的距离，保持着本民族的纯粹血统和世袭传统。

五　少数民族

少数民族大多居住在高山地区的偏僻地带，游离在主体民族之外，保持着自己的语言、宗教、习惯和传统。他们主要有亚美尼亚人、库尔德人和犹太人。巴勒斯坦难民曾把黎巴嫩作为他们的避难之所。1964 年巴勒斯坦人达 14.5 万人。1975 年和 1983 年以后一部分巴勒斯坦人离开了这个国家。目前黎巴嫩的少数民族与阿拉伯人相处十分融洽。

亚美尼亚人是黎巴嫩最大的少数民族，约占总人口的 6%，主要集中居住在首都贝鲁特及其郊区。19 世纪末期，他们由于不堪忍受土耳其人的压迫迁移到叙利亚和黎巴嫩。1922年，土耳其和法国签订了《安哥拉条约》之后，大批亚美尼亚人迁往黎巴嫩。亚美尼亚人体质特征与地中海类型的人有所不同，头颅较圆，后脑扁平，头发浓密呈栗色，鼻呈钩状，个子矮小。他们主要是赫梯人、亚述人、希腊人、也门阿拉伯人和一部分奥斯曼土耳其人的后代。

亚述人约占总人口的1%，宗教信仰属于基督教聂斯脱利派，他们是第一次世界大战后从伊拉克和20世纪50年代从叙利亚逃到黎巴嫩来的。许多人至今没有国籍。库尔德人约占总人口的1%，他们基本上已被融入阿拉伯主体民族中。在黎巴嫩尚有几千名犹太人，他们被认为是宗教社团，而不是一个民族。

（唐裕生）

塞浦路斯

一 概 况

塞浦路斯位于地中海的最东部，是地中海的第三大岛，是个岛国，其北部、东部和南部分别与土耳其、叙利亚、黎巴嫩、以色列、埃及等国隔海相望，国土面积有9251平方公里。该岛位于欧、亚、非三洲海上交通要冲，战略地位十分重要，自古以来为强国争夺的目标。

由于塞浦路斯特殊的地理位置，使其成为东西方文化进行特殊交汇的文化之窗：其很早就一直将海外传入的各种文化和纯粹的地中海文化融合在一起，还保留其原有的特征。

虽然，塞浦路斯距离东方比西方要近得多，但其居民生活方式和心理活动方式主要是欧洲式的，甚至在这个岛上的土著土耳其少数民族也逐渐放弃其东方生活方式转而接受希腊人的欧洲生活方式。

塞浦路斯属于亚热带地中海型气候，一年很少有阴天，居民终年享受温暖的日照，素有"340个晴天"的美称。

塞浦路斯的宪法规定塞浦路斯为共和国，总统由希腊族人担任，副总统由土族人担任，行政权属于总统和副总统，他们对行政方面都有重大的否决权。但由于两族冲突较大，宪法未能得到贯彻。

全国划分为尼科西亚、利马索尔、法马古斯塔、拉纳卡、帕福斯和凯里尼亚等六个行政区。法马古斯塔和凯里尼亚的大部分及尼科西亚的一部分由土族人控制。

塞浦路斯的经济发展缓慢，依靠土耳其的援助。经济以农业为主，种植小麦、大麦、马铃薯，盛产柑橘、葡萄、橄榄油等。采矿业较重要，铜约占全国矿产总量的60%。工业有纺织、塑料、炼油、水果加工、橄榄油、烟草和酿酒等。采矿业原为塞浦路斯的主要经济部门之一,塞岛素以产铜著称。农业原来也是塞岛的重要经济部门之一。农产品除自用外,还出口到亚洲和欧洲许多国家。塞岛周围水域鱼类资源丰富。此外,塞浦路斯的畜牧业也较发达。1974年的政变和外国武装干预,给塞浦路斯经济造成巨大损失。

塞浦路斯的教育比较普及,中小学实行义务教育。多年来教育经费占政府预算的13%左右,占国民生产总值的4%。有各类学校1270所,在校学生有179650人。各种高等学校30所。高中毕业生有近50%的人能升入高等专科学校,其余的到国外留学,每年的留学生高达1万人。

塞浦路斯2006年有人口85.43万。沿海地区人口稠密,内地山区人口稀少。首都尼科西亚地区人口最为稠密。

塞浦路斯的主体民族是希腊族人,约占80%,讲希腊语。最大的少数民族是土耳其人,占18%,讲土耳其语。此外还有少数亚美尼亚人、拉丁人和马龙人,主要语言是希腊语和土耳其语。希腊语属于印欧语系,土耳其语属于阿尔泰语系。塞浦路斯希腊人讲希腊语和塞浦路斯方言,其中较多地保留了希腊语的古代成分,词汇受英语、意大利语影响较大。塞浦路斯土耳其人,除讲土耳其语外,多数人通晓塞浦路斯希腊人的语言。这里的阿拉伯人讲希腊语,部分人讲叙利亚语(即叙利亚阿拉米语)。

该岛人口不多,但宗教信仰却很复杂。塞浦路斯希腊人信奉基督教,属东正教派。塞浦路斯土耳其人信奉伊斯兰教,属逊尼派。这里的阿拉伯人属基督教的马龙派。此外,还有新教教徒和亚美尼亚格列高利教会信徒。

二 居民来源与民族状况

塞浦路斯希腊人和塞浦路斯土耳其人都不是塞浦路斯岛的土著居民。塞浦路斯人属欧罗巴人种地中海类型。

公元前16世纪,塞浦路斯是地中海东部贸易中心之一。公元前1500—前1400年,希腊人最先居住在该岛,这里曾是古代学术和文化的发达地区。公元前12世纪,迈锡尼商人来到此地。后来被埃及、波斯等国所征服。

以后,先后占领过塞岛的有腓尼基人、赫梯人、亚述人、罗马人、拜占庭人、阿拉伯人、十字军等。

公元前323—前294年，安提柯和托勒密争夺塞浦路斯，建立了托勒密王朝，开始了希腊化和罗马时代。公元前58年，该岛并入罗马帝国。330—1191年被拜占庭夺取。1489—1571年被威尼斯占领。1571—1878年奥斯曼帝国统治塞岛三百余年，开始了其近代史的历程。

1878年土耳其、英国签订《柏林条约》，把塞岛让与英国，1925年英宣布塞浦路斯为"直辖殖民地"。1960年8月16日宣布独立，成立塞浦路斯共和国。1961年加入英联邦。

独立后，国内希腊人和土耳其人多次发生冲突。情况恶化，迫使联合国于1964年3月派维和部队进驻。1967年两族再次爆发大规模的流血冲突，使两族联合政府解体。1972年3月，危机再起。1974年7月，亲希腊派分子发动政变，马卡里奥斯下台，但新政府几天后就夭折，12月马卡里奥斯大主教重返塞浦路斯执政。当年，土耳其乘其政变之际，以保护国的名义进行军事干预，占领了塞浦路斯37%的领土，塞浦路斯的土耳其人北移，使塞浦路斯于1975年和1983年先后成立"塞浦路斯土族邦"和"北塞浦路斯土耳其共和国"，从而形成两族南北分裂局面。

塞浦路斯的民族状况是：塞浦路斯希腊人是其绝对主体民族，约占80%；第一个最大的少数民族是塞浦路斯土耳其人，约占18%；其他还有亚美尼亚人、马龙人、意大利人。

塞浦路斯希腊人（Greeks of Cyprus）约占全体居民的80%。希腊人是这里的最早居民。希腊人从公元前2000年纪起便开始移民塞岛，尔后迁入的人越来越多。他们带来了希腊的文化、生活方式和政治制度。后经希腊化时期，这一切得到进一步发展和巩固。此后数千年中，虽遭多种异族侵略和统治，这种希腊传统仍一直延续下来。

塞浦路斯土耳其人（Turks of Cyprus）约占全体居民的18.6%。土耳其人是近代才来塞浦路斯定居的，主要是自公元1571年以后的事。他们为该岛带来了东方的文化、政治、宗教和生活方式。1571—1878年，奥斯曼帝国统治该岛的300多年间，这种文化传统也在该岛得到发展和巩固。但在人数上，塞浦路斯的土耳其人远远少于希腊人，即使在土耳其统治的时代，土耳其人也未曾超过希腊人。

多少世纪以来，希、土两族人民大部分交错杂居，和睦相处，基督教堂和伊斯兰教清真寺毗邻而立，两教教徒从不发生严重的宗教冲突。不过，由于其不同的文化，尽管两族居民共同杂居了几百年，但各自宗教的教规有严格限制，所以两族之间没有出现通婚和融合的现象。希族人遵守东正教的行为规范，土族人坚守穆斯林的生活习俗。

然而，他们在文化和传统方面又有其特点而不同于各自"母国"的本族人。因此，在某种意义上又可以说，他们是不同于希腊人和土耳其人的两个独立民族。20世纪30—50年代，共同为反抗殖民主义统治而并肩战斗。60年代初，共和国成立时颁布的宪法规定，总统一职由希族人担任，副总统由土族人担任，分别由两族选举产生。副总统对外交、国防及某些财政事务有否决权。在政府文职人员、军事及准军事人员名额方面，也在两族间规定了比例。

在殖民主义者挑动下，1963年两族为了权力分配问题发生武装冲突，造成重大伤亡。从此希、土两族和平相处的局面遭到破坏。1974年，希族军人集团策动军事政变；土耳其出兵占领塞岛东北部地区。自此塞乌经以尼科西亚为线，北部占全国面积36%的地区归土族人占据；南部相当于全国面积64%的地区属希族，形成严重的南北对峙局面。在各自的民族区域里几乎没有一个对方民族的人居住。原来杂居的局面被打破，造成大批背井离乡的难民。虽经谈判，但两族对峙的紧张局面仍未解除。1975年5月23日，土族人宣布在北部成立"塞浦路斯土族邦"，通过"宪法"，成立"议会"，选举土族登克塔什为"总统"。1983年11月15日，土耳其裔居民宣布独立，成立"北塞浦路斯土耳其共和国"，情况越来越复杂。

塞浦路斯除希、土两族外，还有少量少数民族，如亚美尼亚人、马龙人、意大利人。

三　各种习俗的集合体

在几个世纪的历史中，希腊文化、土耳其文化、地中海文明、亚细亚文明，早已深入塞浦路斯社会生活的各个方面。岛上希腊居民的现代习俗，依旧保持着古老的传统，尤其是拜占庭的传统。如塞浦路斯大主教至今还手执拜占庭皇帝钦赐的权杖，在举行仪式时身披紫衣袍，并用朱笔签署文件。

基于上述的原因，塞浦路斯的许多风俗，大都与基督教的文化传统有关，如维纳斯诞生的传说在该地甚为流行。现在把维纳斯诞生的这一天作为洪水日来纪念。这是全岛的一个海上节日，也有纪念诺亚洪水的意思。

塞浦路斯的婚礼有其独有的传统，大部分的婚姻由父母包办，做父母的要对女儿的幸福负责任，体现在陪送女儿的嫁妆上。在塞浦路斯，嫁妆不单是一种馈赠，而是一种将财产代代相传的办法——由女儿将财物带进她的新家庭。其特殊性是妻子的财产在婚后仍然属于她自己。女儿的陪嫁一般是丰厚的，包括一所新住宅。在农村举行婚礼，亲朋好友及全村人都要参加，婚宴要举行1—3天。此外，婚前还要遵守许多风俗。在教堂举行婚礼要选在星期日。婚礼后宾客被邀请到新娘新郎的新居进行参观，向新婚夫妇赠送礼品，退出新房后接受男宾发给的一杯白兰地和一块香子饼。最后在花园里或大街上大摆宴席，还伴随跳舞。在新婚夫妇舞蹈时，宾客们把纸币用大头针别在新娘新郎的衣服上，直到别满为止。

在建筑方面，塞浦路斯留下了具有希腊人、土耳其人和威尼斯人的独特风格的建筑物，以及古老的教堂与寺庙，饶有风趣地形成各种建筑的对比。此外，现代建筑与土耳其浴池、咖啡屋、商场，还保留了希腊式的阳台和廊柱，以及威尼斯风格的前殿和城堡。

在服装上，塞浦路斯以卡尔帕斯半岛的农村女性穿的传统服装最具个性：头戴浅色绿头巾，上身穿有蕾丝边的丝衬衫，外穿开襟无扣短上衣，下身配着鲜艳的花裙子。

在烹饪上，塞浦路斯与希腊的烹调一脉相承。农村人每天的食物是黑面包、橄榄和酸乳酪，在节假日和宴会时才吃肉，但每餐都有新鲜水果。酒也是每天喝的，最受欢迎的酒是康芝得里亚式的，属于甜烈性酒。在各种饮料中，以咖啡最普遍。

（曹　兴）

土 耳 其

一 概 况

土耳其位于亚洲西部，地跨亚、欧两洲，大部分领土在小亚细亚半岛上，濒临地中海和黑海。周围邻国有格鲁吉亚、亚美尼亚、阿塞拜疆、伊朗、伊拉克、叙利亚、希腊和保加利亚。海岸线长3518公里。全国面积78万平方公里，地势东高西低，大部分为高原和山地，仅沿海有狭长平原。沿海地区属亚热带地中海式气候，内陆为大陆性气候。全国共分为81个省，省以下为县。

政体为共和制。宪法规定，土耳其为民族、民主、政教分离和实行法制的国家。议会称大国民议会，为最高立法机构。小学教学为义务教育，中小学免费。全国共有大学85所。

全国人口约7635万（2013年），主体民族为土耳其人，占80%以上，库尔德人约占15%。土耳其人主要属欧罗巴人种地中海类型，混有蒙古人种成分。土耳其语宣布为国语，属阿尔泰语系突厥语系西支。文字曾借用阿拉伯字母，1928年改用拉丁字母。99%居民信奉伊斯兰教，其中85%属逊尼派，其余为阿拉维派。

二 土耳其与土耳其人

土耳其人的祖先原是居住在亚洲北方草原和沙漠地带的游牧民族，在中国古代史上称突厥。"土耳其"是由"突厥"一词转音而来。在鞑靼语中，突厥意为勇敢，所以土耳其即为勇敢人国家之意。领导和建立第一突厥汗国的部落是阿史那氏。据传说，突厥先世曾经居住在中国的平凉一带，5世纪移居高昌的北山，以后又移居阿尔泰山南麓。一部分突厥人不断向西迁移，征服中亚一些地区。552—581年，突厥是欧亚草原上最强大的国家，打破了波斯萨珊王朝对丝绸之路的垄断地位。583年，一场大风雪造成草原上出现大荒年，突厥被中国隋朝军队击破后，遂分为东、西两个汗国，后为唐所灭。8世纪起，西突厥人由阿尔泰山一带迁入小亚细亚，以后一部分人转事农耕，同时也从事畜牧。自11世纪土耳其人最初征服安纳托利亚时起，欧洲人便一直把这块使用土耳其语的地方称作"土耳其"。但土耳其人自己直到1923年才真正把这个名称作为他们国家的正式称号。土耳其民族这个概念首先出现于19世纪中叶。最初仅限于少数知识界人士之间流行，后来逐渐传播开来。在奥斯曼帝国时代，土耳其这一名称几乎无人使用，而后即使有人使用时，也主要指安纳托利亚乡下操土耳其语的、粗鲁无知的农民，含有鄙视之意。对于君士坦丁堡的一个上等人，如果称呼他为"土耳其人"，无疑是一种侮辱。1897年因受土希战争的影响，一个名叫埃明的青年诗人在他的诗集《土耳其文诗钞》中骄傲地宣称自己是一个土耳其人。他写道："我是一个土耳其人，我的信仰，我的种族是强大无边的……我们是土耳其人，我们正是以它的血和名义而活着。"随着这个新名词的提出，在说土耳其语的奥斯曼穆斯林的集体自我意识中，产生了"一个关于集体共性的新概念"。1908年，在伊斯坦布尔成立了一个俱乐部性质的学术团体"土耳其学社"。在19世纪的历史学家和语言学家的文化活动中最初出现了一种土耳其民族意识的迹象。一位学者兼政治家首先着重指出："土耳其人及其语言不仅是奥斯曼的，而且也是横跨亚洲直达太平洋的一个伟大古老民族的西支。"之后出版的大批土耳其语辞书、大百科全书和译著进一步促进了土耳其人新的自我意识感的增长。土耳其意识得以保存在很大程度上有赖于土耳其语。所以"土耳其人是说土耳其语和住在土耳其的一民族"的说法能被许多人接受。

小亚细亚的早期居民是赫梯人。赫梯人于公元前17世纪建立统一国家，公元前14世纪开始使用铁器，是人类历史上最早使用铁器的民族。赫梯曾是西亚地区的军事强国，频频发动对外扩张。公元前13世纪末国势转衰，公元前8世纪被亚述所灭。土耳其人来到小亚细亚后，赫梯人逐渐与之融合，但赫梯人的文化一直保存在土耳其民族的文化之中。

塞尔柱人原为古兹突厥人的一支，因其首领塞尔柱建立的塞尔柱王朝而得名。公元10世纪中叶，塞尔柱率领其部落移居锡尔河下游，以后定居于布哈拉附近，并改信伊斯兰教。11世纪中叶，他们占领了伊朗和两河流域，后又进入巴格达，强迫阿拔斯王朝加封苏丹称号，建立塞尔柱帝国。以后塞尔柱王朝不断将中亚的突厥人迁移到小亚细亚半岛。当时小亚细亚半岛上的大半部分地区仍在东罗马帝国的控制之下。国势强盛时，塞尔柱人征服叙利亚、巴勒斯坦、格鲁吉亚、亚美尼亚和小亚细亚大部。1071年，东罗马帝国的军队被塞尔柱人击败后退出了小亚细亚半岛，从此小亚细亚半岛成为土耳其人的国家。11世纪末，塞尔柱帝国开始衰落，1157年灭亡。

在塞尔柱帝国的鼎盛时期，另一个突厥人部落在首领奥斯曼的带领下发展起来了。1299年，奥斯曼自称埃米尔，宣布独立，并占领了安纳托利亚高原的西北部，建立奥斯曼帝国。自此以后，史称帝国境内的土耳其人为奥斯曼土耳其人。14世纪上半叶奥斯曼帝国发展成一个庞大的军事封建帝国。1453年奥斯曼人攻陷君士坦丁堡，灭东罗马帝国，同时迁都于此，并将其更名为伊斯坦布尔。市内的基督教堂圣索菲亚教堂也被改作清真寺。东罗马帝国这个东方基督教世界盟主从此从历史上消失。大批土耳其人与拜占庭人通婚。15世纪中期至16世纪中期，奥斯曼帝国的势力大增，向南方和东南方占领整个伊斯兰世界，向西北方进入巴尔干半岛地区，深入多瑙河畔，攻陷贝尔格莱德和布达佩斯，1529年包围维也纳。帝国鼎盛时期，版图横贯欧、亚、非三大洲。

奥斯曼帝国时代的苏丹从早期起便推行一种叫作"许尔京"的强制性移民政策，即将某一地区的居民强行迁移到另一地区的殖民办法。移入居民的地区往往是被新征服的地区或发生动乱的地区，其目的主要出自政治、经济和军事上的需要。随着奥斯曼帝国的向外侵略扩张，奥斯曼土耳其人不断进入巴尔干、塞浦路斯、北非及阿拉伯半岛，并与这些地方的民族不断融合。土耳其人不像其他民族那样被迫加入伊斯兰教，而是自愿接受这种信仰的，因此600年来，奥斯曼人始终致力于促成和保卫着伊斯兰教的权力与信仰，还曾企图把伊斯兰教的统治强加于欧洲国家。但同时，奥斯曼帝国按照伊斯兰教的法律和传统，对于其他宗教采取了容忍的态度，与自己的境内的基督教徒和犹太教徒相安无事。

17世纪中叶，奥斯曼帝国开始衰落。19世纪初，境内民族解放运动蓬勃兴起，巴尔干半岛诸国先后独立。第一次世界大战中，奥斯曼帝国因站在德、奥盟国一方，成为战败国。《色佛尔条约》规定土耳其放弃占领的欧亚非国家的土地，只保存原有的被称为安纳托利亚的土耳其本部地区。条约还规定在安纳托利亚的东部建立亚美尼亚和库尔德两个独立国家。余下的很大部分也都被列入列强的势力范围，土耳其领土实际上只局限在安卡拉和黑海之间的很小一块地方上。土耳其人民在民族领袖凯末尔的领导下经过长期斗争，取得了一定的胜利。1923年7月签订的《洛桑条约》规定，土耳其在自己的民族疆界内保持统一。1923年10月29日，土耳其共和国正式宣布独立。共和国建立后废除奥斯曼时代的伊斯兰教为国教的规定，推行世俗化运动，大力提倡民族自我意识。从20世纪中期以后迁往国外的土耳其人约有100万人，主要迁往西欧国家。目前大约有240万土耳其人分别居住在希腊、保加利亚、南斯拉夫、阿尔巴尼亚、塞浦路斯及西欧等国家和地区。

土耳其人喜欢文学和诗歌，在音乐、戏剧、美术等领域也有很大的成就。今天，土耳其妇女的地位提高了，可以参加各项劳动和政治活动，也不再要求她们穿戴以往伊斯兰教妇女流行的面罩和黑袍。在土耳其人的传统婚姻中流行一种"新娘澡"的习俗。其意在于新婚前夕洗干净身上的污垢，迎接新生活的开始。这是一个较为隆重的仪式，在婚礼的前一天举行。

三　少数民族

土耳其官方不承认国内存在少数民族，只承认存在语言和宗教不同的群体。但政府却又在致力于为一个"真正的土耳其人"的定义制定出了非常严格的条件。其中语言、信仰和政治意识最为重要。因此在土耳其，一个"真正的土耳其人"，他的母语必须是土耳其语，信仰必须是伊斯兰教，他本人必须忠于土耳其共和国。因此，少数民族实际上被排除在"真正的土耳其人"这个群体之外的，被认为二等公民，不能融入土耳其社会中去。1965年的一次人口统计表明，在2832万土耳其人中，从肤色、外表等体质特征来看，只有5%真正属于祖先为突厥人或西突厥人的后代。而95%的人则是属于被征服民族的后代，尤其是希腊人的后代。他们的先辈是通过强迫改宗、高压政策和通婚后才成为今天的土耳其人。在土耳其人当中，还有一部分信仰不同宗教的人，最重要的有组成亚洲农村地区土耳其人核心的安纳托利亚土耳其人、来自土耳其从前的巴尔干国家属地移民的罗麦利土耳其人，包括克里米亚鞑靼人及土库曼人在内的中亚土耳其人。

库尔德人是土耳其人口中最多的穆斯林少数民族，共 1800 万，主要集中分布在土耳其的东部、东北部和东南部。2/3 的人属于逊尼派，1/3 的人属于什叶派或阿拉维派。库尔德人属欧罗巴人种印度地中海类型，是西亚最古老的民族之一。库尔德人身材高大强壮，脸庞棱角分明。因长期居住闭塞地区，所以有学者认为，他们是西亚地区一个血缘最纯的民族。通用语言为库尔德语，属印欧语系，但方言较多，迄今没有统一文字。库尔德人拥有丰富的民族文学，流传着许多寓言、叙事诗和神话传说。库尔德人社会分为许多部落，部落首领集世俗权势和宗教权力于一身，宗教领袖往往就是最高领导者。部落领导人之间常常互相争斗，甚至互相残杀。

根据 1920 年 8 月的《塞夫勒条约》规定，库尔德斯坦脱离土耳其，成立自己的国家。但后来独立的"库尔德斯坦"没有形成。1991 年，约有 45 万伊拉克库尔德人拥入土耳其。目前大约有 100 万库尔德难民流落在欧洲一些国家，尤其在德国、英国、意大利以及斯堪的纳维亚国家。库尔德人穿着艳丽，无论男女都喜欢佩戴花头巾和花腰带。库尔德妇女平时不戴面纱，喜欢用钱币串成项链装饰自己。她们可以同男子一起劳动，允许与外来客人自由交谈。

在土耳其，还有其他一些少数民族，如阿拉伯人、亚美尼亚人、希腊人、犹太人、土库曼人等。阿拉伯人约有 30 万，散居在南部与东部土、叙交界的平原地区，如哈塔伊省，约占该地区人口的 30%。20 世纪，亚美尼亚人定居于亚美尼亚西部广大地区和土耳其东部，人口达 250 万。1915—1922 年，约有 150 万亚美尼人被杀害，幸存者大多逃至其他国家。目前土耳其的亚美尼亚人主要居住在伊斯坦布尔和安卡拉与凡湖之间的村镇。犹太人约有 4 万，均属东方犹太人，主要居住在伊斯坦布尔、伊兹密尔和土耳其欧洲部分的中小城市。还有一个被称为杜梅人的特殊少数民族群体，他们自称是穆斯林。其实，他们原是犹太人，属 17 世纪信仰假救世主的信仰者的后代。土耳其的伊斯兰社会普遍不能接受他们。在少数民族中，除库尔德人和阿拉伯人相对比较集中居住外，其他民族因人口较少，均以散居为主。

（唐裕生）

叙 利 亚

一 概 况

叙利亚位于地中海东岸，北靠土耳其，东南邻伊拉克，南连约旦，西南与黎巴嫩和巴勒斯坦接壤，西与塞浦路斯隔海相望。海岸线长183公里。全国面积185180平方公里。全境地形可分为5个区：（1）沿海平原；（2）西部山地；（3）中部平原，属美索不达米亚平原的一部分；（4）东北部丘陵；（5）南部高原。幼发拉底河流贯中部平原，阿西河自西部山地经土耳其流入地中海。沿海和北部地区属亚热带地中海式气候，南部地区属热带沙漠气候。沿海地区年均降水量为1000毫米以上，南部地区仅100毫米。全国划分为1市13省。

政治体制为共和制。议会制称"人民议会"，是立法机构；伊斯兰教法是立法的主要依据。宪法强调国家的阿拉伯属性。国家元首为总统，实行总统责任制。国民经济中农业占首位，工业基础薄弱，国营经济占主导地位。农业人口673.2万人（1994年）。小学普及义务教育，初中也基本实行义务教育制。小学、初中、高中学制均为6年制。全国有4所大学。

全国人口2240万人（2012年），农业人口约占48.6%。主体民族为阿拉伯人，占全国人口的80%以上，属欧罗巴人种地中海类型。少数民族有库尔德人、亚美尼亚人、土库曼人和切尔克斯人等。阿拉伯语为国语。居民中85%信奉伊斯兰教。14%信奉基督教。伊斯兰教中逊尼派占80%，约占全国人口的68%；什叶派占20%，多属阿拉维支派，约占全国人口的11.5%。

二 叙利亚与阿拉伯人

叙利亚古称苏里斯顿,意为玫瑰之邦,因盛产鲜艳的玫瑰而著称。叙利亚地处高原,因此"叙利亚"一词为"高地"之意。阿拉伯人也称该地区为沙姆,意为"左边",因为在古代迦南人从美索不达米亚迁移到叙利亚的方向是由右往左。"沙姆"转意为"北方",因阿拉伯帝国初期以麦加为政治中心,叙利亚则地处麦加以北,因此也有"北方之国"的称号。

在古代,叙利亚为腓尼基的一部分,是西亚最古老的文明中心之一,有4000多年历史。公元前3000年,迦南人进入这一地区。公元前2000年,腓尼基人在沿海建立了一些奴隶制城邦。公元前8世纪,叙利亚被亚述人征服。公元前333年,遭马其顿军队的入侵,并于公元前312年建立塞琉西王国。公元前64年被罗马人占领。7世纪末并入阿拉伯帝国版图,大马士革成为阿拉伯帝国的第一个王朝倭马亚王朝的首都。756年,倭马亚王朝后裔在西班牙建立科尔多瓦哈里发国家,史称后倭马亚王朝。11世纪叙利亚遭欧洲十字军队入侵,13世纪末由埃及马木鲁克王朝统治。1516—1918年为奥斯曼帝国统治。1920年4月,沦为法国委任统治地。1941年9月,由盟国宣布其独立。1943年8月,叙利亚组成自己的政府。1958年叙利亚与埃及宣布合并,成立阿拉伯联合共和国。1961年9月,叙利亚宣布脱离阿联,成立阿拉伯叙利亚共和国。

三 民族演变历史与文化

今天的叙利亚人身材高,头颅长,皮肤白褐色,头发黑而微卷,鼻子细而直,眼睛黑而大,这是长期以来生活在这一地区各民族混合的结果。最早进入叙利亚的居民是阿摩利人,他们居住在叙利亚的北部、东部和中部。阿摩利人是闪米特人的一支,大约在公元前3000年从阿拉伯半岛的东南部迁移而来。公元前19世纪初,阿摩利人的另一支占据幼发拉底河畔的巴比伦城,创立古巴比伦王国。第6代国王汉谟拉比统治时代(前18世纪上半期)征服整个两河流域,建成中央集权的统一大国。阿摩利人继承了苏美尔—阿卡德文化。由于叙利亚南部紧连着沙漠，所以每当阿拉伯半岛各部落人口外迁时，总是比较容易进入这个地区。阿摩利人与外来民族同化后逐渐消失。迦南人几乎与阿摩利人同时来到叙利亚定居下来。他们居住在叙利亚的北部和中部沿海一带，希腊人称他们为腓尼基人。公元前 2000 年左右，腓尼基人在今天的叙利亚和黎巴嫩沿海地区建立了一系列城邦。城邦的手工业和商业特别发达。各城邦间经常发生战争，未能形成统一国家。腓尼基人素以经商、航海和殖民著称，曾建立了举世瞩目的海上文明。公元前 7 世纪末，埃及法老曾雇佣腓尼基水手完成了世界历史上第一次环绕非洲的航行。他们对大西洋的发现作出了不朽的贡献。他们生产的葡萄酒、橄榄油、玻璃制品、青铜器、陶器、木材和紫红染料等产品行销地中海沿岸各地。在腓尼基人所建的殖民地中以今突尼斯境内的迦太基为最大。腓尼基人发明的由 22 个字母组成的辅音文字系统直接影响了古希腊字母。后来又由希腊字母衍生出拉丁字母和斯拉夫字母，这成为后来西方各国字母文字的起源。

阿拉米人也是闪米特人的一支，约于公元前 1000 年左右继腓尼基人之后来到叙利亚。阿拉米人从腓尼基习得字母文字，在军事扩张和贸易过程中将这种文字传布到西亚各地，甚至达到伊朗高原以东和中亚细亚一带。在数百年间阿拉米语成为西亚的通用语言，并产生广泛影响。阿拉米语属闪米特语西北支，与希伯来语言和腓尼基语相近。在公元前 7—前 6 世纪，阿拉米语逐渐取代阿卡德语成为西亚的共同语言，后又成为波斯帝国的官方语言。公元 650 年前的相当长的时期内是阿拉米语产生重大影响的时期，后被阿拉伯语取代。据传，耶稣和他的门徒使用的语言也是阿拉米语。

来自阿拉伯半岛南部的奈伯特部落大约于公元前 6 世纪就已在巴勒斯坦和叙利亚的南部定居，后来发展成一个强大的阿拉伯王国。奈伯特人日常使用阿拉伯语，但采用阿拉米字母为书写体。后来这种字体发生变化，称为奈伯特体。奈伯特文化是一种混合文化："阿拉伯的语言，阿拉米的书写体，闪米特族的宗教，希腊与罗马式的艺术。"公元前 312 年，塞琉西王国建立后叙利亚成为版图最大的希腊化国家。历代希腊统治者鼓励希腊移民迁入，并创建一批新城市。公元前 64 年，罗马人成为新的统治者，并建立叙利亚国。公元 1—2 世纪，由于罗马水手逐渐熟悉通往印度的海道，阿拉伯半岛上从东方到西方的商道也逐渐北移。位于叙利亚沙漠中部一块绿洲上的帕尔米拉城开始取代从阿拉伯半岛中部到约旦河之间唯一水源丰富的贸易中心皮特拉的地位。帕尔米拉地处从幼发拉底河至大马士革必经之路上，有丰富的泉水，一跃成为地中海东岸的交通枢纽。帕尔米拉国就是由这座城市发展起来的一个国家，公元130—270年处于鼎盛时期。帕尔米拉人对西方贸易，特别对中国和罗马的丝绸贸易起到了重要的中介作用。他们的文化由希腊、罗马、叙利亚和波斯文化融合而成。他们的建筑、绘画和遗迹至今仍是沙漠里的奇观。帕尔米拉人讲阿拉伯语，但书面语用阿拉米文，发布公文时同时使用希腊文和阿拉米文。他们受罗马人的影响极大，大约从3世纪起，开始在自己的名字中加上一个罗马名字。公元260年波斯军队占领了叙利亚的大部分地区，帕尔米拉人协同罗马军队击败波斯国王。公元272年帕尔米拉国为罗马人所灭。

帕尔米拉国灭亡后，迦萨尼人成了陆路贸易的继承者。迦萨尼人自称是来自古代阿拉伯半岛南部的一个部落的后裔。大约在公元3世纪末，他们因马里卜大水坝崩毁而从也门迁到这里。他们在大马士革东南的地区建立了自己的政权。后来他们信奉了基督教，而且被叙利亚人同化。他们采用了叙利亚的阿拉米语，但未抛弃母语阿拉伯语。

公元7世纪伊斯兰教兴起后，阿拉伯穆斯林于公元634年首次进入叙利亚边境。公元661年，阿拉伯帝国的第一个王朝倭马亚王朝建立，首都设在大马士革。王朝积极向外扩张，向东征服至中亚细亚，向西占领北非和西班牙，并多次远征拜占庭。8世纪中叶，阿拉伯帝国最后形成，其疆域东至印度河流域，西临大西洋，横跨亚、非、欧三大洲。帝国的统治中心由希贾兹地区转移到了叙利亚的大马士革。帝国境内分9个行省，许多阿拉伯人迁移到各行省，使各地的民族成分、宗教信仰和文化都发生了很大变化。帝国统一了语言和货币，规定阿拉伯语为法定语言，第纳尔代替以前通用的货币，并以《古兰经》和记录穆罕默德言行的《圣训》为法律。阿拉伯人在长期征战过程中，把大批战俘变为奴隶，奴隶买卖十分盛行，既有从非洲贩运来的黑人奴隶，也有来自希腊、斯拉夫、亚美尼亚等地的白人奴隶。在叙利亚定居下来的奴隶后来融入了今天的叙利亚阿拉伯人中。

12世纪以后，库尔德人、切尔克斯人、土耳其人成批地定居叙利亚，其中相当一部分逐渐和叙利亚人混合。19世纪末，奥斯曼统治者把切尔克斯移民安置在叙利亚的南方和北方。第一次世界大战后，一些亚美尼亚人和亚述人从土耳其和伊拉克先后迁移到叙利亚。从19世纪下半期起，大批叙利亚人迁移到国外，主要前往南美洲。叙利亚大约有

45万贝都因人，他们主要生活在东南部的沙江地区。

1973年3月通过的宪法虽然确定伊斯兰教法是叙利亚立法的主要依据，国家总统必须由穆斯林担任，但从未宣布伊斯兰教为国教。信仰伊斯兰教的叙利亚人中85%属于逊尼派，其余分属于阿拉维派和伊斯玛仪派。逊尼派中的90%是阿拉伯人，其余为库尔德人、切尔克斯人和土库曼人。在穆斯林阿拉伯人中，因总统阿萨德属于阿拉维派，因此该派中是少数派，但其在军队中和政府里的势力与日俱增。什叶派主要居住在阿勒颇和霍姆斯地区。德鲁兹派约有10万人，主要居住在德鲁兹山和大马士革省。信仰基督教的叙利亚人大约有70万人，分属于西罗马天主教会、新教教会和东方教会。东方教会包括希腊正教和聂斯脱利派等教会。

敬蛇是叙利亚人的一种独特风俗。人们不仅不能杀这种动物，而且还要远远避开它。这与希腊人的图腾崇拜蛇有关，因为叙利亚曾是强大的希腊化国家。叙利亚女性的传统服装虽然是黑色长袍和面纱，但女孩从5岁起便开始跟着母亲练习腹舞。腹舞是叙利亚女子练就的一种能使腹部肌肉随意运动或打转的硬功夫。叙利亚人的婚俗也很奇特，定亲方式有"敲门部亲"和"浴室相亲"等。敲门部亲的做法是，当男青年到了结婚年龄时，他的父亲便会去请一个媒人。由媒人四处奔走，敲开姑娘家的门，打听情况，征求意见。若找到合适人选就去通知男方，再由男方上门相亲。浴室相亲是由男方的母亲出面为儿子物色对象的一种做法。这种方法仅在大马士革流行。

四　少数民族

叙利亚政府官方只承认国内有不同信仰的人，不承认有不同的民族存在。但事实上，不同的民族不但存在，而且是影响国家政治和社会的一个重要因素。目前大约有100万库尔德人生活在叙利亚，他们中的绝大多数人是于1924—1938年来自土耳其的难民，现在主要居住在与土耳其和伊拉克交界的地区，过着畜牧或农耕生活，也有一部分人居住在大马士革。他们虽然基本上都已过着定居生活，但许多地方的库尔德社会仍保留着一些部落组织形式。目前他们与阿拉伯人的同化速度比较快，越来越多的人接受了阿拉伯人的语言和服装。

生活在叙利亚的亚美尼亚人大约有22.5万人，他们顽强地保持着民族特性,是一个难于被同化的民族。为了反对政府的阿拉伯化政策,不少人迁往国外。目前大约75%的亚美尼亚人居住在阿勒颇,从事商业和手工业,在经济上有一定的地位。此外,叙利亚还有大约6万土库曼人,5万切尔克斯人,2万亚述人和4000犹太人。土库曼人和切尔克斯人都为逊尼派穆斯林,同化速度比较快,最终很有可能消失一切民族特性。亚述人属基督教聂斯脱利派,是在1933年为了逃离伊拉克的迫害而来到叙利亚的,现主要居住在哈布尔河附近一带,得到法国的支持。在阿勒和大马士革曾有相当一部分犹太人居住在那里。他们虽然公开声称与犹太复国主义和以色列没有任何关系,但仍遭到歧视,被怀疑为潜在的叛国者,因而纷纷逃离出境,目前仅有少量人仍居住在那里。

在叙利亚还有大约20万巴勒斯坦人,他们是于1948年和1967年两次中东战争中进入叙利亚的。他们可以自由居住和选择职业,也可以购买房屋和土地,但只允许购买一间房和一块地。许多人已融入叙利亚社会生活,甚至有人在政府中担任了一些高级职位,但他们还不能取得公民权和选举权。

(唐裕生)

也　门

一　概　况

也门位于阿拉伯半岛南端，北面和东面分别与沙特阿拉伯和阿曼相邻，濒红海、亚丁湾和阿拉伯海，与埃塞俄比亚（厄立特里亚）和吉布提隔海相望。海岸线长2000余公里。全国面积527970平方公里。全境以山地高原为主，多沙漠和半沙漠地带，沿海有狭长平原。境内河流多为受季节变化控制的时令河。山地和高原地区气候较温和，沙漠地区炎热干燥。年降水量西部为400—1000毫米，中部、东部为300毫米以下，不少地区仅50毫米左右。全国划分为17个省，省以下设县。

政体为共和制。议会由来自原北方与南方的31名议员合并组成。国家元首为总统，由议会选举产生。1994年修改后的宪法规定，伊斯兰法是该国一切立法之本。国内中、小学实行免费教育制度，小学为义务教育。国家致力于扩大基础、技术、职业教育。现有大学两所。

全国人口2360万人（2013年），其中农业人口约占70%。绝大多数居民是阿拉伯人，属欧罗巴人种地中海类型。此外尚有少量印度人、巴基斯坦人、索马里人和马来人。官方语言为阿拉伯语。伊斯兰教为国教，什叶派的宰德支派和逊尼派的沙裴仪支派各占50%。国民经济以农业为主，但粮食不能自给，一半依靠进口。主要农产品有棉花、咖啡等。咖啡于14世纪从埃塞俄比亚传入，现为也门著名特产和重要的出口商品。咖啡树被用作国徽的图案之一。目前也门是世界上最不发达国家之一。

二　也门与阿拉伯人

"也门"在阿拉伯语中意为"幸福吉祥之地"。也门是阿拉伯世界古代文明的摇篮之一，已有3000多年文字记载的历史。公元前2000年前后，也门与埃及之间已有贸易往来。公元前8—6世纪，在也门曾先后兴起过3个国家：麦因国、赛伯邑国和希米叶尔国。希米叶尔国兼并了麦因国和赛伯邑国，成为也门历史上版图最大的国家。罗马人为了控制东方的贸易，于公元24年远征阿拉伯半岛南部，到达也门的边缘地带，但最终未能取胜。525年，也门被信奉基督教的埃塞俄比亚人占领，希米叶尔国灭亡。572年波斯人驱逐了埃塞俄比亚人，开始统治也门，直至7世纪也门成为伊斯兰阿拉伯帝国的一部分。

公元632—750年，也门处在伊斯兰教四大哈里发和阿拉伯帝国倭马亚王朝统治时期。当阿拔斯王朝末期日趋衰落后，在地理上处于割裂状态的也门出现了一些独立的小王朝。其中塔希尔王朝（1454—1517年）属逊尼派，兴起于拉赫季和亚丁等地，曾试图统一整个也门，但未成功，直至阿米尔·本·阿卜杜拉·瓦哈卜时期（1489—1517年）也门才归为统一，亚丁成为世界上最大的商业城市之一。

16世纪初，葡萄牙人入侵也门。1568年，也门成为土耳其人奥斯曼帝国的属地。自从欧洲人把国际贸易通道转向好望角后，也门失去了贸易地位的重要性。1635年，土耳其人被迫撤离也门。苏伊士运河开通以后，土耳其人于1872年再次占领也门全境，直至第一次世界大战结束。1863—1882年，英国先后吞并哈达拉毛等30多个酋长领地，并与先前占领的亚丁组成"亚丁保护地"，也门领土因此而被分割开来。1918年，也门宣布独立，建立穆台瓦利亚王国，即伊玛姆叶哈亚王国。在教长叶哈亚1904—1948年统治期间，也门几乎与世隔绝。1934年，也门王国在与沙特阿拉伯王室的战争中战败，英国迫使王国承认对其南部的占领，也门被正式分割为南、北两方。1962年9月，北部的巴德尔王朝被推翻，成立阿拉伯也门共和国；南部也门也于1967年摆脱英国殖民统治获得独立，并成立也门民主人民共和国。1990年5月，南、北也门宣布统一，成立也门共和国。

三 早期居民和"纯种阿拉伯人"

早期也门人的祖先可能是由东北从海道侵入阿拉伯半岛南部的外来民族。早期也门人的特征是圆头颅、宽腮颊、鹰钩鼻、平颧骨、毛发丰富。但自古以来,由于也门人与非洲的索马里人、埃塞俄比亚人和黑人长期混血,因此大多数人身材短小,皮肤呈棕色。沿海帖哈麦及索科特拉岛等地居民明显混有尼格罗人种成分。

阿拉伯人认为,地处阿拉伯半岛南部的也门早期土著居民是地道的"纯种阿拉伯人",称"盖哈丹人",而阿拉伯半岛北部(主要指麦地那、麦加等地)的阿拉伯人则是"准阿拉伯人"或"归化的阿拉伯人",又称"阿德南人"或"木阿底人"。按《圣经》族谱,盖哈丹是闪的第4代子孙,被认为是南阿拉伯人,即也门人的始祖。而阿拉伯半岛北部的人是易布拉欣(亚伯拉罕)之子伊斯玛仪的后裔阿德南的子孙,是入籍阿拉伯半岛的人。因此,他们是"外来的阿拉伯人"。也门的《永久宪法》规定:"任何声称为阿拉伯后裔的国家无权宣称他们的阿拉伯民族比我们优越。"自古以来,南北阿拉伯人之间鸿沟很深,战事不断,伊斯兰教虽然把半岛上各氏族部落松散地统一了起来,但鸿沟仍未填平,争端也未完全平息。公元前750—前115年,也门望族赛伯邑人建立的赛伯邑国,鼎盛时期曾拥有整个南阿拉伯半岛地区,定都马里卜。古代赛伯邑人在马里卜修建了举世闻名的马里卜水坝。水坝虽已在6世纪被特大洪水冲毁,但遗址至今尚存,并作为今天也门共和国国徽上的图案之一。赛伯邑人善于航海经商,他们很早就到达非洲东部,将早期的阿拉伯文化带到了那里。他们还开辟和发展了自也门沿阿拉伯半岛西海岸向北航行的海道和向北经麦加到皮特拉(今约旦马安的西北)的商路。商人通过这条商道可以再由皮特拉前往叙利亚、美索不达米亚和埃及等地。不少赛伯邑人来到叙利亚后就与当地居民结婚定居。公元前8世纪至公元前3世纪,也门西北焦夫地区兴起的麦因国,其疆域包括南阿拉伯半岛的大部分地区。麦因人也善于经商,出土的铭文证明,希贾兹北部的塔布克以及约旦境内的马安曾是麦因人重要的商业驿站。自公元前115年赛伯邑国灭亡后至公元525年,整个南阿拉伯半岛被来自高原地区的希米叶尔人所统治。希米叶尔人在也门曾创立了高度文化。南阿拉伯人的经济生活是建立在国际贸易之上的。为了保护商业活动，他们曾一度控制红海。也门人创立的集市制度，对商业发展起到重大作用。也门曾是来自亚洲和东非商品的集散地，也门人和其他南阿拉伯人一起把本地特产乳香和没药，埃塞俄比亚的象牙、黄金和骆驼毛，波斯的珍珠，印度的香料、布匹和刀剑以及中国的丝绸等物运往两河流域、叙利亚，并直至地中海地区。部分商品再经地中海沿岸港口运往欧洲。同时，西方的商品也由他们转运到东方。古代东西方许多地方的每一座殿堂和庙宇都需要使用乳香，也门人曾垄断了这种香料的贸易。公元1—2世纪，罗马人了解了季风的奥秘，恢复了从尼罗河通往红海的航路，从此运往埃及的东方商品可以绕道也门，也门的地位下降了。

也门人曾占据了东非海岸，将一些阿拉伯部落迁移到非洲大陆上，并定居下来。公元3世纪在约旦、叙利亚东南部建立迦萨尼国的迦萨尼人，在伊拉克建立希拉国的莱赫米人，以及来到麦地那的奥斯人、海兹勒吉人和迁到麦加的胡查尔人，原来都是从也门移去的阿拉伯部落。在大批也门人向北迁移过程中，一部分人中途被挡住或冲散，与当地的居民混合起来。公元542年，马里卡水坝毁坏以后，也门人不仅失去了赖以生存的大片农田，而且也失去了政治权力。为了生存，也门人离开故土，四处寻找新的土地。一部分人分散到也门其他各地，另一部分人迁到伊拉克、叙利亚、巴勒斯坦、麦加、麦地那等地，还有一部分人渡海迁到了埃塞俄比亚。这是伊斯兰教兴起以前从3世纪到6世纪的400年内发生在南阿拉伯半岛的一次民族大迁移，其意义十分重大。

在阿拉伯语中，"赛伯邑人流散了"成为阿拉伯形容人民流徙他乡的一句谚语。也门人在沿阿拉伯半岛西部海岸建立起来的南北商道，对促进阿拉伯半岛的经济文化的发展和统一民族的形成起到了不可磨灭的作用。他们在这条南北交通大动脉沿线修建起来的驿站，后来形成了商业城市，地处阿拉伯半岛中部的麦加便是其中的一个，7世纪的伊斯兰教就是在这个城市兴起的。

也门人的原始宗教是一种拜星教；崇拜月神也是一种很普遍的现象。基督教和犹太教是在希米叶尔王朝时期传入也门的。在希米叶尔第二王朝时代，犹太教在也门流传很广，6世纪初势力最盛，甚至希米叶尔的最后一个国王也信仰了犹太教，但一部分酋长和埃米尔信奉基督教。希米叶尔国王因痛恨信仰基督教的埃塞俄比亚人，于523年10月在纳季兰屠杀了不少基督教徒。伊斯兰教传入也门后，也门人纷纷入教，也门便成为这个宗教政治实体的一部分，并从此与其命运息息相关。

伊斯兰教兴起时,也门正处于波斯人占领之下。由于贸易通道北移,也门人失去了国际贸易带来的利益,因此经济、社会和政治不断衰落。伊斯兰教的出现,为也门人摆脱波斯人统治和寻找新的生存道路提供了一个机会。因此,他们积极入教,许多人投入"圣战",参加伊斯兰远征军,前往"新领土"找寻乐土。他们来到伊拉克、叙利亚、巴勒斯坦、埃及、北非和其他地方定居落户。伊斯兰教创始人穆罕默德在创教初期迁居麦地那后,那些热心支持他的麦地那人,原籍也都是也门人。也门人从军征战是伊斯兰教远征取得成功的因素之一,也是也门人又一次向外迁移和扩散的重大历史事件。这次大民族迁移促成了阿拉伯半岛南北各部落间的广泛接触,从而对逐渐消除南北之间的语言隔阂,形成统一的民族语言——阿拉伯语起到了特别重要的作用。阿拉伯语属闪米特语系中的一种,最初分南北两大分支,即南方也门地区通行的"盖哈丹语"和北方希贾兹地区通行的"阿德南语"。"盖哈丹语"产生于公元前700年左右,较"阿德南语"古老。公元4世纪出现的南北部落大迁移、大动乱、大分化、大联合,由此而来的是南北语言的融合,形成早期标准语。5世纪末,已经出现了使用早期标准语写成的阿拉伯诗歌,如著名的《七悬诗》。在统一的标准语形成过程中,向北迁移的南阿拉伯人虽然文明程度比北方阿拉伯人高,但由于他们毕竟是少数,所以他们使用的语言、字母和书写体逐渐被北方阿拉伯人的语言及奈伯字母和书写体取代。但南阿拉伯语中的一部分语音、语调和词汇融入到了北方语言中后,最终形成了一种以古莱氏语为主的统一标准语。这也为后来《古兰经》语言的传播创造了条件。用阿拉伯语写成的著作包括哲学、医学、历史、宗教、天文、地理等,超过了用其他语言写成的书。阿拉伯字母被波斯语、阿富汗语、乌尔都语和一部分突厥语、柏柏尔语等所借用。阿拉伯语对民族精神所产生的力量和影响是巨大而深远的。

早在伊斯兰教之前居住在伊拉克的盖斯人是由阿拉伯半岛北方迁去的,而居住在叙利亚的也门人是由南方迁去的,双方矛盾极深。阿拉伯帝国倭马亚王朝的建立得到也门人的支持。倭马亚王朝末期,伊斯兰教分裂成两大派系,一派以盖斯人为中心,另一派以也门人为中心。倭马亚王朝的覆灭标志着伊斯兰史上纯阿拉伯人统治时代的结束。阿拔斯王朝是一个比较开放的社会,阿拉伯人只是信仰伊斯兰教各民族中的一员。

由于伊斯兰教在各地的传布和商品交易场所的扩大，坐落在阿拉伯半岛南端的港口亚丁曾一度恢复了在贸易中的重要地位。10世纪，一位地理学家谈到亚丁时说："亚丁是个伟大、繁荣、热闹的地方……那里是中国的走廊、也门的码头、西方的货栈。那里……各民族和睦相处。"塔希尔王朝时期（1454—1517年），印度人和埃及人与亚丁的贸易十分兴旺。据称亚丁是当时世界上贸易最发达的地方，亚丁的商人是最富有的商人。15世纪初，中国明朝三保太监郑和曾率船队3次来到亚丁。自从好望角航道被发现后，亚丁的贸易萎缩了。17世纪初，亚丁已被称为一个"没有商业的城市"了。

自1635年土耳其人离开到1818年，也门处在半独立状态，但内战烽火连绵不绝。1872年土耳其人再度占领也门后，也门人进行了长期的反抗。在土耳其人统治期间，也门各部落不承认土耳其政权，拒不纳税。1918年，也门成为阿拉伯世界第一个摆脱殖民统治宣告独立的国家。20世纪60年代，阿拉伯半岛南部曾是民族主义与英国人之间、各政治派别之间和各部落之间激烈斗争的舞台。也门人一向具有反抗外来入侵和强调阿拉伯人团结一致的传统。20世纪初产生的阿拉伯民族主义思想，强调凡讲阿拉伯语的人都属于同一个民族。这一理论的创立者就是一个在也门出生的叙利亚人。位于阿拉伯半岛南部的也门人曾创造了灿烂的阿拉伯和繁荣的海上贸易，为东西方经济文化的交流作出过杰出的贡献。他们在历史上取得的辉煌业绩曾随着多次民族迁移行动，影响了整个阿拉伯半岛和肥沃新月地区，以及非洲东海岸。今天，也门人依然强调阿拉伯民族属性，为共同的阿拉伯事业而奋斗不懈。

在生活习俗方面体现了明显的阿拉伯色彩。阿拉伯大饼和烤全羊是也门著名的伊斯兰食品。也门人习惯早婚，不少妇女未成年就结婚，婚礼一般比较隆重。也门男子特别喜欢佩带腰刀，视腰刀为最宝贵的随身携带物，无论何时何地都不能离开它。男孩15岁开始便要佩带腰刀，这是表明成熟和走上社会的标志。腰刀制造在也门已有2000多年的历史，至今许多城市里制造作坊随处可见。

四　少数民族

也门的民族成分比较单一，生活在那里的少量印度人、巴基斯坦人、索马里人和马来人，人数极有限，对社会生活产生的影响微不足道。但在历史上曾有相当一部分犹太人生活在也门。据1946年巴勒斯坦犹太代办处向英美调查委员会提交的报告称，当时也门共有7万犹太人。1948年，成千上万也门犹太人徒步从各居住地向亚丁行进，并打算取道亚丁前往巴勒斯坦。但自以色列国成立后，犹太人与也门宗教领袖及英国当局进行谈判，于1949年5月达成协议，将这批犹太人空运回以色列。以色列动用了上百架飞机，至1950年年底，共运载了4.7万名也门犹太人。这次行动被称为"魔毯行动"。这是以色列建国后执行的第一个接运犹太人回国的行动。以后犹太人陆续离开也门，到1973年只剩下数百人。

（唐裕生）

以 色 列

一 概 况

以色列位于亚洲西部，西濒地中海，东接巴勒斯坦和约旦，东北部与叙利亚为邻，南连亚喀巴湾，西南部与埃及相邻，北与黎巴嫩接壤，是亚、非、欧三大洲的结合处，地理位置十分重要。海岸线长度为198公里。全国面积根据1947年联合国关于巴勒斯坦的规定应为1.49万平方公里，但目前实际控制面积约为2.5万平方公里。沿海地区为狭长平原，以色列人口中有半数以上居住在这里。东部有山地和高原，平均海拔为600—1000米。南部较平坦的原属内格夫沙漠的一部分。东部与约旦交界处向南延伸至亚喀巴湾的地区为大裂谷区，内有地球表面最低点死海，低于海拔约400米。主要河流为约旦河，全长300公里，其间落差约700米。属地中海型气候，但各区差异较大，沿海一带夏季潮湿，冬季温暖；山区夏季干燥，冬季不冷。沙漠地带气温变化极大。全国划分为6个区，30个分区，31个市。

政体为共和制。议会是最高权力机构，拥有立法权，负责制定和修改国家法律，对政治问题进行表决。国家元首为总统，但其职责主要是礼仪性的。以色列没有正式的成文宪法，现只有《议会法》《总统法》等一些基本法。政府十分重视国民的教育事业，规定6—16岁的儿童享受义务教育，高中毕业前实行免费教育。全国共有大学8所，其中耶路撒冷希伯来大学等为著名的高等学府。

目前全国人口813万（2014年，包括约旦河西岸、加沙地带和东耶路撒冷犹太居民），其中犹太人占75%，阿拉伯人、德鲁兹人及其他人占20%。希伯来语为国语，希伯来语和阿拉伯语原为官方语，通用英语。犹太人属欧罗巴人种地中海类型。犹太人主要信奉犹太教，阿拉伯人主要信奉伊斯兰教，尚有一小部分人信奉基督教和其他宗教。国家经济比较发达，农业、工业、科技及军工等部门技术水平较高。

二 以色列与犹太人

以色列最早的历史是史实与传说互相交织在一起的。巴勒斯坦是犹太民族形成的发祥地。巴勒斯坦最初称迦南。"迦南"一词常见于《圣经》和公元前15世纪以后的楔形文字、埃及文字和腓尼基文字中。公元前3000年至公元前2000年上半叶，巴勒斯坦是迦南人的定居地。约于公元前2000年中期，犹太人远祖游牧的希伯来人进入并占领迦南。公元前2000年末，来自海上的腓力斯人攻占迦南沿海地区，建立城邦。希腊人称腓力斯人之地为巴勒斯坦。希伯来人与腓力斯人长期争战获胜后，于公元前1020年建立了统一的以色列王国。公元前930年王国南北分裂，北方称以色列王国，南方称犹太王国。公元前722年，以色列王国被亚述人所灭。公元前586年，犹太王国亡于新巴比伦。公元前332年，希腊人征服巴勒斯坦，以色列故土进入希腊化时期。公元前63年，罗马军队占领耶路撒冷，从此直到公元313年，以色列为罗马人统治时期。公元66年和132年犹太人先后两次发动起义，反对罗马人的统治。起义失败后，犹太人被逐出巴勒斯坦，流散到世界各地长达1700多年。1917年英国占领巴勒斯坦，同年11月发表《贝尔福宣言》，表示"赞成在巴勒斯坦为犹太人建立一个民族之家"。1947年11月，联合国大会通过决议，决定在巴勒斯坦分别建立阿拉伯国和犹太国。1948年5月，以色列国正式成立。

三 犹太民族的形成与流散

据《圣经》记载，犹太人最早的祖先是亚伯拉罕、其子以撒和其孙雅各。他们于公元前18世纪自美索不达米亚两河流域的南部（今伊拉克南部地区）渡过幼发拉底河，经过长期辗转跋涉，来到迦南。土著的迦南人称这批迁入者为"希伯来人"，意为"过河的人"。他们和迦南人一样同属于闪米特人。后来迦南发生饥荒，雅各和他的12个儿子及其家属又迁移到尼罗河三角洲东部的一个地方定居。雅各因一次特殊的经历而改名为以色列,他的 12 个儿子也在埃及繁衍成 12 个支派,被称为古以色列人。后来由于遭到埃及人的奴役,古以色列人在领袖摩西的带领下逃出埃及,返回迦南。在返回迦南之前,他们在西奈半岛度过了 40 年的流浪生活。在此期间,摩西完成了上帝的抽象化的过程,成为一个新的宗教创始人。从此,古以色列人逐渐走向思想和民族的统一,为以后犹太民族的形成奠定了基础。

大约在公元前 13—前 12 世纪,古以色列人再次进入迦南。那时他们处在由半游牧的氏族社会向民族统一的农业社会过渡阶段,但还没有形成一个民族。他们的政治结构"集中表现为宗教联盟,也就是将 12 个部落团结在宗教周围"。为了争夺领土,古以色列人与迦南人和来自海上的腓力斯人展开了长期的斗争。为了战胜敌人,拥有相当宗教权力的扫罗把分散的各个部落初步联合了起来。大约在公元前 1020 年,一个松散的君主国建立起来了,扫罗成为第一个国王。扫罗的继承人大卫进行了成功的军事远征,把以色列的 12 个部落联合为以色列王国,定都耶路撒冷。大卫力图通过继承摩西的传统,使耶路撒冷具有特殊的宗教意义。大卫死后,所罗门继承其父的事业,废除了传统的部落组织,发展经济,扩大对外贸易和交往,营建首都。耶路撒冷城内的王宫和宗教圣殿是所罗门时代的最高建筑成就,并成为以色列民族生活和宗教生活的中心。在所罗门时代,一个以宗教为纽带的统一的犹太民族基本形成。随着与外族的交往日益频繁,外国的宗教也传入这个国家,危及了犹太教,并导致了其他民族与犹太人的融合。

所罗门死后,王国发生分裂。位于北方的称以色列王国,位于南方的称犹太王国。公元前 722—前 720 年,北方的以色列王国被亚述人摧毁,原属的 10 部落流亡异国他乡。留下来的以色列人与外来的居民日益融合,并继承了以色列原有的某些传统,形成了一个新的少数民族——撒马利亚人。这时,"只有犹太王国还保留着民族意识"。公元前 586 年,巴比伦征服了南方的犹太王国,摧毁了犹太教第一圣殿,并将大批犹太人掳往巴比伦。巴比伦流亡标志着犹太人散居的开始,巴比伦成为犹太人生活的中心。与此同时,犹太人的一种独特的宗教思想体系和生活方式逐渐开始形成,从而保证了犹太民族在其故土以外的地方生存下来及其宗教信仰特性的延续。

波斯征服巴比伦以后,犹太人于公元前 538 年被允许返回故土。首次返回的犹太人约 5 万人。约于公元前 5 世纪中叶,犹太人第二次返回,重建耶路撒冷城墙和犹太教第二圣殿。在以后波斯人和希腊人统治的400年中，犹太人实行了不同程度的自治。公元前63年，罗马人占领耶路撒冷以后，犹太人开始在罗马人统治下生活。公元66年，犹太人发动了一次反对罗马人的起义。公元70年起义失败后，耶路撒冷城和第二圣殿被彻底摧毁，被杀害的犹太人大约有100万。还有成千上万的犹太人被贩卖为奴隶。公元132年，犹太人再度起义，起义失败后耶路撒冷被夷为平地。数以千计犹太人惨遭杀害，无数人被贬为奴。罗马人重建耶路撒冷，并将其定为基督教圣地，不允许犹太人进入。大部分犹太人被赶出巴勒斯坦，流亡到欧洲及邻近的阿拉伯国家。在此后的1700多年的时期内，犹太人差不多已失去了与故土的联系。16世纪初，仅5000名贫困的犹太人留在巴勒斯坦。在整个中世纪，生活在基督教世界的犹太人始终背着出卖耶稣的罪名，到处遭到仇视和迫害。他们被迫居住在特定的区域，不允许拥有土地，只能从事小商业活动或以放贷为生。19世纪末，居住在欧洲的犹太人发起"犹太复国主义运动"，声称要在巴勒斯坦建立一个"犹太人之家"，号召流散在外的犹太人回到巴勒斯坦。第二次世界大战期间，欧洲有600万犹太人被无辜杀害。1948年5月以色列国建立后，大批犹太人纷纷从世界各地返回。目前全世界大约有1400万犹太人，其中48%在北美和南美，25%在欧洲，其他在南非和澳大利亚。从历史和宗教来看，世界各地的犹太人属于同一个民族，但由于他们一直流散在外，形成截然不同的风俗习惯和生活方式，因此当今的以色列犹太人社会可分为阿什肯纳兹人、塞法迪人和东方犹太人三大部分。犹太人每年都要庆祝逾越节、戒律节和住棚节，以纪念摩西带领古以色列人离开埃及和在西奈沙漠接受十戒法律的事件。

四 少数民族

在以色列，民族识别是以"犹太人"与"非犹太人"来划分的。非犹太人又被统称为"以色列阿拉伯人"。以色列阿拉伯人虽然基本上都讲阿拉伯语，但却是由不同的少数民族组成的。每个少数民族都有自己的传统和历史、宗教信仰和生活方式，特征十分明显。阿拉伯穆斯林约占非犹太人总数的78%，他们多属逊尼派，主要生活在农村和小城镇中，其中一半以上集中在加利。他们是土著阿拉伯人，从7世纪起便已经生活在这里了。阿拉伯贝都因人约11万人，约属于30个部落。他们在以色列的阿拉伯穆斯林中约占10%。但目前只有40%的贝都因人仍然遵从传统生活方式，其余的人已放弃了游牧生活，开始定居。阿拉伯基督徒约有10万人，他们分属于希腊天主教会、希腊东正教会和罗马天主教会，主要生活在城市里。海法的阿拉伯人中有60%是基督教徒。

德鲁兹人约有7.2万人，属于秘密的宗教组织，不为外人所知。他们保持着文化、社会和宗教自治。他们与黎巴嫩和叙利亚的德鲁兹人属于同一个渊源。在以色列还有3000名切尔克斯人，他们信仰伊斯兰教，属逊尼派。他们有属于自己的独特的民族特性，与阿拉伯人无渊源关系，也无伊斯兰文化背景。他们虽然使用阿拉伯语作为日常交流语言，但也有自己的切尔克斯语。目前越来越多的年轻人在使用切尔克斯语的同时，也使用希伯来语。

（唐裕生）

约　　旦

一　概　况

约旦位于阿拉伯半岛的西北部，西邻巴勒斯坦和以色列，北接叙利亚，东北与伊拉克交界，南部和东南部与沙特阿拉伯相连，西南一角濒亚喀巴湾。约旦基本上是一个内陆国家，海岸线仅9公里。全国面积91390平方公里。地势西高东低，西部多山地。东部和东南部为沙漠。沙漠面积占全国面积的80%以上。约旦河流经西部，注入死海。死海位于巴勒斯坦和约旦河之间，是世界陆地的最低点，低于海平面392米。首都安曼和西部山地属亚热带地中海型气候，气候温和。死海西部山区属亚热带沙漠气候，东部和南部属热带沙漠气候。年均降水量西部为500—700毫米，东部和南部仅50毫米。全国共分为12个省。

政体为世袭的阿拉伯君主立宪制国家。议会称"国民议会"，由参、众两院组成。宪法规定，立法权属国王和议会。国王是国家元首，有权审批和颁布法律，任命首相，批准和解散议会，统率军队。政府为内阁制。约旦可耕地面积小，资源较贫乏，经济基础薄弱。国民经济主要支柱为侨汇、外援和旅游。公民从小学到高中可享受免费教育。高等教育前分基础教育和高中教育。基础教育为10年一贯制；高中教育学制为两年。

全国人口646万（2013年），其中农业人口11.04万人。居民大部分为阿拉伯人，其中60%以上是巴勒斯坦人，属欧罗巴人种地中海类型。少数民族有土库曼人，亚美尼亚人和吉尔吉斯人。阿拉伯语为国语，通用英语。90%以上居民信奉伊斯兰教，属逊尼派；8%信奉基督教，属东正教和罗马天主教。

二 约旦与阿拉伯人

约旦国名来自约旦河。在希伯来语中,"约旦"意为"水流急下"之意。约旦原是巴勒斯坦的一部分,因此它的历史与巴勒斯坦基本相同。公元前13世纪约旦的居民建立了城邦,以后又曾先后被亚述、巴比伦、波斯和马其顿统治。公元前6世纪,奈伯特人建立的国家,其疆域北至大马士革,南面越过今天的亚喀巴湾至阿拉伯半岛的哈季尔。公元105年,奈伯特国被罗马人攻占,领土成为罗马的一个省。公元3世纪来自也门的阿拉伯部落迦萨尼人在叙利亚东南部、约旦和西奈半岛部分地区建立迦萨尼国。公元5世纪末,迦萨尼国受拜占庭控制。公元636年,迦萨尼国灭亡后归属伊斯兰阿拉伯帝国版图。1517年,约旦归属奥斯曼帝国统治,第一次世界大战后,沦为英国委任统治地。1921年,英国人以约旦河为界,把巴勒斯坦分为东、西两部分,西部仍称巴勒斯坦,东部称外约旦,建立外约旦酋长国。1946年改国名为外约旦哈希姆王国。1950年外约旦同西岸合并,改称为约旦哈希姆王国。1988年侯赛因国王宣布中断同约旦河西岸地区的"法律和行政联系"。

三 民族演变历史与文化

公元6世纪,奈伯特人建立奈伯特国,定都皮特拉(位于今约旦马安的西北)。奈伯特人来自约旦河东岸的游牧部落,但他们最早来自阿拉伯半岛的南部。他们建立的奈伯特国是阿拉伯半岛北部伊斯兰教兴起以前最早的一个小国家。从阿拉伯半岛中部到约旦河,皮特拉是唯一水源丰富的城市,为往来于从阿拉伯半岛南部至地中海东岸这条交通走廊上的骆驼商队提供旅途生活必需品。奈伯特人建立的商业网延伸到罗马、波斯湾、小亚细亚、埃及和罗得岛等地。由皮特拉转运的商品有中国的丝绸、海湾的宝石、也门的香料和没药等。奈伯特人在建筑、雕刻、制陶工艺等方面表现出很高的艺术水平。皮特拉是一个神秘的城市,一切建筑都雕凿于朱红色或紫褐色的岩石上,故人们又称其为玫瑰色石城。许多奈伯特人的古墓开凿于通往皮特拉山口的崖上,成为一个奇特的景观。建于公元2世纪的露天古罗马剧场依山凿成,能容纳

3000名观众。它是"东方的文化交融的艺术珍品"。拱形大厅是奈伯特人独特的一种建筑形式。奈伯特人的文化是以商业为基础的，是一种混合文化，即"阿拉伯的语言，阿拉米的书写体，闪米特的宗教，希腊与罗马的艺术"。他们在日常生活中讲阿拉伯语，但自己没有文字。他们在书写和商业活动中借用阿拉米语和字母。

公元3世纪，来自也门阿拉伯部落的迦萨尼人建立迦萨尼国。迦萨尼人后来将其首都迁到大马士革附近的季里格，拥有叙利亚东南部、约旦和西奈半岛部分地区。他们开始信仰基督教，5世纪末受拜占庭控制。迦萨尼人因与拜占庭人为邻，受希腊文化影响很深，因此他们对阿拉伯人的精神生活有较大影响。阿拉伯文字中多有涉及迦萨尼的历史、故事和典故内容。公元7世纪，迦萨尼国最后一个国王因帮助拜占庭抗击阿拉伯人而失败后，迦萨尼人开始信仰伊斯兰教。

约旦原是贝都因阿拉伯部落居民的居住地，但1948年以后，巴勒斯坦人成为该地区居民的重要组成部分。1973年巴勒斯坦人约占40%，然而他们在经济和文化方面的影响却远远超过他们的人口比率。目前贝都因人仅占约旦总人口的4%。贝都因人和非贝都因人之间长期存在敌对情绪。目前在约旦，大约有1.2万名来自高加索的切尔克斯人，他们是非阿拉伯穆斯林，主要居住在首都安曼，从事工商业和经营种植业。德鲁兹人是穆斯林少数派中最大的一个群体。少数信仰基督教的阿拉伯人目前控制着约旦的银行业和商业。目前还有极少量的土库曼人、亚美尼亚人和吉尔吉斯人生活在约旦。

约旦人的婚俗基本上与大叙利亚地区居民的婚俗相似。男方家长请当地知名人士出面向女方家长正式求婚。男方的社会地位越高，请来的知名人士就越多。双方同意后，订婚仪式通常在女方家中举行。订婚之后，男方要支付彩礼和置办家具，并为新娘准备嫁妆。新娘不用准备任何东西。在安曼地区，举行婚礼时，新郎新娘有打破"妒忌蛋"的习俗。在进入洞房之前，新郎新娘必须各自用大拇指捏碎一枚鸡蛋，然后用玫瑰花水将手指洗干净，最后将玫瑰花水泼洒在新房的墙壁上和各个角落。

（唐裕生）

参考文献

中　文

《朝鲜中央年鉴》1980—1990年各卷。
《朝鲜概观》，理壤外文出版社1987年版。
《平壤概观》，平壤外文出版社1990年版。
《朝鲜全史》，科学百科辞典综合出版社1991年版。
《关于檀君和古朝鲜的论文集》，朝鲜社会科学出版社1994年版。
《朝鲜知识手册》，辽宁民族出版社1985年版。
《朝鲜简史》，延边大学出版社1998年版。
佐藤太平：《樱花与日本民族》，南博监空社1997年版。
助安由吉：《日本民族的作用》，ェィト社1996年版。
竹冈俊树：《日本民族的感性世界》，同成社1996年版。
佐藤正：《日本民族性概论》，南博监大空社1996年版。
渡边亮太郎：《日本民族特殊性论》，南博监大空社1996年版。
江上波夫编：《日本民族的源流》，讲谈社1995年版。
佐藤雄四郎：《日本民族气质的源泉》，元就出版社1995年版。
助安由吉：《日本民族的作用》，ェィト社1994年版。
山冈生道：《日本民族的由来上》，苇书房（福冈）1993年版。
川赖勇：《日晒民族秘史》，山手书房新社1992年版。
江上波夫编：《日本民放与日本文化》，山川出版社1989年版。
手岛郁郎：《日民民族与原始福音》，基督圣书塾1984年版。
国分直一古稀记念论集编纂委员会编：《日本民族文化与其周边》，新日本教育书1980年版。
农山渔村文化协会文化部编：《日本民族的自立与食生活》，农山渔村文化协会1977年版。
金关丈夫：《日本民族的起源》，法政大学出版局1976年版。

石田文四郎:《综合日本民族思想史》,酒井书店1973年版。

中山大学东南亚历史研究所译:《东南亚史》,商务印书馆1982年版。

孟淑贤主编:《各国概况》,世界知识出版社1997年版。

李毅夫等:《世界各国民族概论》,世界知识出版社1986年版。

陈鹏:《东南亚各国民族与文化》,民族出版社1991年版。

刘迪辉等:《东南亚简史》,广西人民出版社1989年版。

世界宗教研究所编:《各国宗教概况》,中国社会科学出版社1984年版。

《中国大百科全书·民族卷》,中国大百科全书出版社1986年版。

《民族词典》,上海辞书出版社1987年版。

罗有亮:《老挝的苗族》,载《世界民族》1997年第3期。

Ю. В. POMNEЙ 主编:《НЭРОВ MNPЭ》,苏联大百科全书出版社1988年版。

汪慕恒主编:《当代新加坡》,四川人民出版社1995年版。

陈鹏:《东南亚各国民族与文化》,民族出版社1991年版;

北京大学法律系宪法教研究编译:《东南亚国家联盟各国宪法》,商务印书馆1979年版。

厦门大学南洋研究所:《新加坡简史》,商务印书馆1978年版。

[英]哈·弗·皮尔逊:《新加坡史》,福建人民出版社1972年版。

[俄]А. 叶果林:《英气勃发的小龙》,载《今日亚非》1997年第3期。

[美]戴维·拉姆:《效率使新加坡与危机擦肩而过》,载《洛杉矶时报》1998年3月5日。

曹枫:《论协调瑞士民族关系的机制》,载《当代世界民族问题与民族政策》,四川民族出版社1994年版。

陈鹏:《第二次世界大战后亚洲的民族与政治》,载葛公尚主编《世界民族与政治》,中央民族大学出版社1995年版。

阮国杰:《新加坡教育考察见闻》,载《北京教育报》1998年3月31日。

[美]路易斯·克拉尔:《与新加坡资政李光耀一席谈》,载《财富》1997年7月21日。

肖淑彬:《新加坡:85%的人拥有自己的住房》,载《环球时报》1998年2月22日。

萨布迪·哈桑：《巴基斯坦文化的发展》，卡拉奇达尼扬出版社1984年版。

库拉姆·马尔塔扎：《巴基斯坦社会》，拉合尔知识出版社1983年版。

巴基斯坦政府情报与广播部：《巴基斯坦官方手册》（1986年、1991年、1995年）。

李德昌：《巴基斯坦的政治发展》，四川大学出版社1989年版。

张殿英主编：《东方风俗文化辞典》，黄山书社1991年版。

［印度］斯叠盖杜·威德亚冷迦尔：《印度文化的发展》（印地文版），希里·斯尔索迪·斯顿出版社1990年版。

［印度］邬马欣格尔·米希拉：《印度部落民》（印地文版），勒克瑙出版社1975年版。

［印度］拉姆·阿胡贾：《印度历史》（印地文版），新德里拉瓦德·巴利改欣斯出版社1995年版。

［印度］罗米拉·塔帕尔：《印度历史》（印地文版），拉吉格莫勒出版社1983年版。

［印度］盖·盖·米希拉：《印度的社会结构》（印地文版），米纳柯希出版社1973年版。

［印度］艾斯·阿地德·胡森：《印度的民族文化》（印地文版），印度国际出版社1983年版。

［印度］勒温德尔·纳特·穆克尔吉：《印度社会与文化》（印地文），威外格出版社1983年版。

孟淑贤主编：《各国概况——南亚》，世界知识出版社1997年版。

［英］唐纳德·霍利著，雅飞译：《阿拉伯联合酋长国》，人民出版社1978年版。

［苏］安·瓦·施瓦柯夫：《战斗的阿曼》，人民出版社1973年版。

［苏］瓦·拉波将斯基：《巴林》，人民出版社1974年版。

［日］田村秀治编：《沙特阿拉伯》，上海译文出版社1981年版。

［英］S. H. 朗里格：《伊拉克》，人民出版社1977年版。

［美］希提：《阿拉伯通史》，马坚译，商务印书馆1979年版。

［苏］布鲁克：《世纪人口——民族与人口手册》，新疆人民出版社1985年版。

李毅夫、赵锦元主编：《世界民族大辞典》，吉林文史出版社1994年版。

张鸿年：《波斯文学史》，北京大学出版社 1993 年版。

李铁匠：《伊朗古代历史与文化》，江西人民出版社 1993 年版。

［巴勒斯坦］亨利·卡坦：《巴勒斯坦，阿拉伯人和以色列》，人民出版社 1975 年版。

［以色列］阿巴·埃班：《犹太人》，阎瑞松译，中国社会科学出版社 1986 年版。

［美］纳达夫·萨弗兰：《以色列的历史和概况》，人民出版社 1973 年版。

［美］菲利普·克·希蒂：《黎巴嫩简史》，人民出版社 1974 年版。

［黎巴嫩］阿布·艾尼：《黎巴嫩地理研究》，唐裕生等译，北京出版社 1981 年版。

［英］伯纳德·刘易斯：《现代土耳其的兴起》，商务印书馆 1982 年版。

［苏］米列尔：《土耳其现代简明史》，朱贵生等译，生活·读书·新知三联书店 1958 年版。

［叙］伊萨特·阿尔—努斯等：《叙利亚地理与历史概要》，马肇椿译，生活·读书·新知三联书店 1974 年版。

［也门］苏尔坦·艾哈迈德·欧默尔：《也门社会发展一瞥》，易元译，人民出版社 1975 年版。

以色列新闻中心：《以色列概况》，耶路撒冷阿蒂尔公司 1992 年版。

［以色列］阿巴·埃班著，阎瑞松译：《犹太史》，中国社会科学出版社 1986 年版。

［美］纳达夫·萨弗兰：《以色列的历史和概况》，人民出版社 1973 年版。

徐新、凌继尧主编：《犹太百科全书》，上海人民出版社 1993 年版。

亨利·卡坦：《巴勒斯坦、阿拉伯人和以色列》，人民出版社 1975 年版。

沃尔特·拉克：《犹太复国主义史》，徐方、阎瑞松译，上海三联书店 1992 年版。

［苏］科特洛夫：《现代约旦》，人民出版社 1973 年版。

［美］希提：《阿拉伯通史》，马坚译，商务印书馆 1979 年版。

纳忠：《阿拉伯通史》，商务印书馆 1997 年版。

郭应德：《阿拉伯人史纲》，中国社会科学出版社 1991 年版。

［埃及］艾哈迈德·爱敏：《阿拉伯—伊斯兰文化史》1—2 卷，纳

忠等译，商务印书馆 1990 年版。

［英］伯纳·路易：《历史上的阿拉伯人》，马肇椿等译，中国社会科学出版社 1979 年版。

［叙利亚］贝尼·穆尔加：《简明伊斯兰世界百科全书》，吉益译，旅游教育出版社 1991 年版。

孟淑贤主编：《各国概况——西亚》，世界知识出版社 1997 年版。

［英］狄利普·英罗：《中东内幕》，赵炳权等译，广东人民出版社 1984 年版。

［美］乔治·E. 科克：《中东简史》，湖北人民出版社 1975 年版。

［德］卡尔·布罗克尔曼：《伊斯兰教各民族与国家史》，商务印书馆 1985 年版。

李振渊、王树英等编：《外国风俗事典》，四川辞书出版社 1994 年版。

英　文

David Cincent, *Iran: a Travel Survival Kir*, Lonely Planet Publications, Australia, 1992.

Anders Finge, "Afghanistan after April 1992: A Struggle for State and Ethnicity", *Certral Asian Survey*, 1995, 14 (1).

Hafizullah Emadi, "The State and Rural_ Based Rebellion in Afghanistan," *Central Asian Survey*, 1996, 15 (2).

Lee B. Poullada, *Reform and Rebellion in Afghanistan: State and Collapse in the International System*, New Haven, 1995.

Vladimir Glukhoded, *Afghanistan: Past and Present*, Moslow, 1981.

Ralph Miliband, "State Power and Class Interest," *New Life Review*, 138, 1983.

Beverley Male, *Reverlutonary Afghanistan*, New York, 1982.

Thdae Skocpol, *State and Social Revolution*, Cambridge University Press, 1979.

Louis Dupree, *Afghanistan*, Princeton University Press, 1979.

Barnett Rubin, Afghanistan in 1993, *Asian Survey*, Vol. XXXIV, No. 2, 1994.

Gilles Dorrinsoro and Chantal Labato, "The Militia in Afghanistan, *Central Asian Survey*," Vol. 8, No. 4, 1989.

Albert Hourani, *A History of the Arab Peoples*, London: Faberand Faber, 1991.

Don Peretz, *The Mikddle East Today*, London: Praeger, 1994.

A. A. Duri, *The Historical Formatio of the Arab Nation*, London, New York & Syney: Croomhelm, 1987.

Israel Ephal, *The Ancient Arabs*, Hebrew University of Jerusalem: The Magnes, 1982.

Amold Hottinger, *The Arabs*, London: Thames and Hudson, 1963.

Syed Amir Ali, *Asorthistory of the Saracens*, New Delhi: Kitabbhavan, 1981.

G. Th. Kurian, *Encyclopedia of the Third World* (Third Edition), New York: Facts On File, 1987.